十看不如一讀(십간불여일독)이요,
열 번 눈으로 보기만 하는 것은 한 번 소리 내어 읽는 것만 못하고,

十讀不如一書(십독불여일서)이다.
열 번 소리 내어 읽는 것은 한 번 정성들여 쓰는 것만 못하다.

常携字書勝於師(상휴자서승어사)
항상 사전을 소지하고 다니는 것이 스승보다 낫다.

대한민국 대표한자
www.ihanja.com

발행인 배영순

공저 權容璿(권용선), 宋孝根(송효근), 鄭光漢(정광한)

펴낸곳 홍익교육

발행일 2018년 1월 15일

출판등록 2010-10호

주소 경기도 광명시 광명동 200-6번지 한진상가 B동 309호

본사문의 02-2060-4011

이메일 문의 ihanja@ihanja.com

머리말

우리가 한자를 배우는 궁극적인 목적은 한자가 지니고 있는 훈(訓)과 음(音)을 아는 것이다. 그러므로 한자가 지니고 있는 특성을 바탕으로 하여 한자의 훈(訓)과 음(音)을 정확히 파악하여 우리 국어의 70% 이상을 차지하고 있는 한자어인 어휘의 이해와 그 활용을 효과적으로 하기 위함입니다.

그리고 향후, 세계화의 한 축이 될 통일 한국, 중국, 일본의 동북아 시장권의 중심 기초가 되는 한자의 자유 자제로운 활용으로 거대시장의 당당한 주역들을 초기 교육화에 그 목적을 두었으며, 21세기는 한자 문화권의 영역이 급속도로 발전, 확산됨으로써 그 영향이 전 세계에 미칠 것으로 예상됩니다.

한국어문회가 주관하는 한자능력검정시험은 국가공인을 받은 후, 대학입시 수시모집 및 특별전형과 경제 5단체는 물론 삼성, 현대 등 대기업에서 일정한 한자능력검정시험자격증을 취득한 응시자에게 가산점을 부여하고 있습니다.

본 교재는 "국가공인 전국한자능력검정시험"에 응시하고자 하는 초, 중, 고등학생, 대학생, 일반인 등을 위해 2급에서부터 8급에 이르기까지 자원풀이와 한자어를 체계적으로 정리한 한자학습서입니다.

이 책의 특징

1. 8급에서 2급까지의 각 한자 및 한자어, 자원풀이를 단계적으로 학습할 수 있도록 급수별로 정리
2. 교육부 선정 교육용 기초 한자 중학교 900字, 고등학교 900字(8~3급에 포함)
3. 각 한자에 대한 훈음, 부수, 획순 정리
4. (*)한자와 같이 쓰이는 한자, (일)일본에서 쓰는 한자
5. 장음으로만 발음되는 한자: 장음과 단음이 단어에 따라 다른 것은(:) 표시
6. 각 한자에 대한 중국어(간체자), 병음 등을 8급에서 2급까지 정리(중국어 학습 가능)
7. 중국에서 가장 많이 쓰이는 한자 500자 수록(사용 빈도순)
8. 고사성어, 사자성어 1,372개 수록
9. 유형별 한자(반대자, 상대자, 반대어, 유의자, 유의어, 약자) 수록
10. 기타 한자의 상식
11. 삼성그룹 신입사원 직무적성검사 사자성어 수록

한자를 익히는 데 중요한 것은 끊임없는 반복 연습과 많이 보고 많이 써 보는 것이 중요합니다. 이렇게 알찬 내용으로 채워진 본 교재는 "국가공인 전국한자능력검정시험"에 대비하는 모든 이들이 "합격"이라는 결과를 얻는 데 많은 도움이 될 것으로 생각합니다.
감사합니다.

弘益教育 善海 權容璿(권용선)

목차

한자능력검시험 안내

한자능력검정시험이란?

전국한자능력검정시험은 (사)한국어문회가 주관하고 한자능력검정회가 시행하는 한자활용능력검정시험으로 1992년 12월 9일 1회 시험을 시작으로 매년 실시되어 2005년 29회부터 1급-3급Ⅱ가 국가공인(공인증서 제2005-2호) 시험으로 치러지고 있으며, 시험에 합격한 재학생은 내신반영은 물론, 2000학년부터 3급과 2급 합격자를 대상으로 일부 대학에서는 특기자 특별전형으로 신입생을 모집함으로써 권위 있는 한자자격시험으로 인정받고 있습니다.

한자능력검정시험

▌주관 : 사단법인 한국어문회
　　　　전화 1566-1400, 팩스 02-6003-1414

▌시행 : 한국한자능력검정회

▌시험일정 : 연 4회
　　　　-교육급수 : 4급-8급, 공인급수 : 특급-3급Ⅱ

▌응시자격 : 특급, 특급Ⅱ의 응시자격제한을 폐지하며, 누구나 지원할 수 있습니다. (제 46회부터 적용)
　　　　1급~8급은 재학여부, 학력, 소속, 연령, 국적 등에 상관없이 원하는 급수에 응시할 수 있습니다.
　　　　(29회부터 적용)

▌접수방법
　- 방문접수
　　접수급수 : 모든 급수
　　접 수 처 : 각 고사장 지정 접수처
　　접수방법
　　1. 응시 급수 선택 : 급수배정을 참고하여, 응시자의 실력에 알맞는 급수를 선택합니다.
　　2. 준비물 확인 : 반명함판사진 2매(3X4cm·무배경·탈모), 급수증 수령주소, 응시자 주민 번호, 응시자 이름
　　　　(한글·한자), 응시료.
　　3. 원서작성 및 접수 : 응시원서를 작성한 후, 접수처에 응시료와 함께 접수합니다.
　　4. 수험표 확인 : 접수완료 후 받으신 수험표로 수험장소, 수험일시, 응시자를 확인하세요.
　- 인터넷접수
　　접수급수 : 모든 급수
　　접 수 처 : www.hangum.re.kr
　　접수방법 : 인터넷접수처 게시

▌검정료(환불) 안내

특급·특급Ⅱ·1급	2급·3급·3급Ⅱ	4급·4급Ⅱ·5급·5급Ⅱ·6급·6급Ⅱ·7급·7급Ⅱ·8급
45,000	25,000	20,000

　-창구접수 검정료는 원서 접수일부터, 마감시까지 해당 접수처 창구에서 받습니다.
　-인터넷으로 접수하실 때 검정료 이외의 별도 수수료가 부과되지 않습니다.

▌급수배정

급수	읽기	쓰기	수준 및 특성
특급	5,978	3,500	國漢混用 古典을 불편 없이 읽고, 연구할 수 있는 수준 고급 (韓中 古典 추출한자 도합 5978자, 쓰기 3500자)
특급II	4,918	2,355	國漢混用 古典을 불편 없이 읽고, 연구할 수 있는 수준 중급 (KSX1001 한자 4888자 포함, 전체 4918자, 쓰기 2355자)
1급	3,500	2,005	國漢混用 古典을 불편 없이 읽고, 연구할 수 있는 수준 초급 (상용한자+준상용한자 도합 3500자, 쓰기 2005자)
2급	2,355	1,817	常用漢字를 활용하는 것은 물론 인명지명용 기초한자 활용 단계 (상용한자+인명지명용 한자 도합 2355자, 쓰기 1817자)
3급	1,817	1,000	고급 常用漢字 활용의 중급 단계 (상용한자 1817자-교육부 1800자 모두 포함, 쓰기 1000자)
3급II	1,500	750	고급 常用漢字 활용의 초급 단계(상용한자 1500자, 쓰기 750자)
4급	1,000	500	중급 常用漢字 활용의 고급 단계(상용한자 1000자, 쓰기 500자)
4급II	750	400	중급 常用漢字 활용의 중급 단계(상용한자 750자, 쓰기 400자)
5급	500	300	중급 常用漢字 활용의 초급 단계(상용한자 500자, 쓰기 300자)
5급II	400	225	중급 常用漢字 활용의 초급 단계(상용한자 400자, 쓰기 225자)
6급	300	150	기초 常用漢字 활용의 고급 단계(상용한자 300자, 쓰기 150자)
6급II	225	50	기초 常用漢字 활용의 중급 단계(상용한자 225자, 쓰기 50자)
7급	150	-	기초 常用漢字 활용의 초급 단계(상용한자 150자)
7급II	100	-	기초 常用漢字 활용의 초급 단계(상용한자 100자)
8급	50	-	漢字 學習 동기 부여를 위한 급수(상용한자 50자)

- 상위급수 한자는 하위급수 한자를 모두 포함하고 있습니다.
- 쓰기 배정 한자는 한두 급수 아래의 읽기 배정한자이거나 그 범위 내에 있습니다.
- 초등학생은 4급, 중·고등학생은 3급, 대학생은 2급과 1급 취득에 목표를 두고, 학습하길 권해 드립니다.

▌합격(시상)기준

구분	특급·특급II·1급	2급·3급·3급II	4급·4급II·5급·5급II	6급	6급II	7급	7급II	8급
출제문항	200	150	100	90	80	70	60	50
합격문항	160	105	70	63	56	49	42	35

- 특급·특급II·1급은 출제 문항의 80% 이상, 2급~8급은 70% 이상 득점하면 합격입니다.
- 1문항 당 1점으로 급수별 만점은 출제문항 수이며, 백분율 환산 점수를 사용하지 않습니다.
- 합격발표 시 제공되는 점수는 응시급수의 총 출제문항 수와 합격자의 득점문항 수입니다.

특급·특급Ⅱ	1급	2급·3급·3급Ⅱ	4급·4급Ⅱ·5급·5급Ⅱ·6급·6급Ⅱ·7급·7급Ⅱ·8급
100분	90분	60분	50분

- 응시자는 시험 시작 20분전까지 고사실에 입실하셔야 하며, 동반자는 20분전까지 고사장 밖으로 퇴장하셔야 합니다.
- 답안작성이 완료된 분은 감독관의 통제에 따라 고사장 밖으로 퇴장하여야 하며, 고사장으로 재입장 할 수 없습니다.

▌출제기준

구 분	특급	특급Ⅱ	1급	2급	3급	3급Ⅱ	4급	4급Ⅱ	5급	5급Ⅱ	6급	6급Ⅱ	7급	7급Ⅱ	8급
讀音	45	45	50	45	45	45	32	35	35	35	33	32	32	22	24
訓音	27	27	32	27	27	27	22	22	23	23	22	29	30	30	24
長短音	10	10	10	5	5	5	3	0	0	0	0	0	0	0	0
反義語 (相對語)	10	10	10	10	10	10	3	3	3	3	3	2	2	2	0
完成型(成語)	10	10	15	10	10	10	5	5	4	4	3	2	2	2	0
部首	10	10	10	5	3	5	3	3	0	0	0	0	0	0	0
同義語 (類義語)	10	10	10	5	5	5	3	3	3	3	2	0	0	0	0
同音異義語	10	10	10	5	5	5	3	3	3	3	2	0	0	0	0
뜻풀이	5	5	10	5	5	5	3	3	3	3	2	2	2	2	0
略字	3	3	3	3	3	3	3	3	3	3	0	0	0	0	0
漢字 쓰기	40	40	40	30	30	30	20	20	20	20	20	10	0	0	0
筆順	0	0	0	0	0	0	0	0	3	3	3	3	2	2	2
漢文	20	20	0	0	0	0	0	0	0	0	0	0	0	0	0
出題問項(計)	200	200	200	150	150	150	100	100	100	100	90	80	70	60	50

- 출제기준표는 기본지침자료로서, 출제자의 의도에 따라 차이가 있을 수 있습니다.

▌**우대사항**
- 자격기본법 제27조에 의거 국가자격 취득자와 동등한 대우 및 혜택을 받습니다.
- 육군간부승진 고과에 반영됩니다.
  (대위-대령/군무원2급-5급:3급이상, 준·부사관/군무원6급-8급:4급이상)
- 경제5단체, 신입사원 채용 때 전국한자능력검정시험 응시 권고(3급 응시요건, 3급 이상 가산점)하고
  있습니다.
- 2005학년도 대학수학능력시험부터 '漢文'이 선택과목으로 채택되었습니다.
- 경기도교육청 유치원,초등학교,특수학교(유치원·초등)교사 임용시험 가산점 반영하고 있습니다.
- 대입 전형과 관련된 세부사항은 해당 학교 홈페이지, 또는 입학담당부서를 통하여 다시 한 번 확인하여
  주시길 바랍니다.

공공기관(공기업)
- 경기도 교육청 : 유치원,초등학교,특수학교(유치원,초등)교사 임용 시 가산점 부여 - 3급 이상(공인급수)
- 국가정보원 : 입사 지원 - 3급 이상
- 국방부 : 육군간부 승진 고과에 반영 - 부사관 임용시 4급이상, 대위-대령/군무원2급-5급:3급이상,
  준·부사관/군무원6급-8급:4급이상
- 한국무역협회 : 입사지원 - 3급 이상 우대
- 한국인터넷진흥원 : 입사지원 - 자격증 소지자 사본
- 한국장학재단 : 입사지원 - 어학증명서 관련
- 한국정책금융공사 : 입사지원 - 자격증 소지자 사본
- 한국주택금융공사 : 입사지원 - 2급 이상
- 한국직업능력개발원 : 입사지원 - 자격증 소지자 사본
- 한국천문연구원 : 입사지원 - 자격증 소지자 사본
- 한국철도시설공단 : 입사지원 - 국가공인자격증 사본
- 한국청소년활동진흥원 : 입사지원 - 자격증 소지자
- 한국토지주택공사 : 입사지원 - 자격증,어학증명서 사본(스캔) 1부(해당자에 한함)

기업체
- 삼성모바일 : 입사 지원 - 1급~3급
- 삼성물산 : 입사 지원 - 1급~3급
- 삼성전기 : 입사 지원 - 1급~3급
- 삼성전자 : 입사 지원 - 1급~3급
- 삼성중공업 : 입사 지원 - 1급~3급
- 삼성테크원 : 입사 지원 - 1급~3급
- 삼성SDI : 입사 지원 - 1급~3급
- 삼성SDS : 입사 지원 - 1급~3급
- 우리은행 : 채용 시 가산점 반영
- 제일모직 : 입사 지원 - 1급~3급

▌**합격자 발표**
(사)한국어문회 홈페이지
www.hanja.re.kr

部首의 名稱 (부수의 이름)

1획					
一 한	일	卩(㔾) 병부	절	幺 작을	요
丨 위아래로 통할곤		厂 언덕	엄	广 바윗집	엄
丶 심지	주	厶 옛 사사로울	사	廴 길게 걸을	인
丿 좌로 삐칠	별	又 또	우	廾 받들	공
乙 굽을(새)	을	**3획**		弋 주살	익
亅 갈고리	궐	口 입	구	弓 활	궁
2획		囗 에울	위	彐 돼지머리	계
二 두	이	土 흙	토	彡 무늬	삼
亠 돼지해머리	두	士 선비	사	彳 조금 걸을	척
人 사람	인	夂 뒤져올	치	**4획**	
儿 밑사람	인	夊 천천히 걸을	쇠	心(忄:㣺) 마음	심
入 들	입	夕 저녁	석	戈 창	과
八 여덟	팔	大 큰	대	戶 지게문	호
冂 멀	경	女 계집	녀	手(扌) 손	수
冖 덮을	멱	子 아들	자	支 지탱할	지
冫 얼음	빙	宀 집	면	攴(攵) 칠	복
几 안석	궤	寸 마디	촌	文 글월	문
凵 입벌릴	감	小 작을	소	斗 말	두
刀(刂) 칼	도	尢 절름발이	왕	斤 도끼	근
力 힘	력	尸 주검	시	方 모	방
勹 쌀	포	屮 싹날	철	日 날	일
匕 비수	비	山 메	산	无(旡) 없을	무
匚 상자	방	巛(川) 내	천	曰 가로	왈
匸 감출	혜	工 장인	공	月 달	월
十 열	십	己 몸	기	木 나무	목
卜 점	복	巾 수건	건	欠 하품	흠
卩(㔾) 병부	절	干 방패	간	止 그칠	지

4획 (계속)	
歹(歺) 살발린뼈	알
殳 창	수
毋 말	무
比 견줄	비
毛 터럭	모
氏 성씨	씨
气 기운	기
水(氵:氺) 물	수
火(灬) 불	화
爪(爫) 손톱	조
父 아비	부
爻 사귈	효
爿 조각 널	장
片 조각	편
牙 어금니	아
牛 소	우
犬(犭) 개	견
5획	
玄 검을	현
玉(王) 구슬	옥
瓜 오이	과
瓦 기와	와
甘 달	감
生 날	생
用 쓸	용
田 밭	전
疋 필 필 / 발	소

疒 병들어 기댈	녁	臼 절구	구	酉 술(닭)	유	鬯 술	창
癶 걸을	발	舌 혀	설	釆 나눌	변	鬲 가로 막을	격
白 흰	백	舛 어그러질	천	里 마을	리	鬼 귀신	귀
皮 가죽	피	舟 배	주	**8 획**		**11 획**	
皿 그릇	명	艮 그칠	간	金 쇠	금	魚 고기	어
目 눈	목	色 빛	색	長 긴	장	鳥 새	조
矛 창	모	屮屮(艹) 풀	초	門 문	문	鹵 소금밭	로
矢 화살	시	虍 호랑이 무늬	호	阜(阝) 언덕	부	鹿 사슴	록
石 돌	석	虫 벌레	충	隶 밑 이/미칠	체	麥 보리	맥
示(礻) 보일	시	血 피	혈	隹 새	추	麻 삼	마
内 짐승발자국	유	行 다닐	행	雨 비	우	**12 획**	
禾 벼	화	衣 옷	의	靑 푸를	청	黃 누를	황
穴 구멍	혈	襾 덮을	아	非 아닐	비	黍 기장	서
立 설	립	**7 획**		**9 획**		黑 검을	흑
6 획		見 볼	견	面 낯	면	黹 바느질	치
竹 대	죽	角 뿔	각	革 가죽	혁	**13 획**	
米 쌀	미	言 말씀	언	韋 가죽	위	黽 맹꽁이	맹
糸 실	사	谷 골	곡	韭 부추	구	鼎 솥	정
缶 장군	부	豆 콩	두	音 소리	음	鼓 북	고
网(罒) 그물	망	豕 돼지	시	頁 머리	혈	鼠 쥐	서
羊 양	양	豸 맹수	치	風 바람	풍	**14 획**	
羽 깃	우	貝 조개	패	飛 날	비	鼻 코	비
老(耂) 늙을	로	赤 붉을	적	食 밥	식	齊 가지런할	제
而 말이을	이	走 달아날	주	首 머리	수	**15 획**	
耒 따비(쟁기)	뢰	足 발	족	香 향기	향	齒 이	치
耳 귀	이	身 몸	신	**10 획**		**16 획**	
聿 붓	율	車 수레	거	馬 말	마	龍 용	룡
肉(月) 고기	육	辛 매울	신	骨 뼈	골	龜 거북	귀
臣 신하	신	辰 별	진	高 높을	고	**17 획**	
自 스스로	자	辵(辶) 쉬엄쉬엄갈	착	髟 머리털 날릴	표	龠 피리	약
至 이를	지	邑(阝) 고을	읍	鬥 싸울	투		

육서(六書)

한자가 만들어진 여섯 가지 원리가 六書이다.

1. 상형문자(象形文字)
눈에 보이는 사물의 모양을 본떠 만든 글자이다.

*대부분의 部首(부수)는 상형문자이다.

예) 日 날 일　　　月 달 월　　　山 메 산

　　　川 내 천　　　水 물 수　　　木 나무 목

2. 지사문자(脂事文字)
눈으로 볼 수 없는 추상적인 생각이나 뜻을 점이나 선으로 부호화하여 나타낸 글자이다.

예) 一 한 일　　　二 두 이　　　上 위 상

　　　中 가운데 중　　本 근본 본　　末 끝 말

3. 회의문자(會意文字)
이미 만들어진 둘 이상의 한자를 결합하여 새로운 뜻을 나타낸 글자

예) 明 밝을 명　　光 빛 광　　相 서로 상

　　　信 믿을 신　　安 편안할 안　　休 쉴 휴

4. 형성문자(形聲文字)
뜻을 나타내는 부분과 소리(音)를 나타내는 부분이 결합된 글자

예) 江 강 강　　河 물 하　　村 마을 촌

　　　花 꽃 화　　草 풀 초　　記 기록할 기

5. 전주문자(轉注文字)
본래의 의미로부터 유추하고 굴려서 다른 뜻·음으로 쓰는 글자

예) 樂 풍류 '악'이 즐길 '락' 좋아할 '요'로 轉注됨.

6. 가차문자(假借文字)
원래의 뜻과 상관없이 音만 빌려 쓰는 글자(주로 地名)

예) 亞細亞(아세아 : Asia)　　　伊太利(이태리 : Italia)

8급

50자

#	한자	훈음	부수	총획	간체	병음	① 자원풀이 ② 한자어
1	校	학교 교:	木	10	校	xiào	① 나무(木)로 짜 맞추어(交) 지은 집에서 공부 하였다. '우리가 공부하는 학교'이다. ② 校門(교문) 校長(교장) 學校(학교) 登校(등교)
2	敎	가르칠 교:	攵	11	教	jiào	① 아이들(子)에게 숫자를 세며(爻) 가르치는 모양으로, 때로는 사랑의 매(攵)도 필요했다. (일)教 ② 敎室(교실) 敎育(교육) 敎學相長(교학상장)
3	九	아홉 구	乙	2	九	jiǔ	① 숫자 '아홉'이다. 자연 수로는 제일 큰 수. 거의 열(十)에 이르나 완전하지는 못하다. ② 九死一生(구사일생) 九牛一毛(구우일모)
4	國	나라 국	囗	11	国	guó	① 그 나라의 국경(囗)을 지키기 위해 백성(口)이 땅(一) 위에서 창(戈)을 들고 경계하고 있다. ② 國家(국가) 愛國(애국) 大韓民國(대한민국)
5	軍	군사 군	車	9	军	jūn	① 무기를 실은 수레(車)를 둘러싸서(冖) 엄호하고 있다. '나라를 지키는 군인'이다. ② 國軍(국군) 軍人(군인) 軍歌(군가) 將軍(장군)
6	金	쇠/성 금/김	金	8	金	jīn	① 흙(土)속에 있던 것(仒에서 口를 줄임)을 캐내니 빛나고 변하지 않는 것이 金(쇠붙이)이다. *성(姓)으로 쓸 때는 '김'으로 읽는다. ② 金銀(금은)
7	南	남녘 남	十	9	南	nán	① 집은 북쪽은 되도록 막고 남쪽으로 출입하는 문을 내었다. 그 모양으로 '남쪽'이다. ② 南大門(남대문) 東西南北(동서남북)
8	女	계집 녀(여)	女	3	女	nǚ	① 여자가 다소곳이 무릎을 꿇고 앉아 있는 '여자의 옆모습'이다. ② 女子(여자) 女性(여성) 母女(모녀) 美女(미녀)
9	年	해 년(연)	干	6	年	nián	① 곡식이 익어 고개를 숙인 모양인데, 모양이 많이 변했다. 곡식이 익는 기간 365일이다. ② 一年(일년) 學年(학년) 生年月日(생년월일)
10	大	큰 대(:)	大	3	大	dà	① 사람(人)이 크게 팔(一)을 벌리고 서있는 '모습'이다. 크기의 순서는 少·小·中·大·太이다. ② 大小(대소) 大學(대학) 大明天地(대명천지)

8급 2회	한자 훈음	부수 총획	간체 병음	① 자원풀이 ② 한자어
11	東 동녘 **동**	木 8	东 dōng	① 아침에 해가 뜰 때 해(日)가 나무(木)에 걸쳐 있는 모양이다. 그곳이 '동쪽'이다. ② 東國(동국) 東洋(동양) 東西古今(동서고금)
12	六 여섯 **륙(육)**	八 4	六 liù	① 다섯에서 하나를 더한 숫자 '여섯'이다. '륙'은 글자가 앞에 있으면 '육'으로 읽어야 함. ② 六學年(육학년) 五六月(오뉴월)
13	萬 일만 **만:**	艹 13	万 wàn	① 바다에 사는 '게'모양을 가진 '전갈'의 모양. 전갈은 알(卵)을 셀 수 없이 많이 낳아 '많다' ② 萬物(만물) 萬歲(만세) 千萬多幸(천만다행)
14	母 어미 **모:**	母 5	母 mǔ	① 아기에게 젖을 줘야 하는 엄마(女)의 두 개의 젖꼭지를 두 개의 점(丶)을 찍어 표현했다. ② 母子(모자) 母女(모녀) 父母(부모) 生母(생모)
15	木 나무 **목**	木 4	木 mù	① 나무가 가지를 뻗어 서 있는 모양이다. 뿌리는 땅속에 있어 보이지 않는다. ② 木手(목수) 木馬(목마) 植木(식목) 樹木(수목)
16	門 문 **문**	門 8	门 mén	① 양쪽으로 열어젖히는 '큰 문'의 모양이다. 대궐이나 성문 등 아주 큰집의 '문'이다. ② 大門(대문) 正門(정문) 門前成市(문전성시)
17	民 백성 **민**	氏 5	民 mín	① 본래는 노예에게 눈을 찔러 벌을 준 모양인데 그 나라에 사는 일반사람인 '백성'을 뜻함. ② 民間(민간) 民生(민생) 白衣民族(백의민족)
18	白 흰 **백**	白 5	白 bái	① 햇살(日)이 빛나는 모양. 또는 도토리나 알밤의 모양에서 그 속은 하얗다. '하얀 색깔'이다. ② 白色(백색) 黑白(흑백) 白頭山(백두산)
19	父 아비 **부**	父 4	父 fù	① 아버지가 회초리 또는 무기를 들고 자식을 가르치거나 지켜주는 모양이다. ② 父母(부모) 父女(부녀) 父子有親(부자유친)
20	北 북녘/달아날 **북/배**	匕 5	北 běi	① 사람이 서로 등지고 있는 모양에서, 해(日)를 등지고 있으면 '북쪽'이다. ② 北韓(북한) 北方(북방) 北斗七星(북두칠성)

21	四 넉 사:	口 5	四 sì	① 숫자 '넷'이다. 가로 그은 네 개의 막대기 모양을 변형 시킨 것이다. ② 四季(사계) 四足(사족) 四方八方(사방팔방)
22	山 메 산	山 3	山 shān	① 뾰족하게 뻗은 산봉우리의 모양이다. 봉우리 세 개로 한 것은 많다는 뜻. 대표적 상형문자. ② 山林(산림) 江山(강산) 山川草木(산천초목)
23	三 석 삼	一 3	三 sān	① 숫자 '셋'이다. 가로 그은 막대기 세 개의 모양. 하나를 합쳐 둘이 되고 둘 사이에서 만물이 태어난다. ② 三冬(삼동) 三韓(삼한) 三生萬物(삼생만물)
24	生 날 생	生 5	生 shēng	① 흙(土)에서 싹이 돋아 잎이 자라난 모양이다. 오직 흙에서 만이 만물이 '태어난다' ② 生日(생일) 生産(생산) 先生(선생) 出生(출생)
25	西 서녘 서	襾 6	西 xī	① 해가 지면 '새'는 둥지를 찾아 보금자리에 든다. 해가 지는 쪽. '서쪽이다' ② 西紀(서기) 西洋(서양) 東問西答(동문서답)
26	先 먼저 선	儿 6	先 xiān	① 앞서 가는(之) 사람(儿)의 모양이다. 앞서 가는 사람이니, '먼저 가는 사람'이다. ② 先生(선생) 先祖(선조) 先見之明(선견지명)
27	小 작을 소:	小 3	小 xiǎo	① 큰 것이 깨뜨려져 셋으로 나누어진 모양이다. 큰 것이 깨지면 작은 것이고, 작은 것이 모여 큰 것이 된다. ② 小計(소계) 小說(소설) 大同小異(대동소이)
28	水 물 수	水 4	水 shuǐ	① 물이 흐르는 모양. 물을 대표로 하는 글자. 양쪽은 천천히 가운데는 빠르게 흐르는 물의 흐름. ② 水道(수도) 水門(수문) 靑山流水(청산유수)
29	室 집 실	宀 9	室 shì	① 집(宀)에 이르러(至) 쉬는 곳. 보통 부부가 같이 자는 '안방'을 말한다. ② 教室(교실) 居室(거실) 圖書室(도서실)
30	十 열 십	十 2	十 shí	① 숫자'열'자연수를 벗어나 처음 완성되는 수. 동서남북과 중앙까지를 다 헤아려 열었다. '열' ② 十代(십대) 十里(십리) 十中八九(십중팔구)

8급 4회	한 자 훈 음	부수 총획	간체 병음	① 자원풀이 　 ② 한자어
31	五 다섯　　오:	二 4	五 wǔ	① 숫자 '다섯'이다. 막대기를 아래위로 놓고 중간을 가로 질러 표시. 손가락을 펴 다 서면, '다섯'이다. ② 五月(오월) 五十步百步(오십보백보)
32	王 임금　　왕	玉 4	王 wáng	① 하늘(天). 땅(地). 사람(人)을 다 꿰뚫어 다스리는 사람. 그 사람이 바로 '임금'이다. ② 王家(왕가) 王孫(왕손) 世宗大王(세종대왕)
33	外 바깥　　외:	夕 5	外 wài	① 점은 대개 아침에 치는데 뜻 밖(外)의 일이 생기면 저 녁(夕)에 라도 점(卜)을 쳤다. ② 外出(외출) 外國(외국) 外家(외가) 內外(내외)
34	月 달　　월	月 4	月 yuè	① 초승달이 뜬 모양, 달이 떠서 산에 걸쳐있는 모양이다. ② 月間(월간) 月光(월광) 正月(정월) 明月(명월)
35	二 두　　이:	二 2	二 èr	① 숫자 '둘' 손가락 두 개를 편 모양이다. 또 막대기 두 개를 나란히 놓은 모양. ② 二學年(이학년) 一口二言(일구이언)
36	人 사람　　인	人 2	人 rén	① 사람이 옆으로 서 있는 모양이다. 남녀를 통틀어 사람을 말한다. ② 人間(인간) 人生(인생) 人體(인체) 本人(본인)
37	一 한/하나　　일	一 1	一 yī	① 숫자 '하나' 손가락 한 개를 편 모양이다. 하나(一)는 가장 크기도 하며, 가장 적기도 하다. ② 一生(일생) 同一(동일) 三位一體(삼위일체)
38	日 날　　일	日 4	日 rì	① 하늘에 떠 있는 '해'모양이다. 둥근 해(口) 속에 가로로 그은 획은 해의 흑점이라고 한다. ② 日月(일월) 日記(일기) 年月日時(연월일시)
39	長 긴/어른　　장:	長 8	长 cháng	① 어른의 수염이 길게 자란 모양이다. 수염이 길면 '어른' 또 '자라다'의 뜻이 있다. ② 長短(장단) 長男(장남) 校長(교장) 成長(성장)
40	弟 아우　　제:	弓 7	弟 dì	① 활(弓)의 약한 부분을 가죽 끈으로 차례차례 감아 나간 것의 맨 끝부분. 형제중의 끝 '아우' ② 兄弟(형제) 弟子(제자) 妻弟(처제) 師弟(사제)

41	中 가운데　중	l / 4	中 zhōng	① 이곳과 저곳의 가운데. 평면적인 가운데. 어떤 사물의 가운데를 가로지른 모양. ② 中學校(중학교) 中間(중간) 中心(중심)
42	靑 푸를　청	靑 / 8	青 qīng	① 丹(붉을 단)과 生(날 생)이 합쳐진 글자로서, 붉은 수은에 열을 가하면 '푸른 빛'이 생긴다. (일)青 ② 靑果(청과) 靑色(청색) 靑年(청년) 靑春(청춘)
43	寸 마디　촌:	寸 / 3	寸 cùn	① 사람의 손목에 있는 맥박이 뛰는 곳. 손 바로 아래의 '가깝다'(1치는 약2.54cm) ② 三寸(삼촌) 寸數(촌수) 寸志(촌지) 寸評(촌평)
44	七 일곱　칠	一 / 2	七 qī	① 여섯 다음의 일곱이라는 수. 숫자(十)과 비슷하여 아래 부분을 구부렸다. ② 七夕(칠석) 七旬(칠순) 七言絶句(칠언절구)
45	土 흙　토	土 / 3	土 tǔ	① 땅(一)에서 초목의 싹(屮)이 올라오는 모양. 땅에서 만이 풀이 돋는다. ② 土地(토지) 土建(토건) 本土(본토) 國土(국토)
46	八 여덟　팔	八 / 2	八 bā	① 팔을 양쪽으로 나눈 모양이다. 숫자 '여덟'이며 '나누다'의 뜻이 있다. ② 十中八九(십중팔구) 八道江山(팔도강산)
47	學 배울　학	子 / 16	学 xué	① 두 손을 책상(冖)위에 올려놓고 숫자(爻)를 배우고 있는 아이(子)의 모습이다. (일)学 ② 學校(학교) 學生(학생) 放學(방학) 開學(개학)
48	韓 한국/나라　한(:)	韋 / 17	韩 hán	① 옛날 우리나라의 이름. 三韓 : 辰韓 · 馬韓 · 弁韓 동방에서 '빛나고 아름다운 나라'라는 뜻이다. ② 大韓民國(대한민국) 南韓(남한) 北韓(북한)
49	兄 형/맏　형	儿 / 5	兄 xiōng	① 머리(口는 머리)가 굳은(다 자란) 사람(儿=人). 여러 명 중에서 먼저 태어난 남자아이. ② 兄弟(형제) 兄夫(형부) 兄弟姉妹(형제자매)
50	火 불　화(:)	火 / 4	火 huǒ	① 화산에서 불이 활활 타고 있는 모양이다. 부수(部首)로 쓰일 때는 '灬'로 모양이 변한다. ② 水火(수화) 放火(방화) 消火器(소화기)

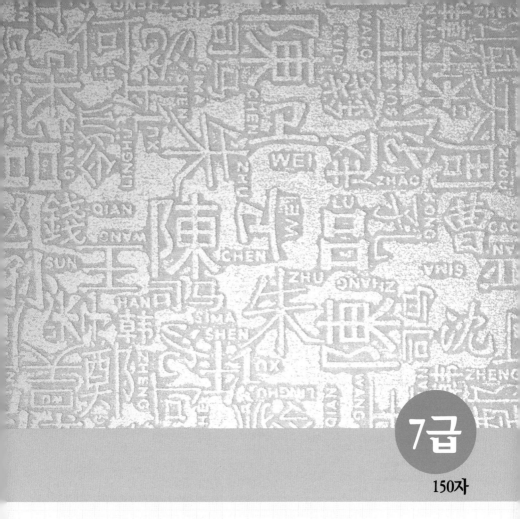

7급

150자

1	家 집 가	宀 10	家 jiā	① 집(宀)에서 기른 돼지(豕)를 잡아 조상에게 제사를 지냈다. 일반백성은 사당이 없었다. ② 家庭(가정) 家族(가족) 宗家(종가) 作家(작가)
2	歌 노래 가	欠 14	歌 gē	① 입(口)을 크게 벌려서(欠) 힘차게(丁) 소리를 뽑아 올리다. 입을 벌려 '노래를 부르다' ② 歌手(가수) 校歌(교가) 四面楚歌(사면초가)
3	間 사이 간(:)	門 12	间 jiān	① 두 쪽의 문(門)사이로 햇빛(日) 찾아들다. '틈 사이'다. (月이 日로 바뀌었음) ② 中間(중간) 時間(시간) 間食(간식) 夜間(야간)
4	江 강 강	氵 6	江 jiāng	① 중국의 남부지방을 흐르는 '양자강'의 고유 명사인데, 일반 명사로 됨. ② 漢江(한강) 江村(강촌) 八道江山(팔도강산)
5	車 수레 거/차	車 7	车 chē	① 수레를 내려다 본 모양이다. 사람의 힘으로 움직이면 '거' 동력으로 하면 음을 '차'로 함. ② 自轉車(자전거) 自動車(자동차)
6	工 장인 공	工 3	工 gōng	① 목수가 사용하는 '자'의 모양이다. 만들 때는 제일 먼저 길이를 잰다. '만드는 사람'이다. ② 工場(공장) 工具(공구) 木工(목공) 石工(석공)
7	空 빌 공	穴 8	空 kōng	① 구멍(穴구멍 혈)은 아무리 헤아려(工) 봐도 그 속이 텅 비어있다. '텅 비어있다' '하늘'이다. ② 空間(공간) 空氣(공기) 虛空(허공) 領空(영공)
8	口 입 구(:)	口 3	口 kǒu	① 사람의 '입'모양이다. 사람은 모든 것을 입으로 들여보내므로, '출입'과 또 '말'의 뜻이 있다. ② 食口(식구) 入口(입구) 耳目口鼻(이목구비)
9	記 기록할 기	言 10	记 jì	① 자기(己)에 관한 말(言)들을 써두다. 자기 신변에 관한 일을 잊지 않기 위해 '기록하다' ② 記錄(기록) 記入(기입) 日記(일기) 書記(서기)
10	氣 기운 기	气 10	气 qì	① 수증기가 피어오르는 모양(气)이 본래의 글자인데, 쌀밥(米)을 더하여 뜻을 확실히 했다. (일)気 ② 氣運(기운) 氣流(기류) 感氣(감기) 景氣(경기)

7급 2회	한 자 훈 음	부수 총획	간 체 병음	① 자원풀이　② 한자어
11	旗 기 기	方	14 旗 qí	① 이사람 저사람, 그(其그 기)사람 까지 다 모이도록 표시한 깃발(方+⺁)의 모양이다. ② 太極旗(태극기) 優勝旗(우승기) 校旗(교기)
12	男 사내 남	田	7 男 nán	① 밭(田)에서 쟁기로 일하는 것은 '사내'들이다. '力'은 '쟁기'의 모양이다. ② 男子(남자) 男妹(남매) 男女老少(남녀노소)
13	內 안 내:	入	4 内 nèi	① 문(冂문의 모양)으로 들어가면(入) '안쪽'이다. ② 內外(내외) 內部(내부) 市內(시내) 邑內(읍내)
14	農 농사 농	辰	13 农 nóng	① 싹이 돋아나는 달(辰月=만물이 꿈틀대는 3월)에 풍년을 빌며 시작하는 일이 '농사'이다. ② 農事(농사) 農夫(농부) 農場(농장) 農林(농림)
15	答 대답 답	竹	12 答 dá	① 물음에 대하여, 쪼개진 대쪽(竹)이 딱 들어 맞듯(合) 어긋나지 않게 '대답하다' ② 對答(대답) 問答(문답) 答案紙(답안지)
16	道 길 도:	辶	13 道 dào	① 머리(首)를 들고 머리가 시키는 대로 걸어가는(辶) 길. 또 '사람이 살아가는 도리와 이치' ② 道路(도로) 國道(국도) 道德(도덕) 道理(도리)
17	冬 겨울 동(:)	冫	5 冬 dōng	① 일년의 끝(夂 '뒤져올 치'는 終의 原字)이 닥아 오면서 얼음(冫)이 어는 계절. '겨울 철'이다. ② 冬季(동계) 冬服(동복) 冬至(동지) 立冬(입동)
18	同 한가지 동	口	6 同 tóng	① 대나무 마디는 아래나 위가 똑 '같은' 모양 이고 속도 똑 같이 '비어있다' ② 同感(동감) 合同(합동) 同苦同樂(동고동락)
19	洞 골/밝을 동:/통:	氵	9 洞 dòng	① 들어가서 살 공간(同비어있다)과 먹을 물(氵) 있는 곳. 인류 최초의 주거지 '동굴'이다. ② 洞里(동리) 洞長(동장) 空洞(공동) 分洞(분동)
20	動 움직일 동:	力	11 动 dòng	① 무거운(重)것에 힘(力)을 가하여 '움직이게'하다. '변하다'의 뜻도 있다. ② 動力(동력) 動物(동물) 移動(이동) 變動(변동)

21	登 오를　등	癶	登 12　dēng	① 두발(癶)로 제사상(豆는 제기 모양)에 올라가 제물을 살피다. '오르다' '나아가다' '실리다' ② 登校(등교) 登山(등산) 登記(등기) 登載(등재)
22	來 올　래(내)(:)	人	来 8　lái	① 깜부기가 붙어있고 익어도 고개가 빳빳한 보리가 본뜻. 춘궁기에 먹을 것이 '오다'로 가차. (일)来 ② 來日(내일) 來年(내년) 去來(거래) 將來(장래)
23	力 힘　력(역)	力	力 2　lì	① 팔뚝에 근육이 뭉친 모양을 그린 것이다. '있는 힘을 다하다' ② 力道(역도) 力走(역주) 強力(강력) 努力(노력)
24	老 늙을　로(노):	老	老 6　lǎo	① 늙은 사람이 지팡이를 잡은 모양이다. '노인' '어른' '익숙하다'로도 쓰인다. ② 老人(노인) 老松(노송) 長老(장로) 敬老(경로)
25	里 마을　리(이):	里	里 7　lǐ	① 밭(田)을 토대(土)로 하여 모여 사는 곳. '마을' '거리'의 뜻으로도 쓰인다. ② 洞里(동리) 十里(십리) 萬里長城(만리장성)
26	林 수풀　림(임)	木	林 8　lín	① 땅위에 나무(木)가 빽빽이 서 있는 모양이다. '수풀'이고, 사물이 '많이 모이다'의 뜻도 됨. ② 林業(임업) 樹林(수림) 密林(밀림) 造林(조림)
27	立 설　립(입)	立	立 5　lì	① 사람이 팔을 벌리고 땅위에 서 있는 모양이다. 서 있으므로, '세우다'의 뜻도 된다. ② 立春(입춘) 立會(입회) 建立(건립) 對立(대립)
28	每 매양　매(:)	母	每 7　měi	① 비녀를 꽂은 '어머니'의 모습이다. 어머니는 '늘' '항상' 변함없이 꼭 같다. ② 每日(매일) 每番(매번) 每事(매사) 每週(매주)
29	面 낯　면:	面	面 9　miàn	① 이마까지의 사람얼굴의 앞모습이다. '앞면' '보이다' 또 '행정구역'의 이름으로 쓰임. ② 面目(면목) 面會(면회) 表面張力(표면장력)
30	名 이름　명	口	名 6　míng	① 캄캄한 밤(夕)에 보이지 않아 입(口)으로 크게 부르다. 인류 최초의 암호가 이름이다. ② 성명(姓名) 지명(地名) 동명이인(同名異人)

7급 4회	한 자 훈 음	부수 총획	간체 병음	① 자원풀이　　② 한자어
31	命 목숨　　명:	口 8	命 mìng	① 사람들을 모아(스모을 집) 꿇어(卩) 앉게 하고 입(口)으로 '명령하다' '생명'으로도 쓰인다. ② 命令(명령) 命名(명명) 生命(생명) 使命(사명)
32	文 글월　　문	文 4	文 wén	① 죄수의 몸에 문신을 한 것이다. 그 문신의 모양에서, '그림' '무늬' 또 '글자'라는 뜻이다. ② 文科(문과) 文明(문명) 文庫(문고) 文盲(문맹)
33	問 물을　　문:	口 11	问 wèn	① 문(門)에 대고 입(口)으로 '묻고 있다' '물음' '알리다' '소식'등으로 쓰임 ② 疑問(의문) 問答(문답) 問題(문제) 問責(문책)
34	物 물건　　물	牛 8	物 wù	① 소(牛)에 햇살(勿)이 비쳐 색깔이 혼잡해짐. 동물은 잡 종이 우성(優性)이다. 좋은 '물건'이다. ② 物件(물건) 物品(물품) 建物(건물) 生物(생물)
35	方 모　　방	方 4	方 fāng	① 사방(四方)을 갈아 젖히는 쟁기의 모양이다. '방위' '모서리' 또 어떤 '수단=방법'이다. ② 方位(방위) 四方(사방) 地方(지방) 方法(방법)
36	百 일백　　백	白 6	百 bǎi	① 숫자 99다음의 '일백'이다. '많다' '완전히' '모두'의 뜻도 있다. ② 百萬(백만) 百姓(백성) 百科事典(백과사전)
37	夫 지아비　　부	大 4	夫 fū	① 머리에 갓(一)을 쓴 큰(大) 사람 '어른'이다. 어른이므로 '남편' '사나이'의 뜻도 있다. ② 人夫(인부) 農夫(농부) 夫婦有別(부부유별)
38	不 아니　　불/부	一 4	不 bù	① 날아간 새가 보이지 않음. 돌아오지 않음. '아니다' '말라'의 뜻이다. ② 不可(불가) 不能(불능) 不便(불편) 不幸(불행)
39	事 일　　사:	亅 8	事 shì	① 제사에 종사하는 사람의 모습에서 가차되어 '일' '섬기 다' '업무'의 뜻이 되었다. ② 事件(사건) 事務(사무) 檢事(검사) 行事(행사)
40	算 셈　　산:	竹 14	算 suàn	① 대나무(竹) 주판알을 눈(目)으로 보면서 두 손 (廾)으 로 세고 있다. '세는 법' '계산하다' ② 計算(계산) 算出(산출) 算數(산수) 暗算(암산)

7
급

41	上 윗　　상:	一 3	上 shàng	① 기준선(一) 위에 점(丶가 卜이 됨)을 찍어 '위'를 표시했다. 대표적인 지사문자이다. ② 上下(상하) 上級(상급) 年上(연상) 面上(면상)
42	色 빛　　색	色 6	色 sè	① 남녀가 화합하면 얼굴색이 좋아진다는 뜻에서, '빛' '색깔' '화장하다' '물이 들다'라는 뜻. ② 色感(색감) 色紙(색지) 染色(염색) 特色(특색)
43	夕 저녁　석	夕 3	夕 xī	① 초승달이 떠오르는 모양에서, '초저녁이다' 해가 져서 밤이 되기 전이다. ② 夕陽(석양) 秋夕(추석) 朝變夕改(조변석개)
44	姓 성　　성:	女 8	姓 xìng	① 어머니(女)로부터 태어나다(生). 우리나라의 풍습은 그때부터 아버지의 '성'을 따른다. ② 姓名(성명) 姓氏(성씨) 同姓同本(동성동본)
45	世 인간/대　세:	一 5	世 shì	① 열십(十)이 세 번 겹쳐진 字로서 三十을 뜻 하는데 一世(父와 같이 사는 세월)는 30년이다. ② 世上(세상) 世界(세계) 出世(출세) 別世(별세)
46	少 적을　소:	小 4	少 shǎo	① 작은 것(小)을 더 작게 나눈 것이다. '양이 더 적다' 나이가 적으니, '젊다'의 뜻. ② 多少(다소) 少年(소년) 老少同樂(노소동락)
47	所 바　　소:	戶 8	所 suǒ	① 나무하는 도끼(斤)소리가 들리는 '가까운 곳'또 방법 또는 일이라는 뜻을 나타내는 '어조사' ② 場所(장소) 便所(변소) 所感(소감) 所聞(소문)
48	手 손　　수(:)	手 4	手 shǒu	① 다섯 손가락을 그린 '손' 모양이다. 가운데 손가락은 크므로 모양을 구부렸다. ② 手足(수족) 手段(수단) 歌手(가수) 投手(투수)
49	數 셈　　수:	攵 15	数 shù	① 어떤 것을 계속하여(婁여자가 머리를 틀어 올린 모양) 치다(攵)의 뜻에서 '세다' '헤아리다' (일)數 ② 數學(수학) 數理(수리) 級數(급수) 等數(등수)
50	市 저자/시장　시:	巾 5	市 shì	① 임시시장이나 야시장의 텐트를 친 모양이다. 물건을 팔고 사는 시장을 뜻한다. ② 市場(시장) 市民(시민) 市勢(시세) 都市(도시)

7급 6회	한 자 훈 음	부수 총획	간체 병음	① 자원풀이 　 ② 한자어
51	時 때 시	日 10	时 shí	① 해(日)가 마디(寸)지어 가다(之의 변형)는 뜻. 즉 해가 가는 시간을 마디마디 끊어 표시함. ② 時間(시간) 時計(시계) 生時(생시) 或時(혹시)
52	食 밥/먹을 식	食 9	食 shí	① 먹을 수 있는 고소한(皀고소할 흡) 것만 모아서(스모을 집) 불에 익힌 것이 '밥'이다. '먹다' ② 飮食(음식) 食口(식구) 食堂(식당) 間食(간식)
53	植 심을 식	木 12	植 zhí	① 나무(木)를 심을 때는 곧게(直)하여 심는다. 심은 나무(木)는 곧게(直) 자란다. ② 植木(식목) 植物(식물) 植樹(식수) 移植(이식)
54	心 마음 심	心 4	心 xīn	① 사람 심장모양이다. 옛날 사람들은 모든 것을 생각하는 마음의 바탕을 심장이라 생각했다. ② 心身(심신) 心性(심성) 眞心(진심) 孝心(효심)
55	安 편안 안	宀 6	安 ān	① 집(宀)을 여자(女)가 지키고 있는 모양이다. 어머니가 집의 중심이 되면, 그 집은 '편안'하다. ② 安寧(안녕) 安心(안심) 安全(안전) 便安(편안)
56	語 말씀 어:	言 14	语 yǔ	① 여럿(五)이서 말(言)을 주고받고 있다. 言은 내가 하는 말, 吾는 '조부모. 부모. 나' ② 言語(언어) 國語(국어) 英語(영어) 單語(단어)
57	然 그럴 연	灬 12	然 rán	① 옛날에는 개(犬) 고기(月)가 귀한 고기였다. 구워서(灬) 어른에게 바치는 것은 '당연'했다. ② 當然(당연) 自然(자연) 果然(과연) 天然(천연)
58	午 낮 오:	十 4	午 wǔ	① 일곱째 지지로 '말띠'인데, 낮 열두시를 뜻함. 양기가 하늘 끝까지 올라 '밝은 때' '낮' ② 午前(오전) 正午(정오) 端午(단오) '甲午年'
59	右 오를/오른(쪽) 우:	口 5	右 yòu	① 밥(口)을 먹는 오른 손이다. '오른쪽'이라는 뜻이며, '돕다'의 뜻도 있다. ② 左右(좌우) 右軍(우군) 前後左右(전후좌우)
60	有 있을 유:	月 6	有 yǒu	① 손에 고기 덩어리를 쥐고 있는 모양이다. '가지고 있다' '존재하다' '보유하다'의 뜻이다. ② 有無(유무) 有感(유감) 所有(소유) 固有(고유)

7급

61	育 기를　육	月 (肉) 8	育 yù	① 어머니가 아기를 낳는 모양이다. '기르다' 子가 거꾸로 된 것은 아기. 月(육달 월)은 '몸' ② 育兒(육아) 教育(교육) 體育(체육) 育成(육성)
62	邑 고을　읍	邑 7	邑 yì	① 산이 둘러치고 (巴) 물이 흐르는 곳에 사람(口)들이 모 여 살았다. 里(마을)가 모여진 곳. ② 邑內(읍내) 都邑(도읍) 市邑面(시.읍.면)
63	入 들　입	入 2	入 rù	① 초목의 뿌리가 위에서 아래로 파고 들어가는 모양이다. '들이다' '오다' '넣다'의 뜻이다. ② 入口(입구) 入金(입금) 出入(출입) 收入(수입)
64	子 아들　자	子 3	子 zǐ	① 포대기에 쌓인 머리가 큰 '아이'의 모양이다. '아들'의 뜻만 아니라 '딸'도 포함된 '자식'이다. ② 子女(자녀) 父子(부자) 子息(자식) 子孫(자손)
65	字 글자　자	子 6	字 zì	① 집(宀)에서 자식(子)을 낳듯, 글자(字)를 계속하여 만 들어 냈다. '글자' '문자'의 뜻이다. ② 文字(문자) 漢字(한자) 一字無識(일자무식)
66	自 스스로　자	自 6	自 zì	① 사람이 숨을 쉬는 '코'모양이다. 숨은 '저절로'쉬게 되 므로 '스스로' '나'를 뜻한다. ② 自己(자기) 自動(자동) 自然(자연) 自由(자유)
67	場 마당　장	土 12	场 cháng	① 햇볕(旦아침 단)이 빛나게 (勿) 비치는 땅(土). '마당' '무대' '넓은 땅'이란 뜻. ② 場所(장소) 廣場(광장) 農場(농장) 登場(등장)
68	全 온전　전	入 6	全 quán	① 입구(入)가 있는 곳집에 옥(玉)을 보관하다. 순수하고 깊이 보관된 옥이니, '온전하다' ② 完全(완전) 全國(전국) 全體(전체) 健全(건전)
69	前 앞　전	刂 9	前 qián	① 배(舟)를 줄로 매어 둘 때는 앞쪽을 맨다. 배(舟) 여러 척을 매어 둔 모양이다. '앞'이다. ② 前後(전후) 方前(전방) 前進(전진) 目前(목전)
70	電 번개/전기　전:	雨 13	电 diàn	① 비가(雨) 내릴 때 번개(电 하늘이 갈라진 모양)를 치는 모양이다. 빛은 번개이고, 소리는 우레다. ② 電氣(전기) 電力(전력) 電話(전화) 感電(감전)

7급 8회	한 자 훈 음	부수 총획	간 체 병음	① 자원풀이 ② 한자어
71	正 바를 정(:)	止 5	正 zhèng	① 하나(一)의 목표를 정해 놓고 가다(止) '바르다' '옳다' '곧다'의 뜻이다. ② 正直(정직) 正答(정답) 不正(부정) 新正(신정)
72	祖 할아비/조상 조	示 10	祖 zǔ	① 且(또 차)는 그릇을 쌓은 모양. 示(제사 시)를 합쳤다. 거듭 쌓여진 귀신이니 '조상'이다. *祖 ② 祖上(조상) 祖孫(조손) 祖國(조국) 始祖(시조)
73	足 발 족	足 7	足 zú	① '발'에서 무릎을 거쳐 장딴지까지의 모양이다. 장딴지는 살이 풍성하여, '만족'의 뜻도 있다. ② 手足(수족) 四足(사족) 滿足(만족) 不足(부족)
74	左 왼 좌:	工 5	左 zuǒ	① 헤아리는(工) 손(ナ), '왼손'의 모양이다. '왼쪽' '그르다' '어긋나다'의 뜻도 있다. ② 左右(좌우) 左傾(좌경) 右往左往(우왕좌왕)
75	主 임금/주인 주	丶 5	主 zhǔ	① 등잔에 불이 켜진 모양이다. 등잔은 중심에 있고 높이 있다. '주인' '임금' '우두머리'이다. ② 主人(주인) 主客(주객) 君主(군주) 車主(차주)
76	住 살 주:	亻 7	住 zhù	① 사람(亻)이 주인(主)이 되어 머물러 사는 곳. '거처하다' '멈추다'의 뜻도 있다. ② 住居(주거) 住宅(주택) 永住(영주) 移住(이주)
77	重 무거울 중:	里 9	重 zhòng	① 사람이 등짐을 지고 서 있는 모양이다. '무겁다' '두텁다' '거듭'의 뜻이 있다. ② 輕重(경중) 重要(중요) 重複(중복) 重病(중병)
78	地 따/땅 지	土 6	地 dì	① 土는 식물의 근원. 也는 여자의 생식기. 즉 땅은 식물과 동물이 태어나서 사는 터전임. ② 土地(토지) 天地(천지) 地球(지구) 地層(지층)
79	紙 종이 지	糸 10	纸 zhǐ	① '종이'의 씨(氏)는 실(糸)이다. 처음의 종이는 실로 짠 '베'였다. ② 白紙(백지) 休紙(휴지) 色紙(색지) 表紙(표지)
80	直 곧을 직	目 8	直 zhí	① 여럿이(十) 보아도(目) 보지 않아도 (ㄴ가림) 올바르게 행동하는 사람. '곧다' '바르다' '맞다' *直 ② 正直(정직) 曲直(곡직) 直立(직립) 直線(직선)

#	한자	훈음	부수	총획	간체	병음	자원풀이 / 한자어
81	川	내 천	巛	3	川	chuān	① 골짜기 물이 모여서 제방사이로 흐르는 '시내'의 모양이다. 물이 흘러가는 모양이다. ② 山川(산천) 河川(하천) 晝夜長川(주야장천)
82	千	일천 천	十	3	千	qiān	① 숫자 '일천'이다. '백'의 열배. '천 번' '많다'의 뜻도 있다. ② 千年(천년) 千古(천고) 危險千萬(위험천만)
83	天	하늘 천	大	4	天	tiān	① 사람의 머리(大)위에 크게 금(一)을 그어 '하늘'을 형상화 했다. '우주의 주재자' '자연' ② 天地(천지) 天然(천연) 人命在天(인명재천)
84	草	풀 초	艹	10	草	cǎo	① 이른 봄(早)에 가장먼저 돋아나는 풀(艹) 그 풀싹이 나오는 모양이다. ② 草木(초목) 草原(초원) 雜草(잡초) 藥草(약초)
85	村	마을 촌:	木	7	村	cūn	① 어귀(목)에다 나무(木)를 심어 집단을 표시하고 가까운(寸) 사람들 끼리 모여 살았다. ② 農村(농촌) 村老(촌로) 漁村(어촌) 富村(부촌)
86	秋	가을 추	禾	9	秋	qiū	① 들판의 벼(禾)가 벌겋게(火) 익는 계절, '가을' '성숙한 때' '세월'의 뜻이 있다. ② 秋夕(추석) 春秋(춘추) 秋風落葉(추풍낙엽)
87	春	봄 춘	日	9	春	chūn	① 햇살(日)을 받아 새싹(艹)이 돋아나는(屯) 철 '봄'이다. '봄' '세월=春秋' '남녀의 정'의 뜻. ② 春分(춘분) 春風(춘풍) 靑春(청춘) 回春(회춘)
88	出	날 출	凵	5	出	chū	① 새싹이 나서 쭉쭉 뻗어 올라가는 모양. 또 문턱을 나서서 밖으로 나가는 모양. ② 出口(출구) 出生(출생) 外出(외출) 進出(진출)
89	便	편할 편(:)	亻	9	便	biàn	① 사람(亻)이 편리하도록 고치니(更) '편하다' '똥이나 오줌'으로 쓰릴 때는 '변'으로 읽는다. ② 便利(편리) 不便(불편) 便所(변소) 大便(대변)
90	平	평평할 평	干	5	平	píng	① 좌우(左右)를 '고르게 하다' 글자의 모양만 봐도 그 뜻을 알 수 있다. '보통' '편안하다' ② 平均(평균) 平地(평지) 平野(평야) 不平(불평)

91	下	一	下	① 기준선을 가로(一)로 긋고 그 아래에 점을 찍어 '아래'를 표시. 대표적인 지사문자이다. ② 上下(상하) 地下(지하) 下山(하산) 下衣(하의)
	아래　　하:	3	xià	

92	夏	夂	夏	① 더워서 머리를 늘어뜨리고 느릿느릿 걷는(夂) 모양에서, '여름' 사물이 크게 자라므로 '크다' ② 夏至(하지) 夏服(하복) 盛夏(성하) 立夏(입하)
	여름　　하:	10	xià	

93	漢	氵	汉	① 황토(堇) 물(氵)이 흐르는 큰 '강'의 이름. 이 유역에서 문화가 크게 발달한 민족 '한나라' ② 漢字(한자) 漢族(한족) 漢江(한강) 漢陽(한양)
	한수/한나라 한:	14	hàn	

94	海	氵	海	① 어머니(每)처럼 모든 물(氵)을 다 '받아들이는' 바다'이며, 한없이 '크다'는 뜻으로도 쓰임. ② 海洋(해양) 東海(동해) 人山人海(인산인해)
	바다　　해:	10	hǎi	

95	花	⺾	花	① 풀(⺾)이 묘하게 변하여(化) '꽃'이 되었다. '꽃이 피다' '무늬' 기생'이란 뜻도 있다. ② 花草(화초) 花盆(화분) 落花流水(낙화유수)
	꽃　　화	8	huā	

96	話	言	话	① 혀(舌)로 말(言)을 하는 모양이다. 착한 '말'이며 '이야기하다'의 뜻이다. ② 電話(전화) 對話(대화) 話術(화술) 會話(회화)
	말씀　　화	13	huà	

97	活	氵	活	① 혀(舌)에 물기(氵)가 촉촉한 것은 살아 있기 때문이다. 물은 생물의 근원. '살다' '생존하다'의 뜻이다. ② 生活(생활) 活動(활동) 死活(사활) 復活(부활)
	살　　활	9	huó	

98	孝	子	孝	① 늙은(老) 아버지를 아들(子)이 업고 있는 모양. 자식이 늙은 부모를 '받들다' '효도'하다의 뜻. ② 孝道(효도) 孝誠(효성) 孝婦(효부) 忠孝(충효)
	효도　　효:	7	xiào	

99	後	彳	后	① 사람이 뒤로 물러 갈 때는 작은(幺) 걸음(彳)으로 천천히(夂) 갈 수 밖에 없다. '뒤' '늦다' ② 前後(전후) 後門(후문) 産後(산후) 生後(생후)
	뒤　　후:	9	hòu	

100	休	亻	休	① 사람(亻) 나무(木) 그늘에서 쉬고 있는 모양. '쉬다' '그치다'의 뜻도 있다. ② 休息(휴식) 休日(휴일) 休校(휴교) 休職(휴직)
	쉴　　휴	6	xiū	

7급

6급

150자

6급 1회	한자 훈음	부수 총획	간체 병음	① 자원풀이 ② 한자어
1	各 각각 **각**	口	各 gè	① 足(발)이 거꾸로 된 모양이다. 왔던 길을 '각각' 제집으로 돌아가다. 夅은 오는 모양. ② 各自(각자) 各國(각국) 各班(각반) 各種(각종)
2	角 뿔 **각**	角 7	角 jiǎo	① 짐승의 '뿔 모양'이다. 뿔로 싸우므로 '다투다' '구석' '모퉁이'의 뜻도 있다. ② 角度(각도) 三角(삼각) 角逐(각축) 鹿角(녹각)
3	感 느낄 **감:**	心 13	感 gǎn	① 입(口)을 돌아(戌)막으니 느끼는 마음(心)이 같다. (咸다 함) '느끼다' '감동하다' ② 感動(감동) 感氣(감기) 同感(동감) 感謝(감사)
4	強 강할 **강(:)**	弓 11	强 qiáng	① 큰(弘) 벌레(虫)를 합친 字. 크고 단단한 껍질을 가져 '강하다' '억지로' 또는 '바구미'라는 說. (일)強. *強(11획)=强(12획) ② 強弱(강약) 強盜(강도) 富強(부강) 最強(최강)
5	開 열 **개**	門 12	开 kāi	① 빗장(一)으로 잠긴 문(門)을 두 손(廾)으로 열어젖히다. '통하다' '시작하다'의 뜻이다. ② 開校(개교) 開放(개방) 開學(개학) 公開(공개)
6	京 서울 **경**	亠	京 jīng	① 서울에는 종묘가 있고 높은(高) 집이 많다. '크다' '높다'의 뜻이 있다. ② 京畿道(경기도) 京城(경성) 京釜線(경부선)
7	界 지경 **계:**	田 9	界 jiè	① 밭(田)사이에 끼어든(介) 밭둑이니. '경계'이다. 경계선으로 '구분하다' '한정하다'의 뜻이다. ② 境界(경계) 世界(세계) 限界(한계) 業界(업계)
8	計 셀 **계:**	言 9	计 jì	① 입(言)으로 숫자(十)를 헤아리다. '수를 세다' '꾀하다' ② 計算(계산) 計劃(계획) 合計(합계) 設計(설계)
9	古 예/옛 **고:**	口 5	古 gǔ	① 입(口)으로 전해진 십대(十代). 1대는 30년. '오래다' '예스럽다' '옛날' ② 古家(고가) 古代(고대) 東西古今(동서고금)
10	苦 쓸 **고**	艹 9	苦 kǔ	① 오래된(古) 풀(艹)은 쓴맛이 나기 마련이다. '씀바귀'에서, 쓴 것은 먹기가 '괴롭다' ② 苦生(고생) 苦痛(고통) 同苦同樂(동고동락)

	한 자 훈 음	부수 총획	간 체 병음	① 자원풀이　　② 한자어
11	高 높을　고	高 10	高 gāo	① 높게 지은 '다락집'의 모양이다. 높은 것이니 '위' '멀다' '비싸다'의 뜻이다. ② 高等(고등) 高層(고층) 高級(고급) 高空(고공)
12	功 공　공	力 5	功 gōng	① 무엇을 만들기(工) 위해 힘(力)을 쓰다. '힘을 써서 공을 세우다' ② 成功(성공) 功勞(공로) 論功行賞(논공행상)
13	公 공평할　공	八 4	公 gōng	① 혼자(厶는 팔을 안으로 당김)서 쓰지 않고 여럿이 나누어(八나눌 팔)쓴다. '공정' '숨김없이' ② 公平(공평) 公開(공개) 公園(공원) 公正(공정)
14	共 한가지　공:	八 6	共 gòng	① 손(廾스물 입)모아 한 가지(一)로 받들다. '함께하다' '같게 하다' ② 共同(공동) 共犯(공범) 共用(공용) 共助(공조)
15	果 실과　과:	木 8	果 guǒ	① 나무(木)에 열매(田열매모양)가 달린 모양이다. '나무의 열매' '해내다' '굳세다'의 뜻도 있다. ② 果實(과실) 果然(과연) 結果(결과) 效果(효과)
16	科 과목　과	禾 9	科 kē	① 껍데기가 있는 곡식(禾)은 등급을 나눈다(斗) '사무분장에서 구분을 나타냄' ② 科目(과목) 科學(과학) 科擧(과거) 眼科(안과)
17	光 빛　광	儿 6	光 guāng	① 사람(儿)이 장작불이나 횃불(火)을 들고 있다. '광선' '빛나다' '색깔'의 뜻이 있다. ② 光線(광선) 光速(광속) 觀光(관광) 發光(발광)
18	交 사귈　교	亠 6	交 jiāo	① 사람이 발을 교차(엇바뀌게)하여 서 있는 모양. '사귀다' '주고받다' '흘레하다'의 뜻이다. ② 交通(교통) 交際(교제) 交涉(교섭) 社交(사교)
19	區 구분할/지경　구	匸 11	区 qū	① 물건(品물건 품)을 종류별로 나누어 넣다(匸). 땅을 나누니, '지경' '따로따로' '나누다'의 뜻. (일)区 ② 區分(구분) 區域(구역) 敎區(교구) 鑛區(광구)
20	球 공　구	玉 11	球 qiú	① 둥근 구슬(玉은 보물)은 누구나 구(求)하여 가지고 싶다. 구슬 모양의 '공' '둥글다'는 뜻. ② 地球(지구) 球速(구속) 野球(야구) 球根(구근)

21	郡 고을 군:	阝 10	郡 jùn	① 언덕(阝)을 경계로 작은 임금(君고을 원님)이 다스리는 곳. '고을' '행정구역' '관청' ② 郡界(군계) 郡民(군민) 郡廳(군청) 郡守(군수)
22	近 가까울 근:	辶 8	近 jìn	① 나무하러간(辶) 사람의 도끼(斤)소리가 들리는 곳은 '가까운 곳'이다. '닮았다' '곁'의 뜻. ② 近方(근방) 近接(근접) 遠近(원근) 親近(친근)
23	根 뿌리 근	木 10	根 gēn	① 나무(木)의 뿌리를 파고 들어가니 끝(艮그칠 간)이 있더라. 나무의 작은 뿌리(根) *큰 뿌리는 本. ② 根本(근본) 根性(근성) 齒根(치근) 禍根(화근)
24	今 이제 금	人 4	今 jīn	① 덮어 싸서 포함(含머금을 함. 口를 줄임)되었다. 가차되어 '지금' '이때' '오늘' '현재'로 쓰임. ② 今日(금일) 今年(금년) 昨今(작금) 古今(고금)
25	急 급할 급	心 9	急 jí	① 달아나는 사람에게 손(彐)이 미치다(及) 그 사람의 마음(心)이 '급하다' '빠르다' ② 急速(급속) 急行(급행) 特急(특급) 危急(위급)
26	級 등급 급	糸 10	级 jí	① 실(糸)이 미치는(及) 정도를 봐서 등급을 매김. '등급' '차례'의 뜻으로 쓰인다. ② 級數(급수) 級友(급우) 學級(학급) 等級(등급)
27	多 많을 다	夕 6	多 duō	① 밤(夕)은 계속적이고 중복된다. '많다' '겹치다' '늘어나다'는 뜻이다. ② 多少(다소) 多讀(다독) 雜多(잡다) 最多(최다)
28	短 짧을 단(:)	矢 12	短 duǎn	① 화살(矢)이나 제기(豆)는 길이나 높이를 가늠하는데 쓰였다. '짧다' '부족하다' '모자람' ② 長短(장단) 短縮(단축) 短點(단점) 短刀(단도)
29	堂 집 당	土 11	堂 táng	① 토방(土) 위에 지은 안채. 정각(正閣)으로 부모를 모시던 집. '마루가 잇는 본채' ② 講堂(강당) 法堂(법당) 正正堂堂(정정당당)
30	代 대신할 대:	亻 5	代 dài	① 사람(亻)이 주살(弋)로 잡다. 사람 대신에 주살로 잡다. '대신하다' '번갈다'에서 '시대'로 가차. ② 代身(대신) 代讀(대독) 時代(시대) 現代(현대)

31	待 기다릴　대:	彳 9	待 dài	① 관청(寺)의 일은 찾아가서(彳) 처분대로 '기다려야' 한다. '대접하다' '기대를 걸다' ② 期待(기대) 優待(우대) 待接(대접) 冷待(냉대)
32	對 대할　대:	寸 14	对 duì	① 상대(화환을 무대의 양쪽 놓고)가 되도록 손(寸)으로 일을 하다. '마주보다' '만나다'의 뜻. (일)对 ② 相對(상대) 對立(대립) 反對(반대) 絶對(절대)
33	度 법도　도(:)	广 9	度 dù	① 많은 것(庶'여러 서'획 줄임)을 손(又)으로 세고 있다. '헤아리다' '제도' '법도'의 뜻이 있다. ② 度數(도수) 溫度(온도) 法度(법도) 速度(속도)
34	圖 그림　도	囗 14	图 tú	① 홍수가 쓸고 간 밭의 경계선을 다시 그리다. '그리다' '꾀하다' '다스리다' '고안하다' (일)図 ② 圖面(도면) 地圖(지도) 圖案(도안) 圖謀(도모)
35	讀 읽을/구절　독/두	言 22	读 dú	① 어떤 물건을 팔(賣팔 매) 때 장사꾼이 소리(言)를 크게 지르듯, 책을 소리 내어 '읽다' (일)読 ② 讀書(독서) 讀者(독자) 朗讀(낭독) 精讀(정독)
36	童 아이　동(:)	立 12	童 tóng	① 동네(里) 어귀에서 서서(立) 노는 것은 '아이' '어린아이' 아이는 '어리석다'의 뜻도 있다. ② 童話(동화) 神童(신동) 牧童(목동) 童貞(동정)
37	頭 머리　두	頁 16	头 tóu	① 제사 그릇(豆)이 제물을 받치고 있듯이 '머리'(頁)를 목이 받치고 있다. '우두머리' '시초' ② 頭角(두각) 頭髮(두발) 先頭(선두) 石頭(석두)
38	等 무리/등급　등:	竹 12	等 děng	① 관청(寺관청 시)에서 죽간(竹)을 '등급'에 따라 정리하다. '가지런하다' 견주다의 뜻이다. ② 等級(등급) 等身(등신) 差等(차등) 一等(일등)
39	樂 즐길/노래　락/악	木 15	乐 lè	① 큰북(白은 북 모양)과 작은(幺) 북을 받침대(木) 위에 올려놓고 치는 모양. '즐겁다' '좋다' ② 娛樂(오락) 音樂(음악) 老少同樂(노소동락)
40	例 법식　례(예):	亻 8	例 lì	① 다른 사람(亻)에게 비슷한 상황을 벌려(列) 놓고 본보기로 삼게 하다. '법식' '본보기' ② 慣例(관례) 比例(비례) 事例(사례) 判例(판례)

6급 5회	한 자 훈 음	부수 총획	간 체 병음	① 자원풀이 ② 한자어
41	禮 예도 례(예):	示 18	礼 lǐ	① 작은 그릇(豆) 큰 그릇에 가득 담아(豊풍년 풍) 조상(示)에게 바치는 것이 '예절 중의 예절'임. (일)礼 ② 禮度(예도) 禮節(예절) 敬禮(경례) 答禮(답례)
42	路 길 로(노):	足 13	路 lù	① 가고(足) 오고(各은 足이 거꾸로 된 모양)하는 '길' 사 람이나 차가 '다니는 길'이다. ② 道路(도로) 鐵路(철로) 路線(노선) 路面(노면)
43	綠 푸를 록(녹)	糸 14	绿 lù	① 나무의 껍질을 벗기면(彔깎을 록) 그 속의 섬유 질(糸)은 푸르다. '초록색' (일)綠 ② 綠豆(녹두) 綠陰(녹음) 草綠同色(초록동색)
44	利 이할 리(이):	刂 7	利 lì	① 논에 있는 벼(禾)를 낫(刂)으로 베어오니 나에게 '이롭 다' '날카롭다'의 뜻도 있다. ② 利害(이해) 得得(이득) 便利(편리) 銳利(예리)
45	李 오얏/성 리(이):	木 7	李 lǐ	① 나무(木)중에서 열매(子)가 많이 열리는 나무 자두 비 슷한 '오얏' 성씨(姓氏)로 쓰임. ② 李成桂(이성계) 張三李四(장삼이사)
46	理 다스릴 리:	玉 11	理 lǐ	① 옥이 결대로 줄기지어(里) 있다. '다스리다' 옥은 결대 로 잘 다듬어야 한다. '이치' '길' ② 道理(도리) 理致(이치) 修理(수리) 理髮(이발)
47	明 밝을 명	日 8	明 míng	① 해(日)와 달(月)이 떠 있을 때는 '밝다' 대표적인 회의 문자이다. '환하다' '확실하다' ② 明白(명백) 分明(분명) 明確(명확) 證明(증명)
48	目 눈 목	目 5	目 mù	① 눈의 모양이다. 四(넉 사)와 구분하기 위하여 가로모양 의 눈을 세로로 세운 것이다. ② 眼目(안목) 科目(과목) 目的(목적) 目標(목표)
49	聞 들을 문(:)	耳 14	闻 wén	① 문(門)틈에 귀를(耳) 대고 소리를 듣는 모양 이다. '소문' '찾다'의 뜻도 있다. ② 見聞(견문) 新聞(신문) 探聞(탐문) 風聞(풍문)
50	米 쌀 미	米 6	米 mǐ	① 낟알이 달린 벼이삭의 모양이다. '쌀' '쌀알이 흩어져 있음' '낟알'이라는 뜻. ② 米穀(미곡) 米飮(미음) 白米(백미) 玄米(현미)

51	美 아름다울 미(:)	羊 9	美 měi	① 羊(양 양)에 큰 대(大)를 받쳐 놓은 글자로, 양은 클수록 '아름답고' 털이 '곱다' ② 美人(미인) 美國(미국) 美風良俗(미풍양속)
52	朴 성　　박	木 6	朴 piáo	① 나무(木) 밑 둥 '등걸'이다. 질박 하다는 뜻. 주로 성씨(姓氏)로 쓰이고 있다. ② 淳朴(순박) 素朴(소박) 朴赫居世(박혁거세)
53	反 돌이킬/돌아올 반:	又 4	反 fǎn	① 손(又)을 이리저리 뒤집는 모양이다. '되돌리다' '뒤집다' '되풀이하다' ② 反對(반대) 反省(반성) 反射(반사) 反復(반복)
54	半 반　　반:	十 5	半 bàn	① 큰 소(牛)를 반으로 나눈(八) 모양이다. 큰 소는 반, 반으로 나누어야만 먹을 수 있다. ② 半切(반절) 半額(반액) 前半(전반) 半月(반월)
55	班 나눌　　반	玉 10	班 bān	① 큰 옥(玉)은 칼(刂)로 나누어 쌍옥(雙玉)을 만든다. '나누다' '분배하다' '행렬'의 뜻이 있다. ② 班長(반장) 兩班(양반) 班列(반열) 首班(수반)
56	發 필　　발	癶 12	发 fā	① 양쪽 발(癶)을 굳게 디뎌야 활(弓)을 제대로 쏠 수 있다. '발사하다' '생기다' '들추다' (일)発 ② 發射(발사) 發生(발생) 摘發(적발) 發見(발견)
57	放 놓을　　방(:)	攵 8	放 fàng	① 쳐서(攵) 다른 곳(方)으로 떼어 놓다. '내치다' '버리다' '놓이다' ② 放學(방학) 放送(방송) 追放(추방) 放置(방치)
58	番 차례　　번	田 12	番 fān	① 밭(田)으로 지나간 짐승발자국(釆)이 차례대로 줄지어 있다. '차례' '갈리다'의 뜻이다. ② 番號(번호) 順番(순번) 番地(번지) 當番(당번)
59	別 다를/나눌　별	刂 7	別 bié	① 뼈에 붙은 살을 칼(刂)로 발라내다. '다르다' '나누다' '헤어지다'의 뜻이다. ② 特別(특별) 離別(이별) 分別(분별) 個別(개별)
60	病 병　　병:	疒 10	病 bìng	① 속병(疒)이 밖으로 돋아서(丙) 침대에 누워있는 모양이다. '병이 나다' '근심' '아프다'의 뜻. ② 病院(병원) 病苦(병고) 發病(발병) 病死(병사)

61	服 옷　　복	月 8	服 fú	① 몸뚱이(月'육달 월'은 신체)에 미치게(及) 한 것. 몸에 입힌 '옷'이다. '옷' '좇다' '따르다'의 뜻. ② 衣服(의복) 服裝(복장) 服從(복종) 屈服(굴복)
62	本 근본　　본	木 5	本 běn	① 나무(木) 밑 둥에 뿌리(一)를 표시했다. '나무뿌리' 대표적인 지사문자이다. ② 根本(근본) 本部(본부) 見本(견본) 敎本(교본)
63	部 떼　　부	阝 11	部 bù	① 나누어진(剖'가를 부'의 획 줄임) 고을(阝)을 '다스리 다' '떼'의 일부. ② 部落(부락) 部分(부분) 部隊(부대) 部長(부장)
64	分 나눌　　분(:)	刀 4	分 fēn	① 칼(刀)로 쪼개어 나누다(八). '나누다' '구별하다' '헤어지다' '몫' ② 半分(반분) 區分(구분) 分離(분리) 配分(배분)
65	死 죽을　　사:	歹 6	死 sǐ	① 뼈(歹)가 발라지고 변화(匕)되어 '죽다' '다하다' '마치다' ② 死亡(사망) 死力(사력) 死別(사별) 生死(생사)
66	使 하여금/부릴 사:	亻 8	使 shǐ	① 관장(官長)이 아전(吏)을 부리다. '……로 하여금' '시키다' '부리다' '심부름하다' ② 使命(사명) 使臣(사신) 天使(천사) 行使(행사)
67	社 모일　　사	示 8	社 shè	① 땅(土)을 관장하는 신(示)에게 제사 지내기 위하여 사 람이 '모이다' '단체'의 뜻도 있다. *社 ② 會社(회사) 社長(사장) 社交(사교) 社員(사원)
68	書 글　　서	日 10	书 shū	① 붓(聿붓 율)으로 말(曰) 한 것을 받아 적다. '서류' '글씨' '문장' '책'의 뜻이다. ② 書記(서기) 書籍(서점) 讀書(독서) 遺書(유서)
69	石 돌　　석	石 5	石 shí	① 산기슭(厂)에서 떨어진 돌멩이(口) 모양이다. 돌돌 굴러다니는 '돌'이다. ② 石山(석산) 石頭(석두) 木石(목석) 寶石(보석)
70	席 자리　　석	巾 10	席 xí	① 여러(庶의 획 줄임)사람이 앉을 수 있게 깔개(巾수건) 을 깔다. '자리' '앉음새' ② 座席(좌석) 出席(출석) 首席(수석) 參席(참석)

71	線 줄　선	糸 15	线 xiàn	① 샘물(泉)이 흘러 마치 실(糸)처럼 이어지다. '실' '줄' 뜻이다. ② 線路(선로) 直線(직선) 無線(무선) 電線(전선)
72	雪 눈　설	雨 11	雪 xuě	① 하늘에서 내리는 비(雨)다. 빗(彗빗자루 혜) 자루로 쓸 수 있는 '비'는 '눈'이다. ② 雪景(설경) 白雪(백설) 雪辱(설욕) 雪糖(설탕)
73	成 이룰　성	戈 7	成 chéng	① 길쭉하게 다 자란 것(丁)을 창(戈)으로 솎다. 다 자란 것이면 '이루어진 것이다' '성취하다' ② 成功(성공) 成就(성취) 完成(완성) 養成(양성)
74	省 살필/덜　성/생	目 9	省 shěng	① 눈(目)을 작게(少)하여 살펴보다. 안으로 돌려 자기를 살피다. '깨닫다' '덜다 생'의 뜻도 있다. ② 省察(성찰) 反省(반성) 省墓(성묘) 省略(생략)
75	消 사라질　소	氵 10	消 xiāo	① 물(氵)이 점점 적어져서(肖적을 초) '사라지다' '없어지다' '가라앉다' ② 消滅(소멸) 消火(소화) 消毒(소독) 取消(취소)
76	速 빠를　속	辶 11	速 sù	① 빨리 달리려면(辶) 옷을 단단히 묶고(束) 달려야 한다. '빠르다' '급히 서두르다' ② 速度(속도) 速力(속력) 速成(속성) 風速(풍속)
77	孫 손자　손(:)	子 10	孙 sūn	① 아들(子)에서 아들로 이어지는(系) 자손. '후손' '자손' 의 뜻이다. ② 孫子(손자) 祖孫(조손) 宗孫(종손) 王孫(왕손)
78	樹 나무　수	木 16	树 shù	① 나무(木)를 잘 세워(尌세울 주) 심은 것이다. 야생(野生)이 아니고 사람(寸)이 심은 나무이다. ② 果樹園(과수원) 街路樹(가로수) 樹立(수립)
79	術 재주　술	行 11	术 shù	① 원리를 이용하여 벗겨(朮벗길 출) 나아가다.(行) 원리를 이용하는 기술 '재주' '꾀' ② 技術(기술) 魔術(마술) 術策(술책) 術法(술법)
80	習 익힐　습	羽 11	习 xí	① 새가 깃(羽)이 자라는 것만큼 스스로 날개 짓을 익히 다. '배워서 익히다' '버릇' ② 習慣(습관) 練習(연습) 習作(습작) 自習(자습)

6급

81	勝 이길　승	力 12	胜 shèng	① 배(月은 舟의 변형)가 파도를 이기고 목적지까지 닿는 　동안 젖는 힘(力) 끈질긴 힘이 있어야 된다. ② 勝利(승리) 勝敗(승패) 優勝(우승) 決勝(결승)
82	始 비로소　시:	女 8	始 shǐ	① 어머니(女)로부터 목(口목구멍) 숨(厶숨구멍)을 받아 　비로소 세상에 태어났다. '처음' '비로소' ② 始作(시작) 始祖(시조) 開始(개시) 始發(시발)
83	式 법　식	弋 6	式 shì	① 자로(工) 잰 것과 같은 규격의 말뚝(弋)을 박아 '본보기' 　'법'으로 삼았다. ② 法式(법식) 方式(방식) 格式(격식) 形式(형식)
84	身 몸　신	身 7	身 shēn	① 여자가 아기를 밴 모양이다. 여자의 몸속에서 새로운 　몸이 나오다. 身은 時間性, 體는 空間性 ② 身體(신체) 身分(신분) 肉身(육신) 屍身(시신)
85	信 믿을　신:	亻 9	信 xìn	① 내가 하는 말(言)은 다른 사람(亻)이 믿게 하다. 　'진실' '분명히 하다' '편지'의 뜻도 있다. ② 信念(신념) 信仰(신앙) 信用(신용) 答信(답신)
86	神 귀신　신	示 10	神 shén	① 번개(申하늘이 갈라진 모양)를 치는 것은 하늘 신(示)이 　벌을 주는 것으로 생각했다. '귀신' *神 ② 鬼神(귀신) 天神(천신) 地神(지신) 神父(신부)
87	新 새　신	斤 13	新 xīn	① 가시나무(辛죄 신)는 도끼(斤)로 잘라내어도 밑 둥에서 　새싹이 또 나온다. '새롭다' '처음' ② 新舊(신구) 新曲(신곡) 新規(신규) 最新(최신)
88	失 잃을　실	大 5	失 shī	① 손에 가지고 있던 것이 손(手)아귀 밖으로 벗어난 모양. 　'잃어버리다' '놓치다' '잘못' ② 失手(실수) 失敗(실패) 過失(과실) 紛失(분실)
89	愛 사랑　애(:)	心 13	爱 ài	① 진심(心)으로 주고(受) 미련 없이 바라는 것 없이 돌아 　가다(夂). '아끼다' '사랑하다' ② 愛情(애정) 愛慾(애욕) 愛國(애국) 愛用(애용)
90	夜 밤　야:	夕 8	夜 yè	① 저녁(夕)을 지나 밤이 옆구리(掖)까지 꽉 찬 상태. 　'쉬다' '어두워지다' ② 夜間(야간) 夜光(야광) 晝夜(주야) 深夜(심야)

91	野	里	野	① 마을(里)을 벗어난 곳에 나(予)의 논밭이 있다. '들판' '촌스럽다' '야심' '야만'의 뜻도 있다. ② 平野(평야) 廣野(광야) 野望(야망) 野生(야생)
	들　　　야:	11	yě	

92	弱	弓	弱	① 활(弓)이 휘어져 약한 부분을 가죽 끈으로 감아둔 모양 이다. '약하다' '젊다'의 뜻도 있다. ② 强弱(강약) 弱冠(약관) 弱體(약체) 虛弱(허약)
	약할　　약	10	ruò	

93	藥	⺾	药	① 초목(⺾)으로 치료하였더니 병이 나아서 마음이 즐거 위(樂) 졌다. '약' '고치다' (약)藥 ② 藥師(약사) 藥品(약품) 韓藥(한약) 洋藥(양약)
	약　　　약	19	yào	

94	洋	氵	洋	① 물결(氵)이 양떼(羊)처럼 끊임없이 출렁이는 육지에서 멀리 떨어진 '큰 바다' ② 洋弓(양궁) 洋服(양복) 東洋(동양) 太平洋(태평양)
	큰바다　양	9	yáng	

95	陽	阝	阳	① 언덕(阝)에 해(昜)가 비치는 곳이다. '해' '밝다' '환하다' '볕'의 뜻으로도 쓰인다. ② 太陽(태양) 陽地(양지) 陰陽(음양) 陽氣(양기)
	볕　　　양	12	yáng	

96	言	言	言	① 마음에 있는 것이 입을 통해서 밖으로 나옴. '말'의 가장 넓은 의미. '내가 하는 말' ② 言語(언어) 直言(직언) 言論(언론) 發言(발언)
	말씀　　언	7	yán	

97	業	木	业	① 어떤 행사에 우북한 풀을 들이고 물리는 일. 즉 화환 등 행사를 준비하는 일. '일' '직업' ② 業務(업무) 職業(직업) 農業(농업) 營業(영업)
	업　　　업	13	yè	

98	永	水	永	① 산 속 샘에서 솟은 물(水)이 내를 지나서 江, 江을 지나서 바다에 까지 흐르는 '긴-흐름' ② 永遠(영원) 永久(영구) 永生(영생) 永眠(영면)
	길　　　영:	5	yǒng	

99	英	⺾	英	① 꽃(⺾)잎을 아우르는 중심(央)인 '꽃의 부리' '아름답다' '뛰어나다' '명예'의 뜻도 있다. ② 英雄(영웅) 英語(영어) 英才教育(영재교육)
	꽃부리　영	9	yīng	

100	溫	氵	温	① 물(氵)을 그릇(皿)에 가두어(囚) 두면 따뜻해진다. '따뜻하다' '순수하다' '익히다'의 뜻. (일)温 ② 溫泉(온천) 溫冷(온냉) 溫故知新(온고지신)
	따뜻할　온	13	wēn	

6급

101	用 쓸 용:	用	用 5 / yòng	① 원래는 나뭇가지로 엮은 울타리 모양이다. '쓰임'은 한계가 있고, 한계는 울타리. '쓰다' ② 用度(용도) 用務(용무) 使用(사용) 利用(이용)
102	勇 날랠 용:	力	勇 9 / yǒng	① 힘(力)이 제대로 통(甬골목길 용)하도록 하다. '날쌔다' '과감하다' '용감하다' '강하다' ② 勇敢(용감) 勇氣(용기) 勇猛(용맹) 勇將(용장)
103	運 옮길 운:	辶	运 13 / yùn	① 짐을 싣고 엄호를 받는 수레(軍)가 가다(辶) '움직이다' '운전하다' '옮기다' '나르다' 등. ② 運動(운동) 運轉(운전) 氣運(기운) 幸運(행운)
104	園 동산 원	囗	园 13 / yuán	① 과수원과 같이 크게(袁) 에워싼(囗) 밭. '동산' '과수원' '울타리'의 뜻이다. ② 公園(공원) 庭園(정원) 園藝(원예) 樂園(낙원)
105	遠 멀 원:	辶	远 14 / yuǎn	① 크고 멀리(袁늘어지게 멀리) 가다(辶). '멀다' '멀리하 다' '심오하다'라는 뜻이다. ② 遠近(원근) 遠隔(원격) 望遠鏡(망원경)
106	由 말미암을 유	田	由 5 / yóu	① 열매가 꼭지에 달린 모양을 본뜬 字. '까닭' '유래' *말미암다 : 원인이나 이유가 되다. ② 由來(유래) 由緖(유서) 理由(이유) 自由(자유)
107	油 기름 유	氵	油 8 / yóu	① 열매(由)에서 짜낸 '식물성 기름'이다. 액체로 말미암 아 불이 타는 것은 '기름' ② 油田(유전) 石油(석유) 食用油(식용유)
108	銀 은 은	金	银 14 / yín	① 갱 굴속의 금속(金) 중에서 가장 깊숙이(艮) 박힌 금속. '흰 빛을 띤 쇠(金)는 은이다' ② 金銀(금은) 銀賞(은상) 銀行(은행) 銀髮(은발)
109	音 소리 음	音	音 9 / yīn	① 뱃속(마음)에 있는 것을 정리하여 '소리'내다. '소리' '말소리' '편지'의 뜻도 있다. ② 音樂(음악) 音盤(음반) 訓音(훈음) 錄音(녹음)
110	飮 마실 음(:)	食	饮 13 / yǐn	① 밥(食)이나 묽직한 것을 입을 벌려(欠) '마시다' '물먹다' '음료수' 등. (일)飲 ② 飮食(음식) 飮酒(음주) 飮料水(음료수)

111	衣 옷　　의	衣 6	衣 yī	① 위에 입는 옷 '저고리'의 모양이다. '옷' '의복' '저고리' *아랫도리는 [裳치마 상] ② 衣服(의복) 衣裳(의상) 白衣民族(백의민족)
112	意 뜻　　의:	心 13	意 yì	① 마음(心)속에 든 것이 소리(音)로 나오는데 그 소리대 로 하려는 뜻. '생각하다' ② 意見(의견) 意思(의사) 故意(고의) 同意(동의)
113	醫 의원　　의	酉 18	医 yī	① 화살(矢)을 맞은 사람에게 술(酉=痲醉劑)을 먹여 치료 (殳)하다. '병을 고치다' (일)医 ② 醫員(의원) 醫師(의사) 醫藥(의약) 名醫(명의)
114	者 놈　　자	耂 9	者 zhě	① 불나비가 불을 보고 많이 찾아오는 모양. 이놈저놈, 어 중이떠중이. '사람' '것'의 뜻. ② 强者(강자) 富者(부자) 筆者(필자) 學者(학자)
115	作 지을　　작	亻 7	作 zuò	① 만든 사람(亻) 이름이 잊혀(乍잠깐 사)질 것을 막다. '짓다' '만들다' '일으키다' ② 作家(작가) 作品(작품) 傑作(걸작) 發作(발작)
116	昨 어제　　작	日 9	昨 zuó	① 잠깐(乍잠깐 사) 지나간 날(日)이니, '어제' '이전' '옛 날' 등의 뜻이다. ② 昨年(작년) 昨今(작금) 再昨年(재작년)
117	章 글　　장	立 11	章 zhāng	① 글이나 소리(音)가 한 장이 되어 마침(十) '글' '문장' '악곡의 절' '시문의 절' ② 文章(문장) 樂章(악장) 印章(인장) 勳章(훈장)
118	在 있을　　재:	土 6	在 zài	① 종자(子)와 그것을 받아 키우는 땅(土). 그 곳에 '있다' '존재하다' ② 在京(재경) 在庫(재고) 存在(존재) 現在(현재)
119	才 재주　　재	扌 3	才 cái	① 땅위로 초목이 최초로 뚫고 나오는 모양이다. '재료의 뿌리' '재능' '바탕'의 뜻이다. ② 才能(재능) 才質(재질) 天才(천재) 英才(영재)
120	戰 싸움　　전:	戈 16	战 zhàn	① 單은 요즈음의 불도저, 戈(창)는 무기. 무기로 밀어붙 이는 '싸움' '전쟁' '경기' '겨루다' (일)戦 ② 戰爭(전쟁) 戰鬪(전투) 勝戰(승전) 作戰(작전)

121	定 정할　정:	宀 8	定 dìng	① 집(宀)에 발(疋발 소) 디딜 곳이 있어야 심신이 안정된 다. '결정하다' '정해지다' '반드시' ② 決定(결정) 作定(작정) 定着(정착) 安定(안정)
122	庭 뜰　정	广 10	庭 tíng	① 집(广)안의 마당. 정당(正堂) 앞의 마당. 집안의 '뜰' '집안' '조정' ② 庭園(정원) 家庭(가정) 校庭(교정) 親庭(친정)
123	第 차례　제:	竹 11	第 dì	① 대나무(竹)가 마디지어 자라 올라가듯 '차례' 대로 자람. '차례를 정하다' '등급'의 뜻이다. ② 及第(급제) 落第(낙제) 第一次(제일차)
124	題 제목　제	頁 18	題 tí	① 머리 중에서 제일 반반한 곳. '이마'가 본뜻. 제일먼저 눈에 띄는 곳. 표지의 '제목' ② 題目(제목) 問題(문제) 宿題(숙제) 課題(과제)
125	朝 아침　조	月 12	朝 zhāo	① 풀 속에서 해가(日)가 나오고 달(月)이 아직 희미하게 보이는 때. '아침' '방문하다' ② 朝夕(조석) 來朝(내조) 朝三暮四(조삼모사)
126	族 겨레　족	方 11	族 zú	① 전쟁 때는 깃발(族에서 矢를 제외하면 '깃발 언') 아래 화살을 가지고 모였다. '일가족' '겨레' ② 民族(민족) 部族(부족) 氏族(씨족) 親族(친족)
127	注 부을　주:	氵 8	注 zhù	① 물(氵)을 어떤 그릇에 중심(主) 잡아 따르다. '물을 대어주다' '붓다' '풀이하다'의 뜻도 있다. ② 注入(주입) 注油所(주유소) 注射器(주사기)
128	晝 낮　주	日 11	昼 zhòu	① 반듯하게(聿) 해가(旦아침 단) 떠있다. '낮' '한낮' 대낮' (일)畫 ② 晝夜(주야) 白晝(백주) 晝耕夜讀(주경야독)
129	集 모을/모일　집	隹 12	集 jí	① 새(隹)가 나무(木)위에 많이 모여 있다. 隹 셋을 하나로 줄임. '모이다' '이루다' ② 集中(집중) 集團(집단) 召集(소집) 雲集(운집)
130	窓 창　창	穴 11	窗 chuāng	① 벽에 낸 구멍(穴)이다. 숨(厶)을 쉬고 정신(心)을 열어 주는 구멍인 '창'이다. ② 窓門(창문) 窓口(창구) 同窓(동창) 鐵窓(철창)

131	清	氵	清	① 물(氵)이 푸른 빛(靑)을 띠는 것은 맑기 때문이다. '빛이 선명하다' '맑게 하다' (일)清 ② 淸明(청명) 淸掃(청소) 淸算(청산) 淸純(청순)
	맑을　　청	11	qīng	

132	體	骨	体	① 뼈(骨)에 살이 풍성(豊)하게 붙은 '몸'이다. '사지' '모양' '근본' '본받다'의 뜻이다. (일)体 ② 體育(체육) 身體(신체) 本體(본체) 液體(액체)
	몸　　체	23	tǐ	

133	親	見	亲	① 벤(立) 나무(木)에서 포기져 나오듯, 같은 姓들은 날마다 본다(見). '가까이하다' '사랑하다' ② 親族(친족) 親舊(친구) 兩親(양친) 宗親(종친)
	친할　　친	16	qīn	

134	太	大	太	① 큰(大)것 보다 더 큰 것. '크다' '매우' '처음' ② 太陽(태양) 太極(태극) 太白(태백) 太初(태초)
	클　　태	4	tài	

135	通	辶	通	① 골목길(甬골목길 용)을 오고가듯(辶) 서로 통하다. '뚫리다' '도달하다' '형통하다. *通 ② 交通(교통) 貫通(관통) 通達(통달) 亨通(형통)
	통할　　통	11	tōng	

136	特	牛	特	① 계통(寺는 之+寸)을 이어주는 소(牛종자용 소)는 특별히 우수한 '소'였다. '뛰어나다' '다름' ② 特別(특별) 特殊(특수) 特講(특강) 特選(특선)
	특별할　　특	10	tè	

137	表	衣	表	① 옷(衣)의 겉쪽. 큰옷(大+衣)은 겉에 걸쳐 입 는다. '겉' '나타내다' '표지' '본보기'의 뜻. ② 表紙(표지) 表現(표현) 表情(표정) 發表(발표)
	겉　　표	8	biǎo	

138	風	風	风	① 벌레(虫) 따라 일어나는 것이(凡) 바람이라고 생각했다. '바람' '울리다' '경치' '모양'이란 뜻. ② 風景(풍경) 風貌(풍모) 風樂(풍악) 颱風(태풍)
	바람　　풍	9	fēng	

139	合	口	合	① 쓸 만한 물건(口)은 모아(스모을 집) 놓는다. '합하다' '만나다' '들어맞다' ② 合計(합계) 合流(합류) 集合(집합) 和合(화합)
	합할　　합	6	hé	

140	行	行	行	① 네거리의 모양이다. 彳(자축거릴 척)과 亍(자축거릴촉) 이니, '걷다' '가다' '행하다'의 뜻. ② 行進(행진) 行軍(행군) 運行(운행) 行動(행동)
	다닐/항렬 행(:)/항	6	xíng	

6급

141	幸 다행　　행:	干 8	幸 xìng	① 일찍 죽는 것을 거스르다. 夭(일찍죽을 요)+逆(거스를 역)이다. 사람 생명이상의 가치는 없다. ② 幸福(행복) 幸運(행운) 多幸(다행) 不幸(불행)
142	向 향할　　향:	口 6	向 xiàng	① 움집에서 북쪽으로 환기용 창을 낸 형상 이다. '향하다' '나아가다'의 뜻이다. ② 北向(북향) 向上(향상) 動向(동향) 趣向(취향)
143	現 나타날　현:	玉 11	现 xiàn	① 玉은 반드시 그 빛을 드러내고(見) 만다. '나타나다' '보이다' '지금' '실제'의 뜻. ② 現在(현재) 現金(현금) 表現(표현) 實現(실현)
144	形 모양　　형	彡 7	形 xíng	① 밖으로 드러난 빛나는(彡) 모양. 외형이다. '모양' '얼굴' '나타내다' ② 形象(형상) 形體(형체) 外形(외형) 人形(인형)
145	號 이름　　호(:)	虍 13	号 hào	① 호랑이(虎호랑이 호)는 기를 뭉쳤다가 '어흥'하고 입(口)으로 토해낸다. '부르짖다' '이름' (일)号 ② 番號(번호) 號令(호령) 口號(구호) 商號(상호)
146	和 화할　　화	口 8	和 hé	① 禾(벼 화)와 龠(피리 약)인데, 모양이 바뀌었다. 맛있는 음식(禾)과 피리소리(龠)는 다 좋아한다. ② 和合(화합) 平和(평화) 和答(화답) 調和(조화)
147	畫 그림/그을 화:/획	田 12	画 huà	① 밭(田)의 경계를 붓(聿)으로 그렸다. '그리다' '그림' '꾀하다'의 뜻이다. (약)画 *畫(12획)=畵(13획) ② 畫家(화가) 畫室(화실) 漫畫(만화) 油畫(유화)
148	黃 누를　　황	黃 12	黄 huáng	① 땅(田)의 빛깔(光)은 노랗다. 밭의 빛깔은 황토색으로 '누렇다'는 뜻이다. (일)黄 ② 黃土(황토) 黃砂(황사) 天地玄黃(천지현황)
149	會 모을　　회:	日 13	会 huì	① 시루(曾시루 증)위에 있는 솥에서 김이 올라 합(△모을 집)해 지다. '만나다' '적당한 시기' (일) 会 ② 會議(회의) 會食(회식) 機會(기회) 總會(총회)
150	訓 가르칠　훈:	言 10	训 xùn	① 냇물(川)이 위에서 아래로 흐르듯, 순하게 말(言)로 가르침. '타이르다' '인도하다'의 뜻. ② 訓戒(훈계) 訓放(훈방) 校訓(교훈) 家訓(가훈)

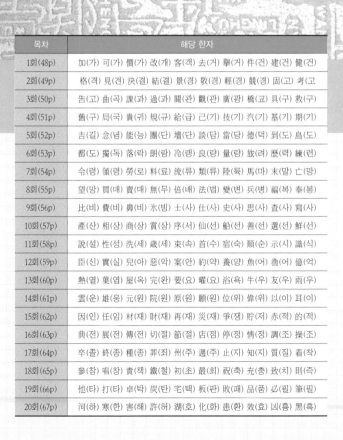

5급 200자

1	加 더할　가	力 5	加 jiā	① 힘(力)을 들여 말(口)을 많이 하다. 힘(力)써 일할 때는 입(口)도 따라서 장단을 맞춘다. ② 加入(가입) 加算(가산) 增加(증가) 參加(참가)
2	可 옳을　가:	口 5	可 kě	① 입(口)속에 있던 소리가 힘차게(丁) 나오다. 옳은 말. 좋은 말이다. '옳다' '허락하다' '되다' ② 可能(가능) 可決(가결) 許可(허가) 認可(인가)
3	價 값　가	亻 15	价 jià	① 앉아서 장사(賈앉은 장사 고)하는 사람이 사러 온 사람(亻) 사람에게 '값을 매기다' '가격' (일)价 ② 價格(가격) 價値(가치) 單價(단가) 評價(평가)
4	改 고칠　개(:)	攵 7	改 gǎi	① 굽어져(己) 잘못 된 것을 때려서(攵) 고치다. '고치다' '새삼스럽게' '바꾸어지다'는 뜻이다. ② 改良(개량) 改善(개선) 改定(개정) 改革(개혁)
5	客 손　객	宀 9	客 kè	① 집(宀)에 찾아온 사람(各은 足이 거꾸로 된 字) '외래자' '나그네' '떠도는 사람' '단골'의 뜻. ② 主客(주객) 客室(객실) 旅客(여객) 顧客(고객)
6	去 갈　거:	厶 5	去 qù	① 몸을 흔들면서 발로 가는 모양인데, 모양이 많이 변했다. '가다' '떠나다' '오래되다' ② 去來(거래) 過去(과거) 逝去(서거) 退去(퇴거)
7	擧 들　거:	手 18	举 jǔ	① 두 사람이 손(手)을 맞잡고 더불어(與더불 여) 들다. '들다' '가려 뽑다' '움직이다' '일으키다' (일)举 ② 選擧(선거) 科擧(과거) 擧動(거동) 擧行(거행)
8	件 물건　건	亻 6	件 jiàn	① 농경사회에서 소(牛)는 사람(亻)에게 중요한 물건이었다. '사건' '물건' '구별하다' ② 物件(물건) 事件(사건) 條件(조건) 件數(건수)
9	建 세울　건:	廴 9	建 jiàn	① 집을 지을 규모를 붓(聿)으로 그려(廴끌 인) 놓다. '세우다' '설계하다'라는 뜻이다. ② 建國(건국) 建設(건설) 創建(창건) 重建(중건)
10	健 굳셀　건:	亻 11	健 jiàn	① 사람(亻)이 본래의 설계(建)대로, 즉 태어난대로 있다. '튼튼하다' '굳세다' ② 健康(건강) 健實(건실) 健忘症(건망증)

11 格 격식　격	木	格		① 나무(木)가 격에 맞게 바르게(各)자랐다. '바로잡다' '법칙' '표준'이란 뜻이다.
		10	gé	② 格式(격식) 規格(규격) 體格(체격) 合格(합격)

12 見 볼/뵈올 견:/현:	見	见		① 사람(儿)이 눈(目)으로 보다. 눈을 뜨니 저절로 '보이다' '만나보다' '생각하다' '당하다'의 뜻.
		7	jiàn	② 見聞(견문) 見習(견습) 發見(발견) 參見(참견)

13 決 결단할　결	氵	决		① 홍수 때 물(氵)을 터뜨릴(夬터놓을 쾌) 곳(피해가 적은 곳/집 쪽? 논밭?)을 결단 하다. '판단하다'
		7	jué	② 決斷(결단) 決心(결심) 決定(결정) 判決(판결)

14 結 맺을　결	糸	结		① 실(糸)을 단단히 매어 합치다. 좋게(吉) 잇다. '맺다' '열리다' '마치다' '끝맺다'의 뜻이다.
		12	jié	② 結果(결과) 結末(결말) 連結(연결) 終結(종결)

15 景 볕　경:	日	景		① 햇살(日)이 많은(京) 곳은 빛나고 경치가 좋다. '경치' '풍경' '햇빛' '우러러보다'라는 뜻이다.
		12	jǐng	② 景致(경치) 光景(광경) 風景(풍경) 夜景(야경)

16 敬 공경　경:	攵	敬		① 가르침(攵)에 공경한 마음으로 구부리고(苟 진실로 구)있다. '공경하다' '훈계하다' '삼가다'
		13	jìng	② 恭敬(공경) 敬禮(경례) 敬老(경로) 敬語(경어)

17 輕 가벼울　경	車	轻		① 수레(車)에 짐을 반듯하게(巠지하수 경. 지하수 곧게 파들어 간다)규격대로 실어 '가볍다' '빠르다' (일)輕
		14	qīng	② 輕重(경중) 輕減(경감) 輕視(경시) 輕快(경쾌)

18 競 다툴　경:	立	竞		① 두 사람(儿)이 서(立) 말(口)로 다투다. 입으로 하는 '말싸움'이다. '겨루다' '나아가다'
		20	jìng	② 競爭(경쟁) 競賣(경매) 競馬(경마) 競走(경주)

19 固 굳을　고:	口	固		① 무른 물건을 묶어(口) 오래(古)두면 굳어 딱딱해 진다. '굳다' '단단하다' '오로지'
		8	gù	② 固定(고정) 固執(고집) 凝固(응고)

20 考 생각할　고:	耂	考		① 돌아 가시기전, 늙으신(老) 부모님의 모습을 생각하다. '생각하다' '시험' '죽은 아비'
		6	kǎo	② 考査(고사) 考案(고안) 長考(장고) 顯考(현고)

5급

21	告 고할/알릴　고:	口 7	告 gào	① 소(牛)를 잡아 신에게 바치면서 입(口)으로 승리를 빌다. '알리다' '가르치다' '청하다' ② 告知(고지) 告白(고백) 公告(공고) 宣告(선고)
22	曲 굽을　곡	日 6	曲 qū	① 제사 차림에 쓰이는 큰 그릇의 모양. 대나무나 싸리로 만든 그릇의 윗부분이 '구부러지다' ② 曲直(곡직) 曲線(곡선) 作曲(작곡) 歌曲(가곡)
23	課 공부할/과정　과(:)	言 15	课 kè	① 그 결과(果)를 말(言)로 평가하다. 말(言)로 가르쳐서 어떤 결과(果)를 얻다. '공부' '세금' ② 課題(과제) 課稅(과세) 放課(방과) 日課(일과)
24	過 지날　과:	辶 13	过 guò	① 울퉁불퉁(骨뼈는 그렇다)한 곳을 지나다(辶) 보니 허물만 남았다. '잘못' '지나갔다' ② 過失(과실) 過去(과거) 通過(통과) 謝過(사과)
25	關 관계할　관	門 19	关 guān	① 문(門)에 빗장(一)을 걸어 잠그고 양쪽에 매듭 진 실(糸)에 열쇠가 달린 모양이다. '빗장' (일)関 ② 關係(관계) 關門(관문) 通關(통관) 關稅(관세)
26	觀 볼　관	見 25	观 guān	① 황새(雚황새 관)가 물고기를 잡기 위해 뚫어 지게 노려 보고(見) 있다. '자세히 보다' '관찰' (일)観 ② 觀察(관찰) 觀光(관광) 悲觀(비관) 參觀(참관)
27	廣 넓을　광:	广 15	广 guǎng	① 집(广)이나 밭이(田) 넓다. 黃은 밭이 넓다는 뜻이 있다. '넓다' '넓히다' '크다' (일)広 ② 廣場(광장) 廣野(광야) 廣告(광고) 廣義(광의)
28	橋 다리　교	木 16	桥 qiáo	① 나무(木)를 높이(喬높을 교) 걸쳐서 물을 건네게 했다. '다리' '시렁'이다. ② 橋梁(교량) 陸橋(육교) 鐵橋(철교) 浮橋(부교)
29	具 갖출　구(:)	八 8	具 jù	① 어떤 일을 치루기 위해 돈(貝)을 마련하여 지니다(八은 두 손 모양) '갖추다' '필요하다' ② 具備(구비) 具色(구색) 家具(가구) 玩具(완구)
30	救 구원할　구:	攵 11	救 jiù	① 어려운 처지를 돌봐 쳐서(攵) 구(求)해 주다. '건지다' '돕다' '구원하다' '두둔하다' ② 救出(구출) 救援(구원) 救命(구명) 救急(구급)

5급 4회	한 자 훈 음	부수 총획	간 체 병음	① 자원풀이　　② 한자어
31	舊 예　　구:	臼 18	旧 jiù	① 새(隹)가 좌우(卄는 두 눈의 변형)를 살피며 절구(臼) 통에 붙은 오래된 것을 파먹다. (일)旧 ② 新舊(신구) 舊式(구식) 舊習(구습) 復舊(복구)
32	局 판　　국	尸 7	局 jú	① 자(尺자 척)로 금을 긋고 그 네모(口)칸 안에서 놀다. '판' '구획' '관청'의 뜻이다. ② 對局(대국) 局長(국장) 郵遞局(우체국)
33	貴 귀할　　귀:	貝 12	贵 guì	① 조개(貝)에 벌레(虫)가 생겨 생긴 것이 진주인데, 그 진주는 '귀한' 보물이다. '비싸다' ② 貴族(귀족) 貴宅(귀택) 貴重品(귀중품)
34	規 법　　규	見 11	规 guī	① 어른(夫)이 하는 행동을 보고(見) 규범을 정했다. '규칙' '바로잡다' '본뜨다'의 뜻이다. ② 規則(규칙) 法規(법규) 規模(규모) 新規(신규)
35	給 줄　　급	糸 12	给 gěi	① 모아(合) 감을 수 있도록 실(糸)을 풀어 주다. '주다' '넉넉하다' '보태주다'란 뜻이다. ② 給食(급식) 給水(급수) 供給(공급) 月給(월급)
36	己 몸　　기	己 3	己 jǐ	① 사람이 몸을 구부리고 있는 모양이다. '여섯째 천간' '자기'의 뜻이다. ② 自己(자기) 知己(지기) 利己(이기) 己丑(기축)
37	技 재주　　기	扌 7	技 jì	① 支(대나무를 손에 쥔 모양)를 손(扌)에 들고 '재주' 부 리다. '재주' '예능'으로 쓰인다. ② 技能(기능) 技術(기술) 妙技(묘기) 特技(특기)
38	汽 물 끓는 김　　기	氵 7	汽 qì	① 물(氵)에 열을 가하면 그 물방울이 구름(气) 같이 피어 오르는 모양. '물 끓는 김' ② 汽船(기선) 汽車(기차) 汽壓(기압)
39	基 터　　기	土 11	基 jī	① 집을 지을 만한 그(其그 기) 땅(土)이다. '터' '기초' '근본' '웅거하다' ② 基本(기본) 基礎(기초) 基準(기준) 基地(기지)
40	期 기약할　　기	月 12	期 qī	① 약속한 그(其) 달(月)이다. 약속한 기간이다. '기약하다' '바라다' '한정하다' '돐' ② 期約(기약) 期間(기간) 期限(기한) 期待(기대)

5급

5급 5회	한 자 훈 음	부수 총획	간 체 병 음	① 자원풀이　　② 한자어
41	吉 길할　길	口 6	吉 jí	① 선비(士)가 입(口)으로 하는 말은 좋은 말이다. '길하다' '좋다' '복'의 뜻이다. ② 吉凶(길흉) 吉夢(길몽) 不吉(불길) 吉日(길일)
42	念 생각　념:	心 8	念 niàn	① 마음(心)에 잊지 않고 머금어(含의 획 줄임) 둔것이 '생각'이다. 지금(今)의 마음(心)이다. ② 念慮(염려) 槪念(개념) 記念(기념) 斷念(단념)
43	能 능할　능	月 10	能 néng	① 큰 코와 통통한 몸으로 일어서는 '곰 모양' 원래는 '곰'이 본뜻. '능하다' '잘하다'로 가차. ② 能力(능력) 可能(가능) 本能(본능) 體能(체능)
44	團 둥글　단	囗 14	団 tuán	① 어떤 중심으로 오로지(專) 한뜻으로 모임(囗). '둥글다' '모이다' '덩어리'란 뜻이다. (일)団 ② 團結(단결) 團體(단체) 團長(단장) 團合(단합)
45	壇 단　단	土 16	坛 tán	① 제사지내는 집이 한곳에 자리한 터(土) '제단' '뜰' '곳' '평평하다'란 뜻이다. ② 祭壇(제단) 敎壇(교단) 壇上(단상) 登壇(등단)
46	談 말씀　담	言 15	谈 tán	① 어떤 내용을 가지고 열(火)나게 말(言)을 오래도록 함. '이야기하다' '토론하다' ② 談話(담화) 相談(상담) 對談(대담) 雜談(잡담)
47	當 마땅　당	田 13	当 dāng	① 위(尙)에 있는 밭(田)과 아래에 있는 밭을 바꿀 때는 마땅한 이유가 있어야 함. '당연하다' ② 當然(당연) 當落(당락) 適當(적당) 擔當(담당)
48	德 큰/덕　덕	彳 15	德 dé	① 크고 올바른 마음(悳)을 가지고 인생길을 가다(辶). '어진 이' '은혜를 베풀다' (일)德 ② 道德(도덕) 德行(덕행) 德談(덕담) 惡德(악덕)
49	到 이를　도:	刂 8	到 dào	① 미리 설정(刂 칼로 표시)한 목표에 이르다(至) '이르다' '닿다' '빈틈없이 찬찬하다' ② 到着(도착) 當到(당도) 周到綿密(주도면밀)
50	島 섬　도	山 10	岛 dǎo	① 새(鳥의 획 줄임)가 바다를 날다가 山이 보여 쉬어 가는 곳. '사방이 물로 둘러싸인 땅' ② 獨島(독도) 落島(낙도) 韓半島(한반도)

5급 6회	한자 훈음	부수 총획	간체 병음	① 자원풀이　② 한자어

51	都 도읍 도	阝 12	都 dū	① 고을(阝)과 고을이 합친 큰(者이것저것) 고을. '도시' '도무지' '성하다' '살다'의 뜻. ② 都邑(도읍) 都市(도시) 都買(도매) 首都(수도)
52	獨 홀로 독	犭 16	独 dú	① 개(犭)나 누에(蜀)는 먹이를 혼자만 먹고 어울리지는 않는다. '홀로' '홀몸' (일)独 ② 獨身(독신) 單獨(단독) 獨立(독립) 孤獨(고독)
53	落 떨어질 락(낙)	艹 13	落 luò	① 나뭇잎(艹) 물방울(氵)이 뒤져가다(各은 足의 반대 모양으로 '오다'라는 뜻) '떨어지다' '쌀쌀하다' ② 落葉(낙엽) 墜落(추락) 落木寒天(낙목한천)
54	朗 밝을 랑(낭):	月 11	朗 lǎng	① 달빛(月)이 좋다(良). 달이 밝다. '밝다' '환하다' '유쾌하다' '활달하다'의 뜻이다. ② 明朗(명랑) 朗報(낭보) 朗讀(낭독) 朗誦(낭송)
55	冷 찰 랭(냉):	冫 7	冷 lěng	① 신의 뜻(令)에 따라 얼음(冫)이 되어 차다. '차다' '식히다' '쓸쓸하다' '한산하다' *冷 ② 溫冷(온랭) 冷水(냉수) 冷情(냉정) 冷凍(냉동)
56	良 어질 량(양)	艮 7	良 liáng	① 먹을 만한 곡식은 골라내고 검불은 골라 버리는 모양이다. '좋다' '진실로' '베풀다'의 뜻. ② 善良(선량) 改良(개량) 不良(불량) 良書(양서)
57	量 헤아릴 량(양)	里 12	量 liáng	① 무게(重)를 달아보고 얼마라고 말(曰)하다. '무게를 헤아리다' '한정하다' ② 計量(계량) 數量(수량) 多量(다량) 測量(측량)
58	旅 나그네 려(여)	方 10	旅 lǚ	① 깃발(㫃깃발 언+從)을 중심으로 사람들이 모여 들다. 원래는 군사나 무리의 뜻. '나그네' ② 旅團(여단) 旅行(여행) 旅券(여권) 旅費(여비)
59	歷 지날 력(역)	止 16	历 lì	① 곳집(厂)에 곡식(禾) 차곡차곡 쌓아가다(止). '걸어온 길' '순서대로 지나가다' (일)歴 ② 歷史(역사) 經歷(경력) 履歷書(이력서)
60	練 익힐 련(연):	糸 15	练 liàn	① 익혀 좋은 실(糸)을 가려내다(柬가릴 간) '생사를 누이다' '연습하다' '가리다' ② 練習(연습) 洗練(세련) 心身修練(심신수련)

61	令 하여금　령(영)(:)	人 5	令 lìng	① 명령을 내리는 사람(人) 앞에 구부리고(卩) 앉아있다. '명령' '하여금' '시키다' *令 ② 命令(명령) 待令(대령) 拘束令狀(구속영장)
62	領 거느릴　령(영)	頁 14	领 lǐng	① 목(頁)에 두른 옷깃으로 신분의 고하를 구분(令)했다. '옷깃' '거느리다' '받아드리다' ② 大統領(대통령) 占領(점령) 領收證(영수증)
63	勞 일할　로(노)	力 12	劳 láo	① 몸속에 저장(冖)해둔 힘(力)을 밖으로 불(火)태우다. '일하다' '고단하다' '수고롭다' (일)勞 ② 勞動(노동) 勞苦(노고) 勤勞(근로) 疲勞(피로)
64	料 헤아릴　료(요)(:)	斗 10	料 liào	① 알곡식(米)은 가릴 필요 없이 말(斗)로 되기만 하면 된다. '되질하다' '세다' '헤아리다' ② 料金(요금) 料理(요리) 給料(급료) 資料(자료)
65	流 흐를　류(유)	氵 10	流 liú	① 수(氵)는 출산 때의 양수, 나머지는 아기가 돌아 나오는 모양이다. '흐르다' '떠내려가다' ② 上流(상류) 電流(전류) 流速(유속) 流行(유행)
66	類 무리　류(유)(:)	頁 19	类 lèi	① 삽살개(米+犬)의 머리(頁)모양은 거의 비슷하다. '같다' '종류' '나누다'의 뜻이다. ② 種類(종류) 分類(분류) 書類(서류) 衣類(의류)
67	陸 뭍　륙(육)	阝 11	陆 lù	① 해안선 중심의 언덕(阝)이 있는 땅(土). '뭍' '땅' '두텁다' ② 陸地(육지) 陸軍(육군) 大陸(대륙) 上陸(상륙)
68	馬 말　마:	馬 10	马 mǎ	① 말이 갈기를 날리며 달리는 모양이다. 옆으로 달리는 모양을 세운 것이다. ② 馬車(마차) 馬夫(마부) 乘馬(승마) 競馬(경마)
69	末 끝　말	木 5	末 mò	① 나무(木)의 끝에 획(一)을 그어 나무의 끝을 표시한 대표적인 지사문자이다. '끝' '마치다' ② 本末(본말) 末世(말세) 週末(주말) 粉末(분말)
70	亡 망할　망	亠 3	亡 wáng	① 구덩이 속에 들어가 보이지 않다. '망하다' '달아나다' '죽다' '없다'는 뜻도 있다. ② 死亡(사망) 逃亡(도망) 亡身(망신) 亡靈(망령)

71	望 바랄　망:	月 11	望 wàng	① 달(月)이 오뚝하게(壬오뚝할 정) 보름까지 커져서 이후는 줄어(亡)든다. 그 달을 '바라보다' ② 希望(희망) 觀望(관망) 德望(덕망) 野望(야망)
72	買 살　매:	貝 12	买 mǎi	① 돈(貝조개는 화폐) 가치가 있는 물건을 그물(罒) 쳐서 거두어들이다. '물건을 사들이다' ② 賣買(매매) 買入(매입) 購買(구매) 買食(매식)
73	賣 팔　매(:)	貝 15	卖 mài	① 사들인 물건(買)을 되돌려(士는 出의 변형이다) 보내다. '물건을 팔다' '판매' (일)売 ② 賣出(매출) 都賣(도매) 密賣(밀매)
74	無 없을　무	灬 12	无 wú	① 많은 장식을 달고 춤을 추는 모양이다. 신나게, 정신없이 춤을 추면 '무의식'이 된다. ② 有無(유무) 無識(무식) 無理(무리) 無效(무효)
75	倍 곱　배(:)	亻 10	倍 bèi	① 사람(亻)의 하는 말(口)이 대립(立)되어 하나가 아닌 '둘로 늘어나다' '곱' '더하다' '갑절'이다. ② 倍加(배가) 倍率(배율) 公倍數(공배수) 倍前(배전)
76	法 법　법	氵 8	法 fǎ	① 물(氵)은 항상 수평을 이루며 흐름(去) 또한 높은 곳에서 낮은 곳으로 순리에 따른다. ② 法律(법률) 方法(방법) 法則(법칙) 筆法(필법)
77	變 변할　변:	言 23	变 biàn	① 실(糸)로 잇듯 계속하여 말(言)로 가르쳐(攵) 변하게 하다. '변하다' '고치다' '움직이다' (일)変 ② 變更(변경) 變心(변심) 變化(변화) 變動(변동)
78	兵 병사　병	八 7	兵 bīng	① 도끼(斤)를 두 손으로 싸우는 '병사'이다. '군사' '싸움' '전쟁' '무기'를 뜻한다. ② 兵士(병사) 卒兵(졸병) 將兵(장병) 憲兵(헌병)
79	福 복　복	示 14	福 fú	① 조상(示)에게 큰 술독을 통째로 바치면 福을 받는다. 술독의 모양이다. '복' '상서롭다' *福 ② 幸福(행복) 福券(복권) 祝福(축복) 飮福(음복)
80	奉 받들　봉:	大 8	奉 fèng	① 큰(丰) 것을 두 손으로 받들다. 모양이 많이 바뀌었다. '받들다' '기르다' '대우하다'는 뜻. ② 奉事(봉사) 奉養(봉양) 奉祝(봉축) 信奉(신봉)

5 급

5급 9회	한 자 훈 음	부수 총획	간체 병음	① 자원풀이　② 한자어
81	比 견줄　비:	比 4	比 bǐ	① 두 사람이 어깨를 견주어 보고 있는 모양이다. 　서로 비교하는 것은 사람의 본능이다. '견주다' ② 比較(비교) 比率(비율) 比重(비중) 對比(대비)
82	費 쓸　비:	貝 12	费 fèi	① 어떤 일을 이루기 위해 드는 비용. 나에게서 없어지는 　(弗아닐 불) 돈(貝)이다. '소모하다' ② 費用(비용) 經費(경비) 消費(소비) 浪費(낭비)
83	鼻 코　비:	鼻 14	鼻 bí	① 사람의 코. 원래는 自였는데, '스스로'로 쓰이게 되어 　새로 만든 글자이다. ② 鼻炎(비염) 鼻音(비음) 耳目口鼻(이목구비)
84	氷 얼음　빙	水 5	冰 bīng	① 물(水)위에 얼음(丶)덩어리가 떠 있는 모양. 　'얼음' '차다' '쌀쌀하다'라는 뜻이다. ② 氷水(빙수) 氷菓(빙과) 結氷(결빙) 製氷(제빙)
85	士 선비　사:	士 3	士 shì	① 하나(一)를 들으면 열(十)을 아는 사람이 곧 선비이다. 　'선비' '벼슬아치' '사나이'의 뜻. ② 士官(사관) 士兵(사병) 博士(박사) 壯士(장사)
86	仕 섬길　사(:)	亻 5	仕 shì	① 선비(士)가 된 사람(亻)은 벼슬을 할 수 있다. 　'벼슬하다' '섬기다' '일로삼다'라는 뜻이다. ② 奉仕(봉사) 給仕(급사)
87	史 사기/역사　사:	口 5	史 shǐ	① 중심(中)을 잃지 않고 사실대로 쓰는 것이 '역사'이다. 　'문필에 종사하는 사람'의 뜻도 있다. ② 歷史(역사) 史劇(사극) 三國史記(삼국사기)
88	思 생각　사(:)	心 9	思 sī	① 田은 씨앗을 저장한 모양의 변형. 마음(心)을 저장하였 　다가 필요할 때 쓴다. '생각' '원하다' ② 思考(사고) 思慕(사모) 思想(사상) 思索(사색)
89	査 조사할　사	木 9	查 chá	① 나무(木)를 겹쳐(且) 쌓다. 쌓은 것을 '조사'하다. 　'사실하다' '캐묻다' ② 調査(조사) 査實(사실) 檢査(검사) 探査(탐사)
90	寫 베낄　사	宀 15	写 xiě	① 실물을 밑에 깔고 그 위에 종이를 덮고(宀) 그대로 '베 　끼다' '본뜨다' '옮겨놓다' (일)写 ② 寫眞(사진) 複寫(복사) 謄寫(등사) 描寫(묘사)

5급 10회	한자 훈음	부수 총획	간체 병음	① 자원풀이　　② 한자어
91	産 낳을　산:	生 11	产 chǎn	① 땅의 모양(厂언덕 한)에 따라 그 문양(紋樣)이 다르게 나온다(生). 환경에 따라 변한다.(南橘北枳) ② 生産(생산) 産地(산지) 國産(국산) 産母(산모)
92	相 서로　상	目 9	相 xiāng	① 눈(目)과 가로수(木)는 가장 흔한 상대이다. 대칭 지어져 있으니, '서로' '관찰하다' '같이' ② 相對(상대) 觀相(관상) 相談(상담) 相互(상호)
93	商 장사　상	口 11	商 shāng	① 안에 있는 물건을 꺼내 세워놓고 말로 떠듦. '떠돌이 장사' '헤아리다' '장수' ② 商街(상가) 商業(상업) 行商(행상) 商縮(상점)
94	賞 상줄　상	貝 15	赏 shǎng	① 공을 세운 사람에게 재물(貝)을 얹어(尙) 주어 '기리다' '상품을 주다' '구경하다'의 뜻도 있다. ② 賞品(상품) 賞狀(상장) 賞罰(상벌) 賞春(상춘)
95	序 차례　서:	广 7	序 xù	① 앞에(予) 있는 방(广)으로부터 들어간다. '차례' '순서를 정하다' 周代의 학교. ② 序列(서열) 序曲(서곡) 順序(순서) 秩序(질서)
96	仙 신선　선	亻 5	仙 xiān	① 山에 들어가 불로장생의 도를 닦는 사람(亻) '신선' '고상한 사람' ② 神仙(신선) 仙女(선녀) 仙境(선경) 仙藥(선약)
97	船 배　선	舟 11	船 chuán	① 연안(沿의 획 줄임) 까지 들어오는 배(舟). 舟보다 큰 배를 말함. ② 船泊(선박) 船長(선장) 商船(상선) 乘船(승선)
98	善 착할　선:	口 12	善 shàn	① 양(羊) 떼(廿스물 입)가 우리(口) 속으로 들어가다. 시키는 대로 따르니, '착하다' '좋다' ② 善惡(선악) 善行(선행) 獨善(독선) 改善(개선)
99	選 가릴　선:	辶 16	选 xuǎn	① 신에게 제사 지낼 유순한 사람(巽공손할 손)을 골라 보내다(辶) '가리다' '뽑다'라는 뜻이다. ② 選擧(선거) 選擇(선택) 特選(특선) 落選(낙선)
100	鮮 고울　선	魚 17	鲜 xiān	① 물고기(魚)와 양고기(羊)는 색깔이 곱고 신선하다. 대신 잘 한다. '곱다' '빛나다' ② 鮮明(선명) 新鮮(신선) 朝鮮(조선) 生鮮(생선)

5급

101	說 말씀/달랠 설/세:	言 14	说 shuō	① 사람(儿)이 입(口)을 좌우로 열고(八) 말(言)하다. '말하다' *하고 싶은 말을 하고나니 '기쁠 열' (일)說 ② 說明(설명) 說得(설득) 解說(해설) 辱說(욕설)
102	性 성품　　성:	忄 8	性 xìng	① 마음(忄)이 나오는(生) 바탕이다. 태어난 마음으로 순수한 마음이다. '성질' '모습'이다. ② 性品(성품) 性格(성격) 本性(본성) 性能(성능)
103	洗 씻을　　세:	氵 9	洗 xǐ	① 새가 물가(氵)에 가서(先은 止와 儿이 합쳐진 자) 물에 담갔다가 물기를 털다. '씻다' '닦다' ② 洗手(세수) 洗濯(세탁) 洗練(세련) 洗車(세차)
104	歲 해　　세:	止 13	岁 suì	① 돌고(戌돌 술) 걸어서(步) 지나(止)온 세월이다. '해' '세월' '365일 일년' '해마다'의 뜻. 歲 (일) ② 歲月(세월) 歲拜(세배) 年歲(연세) 萬歲(만세)
105	束 묶을　　속	木 7	束 shù	① 나무(木)를 끈으로 묶은(口) 모양이다. '묶다' '띠를 매다' '약속하다'라는 뜻. ② 束縛(속박) 拘束(구속) 團束(단속) 約束(약속)
106	首 머리　　수	首 9	首 shǒu	① 얼굴(面)에 털이 난 모양. 얼굴에서 머리털까지 얼굴의 앞모양. '먼저' '우두머리' '처음' ② 首席(수석) 首都(수도) 首相(수상) 部首(부수)
107	宿 잘/별자리 숙/수:	宀 11	宿 sù	① 집(宀)에서 사람(亻)이 요에 누워 잠자는(百은 모양이 변함)모양이다. '잠자다' '머무르다' ② 宿泊(숙박) 宿題(숙제) 合宿(합숙) 寄宿(기숙)
108	順 순할　　순:	頁 12	顺 shùn	① 물(川)이 아래로 흐르듯 머리(頁)를 조아리다. '좇다' '순리' '차례' '화하다' ② 順序(순서) 順理(순리) 語順(어순) 溫順(온순)
109	示 보일　　시:	示 5	示 shì	① 二는 上, 하늘의 신이며, 小는 햇빛(日). 달빛 (月). 별 빛(星)으로 하늘의 변화를 보여주다. ② 示達(시달) 示唆(시사) 暗示(암시) 提示(제시)
110	識 알/기록할 식/지	言 19	识 shí	① 싸움터(戈)에서 소리(音)나 말(言)로 먼 곳 까지 상황을 알리다. '깨닫다' '인정하다' ② 知識(지식) 識見(식견) 識別(식별) 有識(유식)

111	臣	臣	臣	① 임금 앞에서 구부리고 있는 신하의 모습이다. '신하' '백성' '어떤 것에 종속되는 것'이란 뜻. ② 忠臣(충신) 奸臣(간신) 君臣有義(군신유의)
	신하　　신	6	chén	

112	實	宀	实	① 집(宀)안에 돈 꾸러미(貫)가 가득찬 모양이다. '열매' '씨' '참으로' '내용' 등의 뜻이 있다. (일)実 ② 實果(과실) 實感(실감) 誠實(성실) 眞實(진실)
	열매　　실	14	shí	

113	兒	儿	儿	① 사람(儿)으로 태어났으나 정수리(臼)가 아직 단단하게 굳지 아니한 '어린아이'이다. (일)児 ② 兒童(아동) 産兒(산아) 幼兒(유아) 育兒(육아)
	아이　　아	8	ér	

114	惡	心	恶	① 亞는 버금이니 두 번째. 처음의 마음(心)이 아닌 두 번째의 마음은 '악하다' (일)悪 ② 善惡(선악) 罪惡(죄악) 惡談(악담) 惡質(악질)
	악할/미워할 악/오	12	è	

115	案	木	案	① 나무(木)로 만들어 편안(安)하게 기대거나 앉을 수 있 는 '책상'이란 뜻이다. '생각하다' ② 案件(안건) 案內(안내) 考案(고안) 提案(제안)
	책상　　안:	10	àn	

116	約	糸	约	① 실(糸)로 단단히, 작게 죄어(勺) 간단하게 하다. '약속하다' '대략' '대강'의 뜻이 있다. ② 約束(약속) 約婚(약혼) 契約(계약) 誓約(서약)
	맺을　　약	9	yuē	

117	養	食	养	① 양(羊)은 착한 동물이라 밥(食)만 주면 잘 자란다. '기르다' '자라다' '살지다'라는 뜻이다. ② 養分(양분) 養鷄(양계) 營養(영양) 奉養(봉양)
	기를　　양:	15	yǎng	

118	魚	魚	鱼	① 물고기 모양이다. 머리, 몸통, 꼬리를 그린 것인데, 보기 좋도록 세운 것이다. '물고기' ② 魚物(어물) 魚種(어종) 養魚(양어) 活魚(활어)
	고기/물고기 어	11	yú	

119	漁	氵	渔	① 물속(氵)에 있는 물고기(魚)를 잡는다는 뜻. '물고기를 잡는 일' '낚시터'란 뜻도 있다. ② 漁具(어구) 漁夫(어부) 漁村(어촌) 漁場(어장)
	고기 잡을 어	14	yú	

120	億	亻	亿	① 사람(亻)이 생각(意)할 수 있는 수(數)로는 제일 '큰 수' '헤아리다'란 뜻도 있다. ② 數億(수억) 億兆(억조) 億萬長者(억만장자)
	억　　　억	15	yì	

5급

121	熱 더울　　열	灬 15	热 rè	① 열매(蓺심을 예)를 따고(艹) 나머지를 태우니 　(灬) '열'이 난다. '덥다' '몸 달다' '하고자하다' ② 熱氣(열기) 熱望(열망) 熱心(열심) 過熱(과열)
122	葉 잎　　엽	艹 13	叶 yè	① 풀(艹)과 나무(木)의 수많은 잎이 해갈이(世)를 한다. 　피고지고를 되풀이 하는 것이 '잎' ② 落葉(낙엽) 葉書(엽서) 葉錢(엽전) 針葉(침엽)
123	屋 집　　옥	尸 9	屋 wū	① 나갔던 사람(尸)이 다시 찾아드는(至) 곳. 　누구나 드나드는 장사하는 집. '머무르는 곳' ② 家屋(가옥) 屋上(옥상) 舊屋(구옥) 社屋(사옥)
124	完 완전할　　완	宀 7	完 wán	① 근본(元)이 잘 되어 있는 집(宀)이라 부족함이 없다. 　'흠이 없음' '온전하다' '끝내다'의 뜻. ② 完全(완전) 完結(완결) 補完(보완) 完工(완공)
125	要 요긴할　　요(:)	襾 9	要 yào	① 여자(女)가 두 손으로 허리를 잡고 있는 모습에서, 　허리는 인체에서 '중요하다' '허리' ② 重要(중요) 要求(요구) 要緊(요긴) 必要(필요)
126	曜 빛날　　요:	日 18	曜 yào	① 햇빛(日)이 새(隹)가 날개(羽)짓을 하듯 반짝 반짝 　'빛나다' '빛'이란 뜻이다. ② 曜日(요일) 七曜(칠요) 月曜病(월요병)
127	浴 목욕할　　욕	氵 10	浴 yù	① 골짜기(谷)의 물(氵)로 목욕을 했다. 　'목욕을 하다' '입다' '받다'라는 뜻도 있다. ② 沐浴(목욕) 浴室(욕실) 森林浴(삼림욕)
128	牛 소　　우	牛 4	牛 niú	① 소의 뿔과 머리, 몸통, 꼬리를 그린 것이다. 　그 모양을 너무 많이 변화시킨 부호이다. ② 牛角(우각) 牛乳(우유) 韓牛(한우) 乳牛(유우)
129	友 벗　　우:	又 4	友 yǒu	① 오른손(又)과 왼손(屮변형)을 맞잡은 모양이다. 　서로 손잡는 사이가 '벗' '친구'이다. ② 友情(우정) 級友(급우) 文房四友(문방사우)
130	雨 비　　우:	雨 8	雨 yǔ	① 하늘(一)에 떠 있는 구름(冂)에서 물방울이 　뚝뚝 떨어지는 모양. 비가 내리는 모양이다. ② 雨期(우기) 雨傘(우산) 暴雨(폭우) 豪雨(호우)

131	雲	雨	云	① 비(雨)를 내리는 구름이 떠다니는(云) 모양. '구름' '하늘'의 뜻이다. ② 雲霧(운무) 雲集(운집) 戰雲(전운) 靑雲(청운)
	구름　운	12	yún	

132	雄	隹	雄	① 날갯죽지(肱의 획 줄임)의 힘이 센 새(隹)다. 새의 '수컷'이다. '뛰어나다'란 뜻이다. ② 英雄(영웅) 雄壯(웅장) 雄辯(웅변) 雌雄(자웅)
	수컷　웅	12	xióng	

133	元	儿	元	① 갓을 쓴(二는 上) 사람(儿)의 상형이다. '으뜸' '처음' '근본' '근원'이란 뜻이다. ② 元祖(원조) 元旦(원단) 復元(복원) 壯元(장원)
	으뜸　원	4	yuán	

134	院	阝	院	① 언덕(阝) 위에 울타리를 튼튼하게 (完) 지은 집. '관청' '절'등의 여러 사람을 위한 집이다. ② 病院(병원) 學院(학원) 法院(법원) 寺院(사원)
	집　원	10	yuàn	

135	原	厂	原	① 천연적인 샘(泉)이 있는 언덕(厂)이다. '근원' '들' '기인하다'의 뜻이다. ② 原因(원인) 原價(원가) 雪原(설원) 平原(평원)
	언덕　원	10	yuán	

136	願	頁	愿	① 언덕(原) 밑의 샘에서 물이 흘러나오듯 머리(頁)속에서 흘러나오는 '생각' '원함' '부러워함' ② 願書(원서) 所願(소원) 志願(지원) 祝願(축원)
	원할　원:	19	yuàn	

137	位	亻	位	① 사람(亻) 서있는(立) 바로 그 '자리'이다. '자리' '세우다' '신분' '위치' '순서' 등의 뜻. ② 位置(위치) 順位(순위) 優位(우위) 讓位(양위)
	자리　위	7	wèi	

138	偉	亻	伟	① 잘 밟아 정제된 가죽(韋)처럼 쓸모 있는 사람(亻). '크다' '훌륭하다' '성하다'라는 뜻이다. ② 偉大(위대) 偉容(위용) 偉人傳記(위인전기)
	클　위	11	wěi	

139	以	人	以	① 사람(亻)이 쟁기로 밭을 가는 모양. '쟁기로 밭을 갈다' 쟁기가 있어야 하므로 '까닭' ② 以上(이상) 以前(이전) 以心傳心(이심전심)
	써　이:	5	yǐ	

140	耳	耳	耳	① 사람의 왼쪽 '귀'모양이다. ② 耳順(이순) 馬耳東風(마이동풍)
	귀　이:	6	ěr	

5급

5급 15회	한 자 훈 음	부수 총획	간 체 병음	① 자원풀이　② 한자어
141	因 인할　인	口 6	因 yīn	① 사람(亻)이 깔개(口는 돗자리)위에 누운 모양 에서, '의거하다' '유래' '까닭' '인연'의 뜻. ② 因緣(인연) 原因(원인) 因果應報(인과응보)
142	任 맡길　임(:)	亻 6	任 rèn	① 오뚝하게(壬오뚝할 정) 큰 사람(亻)에게 할 수 있는 일을 '맡기다' '견디다' '믿다'는 뜻. ② 任務(임무) 責任(책임) 擔任(담임) 就任(취임)
143	材 재목　재	木 7	材 cái	① 자란 나무(木)를 잘라 재료(才)로 쓰다. '재목' '재질' '바탕' 등의 뜻이다. ② 材木(재목) 材料(재료) 敎材(교재) 資材(자재)
144	財 재물　재	貝 10	财 cái	① 재물적(貝) 가치가 있는 재료(才)이다. '재산' '쓸만한 가치(貝)'가 잇는 것' ② 財物(재물) 財産(재산) 蓄財(축재) 橫財(횡재)
145	再 두　재:	冂 6	再 zài	① 나무를 아래위로 얽은 모양. 두 번 겹치다. '둘' '재차' '거듭' '두 번하다' ② 再修(재수) 再發(재발) 再考(재고) 再湯(재탕)
146	災 재앙　재	火 7	灾 zāi	① 자연이 주는(巛은 홍수, 火는 산불) 벌이다. '재앙' '재난' '천벌'이다. ② 災殃(재앙) 災害(재해) 火災(화재) 防災(방재)
147	爭 다툴　쟁	爪 8	争 zhēng	① 손(爪)에 잡고 있는 막대기(권리)를 빼앗으려 하다. '다툼' '싸움' '논의하다'는 뜻이다. (일)争 ② 爭取(쟁취) 競爭(경쟁) 鬪爭(투쟁) 論爭(논쟁)
148	貯 쌓을　저:	貝 12	贮 zhù	① 집(宀)안에 재물(貝)을 쌓아(宁쌓을 저) 두다. '쌓다' '돈을 모으다' '쌓아둔 물건' 등의 뜻. ② 貯金(저금) 貯蓄(저축) 貯水池(저수지)
149	赤 붉을　적	赤 7	赤 chì	① 大와 火가 합쳐진 字. 큰 불은 붉다. '붉다' '빨간색' ② 赤色(적색) 赤道(적도) 赤血球(적혈구)
150	的 과녁　적	白 8	的 dì	① 활을 쏠 때 흰(白)색으로 싼 목표점(勺)의 표시다. '과녁(貫革의 변음)' '표준' '선명하다' ② 的中(적중) 目的(목적) 標(표)的(표적) 病的(병적)

5급 16회	한 자 훈 음	부수 총획	간 체 병음	① 자원풀이　　② 한자어
151	典 법 전:	八 8	典 diǎn	① 모셔 둘만한 가치 있는 책(冊)을 상위에 펴서 보고 있다.(一과 八은 책상과 두 손이다) ② 典籍(전적) 法典(법전) 辭典(사전) 古典(고전)
152	展 펼 전:	尸 10	展 zhǎn	① 여러 사람(尸)이 만들어서(工) 펴서 보이다. '펴다' '늘이다' '발달하다' '나아가다'란 뜻. ② 展示(전시) 展望(전망) 發展(발전) 進展(진전)
153	傳 전할 전	亻 13	传 chuán	① 사람(亻)에서 사람으로 굴러서, 오로지(專) 전해지다. '전하다' '말하다' '보내다'의 뜻. (일)伝 ② 傳達(전달) 傳記(전기) 傳說(전설) 傳染(전염)
154	切 끊을/온통 절/체	刀 4	切 qiē	① 칼(刀)로 잘라 여러(七) 개로 나누다. '끊다' '접근하다' *'온통 체'로도 쓰인다. ② 切斷(절단) 切開(절개) 親切(친절) 一切(일체)
155	節 마디 절	竹 15	节 jié	① 대나무(竹) 마디(卽은 무릎관절 모양) 모양이다. 대나무가 자람에는 '마디'가 생김. '법도' '예절' ② 季節(계절) 禮節(예절) 節次(절차) 節約(절약)
156	店 가게 점:	广 8	店 diàn	① 점(占점칠 점)치는 집(广)에는 사람이 많이 찾아 온다. 자유로이 드나드는 집. '가게' '주막' ② 百貨店(백화점) 商店(상점) 飮食店(음식점)
157	停 머무를 정	亻 11	停 tíng	① 나그네(亻)는 정자(亭)를 보면 '머물고 싶다' '쉬다' '머물다' '그만두다' 등의 뜻이다. ② 停止(정지) 停車(정차) 停電(정전) 停學(정학)
158	情 뜻 정	忄 11	情 qíng	① 마음(忄)속 깊은(丹) 뜻이 따뜻해야 '따뜻한 마음'이 우러나온다. '本性' '마음의 작용' *情 ② 愛情(애정) 眞情(진정) 情熱(정열) 感情(감정)
159	調 고를 조	言 15	调 diào	① 말(言)을 두루(周) 살펴서 하면 마음이 고르게 되어 '조화'된다. '일정하다' '어울리다' '알맞다' ② 調和(조화) 調節(조절) 順調(순조) 調査(조사)
160	操 잡을 조(:)	扌 16	操 cāo	① 나무(木)에 새가 모여앉아 조잘조잘 울고 있어 (喿울 소) 손(扌)으로 잡다. '잡다' '부리다' ② 操心(조심) 操作(조작) 操縱士(조종사)

161	卒	十	卒	① 대부가 죽었을 때 옷(衣) 밑에 표지(一)의 옷을 입은 하인들. '下人' '최하급의 군인' '마치다'
	마칠　졸	8	zú	② 卒業(졸업) 卒兵(졸병) 烏合之卒(오합지졸)
162	終	糸	终	① 실(糸)의 맨 끝, 계절의 맨 끝인 겨울(冬)이니 '마치다' '마감 짓다' '끝내' '죽다'의 뜻이다.
	마칠　종	11	zhōng	② 終結(종결) 終禮(종례) 最終(최종) 臨終(임종)
163	種	禾	种	① 씨앗으로 쓴 벼(禾)는 알갱이가 꽉 차서 무거운 것(重)을 골라야한다. '씨' '부족' '무리' '심다'
	씨　종(:)	14	zhǒng	② 種類(종류) 種豚(종돈) 種族(종족) 播種(파종)
164	罪	皿	罪	① 잘못(非)을 저지르면 그물(罒)을 쳐서 잡아 가둔다. '죄' '과실' '허물' '벌하다'
	허물　죄:	13	zuì	② 罪人(죄인) 罪囚(죄수) 犯罪(범죄) 無罪(무죄)
165	州	巛	州	① 강물(川)이 흐른 곳에는 모래섬(丶)이 생긴다. 기름진 땅이라 사람들이 모여 산다. '섬' '고을'
	고을　주	6	zhōu	② 州郡(주군) 慶州(경주) 濟州(제주) 光州(광주)
166	週	辶	周	① 이곳저곳(周두루 주) 돌아다니다(辶). '한바퀴'빙 돌다. 주일은 계속 빙빙 도는 것이다.
	주일　주	12	zhōu	② 週日(주일) 一週(일주) 每週(매주) 週間(주간)
167	止	止	止	① 사람이 서 있는 발(종아리 · 발가락 · 뒤꿈치 · 발바닥)의 모양이다. '그치다' '멈추다' '서있다'
	그칠　지	4	zhǐ	② 停止(정지) 防止(방지) 明鏡止水(명경지수)
168	知	矢	知	① 화살(矢)이 과녁(口목표 점)을 향해 날아가는 것은 누구나 다 '안다' '깨닫다' '감각하다'
	알　지	8	zhī	② 知識(지식) 知人(지인) 感知(감지) 告知(고지)
169	質	貝	质	① 그 사람의 배경에 깔린(斦) 재산적(貝) 가치. 재물은 사람이 살아가는데 '바탕'임. '본질'
	바탕　질	15	zhì	② 質問(질문) 物質(물질) 品質(품질) 低質(저질)
170	着	目	着	① 양(羊)들은 서로 눈(目)을 마주보며 '붙어서' 떼 지어 다닌다. '붙다'
	붙을　착	12	zháo	② 到着(도착) 附着(부착) 着工(착공) 着陸(착륙)

5급 18회	한 자 훈 음	부수 총획	간 체 병 음	① 자원풀이　② 한자어
171	參 참여할/석 **참/삼**	ㅿ 11	参 cān	① 많은 세 별(ㅿ)에 터럭(彡)을 붙여 '많다'에서 가차되어 '참여하다' 또 '셋'의 뜻도 있다. (일)参 ② 參加(참가) 參席(참석) 同參(동참) 持參(지참)
172	唱 부를 **창:**	口 11	唱 chàng	① 훌륭한(昌창성할 창) 발성으로 입(口)으로 노래 부르다. '노래' 부르다 ② 唱歌(창가) 獨唱(독창) 復唱(복창) 提唱(제창)
173	責 꾸짖을 **책**	貝 11	责 zé	① 主가 아니라 朿(가시 자)의 변형. 가시로 찌르듯 '꾸짖다' '금품(貝)을 강요하다' ② 責任(책임) 問責(문책) 責望(책망) 重責(중책)
174	鐵 쇠 **철**	金 21	铁 tiě	① 쇠(金)는 농기구(土)나 무기(戈)를 만들기 위해 나라에 바쳤다.(呈드릴 정) 소금과 쇠는 '전매품'임. (일)鉄 ② 鐵鑛(철광) 鐵橋(철교) 鐵筋(철근) 鋼鐵(강철)
175	初 처음 **초**	刀 7	初 chū	① 옷(衤)을 만들 때 '처음'에 하는 일은 칼(刀)로 자르는 것이다. '처음' '비로소' '근본'의 뜻. ② 始初(시초) 初期(초기) 初段(초단) 當初(당초)
176	最 가장 **최:**	日 12	最 zuì	① 위험을 무릅쓰고(冒무릅쓸 모) '가장' 많이 취(取)하다. '아주' '최고' '으뜸' '잘하다'의 뜻. ② 最高(최고) 最近(최근) 最初(최초) 最善(최선)
177	祝 빌 **축**	示 10	祝 zhù	① 신(示)앞에서 사람(儿)이 입(口)으로 이겨달라고, 복을 달라고, '간절히 빌다'라는 뜻. *祝 ② 祝福(축복) 祝歌(축가) 祝賀(축하) 慶祝(경축)
178	充 채울 **충**	儿 6	充 chōng	① 철이 없는 어린아이(儿)를 사람답게 길러(育획 줄임) 그 뜻하는 바를 '채워주다' ② 充分(충분) 充電(충전) 補充授業(보충수업)
179	致 이를 **치:**	至 10	致 zhì	① 많은 지도(指導=攵) 끝에 어떤 목표에 이르다. (至)갈수 있는 곳 끝까지 가서 '이르다' ② 極致(극치) 致死(치사) 拉致(납치) 景致(경치)
180	則 법칙/곧 **칙/즉**	刂 9	则 zé	① 재물(貝)은 칼(刂)로 정확하게, 법대로 나누어야 다툼이 없다. '법' '본받다'의 뜻. ② 規則(규칙) 法則(법칙) 反則(반칙) 原則(원칙)

5급

181	他 다를　타	亻 5	他 tā	① 내가 아닌 다른 사람(亻)이다.(也) 　'다르다' '딴 것' '남'이란 뜻이다. ② 他人(타인) 他國(타국) 他山之石(타산지석)
182	打 칠　타:	扌 5	打 dǎ	① 불룩 나온 것(丁은 다 자라서 고개를 숙인 것)은 　손(扌)으로 쳐야 한다. '치다' '두드리다'의 뜻. ② 打開(타개) 打殺(타살) 毆打(구타) 安打(안타)
183	卓 높을　탁	十 8	卓 zhuó	① 동틀 녘(무이를 조)의 해(上의 획줄임)의 모양에서 　'높다' '뛰어나다' '책상'이란 뜻이다. ② 卓見(탁견) 卓上(탁상) 卓球(탁구) 食卓(식탁)
184	炭 숯　탄:	火 9	炭 tàn	① 일단 탔던 것이 꺼지고, 불로 되돌아가다. 　'火'위의 「厂」과 '山'은 되돌린(反)다는 뜻임. ② 炭素(탄소) 炭鑛(탄광) 石炭(석탄) 炭層(탄층)
185	宅 집　택	宀 6	宅 zhái	① 몸을 의탁(乇부탁할 탁)해서 쉬는 집(宀)이다. 　'집' '살다' '무덤' *사람을 뜻할 때는 음이 '댁' ② 住宅(주택) 宅地(택지) 自宅(자택) 幽宅(유택)
186	板 널　판	木 8	板 bǎn	① 나무(木)의 널빤지는 뒤집으나(反) 바로 하나 모양이 　똑 같다. '널빤지' ② 板子(판자) 板紙(판지) 看板(간판) 黑板(흑판)
187	敗 패할　패:	攵 11	败 bài	① 돈(貝)을 걸고 겨루다가 지게 되면 터지거나 (攵) 돈을 　바침. '지다' '부수다' '해치다'란 뜻. ② 勝敗(승패) 失敗(실패) 敗家亡身(패가망신)
188	品 물건　품:	口 9	品 pǐn	① 뭇(口/父, 口/母, 口/父母사이의 나) 사람들의 물건. 　'물건' '널리' '품별'을 하다' ② 物件(물건) 品質(품질) 品性(품성)
189	必 반드시　필	心 5	必 bì	① 마음(心)을 구분해서 꼭꼭 숨김. 　'꼭' '반드시' '오로지' '기어이' ② 必勝(필승) 必要(필요) 必須科目(필수과목)
190	筆 붓　필	竹 12	笔 bǐ	① 붓(聿)에 대나무(竹) 대롱을 더하여 뜻을 확실히 했다. 　'붓' '쓰다' '글씨'의 뜻이다. ② 筆記(필기) 筆談(필담) 筆筒(필통) 鉛筆(연필)

191	河 물　　하	氵 8	河 hé	① 본래는 중국 북부지방을 동서로 흐르는 큰 강. '황하'의 고유명사가 일반명사로 된 字다. ② 黃河(황하) 河川(하천) 江河(강하) 氷河(빙하)
192	寒 찰　　한	宀 12	寒 hán	① 집(宀)밑에 풀(艹)더미를 깔았으나 밑에 얼음(冫)이 있어 '차갑다' '춥다' '얼다' '가난하다' ② 寒冷(한랭) 貧寒(빈한) 三寒四溫(삼한사온)
193	害 해할　　해:	宀 10	害 hài	① 풀이 우거져(丰) 가리고(宀) 있어 해롭다. '해치다' '죽이다' '훼방하다' ② 害毒(해독) 害蟲(해충) 利害(이해) 損害(손해)
194	許 허락할　　허	言 11	许 xǔ	① 떡메(午는 절구공이 모양)로 떡을 칠 때 내려 쳐도 좋다고 말(言)로 신호를 함. '들어주다' ② 許諾(허락) 許可(허가) 特許(특허) 免許(면허)
195	湖 호수　　호	氵 12	湖 hú	① 물(氵)이 굳은살(胡)처럼 뭉쳐(모여)있다가 흘러가는 곳. 연못보다 큰 못. ② 湖水(호수) 湖畔(호반) 江湖(강호) 湖南(호남)
196	化 될　　화(:)	匕 4	化 huà	① 서서(亻) 활동하던 사람이 앉아만(匕) 있어 '변화'되었 다. '고쳐지다' '따르다' ② 變化(변화) 同化(동화) 化學(화학) 化石(화석)
197	患 근심　　환:	心 11	患 huàn	① 좋지 않은 일로 마음(心)을 뚫은(丨)것이 거듭되니 '근심'이다. '고통' '재난' '병들다' ② 患者(환자) 患部(환부) 病患(병환) 憂患(우환)
198	效 본받을　　효:	攵 10	效 xiào	① 본(本)을 제시하여 견주어 보게 하고 그대로 따르도록 가르치다(攵) '본받다' '보람' '배우다' (일)効 ② 效果(효과) 效能(효능) 有效(유효) 效驗(효험)
199	凶 흉할　　흉	凵 4	凶 xiōng	① 사람이 구덩이(凵)에 빠져서 나오지 못하는 모양이다. '흉하다' '해치다' '재앙'의 뜻. ② 凶惡(흉악) 凶年(흉년) 吉凶(길흉) 陰凶(음흉)
200	黑 검을　　흑	黑 12	黑 hēi	① 아궁이에 불을 지폈을 때 굴뚝으로 그을음이 나오는 모양. '캄캄하다' '어둡다' '그르치다' (일)黒 ② 黑白(흑백) 黑色(흑색) 黑幕(흑막) 黑心(흑심)

5급

4급 II
250자

#	한자	훈음	부수	총획	간체	병음	자원풀이 / 한자어
1	假	거짓 가:	亻	11	假	jiǎ	① 사람(亻)만이 거짓말(叚빌 가/내 것이 아닌 빌린 것)을 한다. '빌리다' '임시' (일)仮 ② 眞假(진가) 假面(가면) 假髮(가발) 假名(가명)
2	街	거리 가(:)	行	12	街	jiē	① 거리(行은 사거리 모양)는 흙(土)이 쌓여 이루어 졌다. '네거리' '한길'이란 뜻이다. ② 街頭(가두) 商街(상가) 街路樹(가로수)
3	減	덜 감:	氵	12	减	jiǎn	① 모든(咸다 함) 사물은 물(氵)기가 빠지면 줄어든다. '줄다' '덜다' '빼다' '가볍다' *减 ② 加減(가감) 減算(감산) 增減(증감) 減縮(감축)
4	監	볼/거울 감	皿	14	监	jiān	① 동이(皿그릇 명)에 물을 받아가지고 내려다 보는 모양이다. 인류최초의 '거울'이다. ② 監督(감독) 監視(감시) 監獄(감옥) 校監(교감)
5	康	편안 강	广	11	康	kāng	① 庚(단단하고 크다는 뜻)과 米(쌀)가 합쳐진 字. 단단히 여문 곡식이 많으면 '편안하다' '온화' ② 健康(건강) 小康(소강) 富貴康寧(부귀강녕)
6	講	욀 강:	言	17	讲	jiǎng	① 말(言)을 잘 얽어(冓얽을 구)나간다. 중간에 끊어지지 않고 '외다' '말하다' '설명하다' ② 講師(강사) 講義(강의) 開講(개강) 終講(종강)
7	個	낱 개(:)	亻	10	个	gè	① 사람(亻)이 하나하나로 독립해(固) 있다. '낱 개' '물건을 세는 단위' ② 個當(개당) 個數(개수) 個性(개성) 個人(개인)
8	檢	검사할 검:	木	17	检	jiǎn	① 쌓여있는(僉다 첨) 나무(木)는 자주 뒤적거려 검사해야함. 쓸 만한 것을 골라 내야함. '조사' (일)検 ② 檢査(검사) 檢擧(검거) 檢證(검증) 檢討(검토)
9	缺	이지러질 결	缶	10	缺	quē	① 동이(缶오지그릇)의 이가 빠졌음(夬터놓을 쾌) '모자라다' '무너지다' '이지러지다' '부족하다' ② 缺席(결석) 缺勤(결근) 缺點(결점) 缺陷(결함)
10	潔	깨끗할 결	氵	15	洁	jié	① 깎아 내고(刀) 먼지를 털고(糸) 물(氵)로 씻어내니 '깨끗하다' '맑다' '조촐하다' ② 潔白(결백) 淸潔(청결) 純潔(순결) 不潔(불결)

11	經 지날/글　경	糸 13	经 jīng	① 糸(실 사)와 巠(지하수 경)이 합쳐져 실의 날줄이 본뜻. '지나가다' 날줄이 기본이라서 '경서' (일)経 ② 經緯(경위) 經歷(경력) 經度(경도) 經書(경서)
12	警 깨우칠/경계할 경:	言 20	警 jǐng	① 잘못을 공손한(敬) 말(言)로 깨우쳐 주다. '경계하다' '조심하다' '소리 지르다'의 뜻. ② 警察(경찰) 警護(경호) 警備(경비) 警報(경보)
13	境 지경　경	土 14	境 jìng	① 아무리 넓은 땅(土)이라도 끝(竟마침내 경)이 있다. '땅의 경계선' '마치다' '어느 곳'의 뜻. ② 境界(경계) 境遇(경우) 國境(국경) 地境(지경)
14	慶 경사　경:	心 15	庆 qìng	① 고대에 좋은 일, 경사(慶事)가 있을 때는 사슴(鹿)의 가죽을 예물로 주고 마음(心)으로 축하함. ② 慶祝(경축) 慶弔事(경조사) 國慶日(국경일)
15	係 맬　계:	亻 9	系 xì	① 사람(亻)과 사람을 실(糸)로 매어둔 것 같이 사람과 사람의 '관계' '잇다' '걸리다' '묶다' ② 關係(관계) 係員(계원) 函數關係(함수관계)
16	故 연고　고(:)	攵 9	故 gù	① 옛날(古) 일을 들추어(攵) 그 까닭을 캐묻다. '옛' '처음부터' '원래' '관례' '나와 관계되는 일' ② 緣故(연고) 故鄕(고향) 故障(고장) 事故(사고)
17	官 벼슬　관	宀 8	官 guān	① 언덕위의 높은 집(宀)인 관청에서 백성들을 잘살게(흙덩이가 굴러 뭉친 모양) 하는 사람. '관리' ② 官廳(관청) 官吏(관리) 長官(장관) 上官(상관)
18	求 구할　구	氺 7	求 qiú	① 짐승 가죽을 양쪽으로 벗긴 모양. '갓옷' 그 갓옷(가죽 옷)은 누구나 '구하려고'한다. ② 求愛(구애) 求職(구직) 急求(급구) 要求(요구)
19	究 연구할　구	穴 7	究 jiū	① 구멍(穴) 속을 갈수 있는데 까지(九는 자연수로서는 제일 큰 수)가서 조사하여 밝히다. ② 研究(연구) 探究(탐구) 學究(학구) 究明(구명)
20	句 글귀　구	口 5	句 jù	① 입(口)으로 하는 말이 한바퀴(勹) 돌아서 멈춰지는 곳. '글귀' '문장이 끊어지는 곳' ② 句節(구절) 語句(어구) 一言半句(일언반구)

4급Ⅱ

21	宮 집　궁	宀 10	宮 gōng	① 집(宀)이 등골뼈(呂)처럼 이어져 있는 곳. '대궐' 그 안에 사는 '임금의 아내나 첩'의 뜻. ② 宮闕(궁궐) 宮女(궁녀) 景福宮(경복궁)
22	權 권세　권	木 22	权 quán	① 도끼자루 손잡이(木)를 잡은 사람. 그 사람이 좌우를 살펴(雚) 권력을 행사한다. (일)権 ② 權利(권리) 權勢(권세) 利權(이권) 政權(정권)
23	極 극진할/다할　극	木 13	极 jí	① 집의 제일 높은 곳의 용마루(木). 사물의 최고·최상의 곳. '끝' '다하다' '들보' '이르다'의 뜻. ② 極致(극치) 南極(남극) 極端(극단) 極秘(극비)
24	禁 금할　금:	示 13	禁 jìn	① 사당(示:제사 시) 주위에 향나무(林)를 심어 출입을 금지시켰다. '하지 못하게 하다' '삼가다' ② 禁止(금지) 禁煙(금연) 監禁(감금) 嚴禁(엄금)
25	起 일어날　기	走 10	起 qǐ	① 달리려면(走:달릴 주) 구부렸던 몸(己)을 일단 일어나 야 한다. '일어나다' '시작하다' ② 起立(기립) 起床(기상) 起源(기원) 起工(기공)
26	器 그릇　기	口 16	器 qì	① 口는 밥그릇. 犬은 고분·고려장 등 순장(殉葬)시대에 서 나타난 개의 뼈. '그릇' '도량'의 뜻. ② 食器(식기) 陶器(도기) 大器晩成(대기만성)
27	暖 따뜻할　난:	日 13	暖 nuǎn	① 햇살(日)을 끌어들여(爰:당기다) 따뜻하게 하다. '따뜻하다' '온화하다' '데우다' '부드럽다' ② 暖房(난방) 暖冬(난동) 지구溫暖化(온난화)
28	難 어려울　난(:)	隹 19	难 nán	① 새(隹)가 진흙(堇:진흙 근)에 빠져 날기가 어렵다. '어렵다' '탈' '근심' '꾸짖다'의 뜻이다. ② 困難(곤란) 難易(난이) 詰難(힐난) 難產(난산)
29	努 힘쓸　노	力 7	努 nǔ	① 종(奴:종 노)처럼 힘(力)써 일하다. '부지런히 일하다' '힘을 들이다' '힘을 쓰다' ② 努力(노력)
30	怒 성낼　노:	心 9	怒 nù	① 종(奴)들의 마음(心)은 분노에 차있다. '성내다' '세차다' '힘쓰다' '꾸짖다'라는 뜻. ② 怒氣(노기) 憤怒(분노) 怒號(노호) 震怒(진노)

31	單 홑　　단	口 12	单 dān	① 땅을 평평하게 고르는 기계의 일종. 또 끝이 두 갈래로 된 화살이라는 설. '홑' 하나' '혼자' ② 單獨(단독) 簡單(간단) 單價(단가) 單數(단수)
32	端 끝　　단	立 14	端 duān	① 무엇에도 더렵혀지지 않고(耑시초 단) 서(立) 있다. '바르다' '실마리' '시초' '끝' ② 端緒(단서) 端正(단정) 端午(단오) 極端(극단)
33	檀 박달나무　단	木 17	檀 tán	① 제사(亶) 터 울타리에 심는 나무(木). 향나무나 박달나무. 크고 단단한 나무를 뜻한다. ② 檀君(단군) 檀紀(단기)
34	斷 끊을　　단:	斤 18	断 duàn	① 끊임없이 이어진 실(繼)을 도끼(斤)로 '끊다' '쪼개다' '베다' '판가름하다' '단정하다'의 뜻. (일)断 ② 斷定(단정) 決斷(결단) 斷續(단속) 斷層(단층)
35	達 통달할　달	辶 13	达 dá	① 羊새끼가 거침없이 땅(土)을 뛰어 다니듯(辶) 거침없 이 헤쳐 나가다. '통하다' '성취하다'란 뜻. ② 通達(통달) 到達(도달) 未達(미달) 達成(달성)
36	擔 멜　　담	扌 16	担 dān	① 손(扌)으로 어깨에 이르게 하다(詹이를 첨). 즉 손으로 짐을 '들러 메다' '부담하다' '맡다' (일)担 ② 擔任(담임) 負擔(부담) 加擔(가담) 擔保(담보)
37	黨 무리　　당	黑 20	党 dǎng	① 검은 머리(黑은 黎民이니 보통 사람들)의 사람들이 우두머리를 중심으로 '무리 짓다' '견주다' (일)党 ② 黨派(당파) 黨權(당권) 朋黨(붕당) 黨爭(당쟁)
38	帶 띠　　대(:)	巾 11	带 dài	① 허리에 차는 띠(巾)에 장식품이 늘어진 모양. '띠' '두르다' '데리고 다니다' (일)帯 ② 革帶(혁대) 眼帶(안대) 帶同(대동) 帶劍(대검)
39	隊 무리　　대	阝 12	队 duì	① 언덕(阝)을 산돼지(㒸돼지 시)새끼들이 어미를 따라 오르는 모양. '떼' '무리' '군대' '대열' ② 部隊(부대) 隊列(대열) 探險隊(탐험대)
40	導 인도할　　도:	寸 16	导 dǎo	① 좋은 길(道)을 손(寸)으로 가리키며 끌어주다. '이끌다' '인도하다' '안내하다' '다스리다' ② 引導(인도) 指導(지도) 善導(선도) 矯導(교도)

4급 Ⅱ

| 41 | 毒 | 毋 | 毒 | ① 사람을 음란(毒음란할 애)하게 만드는 해로운 풀(主는 모양이 변한 것임). '해치다' '악하다' |
| | 독　　　독 | 8 | dú | ② 毒藥(독약) 毒草(독초) 解毒(해독) 毒蛇(독사) |

| 42 | 督 | 目 | 督 | ① 눈(目)을 콩을 쪼개듯 작게(叔은 菽콩 숙)하고 자세히 '살피다' '감독하다' '재촉하다' '꾸짖다' |
| | 감독할　독 | 13 | dū | ② 監督(감독) 督促(독촉) 督勵(독려) 督戰(독전) |

| 43 | 銅 | 金 | 铜 | ① 금(金)과 같은(同) 빛깔을 가진 금속. 때리면 '동동'소리가 나는 의성어(擬聲語). |
| | 구리　　동 | 14 | tóng | ② 銅錢(동전) 銅賞(동상) 銅鏡(동경) 銅管(동관) |

| 44 | 斗 | 斗 | 斗 | ① 손으로 곡식의 낟알을 그릇에 담아 '헤아리는' 모양이다. 용량의 단위 '말' : 되(升)의 열배 |
| | 말　　　두 | 4 | dǒu | ② 北斗七星(북두칠성) 斗酒不辭(두주불사) |

| 45 | 豆 | 豆 | 豆 | ① 제사 때 제물을 담는 '제기'의 모양이다. '제기이름' '나무로 만든 제기' '콩'의 뜻도 있음. |
| | 콩　　　두 | 7 | dòu | ② 豆腐(두부) 豆油(두유) 種豆得豆(종두득두) |

| 46 | 得 | 彳 | 得 | ① 길을 가다가(彳자축거릴 척) 손(寸)으로 재물 (日은 貝의 획 줄임)주웠다. '얻다' '깨닫다'의 뜻. |
| | 얻을　　득 | 11 | dé | ② 得失(득실) 得點(득점) 得道(득도) 說得(설득) |

| 47 | 燈 | 火 | 灯 | ① 불(火)이 위로 높이 올라가(登오를 등) 있다. '등불' '등잔'이란 뜻이다. (일)灯 |
| | 등　　　등 | 16 | dēng | ② 燈盞(등잔) 電燈(전등) 燈臺(등대) 消燈(소등) |

| 48 | 羅 | 罒 | 罗 | ① 새(隹)를 잡기 위해 실(糸)로 그물(罒)을 짜서 벌려 놓았다. '벌려 놓다' '새 그물' '얇은 비단' |
| | 벌릴　라(나) | 19 | luó | ② 羅列(나열) 全羅道(전라도) 綺羅星(기라성) |

| 49 | 兩 | 入 | 两 | ① 저울 추 두 개가 양쪽에 걸려 있는 모양이다. '둘' '짝' '아울러' '무게의 단위'의 뜻도 있다. (일)両 |
| | 두　　　량: | 8 | liǎng | ② 兩家親戚(양가친척) 兩面(양면) 兩親(양친) |

| 50 | 麗 | 鹿 | 丽 | ① 사슴(鹿) 두 마리가 짝을 지어 가는 모양. 뿔도 곱고 보기도 아름답다. '곱다' '빛나다' |
| | 고울　　려 | 19 | lì | ② 高麗(고려) 華麗(화려) 美辭麗句(미사여구) |

51	連	辶	连	① 수레(車)가 이어져서 가고(辶) 있다. '잇다' '연결하다' '붙이다'라는 뜻이다.	
	이을　련(연)	11	lián	② 連結(연결) 連絡(연락) 連續(연속) 連載(연재)	
52	列	刂	列	① 뼈(歹뼈앙상할 알)에 붙은 살을 칼(刂)로 발라 벌려놓다. '벌이다' '줄' '차례' '가지런하다'	
	벌릴　렬(열)	6	liè	② 列擧(열거) 列車(열차) 一列(일렬) 行列(항렬)	
53	錄	金	录	① 금속(金)에 나무를 깎듯(彔나무 깎을 록) 글자를 '새기다' '기록하다' '문서' '나타내다' (일)録	
	기록할　록	16	lù	② 記錄(기록) 登錄(등록) 附錄(부록) 芳名錄(방명록)	
54	論	言	论	① 여러 가지 말(言)이나 글(冊)을 종합(亼모을 집)하여 자신의 주장을 펴다. '말하다' '서술하다'	
	논할　론(논)	15	lùn	② 論述(논술) 論文(논문) 結論(결론) 議論(의론)	
55	留	田	留	① 밭(田)의 풀이 무성하여(卯무성할 묘) 그 풀을 뽑기 위해 오래 '머무르다' '정지하다' '묵다'	
	머무를　류	10	liú	② 停留(정류) 保留(보류) 抑留(억류) 滯留(체류)	
56	律	彳	律	① 붓(聿붓 율)으로 사람의 행동(彳)을 규제하는 '법칙'을 기록해 두다. '법' '가락'의 뜻이다.	
	법칙　률(율)	9	lǜ	② 法律(법률) 音律(음률) 律動(율동) 戒律(계율)	
57	滿	氵	满	① 물(氵)만이 양쪽(兩)으로 가득 빈틈없이 채울 수 있다. '차다'라는 뜻이다. (일)満	
	찰　만(:)	14	mǎn	② 滿足(만족) 滿員(만원) 不滿(불만) 肥滿(비만)	
58	脈	月	脈	① 몸(月육달 월)속의 핏줄이 여러 갈래(派갈래 파)로 이어져 있다. '줄기' '맥' '혈관' '맥박'	
	줄기/맥　맥	10	mài	② 動脈(동맥) 血脈(혈맥) 脈搏(맥박) 山脈(산맥)	
59	毛	毛	毛	① 짐승의 엉덩이에 난 꼬리털이 본뜻인데, 모든 '털'을 뜻한다.	
	터럭/털　모	4	máo	② 毛髮(모발) 毛皮(모피) 羊毛(양모) 純毛(순모)	
60	牧	牛	牧	① 소(牛)는 때려(攵)가면서 길들이고 키워야하는 동물이다. '기르다' '다스리다' '치다'	
	칠　목	8	mù	② 牧童(목동) 牧場(목장) 牧師(목사) 放牧(방목)	

4급 II

61	武 호반　무:	止 8	武 wǔ	① 적이 싸울(戈) 의욕을 버리도록(止) 하는 군비를 뜻한다. '병기' '무기' '굳세다' '용맹하다' ② 武器(무기) 武力(무력) 文武(문무) 武勇(무용)
62	務 힘쓸　무:	力 11	务 wù	① 큰 창(矛)을 물리치려면(攵) 아주 많은 힘(力)을 써야 한다. '힘쓰다' '일하다' '직분' '직책' ② 事務室(사무실) 勤務(근무) 專務(전무) 業務(업무)
63	未 아닐　미(:)	木 5	未 wèi	① 나무(木)가 아직 다 뻗지 않아 다 자리지 않았음. '아니다' '아직 ~하지 못하다' '장래' ② 未達(미달) 未開(미개) 未安(미안) 未納(미납)
64	味 맛　미:	口 8	味 wèi	① 아직(未) 먹지 않고 입(口)으로 맛본다. '맛' '뜻' '의미' '기분'의 뜻도 있다. ② 味覺(미각) 味感(미감) 性味(성미) 興味(흥미)
65	密 빽빽할　밀	宀 11	密 mì	① 山에 나무가 '빽빽하다' '촘촘하다' '고요하다' '숨기다'라는 뜻이다. ② 密林(밀림) 密集(밀집) 秘密(비밀) 密輸(밀수)
66	博 넓을　박	十 12	博 bó	① 널리(十) 펴서(專펼 부) 미치게 하다. '넓다' '얻다' '평평하다'라는 뜻이다. ② 博士(박사) 博識(박식) 賭博(도박) 博物館(박물관)
67	防 막을　방	阝 7	防 fáng	① 허술한 곳(方)을 담(阝)을 쌓아 막다. '방비하다' '둔덕' '막다'라는 뜻이다. ② 防水(방수) 防犯(방범) 防音(방음) 防毒面(방독면)
68	房 방　방	戶 8	房 fáng	① 집(戶) 밑의 한쪽(方)에 치우쳐 있는 곳에 있는 내실(內室) 이외의 방. '곁방' '침실' 등. ② 房門(방문) 監房(감방) 畵房(화방) 暖房(난방)
69	訪 찾을　방:	言 11	访 fǎng	① 찾아갈 때는 방향(方)이 어디인지 물어보고 (言)찾아 간다. '상의하다' '탐문하다' '찾다' ② 訪問(방문) 探訪(탐방) 巡訪(순방) 尋訪(심방)
70	背 등　배:	月 9	背 bèi	① 사람(月육달 월/몸)이 서로 등지고(北) 서 있는 모양이다. 몸을 돌려 '등지다' '배반하다' 등. ② 背信(배신) 背景(배경) 背恩忘德(배은망덕) 背後(배후)

71	拜 절　배:	手 9	拜 bài	①두 손(手)을 아래로 늘어뜨리고 머리를 조아리는 모양 인데, 변했다. '절하다' '공경하다' (일)拜 ②歲拜(세배) 拜禮(배례) 拜謁(배알) 崇拜(숭배)
72	配 나눌/짝　배:	酉 10	配 pèi	①술(酉)을 따라 놓고 신랑신부(己)가 혼례를 치르다. '부인' '나누다' '귀양 보내다' ②配匹(배필) 配食(배식) 配役(배역) 流配(유배)
73	伐 칠　벌	亻 6	伐 fá	①사람(亻)이 창(戈)을 들고 적을 치다. '치다' '베다' '갈아 일으킨 땅'이란 뜻이다. ②伐木(벌목) 征伐(정벌) 討伐(토벌) 伐草(벌초)
74	罰 벌할　벌	罒 14	罚 fá	①법망(罒)에 걸린 죄인을 야단치고(言) 그래도 안되면 처벌(刂)한다. '처벌하다' '꾸짖다' ②罰金(벌금) 賞罰(상벌) 信賞必罰(신상필벌)
75	壁 벽　벽	土 16	壁 bì	①흙 담(土)에 꼬챙이(辟임금 벽/꼬챙이로 찔러 벌을 가하는 사람)로 구멍을 낸 '바람벽' '울타리' ②壁報(벽보) 壁紙(벽지) 絶壁(절벽) 城壁(성벽)
76	邊 가　변	辶 19	边 biān	①코(自)가 양옆으로 갈라지듯(穴) 갈라져 나간 (辶) 양 부분의 끝(方). '변두리' '가장자리' (일)辺 ②邊境(변경) 周邊(주변) 江邊(강변) 身邊(신변)
77	步 걸음　보:	止 7	步 bù	①한 쪽 발은 위, 한 쪽 발은 아래로 향하고 있는 모양이다. '걸음' '밟다' '보폭'의 뜻이다. ②步道(보도) 步行(보행) 五十步百步(오십보백보)
78	保 지킬　보(:)	亻 9	保 bǎo	①어리석은(呆어리석을 매) 사람(亻)은 보호하여 지켜줘 야 한다. '보전하다' '편안하게 하다' ②保護(보호) 保全(보전) 保管(보관) 確保(확보)
79	報 갚을/알릴　보:	土 12	报 bào	①상대가 액운을 면해(幸) 다행이라고 그것을 '알려' 주고 행운이 미치도록(及)함. '갚음' ②報告(보고) 警報(경보) 報恩(보은) 報答(보답)
80	寶 보배　보:	宀 20	宝 bǎo	①집(宀)에 있는 보물(玉)과 돈 꾸러미(貝)를 항아리(缶) 속에 보관하고 있는 '보물' '옥새' (일)宝 ②寶物(보물) 寶石(보석) 國寶(국보) 寶座(보좌)

4
급
Ⅱ

81	復 회복할/다시 복/부:	彳 12	复 fù	① 가고(彳)오고(复돌아올 복)를 반복하고 거듭하다. '뒤집다' '되풀이하다' '겹치다' *다시 부. ② 復舊(복구) 反復(반복) 回復(회복) 復活(부활)
82	府 마을/관청 부(:)	广 8	府 fǔ	① 중요한 서류를 건네준 것(付)것을 보관 하는 집(广). '곳집' '마을' '관청' ② 政府(정부) 權府(권부) 立法府(입법부)
83	婦 며느리 부	女 11	妇 fù	① 여자(女)가 시집가서 빗자루(帚)를 들고 청소하다. 즉 '며느리'이고 '아내'이다. ② 夫婦(부부) 主婦(주부) 姑婦(고부) 酌婦(작부)
84	副 버금 부:	刂 11	副 fù	① 칼(刂)로 베어 쪼개다. 양쪽이 비슷하므로 두 번째 것도 같다. '예비적이다' '결따르다' ② 副班長(부반장) 副社長(부사장) 副次(부차)
85	富 부자 부:	宀 12	富 fù	① 집(宀)안에 큰 술독이 있는 모양이다. '풍성하다' '가득차서 많다' '넉넉하다' '가멸다' ② 富者(부자) 富裕(부유) 富村(부촌) 猝富(졸부)
86	佛 부처 불	亻 7	佛 fó	① 보통사람(亻)이 아닌(弗) 세속을 초월한 부처이다. '부처' '깨닫다' (일)仏 ② 佛敎(불교) 佛經(불경) 石佛(석불) 得佛(득불)
87	非 아닐 비(:)	非 8	非 fēi	① 쭉 편 새의 날개가 한방향이 아니고 서로 엇갈린 모양. '아니다' '그르치다' '좋지 않다' ② 非行(비행) 非難(비난) 非常(비상) 非情(비정)
88	悲 슬플 비:	心 12	悲 bēi	① 다른 사람의 아닌(非)것을 같이 마음 써서 '슬퍼해주다' '동정' '비애' ② 悲劇(비극) 悲報(비보) 喜悲(희비) 悲慘(비참)
89	飛 날 비	飛 9	飞 fēi	① 새가 깃을 펴고 나는 모양이다. '날다' '빠르다' '흩어지다' ② 飛行機(비행기) 飛翔(비상) 雄飛(웅비) 飛虎(비호)
90	備 갖출 비:	亻 12	备 bèi	① 사람(亻)이 화살을 넣는 전통(箭筒)을 몸에 지니다. '화살 통에 화살을 갖추어 두다' '준비' ② 準備(준비) 具備(구비) 守備(수비) 常備藥(상비약)

91	貧 가난할　빈	貝 11	贫 pín	① 재물(貝)을 자꾸 나누어(分) 주다보면 가난해질 수밖에 없다. '가난하다' '모자라다' '부족' ② 貧富(빈부) 貧血(빈혈) 貧農(빈농) 淸貧(청빈)
92	寺 절　사	寸 6	寺 sì	① 본래의 뜻은 之(갈 지)와 寸(마디/법 촌)이 합친 것. '관청' 불교의 설법을 관청에서 하여 '절'이 됨. ② 寺刹(사찰) 寺院(사원) 佛國寺(불국사)
93	舍 집　사	舌 8	舍 shè	① 余는 나의 집, 토대(口) 또는 벽 모양이다. '집' '머물다' '관청'이란 뜻이 있다. ② 舍宅(사택) 廳舍(청사) 豚舍(돈사) 寄宿舍(기숙사)
94	師 스승　사	巾 10	师 shī	① 언덕위에서 군사훈련을 시키는 사람이 스승. '스승' '전문적인 기예를 닦은 사람' '군사' ② 師範(사범) 師團(사단) 醫師(의사) 料理師(요리사)
95	謝 사례할　사:	言 17	谢 xiè	① 은혜를 입으면 그에게 바로(射) 감사의 말(言)을 한다. '사례하다' '물러가다' '거절하다' ② 感謝(감사) 厚謝(후사) 謝絶(사절)
96	殺 죽일/감할 살/쇄:	殳 11	杀 shā	① 몽둥이(殳)로 치고, 베고(乂) 벗기면(朮) 죽는다. '죽이다' '살해하다' '감할 쇄'의 뜻도 있다. ② 殺人(살인) 打殺(타살) 銃殺(총살) 減殺(감쇄)
97	床 상　상	广 7	床 chuáng	① 牀(평상 상)의 속자(俗字). 나무로 만든 걸상을 겸한 침상이 본뜻이다. '밥상' '소반' ② 冊床(책상) 兼床(겸상) 獨床(독상) 起床(기상)
98	狀 형상/문서 상/장:	犬 8	状 zhuàng	① 개(犬)의 여러 가지 모양에서, 일반적으로 '모양'의 뜻으로 쓰임. *문서 장: ② 狀況(상황) 狀態(상태) 現狀(현상) 賞狀(상장)
99	想 생각　상:	心 13	想 xiǎng	① 어떠한 대상(相서로 상)을 놓고 마음(心)으로 '생각하다' '희망하다' '모양'의 뜻도 있다. ② 想像(상상) 豫想(예상) 假想(가상) 構想(구상)
100	常 떳떳할　상	巾 11	常 cháng	① 위에(尙) 입는 옷은 '항상' 띠(巾)를 잘 둘러 입어야 한다. '항상' '언제나' '불변의 도' '대개' ② 恒常(항상) 平常(평상) 常設(상설) 常識(상식)

4급
Ⅱ

101	設 베풀 설	言 11	设 shè	① 말(言)로 어떻게 하라고 투입(殳)하다. 그 말에 따라 펴놓거나 설치하다. '늘어놓다' ② 設置(설치) 設備(설비) 施設(시설) 架設(가설)
102	城 재 성	土 10	城 chéng	① 침입을 막기 위해 흙(土)을 높이 쌓아(成) 그 안에서 백성이 모여 살았다. '성' '나라' '도읍' ② 城郭(성곽) 都城(도성) 萬里長城(만리장성)
103	盛 성할 성:	皿 12	盛 shèng	① 그릇(皿)이 가득 차게(成)되다. 잔치에 그릇이 가득 차도록 '성대하다' '번성하다' '많다'의 뜻. ② 盛大(성대) 繁盛(번성) 珍羞盛饌(진수성찬)
104	誠 정성 성	言 14	诚 chéng	① 가치 있는 말(言)로 진실을 이루다(成). '정성' '참되게 하다' '진시로' '삼가다' '진실' ② 精誠(정성) 誠意(성의) 誠實(성실) 熱誠(열성)
105	星 별 성	日 9	星 xīng	① 우주의 등불처럼 생긴(生) 별(日)이다. '별' '세월' '중요한 인물' ② 金星(금성) 星霜(성상) 星座(성좌) 綺羅星(기라성)
106	聖 성인 성:	耳 13	圣 shèng	① 이해력(耳)과 설득력(口)이 뛰어난(壬오뚝할 정)사람. '성스럽다' '슬기롭다' '뛰어난 사람' ② 聖人(성인) 聖經(성경) 聖典(성전) 神聖(신성)
107	聲 소리 성	耳 17	声 shēng	① 경쇠(殸=磬경쇠경의 획 줄임)를 치는(殳) 소리가 귀(耳)에 들리다. 귀로 들리는 소리. (일)声 ② 聲優(성우) 聲樂(성악) 音聲(음성) 怪聲(괴성)
108	細 가늘 세:	糸 11	细 xì	① 뽕밭(田)의 누에고치에서 가는 실(糸)이 나옴. '가늘다' '작다' '자세하다' '세밀하다' '비천' ② 細密(세밀) 仔細(자세) 細菌(세균) 纖細(섬세)
109	稅 세금 세:	禾 12	税 shuì	① 나라에 바치는 세금은 곡식(禾)의 낟알을 잘 털고 벗겨서(兌) 바쳤음. (兌) '구실' '세내다' (일)税 ② 稅金(세금) 稅率(세율) 課稅(과세) 徵稅(징세)
110	勢 형세 세:	力 13	势 shì	① 埶(심을 예)와 力을 합쳐서, 심은 초목이 힘차게 자라는 뜻으로 만든 字. '형세' '기세'란 뜻. ② 勢力(세력) 加勢(가세) 優勢(우세) 症勢(증세)

111	素 본디/흴 소(:)	糸 10	素 sù	① 누에고치에서 갓 자아낸 실(糸)은 희고 곱다. '희다' '흰 빛' '바탕' '원소' 또 '비다'의 뜻이다. ② 素朴(소박) 素服(소복) 素養(소양) 儉素(검소)
112	笑 웃음 소:	竹 10	笑 xiào	① 대나무(竹)가 흔들거리듯(夭) 머리를 흔들며 '웃다' '업신여기다'로도 쓰인다. ② 微笑(미소) 冷笑(냉소) 拍掌大笑(박장대소)
113	掃 쓸 소(:)	扌 11	扫 sǎo	① 손(扌)으로 빗자루(帚빗자루 추)를 들고 땅을 쓸어 '깨끗이 하다' '없애다' '제거하다' '쓸다' ② 淸掃(청소) 掃除(소제) 掃滅(소멸) 一掃(일소)
114	俗 풍속 속	亻 9	俗 sú	① 한 고을(谷)에 사는 사람(亻)들은 풍속이 같다는 뜻. '풍습' '보통' '속되'라는 뜻. ② 風俗(풍속) 俗談(속담) 低俗(저속) 民俗(민속)
115	續 이을 속	糸 21	续 xù	① 물건을 다 팔면(賣) 실(糸)로 이어지듯 물건을 대어주 다. '잇다' '이어지다' '계속하다' *統 (일)續 ② 繼續(계속) 續講(속강) 相續(상속) 接續(접속)
116	送 보낼 송:	辶 10	送 sòng	① 물건을 양손으로 바치듯이 보내다(辶). '보내다' '전송하다' '주다'라는 뜻이다. *送 ② 送金(송금) 送達(송달) 放送(방송) 直送(직송)
117	守 지킬 수	宀 6	守 shǒu	① 집안(宀)에서 촌수(寸법도)는 꼭 지켜야 함. '지키다' '직무' '정조'라는 뜻이다 ② 守衛(수위) 守備(수비) 守節(수절) 死守(사수)
118	收 거둘 수	攵 6	收 shōu	① 엉클어진(糾의 획 줄임) 것을 쳐서(攵) 수습하다. '거두다' '잡다' '빼앗다' '익다'의 뜻이다. (일)収 ② 收拾(수습) 秋收(추수) 收穫(수확) 收入(수입)
119	受 받을 수(:)	又 8	受 shòu	① 위에서 손(爪)으로 덮어(冖)서 주는 것을 아래에서 손(又)으로 받다. '받다' '얻다'의 뜻. ② 受講(수강) 授受(수수) 受配(수배) 受精(수정)
120	授 줄 수	扌 11	授 shòu	① 상대방에게 받으라고(受)하니 손(扌)으로 받는 모양이다. '주다' '수여하다' '가르치다' ② 授與(수여) 敎授(교수) 授業(수업) 傳授(전수)

4급Ⅱ

121	修	亻	修	① 얼굴과 몸과 마음까지 훌륭하게 닦는다. '닦다' '익히다' '고치다' '손질하다'라는 뜻이다. ② 修理(수리) 硏修(연수) 修學旅行(수학여행)
	닦을 수	10	xiū	

122	純	糸	纯	① 처음 뽑은 실(糸) 그대로 머물러(屯) 있으니 물들지 않고 '깨끗하다' '순수하다' '오로지' ② 純粹(순수) 純潔(순결) 不純(불순) 純情(순정)
	순수할 순	10	chún	

123	承	手	承	① 묶여진 실타래에서 실오리를 손(手)으로 빼어 '받들다' '잇다' '받다' '돕다'라는 뜻이다. ② 承繼(승계) 承諾(승낙) 承認(승인) 承服(승복)
	이을 승	8	chéng	

124	視	見	视	① 귀신(示)처럼 몰래 살펴보다(見). 주로 상대가 알지 못하게 '몰래 보다'라는 뜻으로 쓰임. ② 視線(시선) 視察(시찰) 監視(감시) 巡視(순시)
	볼 시:	12	shì	

125	是	日	是	① 해(日)가 바르게(正) 떠 있다. 바르다. 옳다. 가차하여, '이것' '여기' '지시하는 말로 쓰임. ② 是非(시비) 是認(시인) 是正(시정) 國是(국시)
	이/옳을 시:	9	shì	

126	施	方	施	① 전쟁이 끝나면 깃발아래(也를제외하면 깃발 언)모여 상벌(賞罰)을 베풀었다. '행하다' '쓰다' ② 施賞(시상) 施設(시설) 實施(실시) 布施(포시)
	베풀 시:	9	shī	

127	詩	言	诗	① 말(言)을 마디지어(之+寸)하다. 詩는 말을 맺고 끊고 하는 리듬이 있다. '노래하다' '말' ② 詩人(시인) 童詩(동시) 漢詩(한시) 序詩(서시)
	시/글 시	13	shī	

128	試	言	试	① 말(言)로 적정한 격식(式)이 갖추어 졌는지 시험해 보다. 말로 하는 구두시험이다. ② 試驗(시험) 試掘(시굴) 應試(응시) 考試(고시)
	시험 시(:)	13	shì	

129	息	心	息	① 코(自)로 잔잔하게 숨을 쉬고 있으니 마음(心)도 편하다. '편히 쉬다' *'아들 식'으로도 쓰임. ② 休息(휴식) 子息(자식) 棲息(서식 : 깃들어 삶)
	쉴 식	10	xī	

130	申	田	申	① 번개가 칠 때 해(日)가 갈라진 듯 가운데 금 이 간 모양이다. 자신의 죄가 겁나 '아뢰다' ② 申告(신고) 申請(신청) 內申成績(내신성적)
	납 신	5	shēn	

131	深 깊을 심	氵 11	深 shēn	① 물(氵) 구덩이(穴)를 나무(木) 막대기로 찔러보고 얼마나 깊은지 확인한다. 기준은 나의 身長 ② 深夜(심야) 深海(심해) 深山幽谷(심산유곡)
132	眼 눈 안:	目 11	眼 yǎn	① 겉으로 드러난 눈(目)과 그 속(艮그칠 간)의 눈의 구조 (눈 알)까지이다. '눈' '시력' '보다' ② 眼鏡(안경) 眼科(안과) 眼下無人(안하무인)
133	暗 어두울 암:	日 13	暗 àn	① 해(日)가 져서 앞은 보이지 않고 소리(音)만 들린다. '어둡다' '캄캄하다' '어리석다'의 뜻. ② 暗記(암기) 暗殺(암살) 暗礁(암초) 明暗(명암)
134	壓 누를 압	土 17	圧 yā	① 잘못(厭싫을 염)을 염은 배가 불룩 나온 축대) 쌓은 언덕이 무너져 내려 '누르다' '억압하다' (일)圧 ② 壓力(압력) 壓倒(압도) 强壓(강압) 制壓(제압)
135	液 진 액	氵 11	液 yè	① 식물은 밤(夜)에 많은 분비물(氵)을 쏟아낸다. '진' '담그다' '풀어지다'라는 뜻이다. ② 液體(액체) 液化(액화) 血液(혈액) 精液(정액)
136	羊 양 양	羊 6	羊 yáng	① 羊의 두 뿔과 몸과 다리와 꼬리의 모양이다. '가축의 하나' ② 羊毛(양모) 羊皮(양피) 九折羊腸(구절양장)
137	如 같을 여	女 6	如 rú	① 여자(女)가 하는 말(口)은 거의 비슷하다. 남편이나 부모 자식의 말과 '같게 하다' '따르다' ② 如前(여전) 缺如(결여) 百聞不如一見(백문불여일견)
138	餘 남을 여	食 16	余/馀 yú	① 밥그릇(食)이 나에게(余) 있다. 여유(餘裕)있게 먹을 수 있다. '나머지' '남다' ② 餘裕(여유) 餘暇(여가) 餘分(여분) 殘餘(잔여)
139	逆 거스를 역	辶 10	逆 nì	① 길을 반대 방향으로 거슬러(逆) 가다(辶). '거스르다' '배반하다' '어지럽게 하다' *逆 ② 逆轉(역전) 拒逆(거역) 叛逆(반역) 逆流(역류)
140	研 갈 연:	石 11	研 yán	① 돌(石)로 미끈하게(幵평평할 견) 갈다. '갈다' '문지르다' '자세하게 밝히다'라는 뜻. (일)研 ② 研究(연구) 研磨(연마) 研修(연수)

| 141 | 煙 연기　연 | 火 13 | 烟 yān | ① 아궁이에 불(火)을 땔 때 나는 기체이다. '연기' '그을음' '담배' '안개'의 뜻도 있다. ② 煙氣(연기) 煙幕(연막) 禁煙(금연) 喫煙(끽연) |

| 142 | 演 펼　연: | 氵 14 | 演 yǎn | ① 물(氵)이 길게 퍼져 나가다. '멀리 흐르다' '통하다' '널리 펴다' '행하다' ② 演技(연기) 演劇(연극) 演說(연설) 主演(주연) |

| 143 | 榮 영화　영 | 木 14 | 荣 róng | ① 나무가 죽지 않고 계속하여 꽃(火)을 피움. '꽃' '영화롭다' '번영하다' '즐기다'라는 뜻. (일)栄 ② 榮光(영광) 榮華(영화) 繁榮(번영) 虛榮(허영) |

| 144 | 藝 재주　예: | 艹 19 | 艺 yì | ① 艹(풀) 밑에 埶(심을 예)에 云(구르다)을 합쳐 원예를 기르는 '재주' '심다' '학문'의 뜻도 있다. ② 園藝(원예) 藝術(예술) 書藝(서예) 陶藝(도예) |

| 145 | 誤 그르칠　오: | 言 14 | 误 wù | ① 말(言)을 화려하게(吳는 華와 통함)하는 것은 믿지 못한다. '그르치다' '헷갈리게 하다' '잘못' ② 誤答(오답) 誤解(오해) 誤算(오산) 誤差(오차) |

| 146 | 玉 구슬　옥 | 玉 5 | 玉 yù | ① 구슬을 꿰어 놓은 모양이다. 아름다운 돌. 구슬이 서 말 이라도 꿰어야 보배라는 것을 표현 한 字이다. ② 玉石(옥석) 玉稿(옥고) 玉碎(옥쇄) 寶玉(보옥) |

| 147 | 往 갈　왕: | 彳 8 | 往 wǎng | ① 주인(主)을 정해놓고 가다(彳). 가는 곳을 미리 정해 놓고 가다. '가다' '보내다' '이따금' ② 往來(왕래) 往年(왕년) 往復(왕복) 往往(왕왕) |

| 148 | 謠 노래　요 | 言 17 | 谣 yáo | ① 가락에 따라 흔들면서(搖흔들 요) 하는 노랫말(言)이 다. '노래' '가요' '소문'의 뜻도 있다. ② 歌謠(가요) 民謠(민요) 童謠(동요) 農謠(농요) |

| 149 | 容 얼굴　용 | 宀 10 | 容 róng | ① 집(宀)이나 입(口)처럼 많이 '담아' 넣음. 가차되어 공공장소에서의 조용한 '모습' '얼굴' ② 容量(용량) 容貌(용모) 寬容(관용) 美容室(미용실) |

| 150 | 員 인원　원 | 口 10 | 员 yuán | ① 둥근 가마솥 모양이다. 그 솥에 몇 명의 밥을 할 수 있 나? 하는 사람의 숫자로 가차. '사람 수' ② 人員(인원) 定員(정원) 總員(총원) 減員(감원) |

151	圓 둥글　원	口 13	圆 yuán	① 솥(員은 솥의 모양이다)의 둘레(口)는 둥글다. 漢字에는 동그라미가 없다. '둥글다' '둘레' ② 圓滿(원만) 圓心(원심) 團圓(단원) 投圓盤(투원반)
152	衛 지킬　위	行 15	卫 wèi	① 사방(行)을 빙빙 돌아(韋)가면서 살펴보고 '지키다' '막다' '호위하다' '보위하다' ② 衛兵(위병) 守衛(수위) 防衛(방위) 護衛(호위)
153	爲 하/할　위(:)	爪 12	为 wèi	① 주름이 많은 늙은 원숭이의 모양이라고 함. 원숭이는 하는 대로 흉내 낸다. '하다' '되다' (일)爲 ② 爲民(위민) 爲主(위주) 所爲(소위) 營爲(영위)
154	肉 고기　육	肉 6	肉 ròu	① 잘라 낸 고깃덩어리 모양이다. '고기' '몸' '피부' '살찌다'라는 뜻이다. ② 肉感(육감) 肉體(육체) 食肉(식육) 血肉(혈육)
155	恩 은혜　은	心 10	恩 ēn	① 도와줌으로 말미암은(因) 것을 보답하는 하고 싶은 마음(心). '은혜' '사랑하다' '인정'이란 뜻. ② 恩惠(은혜) 恩德(은덕) 結草報恩(결초보은)
156	陰 그늘　음	阝 11	阴 yīn	① 언덕(阝)을 중심으로 구름(云)이 낀 곳. 언덕에 가려 '그늘진 곳' '음지' '흐리다' '몰래' ② 陰陽(음양) 陰地(음지) 陰凶(음흉) 陰性(음성)
157	應 응할　응:	心 17	应 yìng	① 사냥용 매(鷹매 응)가 주인의 마음(心)에 따라 꿩을 잡는데서, '응하다' '당하다'의 뜻이 됨. (일)応 ② 應諾(응낙) 應答(응답) 應試(응시) 對應(대응)
158	義 옳을　의:	羊 13	义 yì	① 내 손(手)에 창(戈)을 잡고 좋은 羊을 잡아 神에게 바치는 일은 '옳은 일' '올바른 도리' ② 義士(의사) 義憤(의분) 正義(정의) 信義(신의)
159	議 의논할　의(:)	言 20	议 yì	① 토론(言)하여 보고 옳은 일(義)을 채택하다. '의논하다' '주장' '토의하다' '강론하다' ② 議長(의장) 建議(건의) 論議(논의) 會議(회의)
160	移 옮길　이	禾 11	移 yí	① 많은(多) 볏단(禾)이나 곡식은 자주 옮겨서 통풍을 시 켜야 썩지 않는다. '옮기다' '변하다' ② 移動(이동) 移徙(이사) 移住(이주) 移民(이민)

4급 II 17회	한 자 훈 음	부수 총획	간체 병음	① 자원풀이　　② 한자어

161

益 더할 익	皿	益	10 / yì

① 그릇(皿)에 물을 부으니 부은 만큼 '더하다'
'이익' '이롭다' '더하다' '도움 되다' *益
② 利益(이익) 損益(손익) 國益(국익) 差益(차익)

162

引 끌 인	弓	引	4 / yǐn

① 활(弓)의 시위(丨)를 잡아당기는 모양이다.
'끌다' '당기다'라는 뜻이다.
② 引導(인도) 割引(할인) 我田引水(아전인수)

163

印 도장 인	卩	印	6 / yìn

① 병부(卩은 信標)가 바뀌어져 새김을 눌러 진위(眞僞)를
확인하는 '도장' '찍다' '박다'란 뜻.
② 印章(인장) 印刷(인쇄) 印象(인상) 封印(봉인)

164

認 알 인	言	认	14 / rèn

① 남의 말(言)을 참고(忍참을 인) 들어서 그 내용을
알아주다. '알다' '인식하다' '허락하다'
② 認定(인정) 認識(인식) 承認(승인) 確認(확인)

165

障 막을 장	阝	障	14 / zhàng

① 언덕(阝)으로 구별(章)되게 쌓아 막다.
'막히다' '가리다' '칸막이' 등의 뜻이다.
② 障壁(장벽) 障碍物(장애물) 故障(고장) 保障(보장)

166

將 장수 장(:)	寸	将	11 / jiàng

① 큰 조각(爿)으로 만든 제상에 많은 고기(月)를
차려 놓고 법도(寸)있게 제사를 드리는 사람. (일)将
② 將帥(장수) 將軍(장군) 大將(대장) 老將(노장)

167

低 낮을 저:	亻	低	7 / dī

① 사람(亻)의 키가 낮듯(氐), 근본적 품위가 낮다.
'낮다' '숙이다' '값이 싸다' *低
② 低質(저질) 低價(저가) 低姿勢(저자세) 最低(최저)

168

敵 대적할 적	攵	敌	15 / dí

① 적을 칠(攵)때는 결정적으로 약한 곳(商배꼽)을 쳐야
한다. 商(배꼽 적 : 가장 오래된 상처)
② 敵軍(적군) 對敵(대적) 强敵(강적) 倭敵(왜적)

169

田 밭 전	田	田	5 / tián

① 이것저것 심은 밭을 구분해 놓은 모양이다.
'밭' '논' '사냥'의 뜻으로도 쓰인다.
② 田畓(전답) 田園(전원) 鹽田(염전) 油田(유전)

170

絶 끊을 절	糸	绝	12 / jué

① 실(糸)의 요절(巴)에서 칼(刀)로 끊는다.
'끊다' '거절하다' '없애다' '그만두다'
② 絶交(절교) 絶斷(절단) 絶望(절망) 絶壁(절벽)

171	接	扌	接	① 첩(妾여자 종)의 손(扌)으로 손님을 접대하다. '사귀다' '닿다' '만나다' '대접하다'
	이을 접	11	jiē	② 接近(접근) 接合(접합) 面接(면접) 待接(대접)
172	政	攵	政	① 바르게(正) 되도록 가르치다(攵). '정치' '정사' '바루다' '법규' 등의 뜻이다.
	정사 정	9	zhèng	② 政事(정사) 政治(정치) 政客(정객) 政府(정부)
173	程	禾	程	① 내가 가고 있는 길. 쌀(禾)을 파먹듯 한도를 줄여나가 들어나는 길. '길' '한도' '헤아리다'
	한도/길 정	12	chéng	② 里程標(이정표) 程度(정도) 課程(과정) 工程(공정)
174	精	米	精	① 쌀(米)을 푸른빛(靑)이 나도록 곱게 찧다. '정밀하다' '자세하다' '정신' '진실'이란 뜻. *精
	정할 정	14	jīng	② 精密(정밀) 精巧(정교) 精神(정신) 受精(수정)
175	制	刂	制	① 불필요한(未) 군 가지는 칼(刂)로 쳐서 알맞게 자르다. '마르다' '만들다' '법도'라는 뜻.
	절제할 제:	8	zhì	② 制憲節(제헌절) 制度(제도) 制裁(제재) 强制(강제)
176	製	衣	制	① 옷(衣)을 만들다(制). 轉하여 물건을 '만들다' '옷을 짓다' '마르다' '만들다'라는 뜻.
	지을 제:	14	zhì	② 製鋼(제강) 製造(제조) 製作(제작) 複製(복제)
177	除	阝	除	① 집의 섬돌(阝 =계단)은 항상 깨끗이(余는 除草具) 해야 한다. '없애다' '버리다'라는 뜻.
	덜 제	10	chú	② 除去(제거) 除外(제외) 免除(면제) 削除(삭제)
178	祭	示	祭	① 손(又)에 고기(月)를 들고 신(示)에게 제사를 드리고 있다. '제사' '제사지내다'
	제사 제:	11	jì	② 祭祀(제사) 祭壇(제단) 祭物(제물) 藝術祭(예술제)
179	際	阝	际	① 제사(祭)를 달리하는 이웃(阝). 가까운 거리이므로 '어울리다' '만나다' '사귀다'라는 뜻.
	즈음/가 제:	14	jì	② 國際(국제) 交際(교제) 實際(실제)
180	提	扌	提	① 옳고 바른 쪽(是옳을 시)으로 손(扌)을 써 끌거나 들다. '높이 들다' '매달다' '제시하다'
	끌 제	12	tí	② 提案(제안) 提示(제시) 提供(제공) 提出(제출)

4급 II

4급 II 19회	한 자 훈 음	부수 총획	간 체 병음	① 자원풀이　② 한자어
181	濟 건널 제:	氵 17	济 jì	① 물(氵)을 건널 때는 바닥이 가지런한 곳(齊)으로 건너야한다. '건너다' '건지다' '나루' (일)済 ② 濟州道(제주도) 救濟(구제) 經濟(경제) 決濟(결제)
182	早 이를 조:	日 6	早 zǎo	① 해(日)가 풀(十은 艹)밑에서 떠오르는 시간. '이르다' '이른 아침' '먼저' '급속하다'란 뜻. ② 早期(조기) 早熟(조숙) 早朝割引(조조할인)
183	助 도울 조:	力 7	助 zhù	① 힘(力)을 또(且) 더해주다. 힘을 보태주다. '돕다' '유익하다' '이루다'라는 뜻이다. ② 助力(조력) 協助(협조) 相扶相助(상부상조)
184	造 지을 조:	辶 11	造 zào	① 무엇이든 만들 때에는 의뢰한 사람에게 가서(辶) 아뢰어야(告)한다. '짓다' '만들다'란 뜻. *造 ② 造景(조경) 造成(조성) 變造(변조) 造船所(조선소)
185	鳥 새 조	鳥 11	鸟 niǎo	① 새가 앉아 있는 모양이다. 옆모습을 세운 字. 모든 새의 총칭이다. ② 鳥類(조류) 鳥獸(조수) 一石二鳥(일석이조)
186	尊 높을 존	寸 12	尊 zūn	① 술잔을 높이 든 사람(酋두목 추)이 두 손(寸)에 받들고 신전에 바치다. '우러러보다'란 뜻. *尊 ② 尊敬(존경) 尊嚴(존엄) 尊重(존중) 至尊(지존)
187	宗 마루 종	宀 8	宗 zōng	① 조상(示)을 모시기 위해서 높이 지은 집(宀) '마루' '사당' '일의 근원' '우두머리' ② 宗家(종가) 宗敎(종교) 宗孫(종손) 宗親會(종친회)
188	走 달릴 주	走 7	走 zǒu	① 흙 토(土)와 그칠 지(止)를 합친 字인데, 흙을 박차고 발걸음을 크게 하여 뛰어가는 모양. ② 走行(주행) 逃走(도주) 東奔西走(동분서주)
189	竹 대 죽	竹 6	竹 zhú	① 대나무 잎이 아래로 드리워진 모양이다. '대나무' '피리' 등의 뜻이 있다. ② 竹簡(죽간) 竹筍(죽순) 竹馬故友(죽마고우)
190	準 준할 준:	氵 13	准 zhǔn	① 송골매(隼) 모양을 한 수준기(수평을 재는 기구) '평평하다' '수준기' '본받다'라는 뜻. ② 水準器(수준기) 準備(준비) 基準(기준) 平準(평준)

191	衆 무리　　중:	血 12	众 zhòng	① 싸움이 벌어져 여럿이(人이 셋) 피(血)를 바치고 '무리'지어 있음. '많은 사람'이란 뜻. ② 衆論(중론) 觀衆(관중) 衆口難防(중구난방)
192	增 더할　　증	土 15	增 zēng	① 흙(土)을 시루처럼(曾) 차곡차곡 더 쌓아주다. '붇다' '늘다' '거듭하다' '겹치다' '많다'의 뜻. *增, (일)增 ② 增減(증감) 增産(증산) 累增(누증) 割增(할증)
193	支 지탱할　　지	支 4	支 zhī	① 작은 대나무 가지를 손에 잡은 모양. '가르다' '지탱하다' '버티다' '가지'란 뜻이다. ② 支部(지부) 支拂(지불) 支障(지장) 支撐(지탱)
194	至 이를　　지	至 6	至 zhì	① 날라 갔던 새가 자기 토대(土)인 둥지로 돌아오다. '이르다' '지극하다' '많다'라는 뜻. ② 至極(지극) 至急(지급) 冬至(동지) 至毒(지독)
195	志 뜻　　지	心 7	志 zhì	① 선비(士)의 마음(心)이니, 아는 것을 실천하고자 하는 뜻. '뜻하다' '의로움을 지키다' ② 志士(지사) 志望(지망) 同志(동지) 意志(의지)
196	指 가리킬　　지	扌 9	指 zhǐ	① 맛(旨맛 지)이 있는 것을 보면 손(扌)이 먼저 간다. '손가락' '가리키다' '손가락질 하다' ② 指目(지목) 指紋(지문) 指示(지시) 指揮(지휘)
197	職 직분　　직	耳 18	职 zhí	① 정보(音)를 귀(耳)로 듣고 그대로 일(戈)을 함. '일' '직업' '벼슬' '맡아 다스리다'는 뜻. ② 職分(직분) 職業(직업) 就職(취직) 退職金(퇴직금)
198	眞 참　　진	目 10	真 zhēn	① 사방팔방(直에 八을 더함) 어느 곳에서 봐도(目) '올바른 것' '참' '진리'라는 뜻. ② 眞假(진가) 眞理(진리) 純眞(순진) 寫眞(사진)
199	進 나아갈　　진:	辶 12	进 jìn	① 새(隹)는 앞으로 나아가기만(辶)한다. 새는 뒷걸음질이 없다. '나아가다' '올라가다' '더하다' ② 進級(진급) 進行(진행) 推進(추진) 躍進(약진)
200	次 버금　　차	欠 6	次 cì	① 모자람(欠)을 대비한 이차적(二)인 것이다. '버금' '다음' '둘째' 첫째 다음의 '순서'란 뜻. ② 次官(차관) 次男(차남) 次點(차점) 席次(석차)

4급 II

201	察 살필 찰	宀 14	察 chá	① 집(宀)에서 제사(祭제사 제)를 지낼 때는 조상에게 바치는 제물이므로 자세히 '살펴야한다' ② 觀察(관찰) 省察(성찰) 警察(경찰) 診察(진찰)
202	創 비롯할 창:	刂 12	创 chuàng	① 창고(倉곳집 창)의 문을 열고(刂가르고) 물건을 꺼내 '새로운 물건을 만듦' '비롯하다'는 뜻. ② 創造(창조) 創建(창건) 創業(창업) 創世記(창세기)
203	處 곳 처:	虍 11	处 chù	① 호랑이(虎)가 사는 '그곳'은 멈춰서라(夂). '살다' '정하다' 일을 처리하다'란 뜻이다. (일)処 ② 處理(처리) 處所(처소) 處方(처방) 處女(처녀)
204	請 청할 청	言 15	请 qǐng	① 갱(靑은 丹+生)굴속에 있지 말고 나타나라고 말(言)로 청한다. '청하다' '바라다' '부르다' ② 招請(초청) 請求(청구) 請託(청탁) 請牒狀(청첩장)
205	銃 총 총	金 14	铳 chòng	① 통속에 쇠붙이(金)와 화약을 채우고(充) 쐈다. '소총' 할 다음으로 발전한 무기이다. ② 銃彈(총탄) 銃擊(총격) 銃砲(총포) 機關銃(기관총)
206	總 다 총:	糸 17	总 zǒng	① 실(糸)을 한 다발로 묶어서(悤은 束과 통함) '총괄하다' '다스리다' '조합하다'라는 뜻임. (일)総 ② 總員(총원) 總力(총력) 總額(총액) 總出動(총출동)
207	蓄 모을 축	艹 14	蓄 xù	① 겨울에 사용할 풀(艹)을 쌓아(畜)두었다. '쌓다' '모으다' '저축하다'란 뜻이다. ② 貯蓄(저축) 蓄財(축재) 備蓄(비축) 蓄膿症(축농증)
208	築 쌓을 축	竹 16	筑 zhù	① 대나무(竹)와 나무(木)를 마름질(工)하여 얽어 지붕(凡)을 쌓다. '쌓다' '다지다'란 뜻. ② 建築(건축) 築城(축성) 新築(신축) 建築士(건축사)
209	忠 충성 충	心 8	忠 zhōng	① 마음(心)에 중심(中)을 잡고 휩쓸리지 않다. '진심' '정성을 다하다' '바르다'란 뜻이다. ② 忠誠(충성) 忠臣(충신) 忠實(충실) 顯忠日(현충일)
210	蟲 벌레 충	虫 18	虫 chóng	① 벌레(虫)들이 고물고물 몰려 있는 모양이다. '벌레의 총칭' '구더기'를 뜻한다. (일)虫 ② 蟲齒(충치) 毒蟲(독충) 害蟲(해충) 殺蟲劑(살충제)

211	取 又 가질 취: 8 qǔ	① 고대 전쟁에서 내(又)가 죽인 적군의 귀(耳)를 잘라 '가지고'왔다. '골라 뽑다' '빼앗다' ② 取得(취득) 聽取(청취) 奪取(탈취) 攝取(섭취)
212	測 氵 헤아릴 측 12 cè	① 물(氵)의 깊이를 일정한 법칙(則)대로 재다. '헤아리다' '재다'라는 뜻이다. ② 測量(측량) 測地(측지) 凶測(흉측) 測雨器(측우기)
213	治 氵 다스릴 치: 8 zhì	① 백성들의 목(口) 숨(厶코 모양)을 부드럽게(氵)하다. 삶을 촉촉하게 하다. '다스리다' '치료하다' ② 政治(정치) 統治(통치) 治療(치료) 法治(법치)
214	置 罒 둘 치: 13 zhì	① 어떤 물건을 그물(罒)에 담아 바로 세워(直)두다. '놓다' '있을 자리를 주다' '풀어주다' *置 ② 置重(치중) 放置(방치) 措置(조치) 前置詞(전치사)
215	齒 齒 이 치 15 chǐ	① 입속에 있는 아랫니와 웃니, 그 사이에 있는 혀를 그려서 '치아'를 나타냈다. (일)齒 ② 齒科(치과) 齒牙(치아) 齒藥(치약) 蟲齒(충치)
216	侵 亻 침노할 침 9 qīn	① 사람(亻)이 빗자루(帚)로 쓸듯이 차츰차츰 먹어 들어가다. '침노하다' '먹어들다' '범하다' ② 侵掠(침략) 侵入(침입) 侵蝕(침식) 侵害(침해)
217	快 忄 쾌할 쾌 7 kuài	① 마음(忄)에 쌓여 있던 것을 탁 터놓으니(夬터놓을 쾌) 기분이 '상쾌하다' '빠르다'라는 뜻. ② 爽快(상쾌) 痛快(통쾌) 不快(불쾌) 快男兒(쾌남아)
218	態 心 모습 태: 14 tài	① 능력(能능할 능)이 있는 듯한 느낌(心)이 든다. '모양' '형상' '재능'이 있는 듯한 뜻. ② 態度(태도) 變態(변태) 狀態(상태) 形態(형태)
219	統 糸 거느릴 통: 12 tǒng	① 짧고 흩어진 실(糸)을 모아(充) 합치면 거느리기 쉽다. '다스리다' '실마리' '합치다'의 뜻. ② 統一(통일) 統率(통솔) 傳統(전통) 大統領(대통령)
220	退 辶 물러날 퇴: 10 tuì	① 길을 가다(辶) 언덕을 만나(艮그칠 간) 뒤로 '물러나다' '물리치다'라는 뜻이다. *退 ② 退勤(퇴근) 退職(퇴직) 隱退(은퇴) 早退(조퇴)

4
급
Ⅱ

221	波 물결　파	氵 8	波 bō	① 물(氵)의 거죽(皮거죽 피)은 항상 움직여 '물결'이다. '물결' '파도' '어수선 함'하다는 뜻. ② 波濤(파도) 波紋(파문) 音波(음파) 電磁波(전자파)
222	破 깨뜨릴　파:	石 10	破 pò	① 돌(石)처럼 뭉쳐있는(皮) 것을 '깨뜨리다' '깨다' '다하다'란 뜻이다. ② 破壞(파괴) 破産(파산) 破滅(파멸) 突破(돌파)
223	布 베/펼　포(:)	巾 5	布 bù	① 옷감을 다듬이질 하여 윤을 낸 천(巾). '베' '펴다' '베풀다'라는 뜻이다. *보시 보: ② 布告(포고) 布袋(포대) 公布(공포) 配布(배포)
224	包 쌀　포(:)	勹 5	包 bāo	① 여성의 아기집에 정충이 들어가 쌓여 있는 모양. '싸다' '꾸러미' '용납하다'라는 뜻이다. ② 包裝(포장) 包莖(포경) 包含(포함) 包容力(포용력)
225	砲 대포　포:	石 10	炮 pào	① 화살대신에 돌(石)을 싸서(包) 멀리 나갈 수 있게 불을 붙여 쏘는 '돌쇠뇌'를 뜻한다. ② 砲擊(포격) 砲彈(포탄) 大砲(대포) 艦砲(함포)
226	暴 사나울/모질폭/포:	日 15	暴 bào	① 동물의 털가죽을 찢어 햇볕(日)에 말리는 일. 이런 일은 '사나운 일' '불끈 일어나다'라는 뜻. ② 暴君(폭군) 暴動(폭동) 暴發(폭발) 暴力輩(폭력배)
227	票 표　표	示 11	票 piào	① 불꽃이 위로 타오르는 모양이다. '불똥이 튀다' '쪽지' '문서'등의 뜻이다. ② 投票(투표) 傳票(전표) 賣票(매표) 價格票(가격표)
228	豊 풍년　풍	豆 13	丰 fēng	① 밑의 묘는 작은 제기, 위의 曲은 큰 제기의 모양. 크고 작은 祭器에 풍성하게 담긴 음식. ② 豊年(풍년) 大豊(대풍) 豊富(풍부) 豊足(풍족)
229	限 한할　한:	阝 9	限 xiàn	① 길을 가다가 언덕인 낭떠러지(阝)를 만나 멈추어 선 곳 (艮그칠 간). '막히다' '한정되다' ② 限度(한도) 限界(한계) 權限(권한) 制限(제한)
230	航 배　항:	舟 10	航 háng	① 물목(亢)을 찾아가는 배(舟배 주)의 모양이다. '배' '배다리'에서 '하늘의 배=비행기'의 뜻. ② 航空機(항공기) 航路(항로) 航進(항진) 就航(취항)

231	港 항구　　항:	氵 12	港 gǎng	① 물(氵)이 드나드는 골목길(巷)에 배를 정박시키는 '항구'를 설치했다. '도랑' '뱃길' ② 港口(항구) 港都(항도) 開港(개항) 漁港(어항)
232	解 풀　　해:	角 13	解 jiě	① 소(牛) 뿔(角)은 단김에 칼(刀)로 잘라야 해결된다. '풀다' '분해하다' '무사히 처리하다' ② 解決(해결) 解答(해답) 讀解(독해) 理解(이해)
233	香 향기　　향	香 9	香 xiāng	① 黍(기장 서)와 甘(달 감) 두 글자의 획을 줄이고 합쳐서 만든 字. '향내' '향기'의 뜻이다. ② 香氣(향기) 香水(향수) 香料(향료) 焚香(분향)
234	鄉 시골　　향	阝 13	乡 xiāng	① 좌우 양편(阝)으로 갈라져 살고 있으나 고소한 (皀) 음식은 서로 나누어 먹는 '시골' '고향' (일)鄕 ② 故鄕(고향) 京鄕(경향) 鄕愁(향수) 鄕友會(향우회)
235	虛 빌　　허	虍 12	虚 xū	① 호랑이(虍)가 사는 곳(丘의 변형)은 아무도 가지 않아 텅 비어있다. ② 虛空(허공) 虛實(허실) 虛僞(허위) 虛勢(허세)
236	驗 시험　　험	馬 23	验 yàn	① 전쟁에 쓸 수 있는 말(馬)을 모두(僉다 첨) 모아 놓고 기능을 시험했다. 실기시험이다. (일)験 ② 試驗(시험) 經驗(경험) 證驗(증험) 體驗(체험)
237	賢 어질　　현	貝 15	贤 xián	① 돈(貝)을 꼭 써야할 곳(堅의 획줄임)에만 쓴다. 덕행이 있고 재지(才智)가 많아 현명하다. ② 賢明(현명) 聖賢(성현) 賢母良妻(현모양처)
238	血 피　　혈	血 6	血 xuè	① 넓은 그릇(皿)에 피(丶)가 떨어지는 모양. '피' '피칠 하다' '느끼어 울다' '맹서'의 뜻. ② 血液(혈액) 血書(혈서) 血淚(혈루) 採血(채혈)
239	協 화할　　협	十 8	协 xié	① 여러 사람(十)의 힘(力)을 합쳐서 '화합하다' '맞다' '좇다' '합하다'라는 뜻이다. ② 協力(협력) 協同(협동) 協助(협조) 農協(농협)
240	惠 은혜　　혜:	心 12	惠 huì	① 고마운 마음(心)이 실패처럼(專) 뱅뱅 돌아 떠나지 않음. '고마운 마음' '슬기롭다'란 뜻. (일)恵 ② 恩惠(은혜) 惠澤(혜택) 施惠(시혜) 天惠(천혜)

4급Ⅱ

4급 II 25회	한자	부수	간체	① 자원풀이　②한자어
	훈음	총획	병음	

241	戶	戶	户	① 외짝 문이 달린 일반 집이다. '지게문'은 잘못이고, 지계문(持戒門)이다. *방에서 내다 볼 수 있도록 벽에 작은 구멍을 내어 경계한 작은 문임. ② 家家戶戶(가가호호) 戶口調査(호구조사)
	집　　　　호:	4	hù	

242	呼	口	呼	① 입(口)으로 부르다(乎). 소리를 길게 내어 부르다. '숨을 내쉬다' '부르다' '슬퍼하다' ② 呼吸(호흡) 呼出(호출) 嗚呼痛哉(오호통재)
	부를　　　호	8	hū	

243	好	女	好	① 어머니(女)가 아기(子)를 안고 있는 모양이다. 세상에 이보다 더 좋은 일은 없다. '아름답다' ② 好感(호감) 好意(호의) 好調(호조) 好奇心(호기심)
	좋을　　　호:	6	hǎo	

244	護	言	护	① 손(又)에 잡힌 새(隹)가 놀라 두 눈(艹는 변형)을 두리번거려 말(言)로 '달래주다' '보호하다' ② 保護(보호) 警護(경호) 掩護(엄호) 護衛(호위)
	도울　　　호:	21	hù	

245	貨	貝	货	① 돈(貝)으로 바꿀 수(化) 있는 가치 있는 물건. '재화' '재물' '금전'이란 뜻이다. ② 貨幣(화폐) 貨物(화물) 金貨(금화) 百貨縮(백화점)
	재물　　　화:	11	huò	

246	確	石	确	① 뜻이 고상(隺고상할 각)한 것이 돌(石) 같이 '굳다' '확실하다' '강하다'는 뜻이다. ② 確固(확고) 確實(확실) 正確(정확) 確信(확신)
	굳을　　　확	15	què	

247	回	口	回	① 물이 빙빙 돌아 소용돌이치는 모양이다. '돌다' '돌아오다' '번' '횟수' 등의 뜻이다. ② 回答(회답) 回信(회신) 回收(회수) 旋回(선회)
	돌아올　　회	6	huí	

248	吸	口	吸	① 들어 마신 것이 목구멍(口)에 미치다(及). 들어 마시는 숨, '들숨'이다. '마시다' ② 呼吸(호흡) 吸煙(흡연) 吸收(흡수) 吸引(흡인)
	마실　　　흡	7	xī	

249	興	臼	兴	① 같은(同) 마음이 되어 마주 들면(舁의 획 줄임) '일이 잘 된다' '일으키다' '흥이 나다'란 뜻. ② 興味(흥미) 興奮(흥분) 感興(감흥) 復興(부흥)
	일　　　흥(:)	16	xīng	

250	希	巾	希	① 무늬(爻)가 있는 수건(巾)은 흔하지 않다. 그것을 탐내고 '바라다' '드물다'는 뜻이다. ② 希望(희망) 希求(희구) 希願(희원)
	바랄　　　희	7	xī	

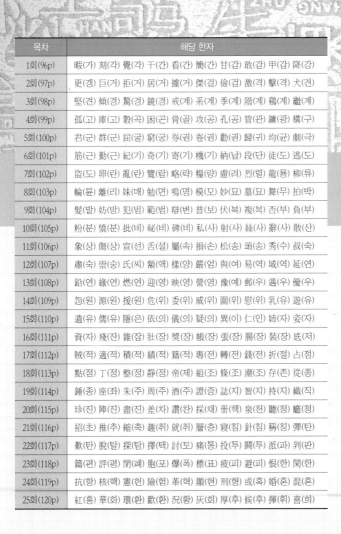

4급

250자

4급 1회	한 자 훈 음	부수 총획	간 체 병 음	① 자원풀이　② 한자어
1	暇 겨를/틈　가:	日 13	暇 xiá	① 바쁜 가운데서 임시로 빌린(叚빌 가) 날(日). '할일 없는 하루' '겨를' '한가하다'는 뜻. ② 閑暇(한가) 病暇(병가) 餘暇善用(여가선용)
2	刻 새길　각	刂 8	刻 kè	① 칼(刂)로 음양(亥의 윗부분은 양, 아래는 음/ 도장 을 찍는다는 뜻)을 내어 새기다. '새기다' '시각' ② 刻印(각인) 彫刻(조각) 時刻(시각) 遲刻(지각)
3	覺 깨달을　각	見 20	觉 jué	① 學(배울 학)과 見(볼 견)이 합쳐 진 字. 보고 배운 대로 확실히 '이해하다' '생각하다'란 뜻. (일)覚 ② 覺醒(각성) 覺悟(각오) 感覺(감각) 聽覺(청각)
4	干 방패　간	干 3	干 gān	① 아래는 손잡이, 위는 人이 거꾸로 된 모양. 찔러 오는 것을 손으로 막음. '방패' '간여하다' ② 干涉(간섭) 干滿(간만) 欄干(난간) 若干(약간)
5	看 볼　간	目 9	看 kàn	① 손(手)으로 햇빛을 가리고 자세히 보다(見). '보다' '구경하다' '지켜보다'란 뜻이다. ② 看護(간호) 看板(간판) 走馬看山(주마간산)
6	簡 대쪽/간략할　간(:)	竹 18	简 jiǎn	① 종이가 발명되기 전에는 대나무(竹) 사이에 (間) 글씨를 새겼다. '글' '편지' '줄이다'란 뜻. ② 竹簡(죽간) 書簡(서간) 簡略(간략) 簡體字(간체자)
7	甘 달　감	甘 5	甘 gān	① 입(口)안에 단 음식물(一)을 넣고 맛을 보다. '달다' '만족스럽다' '달콤하다' ② 甘味(감미) 甘受(감수) 甘呑苦吐(감탄고토)
8	敢 감히/구태여　감:	攵 12	敢 gǎn	① 귀(耳)로 듣고 헤아려(工)보고 빼앗다(攵). '억지로 하다' '감히 하다' '굳세다' '날래다' ② 敢鬪(감투) 敢行(감행) 勇敢(용감) 果敢(과감)
9	甲 갑옷　갑	田 5	甲 jiǎ	① 초목이 '처음' 싹이 돋아날 때 씨의 '껍질'을 뒤집어쓰고 뿌리를 내리는 모양. '갑옷' '껍질' ② 甲乙丙丁(갑을병정) 甲富(갑부) 鐵甲(철갑)
10	降 내릴/항복할　강:/항	阝 9	降 jiàng	① 언덕(阝) 두발을 교차(舛)하며 내려오는 모양. '내려오다' '떨어지다' 내려와서 '항복할 항'하다. ② 昇降(승강) 滑降(활강) 降服(항복) 投降(투항)

11	更	日	更	① 丙(밝을 병)에 夊(칠 복)을 합쳐 밝은 길로 나아가게
	고칠/다시 **경/갱**:	7	gēng/gèng	해서 '다시' '바르게' '고칠 경'의 뜻이다. ② 更生(갱생) 更新(갱신) 更迭(경질) 變更(변경)

12	巨	工	巨	① 큰 자(尺)에 손잡이가 달린 모양이다.
	클 **거**:	5	jù	'크다' '많다' '거칠다' '많은 수'란 뜻이다. ② 巨大(거대) 巨物(거물) 巨富(거부) 巨漢(거한)

13	拒	扌	拒	① 막을 때는 최대한(巨)으로 힘써 손(扌)으로 막는다.
	막을 **거**:	8	jù	'막다' '지키다' '겨루다' '어기다'란 뜻. ② 拒否(거부) 抗拒(항거) 拒絶(거절) 拒逆(거역)

14	居	尸	居	① 사람(尸)이 오래도록(古) 자리 잡아 살고 있음.
	살 **거**	8	jū	'있다' '살다' '차지하다'란 뜻이다. ② 居住(거주) 居室(거실) 占居(점거) 隱居(은거)

15	據	扌	据	① 원숭이는 나무에 오를 때 손에 의지 한다는 데서
	근거 **거**:	16	jù	(據원숭이+扌) '의지하다' '의거하다' (일)拠 ② 根據(근거) 證據(증거) 據點(거점) 割據(할거)

16	傑	亻	杰	① 뛰어난 사람(亻)이 나무(木)위에 두 발(舛)을 딛고서서
	뛰어날 **걸**	12	jié	백성을 교화한다. '뛰어나다' '출중' ② 傑作(걸작) 傑出(걸출) 英雄豪傑(영웅호걸)

17	儉	亻	俭	① 여러(僉다 첨) 사람(亻)을 거느릴 수 있는 사람.
	검소할 **검**:	15	jiǎn	'검소한 사람' '적다' '가난하다'란 뜻. (일)倹 ② 儉素(검소) 儉約(검약) 檀君王儉(단군왕검)

18	激	氵	激	① 물결(氵)이 부딪치는(攵) 곳(方)에 흰(白)거품이 일어
	격할 **격**	16	jī	나다. '물결이 부딪쳐 흐르다' '심하다' ② 激烈(격렬) 激怒(격노) 激戰(격전) 感激(감격)

19	擊	手	击	① 군대(軍이 거꾸로 된 모양)를 투입(殳)하여 손(手)으
	칠 **격**	17	jī	로 치다. '치다' '공격하다' '죽이다' (일)擊 ② 攻擊(공격) 擊破(격파) 射擊(사격) 進擊(진격)

20	犬	犬	犬	① 개가 입을 벌려 짖고 있는 모양이다.
	개 **견**	4	quǎn	'개' 가장 가까이 하는 '짐승'이므로 '하찮음' ② 忠犬(충견) 猛犬(맹견) 犬猿之間(견원지간)

21	堅 굳을 견	土 11	坚 jiān	① 손(又)으로 굽은 것(臣)을 잡아내어 굳은 땅(土)위에 두어 '굳게 하다' '굳어지다' '반드시' ② 堅固(견고) 堅實(견실) 堅持(견지) 中堅手(중견수)
22	傾 기울 경	亻 13	倾 qīng	① 반듯해야할 머리(頁)가 변화(化)되었다. '기울다' '뒤집히다' '눕다'등의 뜻이다. ② 傾度(경도) 傾聽(경청) 傾斜(경사) 左傾(좌경)
23	驚 놀랄 경	馬 23	惊 jīng	① 말(馬)은 신경이 예민해 잘 놀라다(敬) '두렵다' '놀라다'라는 뜻이다. ② 驚氣(경기) 驚異(경이) 驚蟄(경칩) 驚歎(경탄)
24	鏡 거울 경	金 19	镜 jìng	① 금속(金)을 아주 잘(竟) 닦아 얼굴이 비치게 한 것. '거울' '안경' '살피다'의 뜻이다. ② 眼鏡(안경) 內視鏡(내시경) 望遠鏡(망원경)
25	戒 경계할 계:	戈 7	戒 jiè	① 두 손(廾)으로 창(戈)을 잡고 경계하고 있다. '경계하다' '주의하다' '타이르다' '삼가다' ② 戒告(계고) 戒律(계율) 一罰百戒(일벌백계)
26	系 이어맬 계:	糸 7	系 xì	① 어떤 사물에서 비롯되어 실(糸)로 이어진 것. '계통' '혈통' '족보' '연결시키다'라는 뜻. ② 系譜(계보) 系統(계통) 直系尊屬(직계존속)
27	季 계절 계:	子 8	季 jì	① 禾와 子가 결합되어 '어린아이'라는 뜻에서, '끝' '차례의 마지막' '막내' '철'로 가차됨. ② 季節(계절) 四季(사계) 伯仲叔季(백중숙계)
28	階 섬돌 계	阝 12	阶 jiē	① 언덕(阝)은 누구나 다(皆다 개) 밟아야만 오를 수 있듯이, 차례차례 올라가는 '층계' '계단' ② 階段(계단) 階層(계층) 位階(위계) 層階(층계)
29	鷄 닭 계	鳥 21	鸡 jī	① 기르는 닭. 모이를 주면 먹는 성질을 묘사한 새(鳥). 爪(발톱으로) 幺(모으고) 大(해쳐) 먹는다. (일)鸡 ② 養鷄(양계) 鷄肋(계륵) 鷄卵有骨(계란유골)
30	繼 이을 계:	糸 20	继 jì	① 실타래를 계속해 늘어놓아 끊이지 않고 있다. '계속하다' '지속하다' '그 다음에 이어서'란 뜻. (일)继 ② 繼續(계속) 繼走(계주) 中繼放送(중계방송)

31	孤 외로울　고	子 8	孤 gū	① 오이(瓜)는 한 꼭지에 하나만(子) 달린다. '외롭다' '홀로' '외따로' 떨어지다' ② 孤兒(고아) 孤獨(고독) 孤立無援(고립무원)
32	庫 곳집　고	广 10	庫 kù	① 수레(車)를 보관하던 집(广)에서 여러 용도의 '창고' '곳집' 요즈음의 車庫라는 뜻. ② 倉庫(창고) 金庫(금고) 文庫(문고) 冷藏庫(냉장고)
33	穀 곡식　곡	禾 15	谷 gǔ	① 먼지(土)를 뒤집어쓰고(冖) 타작(殳)을 통해 얻어지는 곡식(禾). '곡식' '양식'이란 뜻. ② 穀食(곡식) 糧穀(양곡) 五穀百果(오곡백과)
34	困 곤할　곤:	囗 7	困 kùn	① 나무(木)가 상자(囗)에 갇혀 있는 모양이다. '곤란하다' '괴롭다' '부족하다'란 뜻이다. ② 困難(곤난) 疲困(피곤) 困辱(곤욕) 貧困(빈곤)
35	骨 뼈　골	骨 10	骨 gǔ	① 살은 발라내고 뼈만 남은 모양이다. 사람의 근간이므로 '뼈' '요긴하다'란 뜻이다. ② 骨格(골격) 骨折(골절) 刻骨難忘(각골난망)
36	攻 칠(擊)　공:	攵 7	攻 gōng	① 상대를 칠 때는 내 힘으로 가능한지를 헤아려 (工)보고 가능해야만 친다(攵). '공격하다' ② 攻擊(공격) 攻防(공방) 侵攻(침공) 專攻(전공)
37	孔 구멍　공:	子 4	孔 kǒng	① 어린아이가 어머니의 젖통(구멍)을 잡은 모양이다. 구멍' '공자의 약칭'이다. ② 氣孔(기공) 瞳孔(동공) 孔雀(공작) 孔孟(공맹)
38	管 대롱/주관할　관	竹 14	管 guǎn	① 대나무(竹)가 잘 자라 피리의 재료가 되었으니 대나무로는 벼슬(官)한 것이다. '다스리다' ② 管理(관리) 主管(주관) 血管(혈관) 管樂器(관악기)
39	鑛 쇳돌　광:	金 23	矿 kuàng	① 넓은 땅(廣)속에 들어 있는 금속(金)으로 제련되지 아니한 광석. '쇳돌' '쇳덩어리' (일)鉱 ② 鑛物(광물) 鑛山(광산) 金鑛(금광) 採鑛(채광)
40	構 얽을　구	木 14	构 gòu	① 나무(木)로 얼기설기 얽어매다.(쌓짝 구) '얽다' '매다' '자세를 갖추다' '이루다'라는 뜻. ② 構成(구성) 構造物(구조물) 構築(구축) 構想(구상)

4
급

4급 5회	한 자 훈 음	부수 총획	간 체 병음	① 자원풀이 ② 한자어
41	君 임금 군	口 7	君 jūn	① 다스리는(尹) 사람이 입(口)으로 호령하고 있다. '임금' '세자' 또 '그대' '남편'으로도 쓰임. ② 君主(군주) 聖君(성군) 郞君(낭군) 夫君(부군)
42	群 무리 군	羊 13	群 qún	① 羊떼는 우두머리(君)를 중심으로 떼를 지어 다닌다. 무리' '떼를 짓다' '많다' '여러 사람' ② 群衆(군중) 群落(군락) 群舞(군무) 拔群(발군)
43	屈 굽힐 굴	尸 8	屈 qū	① 사람(尸)의 엉덩이가 뒤로 빠진(出) 모양. '굽다' '물러나다'라는 뜻이다. ② 屈伏(굴복) 屈曲(굴곡) 屈辱(굴욕) 卑屈(비굴)
44	窮 다할/궁할 궁	穴 15	穷 qióng	① 몸(身)의 여건이 허용하는데 까지 구멍(穴)을 파고들어 간다. '다하다' '끝' '불행' '마치다' ② 窮極(궁극) 窮理(궁리) 貧窮(빈궁) 無窮花(무궁화)
45	券 문서 권	刀 8	券 quàn	① 나무 조각에 약속을 새겨(刀) 둘로 나누어 가진 문서를 뜻함. '문서' '증서' '계약서' 등. *券 ② 株券(주권) 旅券(여권) 福券(복권) 乘車券(승차권)
46	卷 책 권(:)	巳 8	卷 juàn	① 대나무쪽에 글을 새겨 두루마리(巳)로 하여 책으로 썼음. '책' '두루마리' '말다' '굽히다' (일)巻 ② 卷數(권수) 席卷(석권) 壓卷(압권) 通卷(통권)
47	勸 권할 권:	力 20	劝 quàn	① 힘(力)써서 실행되도록 뚫어지도록(雚) 권하다. '권하다' '힘쓰다' '돕다' '즐기다'란 뜻 (일)勧 ② 勸奬(권장) 勸勉(권면) 勸誘(권유) 勸酒(권주)
48	歸 돌아갈 귀:	止 18	归 guī	① 언덕(阜)넘어 빗자루(帚) 잡으러(시집) 가다 (止). 다른 곳으로 '시집가다' '돌아오다'란 뜻. (일)帰 ② 歸家(귀가) 歸國(귀국) 復歸(복귀) 歸省(귀성)
49	均 고를 균	土 7	均 jūn	① 땅(土)을 가지런하게(勻)하다. '고르다' '같다' '반듯하다'란 뜻이다. ② 平均(평균) 均等(균등) 均配(균배) 平均臺(평균대)
50	劇 심할 극	刂 15	剧 jù	① 호랑이(虍)와 돼지(豕)가 싸우는(刂) 것을 원숭이가 나무에 올라 '흉내 내다' '심하다' ② 劇場(극장) 劇團(극단) 悲劇(비극) 人形劇(인형극)

4급 6회	한 자 훈 음	부수 총획	간 체 병음	① 자원풀이 ② 한자어

51	筋 힘줄 근	竹 12	筋 jīn	① 살갗(月)속의 힘줄(力)이 대나무(竹)같이 뻗어 있음. '힘주다' '힘줄'이란 뜻. ② 筋肉(근육) 筋力(근력) 鐵筋(철근) 筋肉質(근육질)
52	勤 부지런할 근(:)	力 13	勤 qín	① 힘(力)을 끈끈하게(堇) 계속하여 쓰다. '부지런하다' '일' '수고하다' '도탑다'라는 뜻. ② 勤務(근무) 皆勤(개근) 缺勤(결근) 勤政殿(근정전)
53	紀 벼리 기	糸 9	纪 jì	① 그물의 코를 중간 중간에 얽어맨 작은 벼릿줄. 큰 벼릿줄은 綱. '동아줄' '기율' '법도' '질서' ② 紀綱(기강) 紀律(기율) 檀紀(단기) 軍紀(군기)
54	奇 기특할 기	大 8	奇 qí	① 크게(大) 옳은 것(可)은 보통보다 기이하다. '기이하다' '이상야릇하다' '뛰어나다' '갑자기' ② 奇怪(기괴) 奇拔(기발) 奇想天外(기상천외)
55	寄 부칠 기	宀 11	寄 jì	① 집(宀)없는 사람이 남의 집에 의지(奇)하다. '부치다' '주다' '맡기다' '의존하다'란 뜻. ② 寄贈(기증) 寄附(기부) 寄託(기탁) 寄宿舍(기숙사)
56	機 틀 기	木 16	机 jī	① 나무(木)로 만든 베틀(幾)이다. 인류 최초의 기계였다. 사회적인 '틀' '기계' '베틀' 이다. ② 機械(기계) 機構(기구) 機長(기장) 機會(기회)
57	納 들일 납	糸 10	纳 nà	① 밖에서 안으로(內) 실(糸)을 풀어 주듯, 안으 로 '받아 들이다' '넣다' '거두다' '너그럽다' ② 納得(납득) 出納(출납) 納品(납품) 容納(용납)
58	段 층계 단	殳 9	段 duàn	① 왼쪽은 암석의 계단 모양. 오른쪽(殳)은 人工을 가한 뜻. 손을 잡고 오르기 편리한 층계. ② 段階(단계) 段落(단락) 初段(초단) 昇段(승단)
59	徒 무리 도	彳 10	徒 tú	① 지도자는 수레를 타고 가지만 뒤따르는 무리는 발(彳) 로 걸어서(走) 따라간다. '무리' '동아리' ② 徒步(도보) 徒黨(도당) 叛徒(반도) 聖徒(성도)
60	逃 도망할 도	辶 10	逃 táo	① 발걸음이 재다(兆는 많음을 뜻함)는 것은 빨리 달아나 는 것. 즉 도망할 때 빨리 달리게 된다. *逃 ② 逃亡(도망) 逃避(도피) 夜半逃走(야반도주)

4급

61	盜 도둑　도(:)	皿 12	盗 dào	① 그릇(皿)에 담긴 음식을 보고 침(氵)을 흘리며 　배고픈(欠) 도둑이 훔쳐 먹다. '도둑' '훔치다' (일)盗 ② 盜賊(도적) 盜掘(도굴) 竊盜(절도) 强盜(강도)
62	卵 알　란:	卩 7	卵 luǎn	① 알집(卩)에 알(丶)이 들어 있는 모양이다. 　'알' '기르다'라는 뜻을 가졌다. ② 鷄卵(계란) 魚卵(어란) 卵子(난자) 産卵(산란)
63	亂 어지러울　란:	乙 13	乱 luàn	① 풀어주고 감아주다가 실타래가 어지럽게 얽혀 있는 　모양이다. '어지럽다' '함부로' '반역' (일)乱 ② 亂動(난동) 騷亂(소란) 叛亂(반란) 淫亂(음란)
64	覽 볼　람	見 21	览 lǎn	① 보고(監) 또 보다(見) 즉 영화나 운동경기 등 　되풀이 하여 보다. (일)覧 ② 觀覽(관람) 展覽會(전람회) 博覽會(박람회)
65	略 간략할/약할　략	田 11	略 lüè	① 남의 밭(田)에 들어가 대강대강(各) 빼앗다. 　'간단하다' '대략적이다' '생략하다'란 뜻이다. ② 略字(약자) 簡略(간략) 槪略(개략) 侵略(침략)
66	糧 양식　량	米 18	粮 liáng	① 양식(米)이 얼마나 남았는지 헤아려(量) 보다. 　농경사회에서는 먹을 곡식이 제일 소중했다. ② 食糧(식량) 糧穀(양곡) 絶糧(절량) 軍糧米(군량미)
67	慮 생각할　려:	心 15	虑 lǜ	① 호랑이(虍)이는 생각(思)만 해도 무서워서 염려가 되 　었다. '생각하다' '꾀하다' '근심' ② 念慮(염려) 考慮(고려) 思慮(사려) 配慮(배려)
68	烈 매울　렬	灬 10	烈 liè	① 불꽃(灬)이 많이 퍼져(列) 불길이 세차다. 　'맹렬하다' '도의심이 두텁다'라는 뜻으로 쓰임. ② 强烈(강렬) 熾烈(치열) 烈士(열사) 烈女(열녀)
69	龍 용　룡	龍 16	龙 lóng	① 세상의 좋은 점만 모아 합성시켜 놓은 상상의 동물. 　'용' '귀신이름' '임금님'으로 가차됨. ② 恐龍(공룡) 龍顔(용안) 畵龍點睛(화룡점정)
70	柳 버들　류(:)	木 9	柳 liǔ	① 가지가 죽죽 늘어진 모양(卯)의 나무(木). 　울타리 밖에 심어 집안도 가렸다. '버드나무'이다. ② 花柳界(화류계) 路柳墻花(노류장화)

71	輪 바퀴　륜	車 15	轮 lún	① 수레(車) 바퀴살이 둥글게 모여진(侖둥글 륜) 것이다. '바퀴' '둘레' '돌다'라는 뜻이다. ② 輪禍(윤화) 輪轉機(윤전기) 前輪驅動(전륜구동)
72	離 떠날　리:	隹 19	离 lí	① 새(隹)가 앉아 있던 곳에서 떠나(离떠날 리) 다른 곳으로 '옮기다' '갈라지다' ② 離別(이별) 離婚(이혼) 分離(분리) 距離(거리)
73	妹 누이　매	女 8	妹 mèi	① 여자(女) 아이가 아직(未) 다 자라지 않았다. '손아래 누이' '소녀' '계집아이' 등의 뜻이다. ② 姉妹(자매) 男妹(남매) 兄弟姉妹(형제자매)
74	勉 힘쓸　면:	力 9	勉 miǎn	① 맡은 일에서 벗어나려고(免면할 면) 많은 힘(力)을 쓰 다. '힘쓰다' '억지로 하게하다' ② 勉勵(면려) 勉學(면학) 勤勉(근면) 勸勉(권면)
75	鳴 울　명	鳥 14	鸣 míng	① 새(鳥)가 입(口)으로 소리 내어 울다. '새 울음소리' '울다' '울리다'라는 뜻. ② 鷄鳴(계명) 悲鳴(비명) 自鳴鐘(자명종)
76	模 본뜰　모	木 15	模 mó	① 나무(木)로 어떤 기본이 되는 틀(本)을 만들어 그 기본 모양대로 재생산 했다. '모양' '본뜨다' ② 模倣(모방) 模範(모범) 模型(모형) 規模(규모)
77	妙 묘할　묘:	女 7	妙 miào	① 적은(女) 여자(女)는 예뻐지는 그 변화가, 또 그 역할의 변화가 기묘하다. '예쁘다' '신비하다' ② 妙齡(묘령) 妙味(묘미) 妙案(묘안) 巧妙(교묘)
78	墓 무덤　묘:	土 14	墓 mù	① 단순한 흙(土) 무더기가 아닌(莫) 죽은 사람을 묻은 '무덤'이다. '묘지' *무덤 : 묻어버리다. ② 墓地(묘지) 墳墓(분묘) 墓碑(묘비) 省墓(성묘)
79	舞 춤출　무:	舛 14	舞 wǔ	① 양발을 교차하며(舛) 정신없이(無) 춤을 추다. '춤추다' '좋아서 뛰다' '격려하다'란 뜻. ② 舞踊(무용) 舞姬(무희) 群舞(군무) 鼓舞(고무)
80	拍 칠　박	扌 8	拍 pāi	① 입으로 소리치는 대신에 손(扌)으로 두드려(白) 아뢰 다. '치다' '두드리다' '박자' ② 拍手(박수) 拍子(박자) 拍手喝采(박수갈채)

4급

	한자	부수	간체	① 자원풀이　② 한자어
81	髮 터럭 **발**	髟 15	发 fà	① 머리털(髟)은 자라면서(長) 빛이 나면서(彡) 또한 빠지기도(犮)한다. '머리카락' '털'이다. (일)髪 ② 毛髮(모발) 理髮(이발) 吐哺握髮(토포악발)
82	妨 방해할 **방**	女 7	妨 fáng	① 여자가(女) 한쪽(方)에서 '헤살'을 놓아 '방해'하다. '방해하다' '거리끼다' '해롭다'라는 뜻. ② 妨害(방해) 妨沮(방저)
83	犯 범할 **범:**	犭 5	犯 fàn	① 개(犭=犬)는 어디를 가든 물어보고 가는 것이 아니고 함부로 들어간다. '죄를 저지르다' ② 犯人(범인) 犯罪(범죄) 侵犯(침범) 輕犯(경범)
84	範 법 **범:**	竹 15	范 fàn	① 대나무(竹)로 수레(車)를 만들기 위한 기본 틀인 모형과 짐받이의 모형을 만들었다. ② 模範(모범) 規範(규범) 範圍(범위) 師範(사범)
85	辯 말씀 **변:**	辛 21	辩 biàn	① 저지른 죄(辛죄 신)를 말(言)로 변명하다. '말을 잘하다' '논쟁하다' '판별하다' ② 辯論(변론) 辯護士(변호사) 答辯(답변) 雄辯(웅변)
86	普 넓을 **보:**	日 12	普 pǔ	① 햇빛(日)이 골고루(幷) 널리 퍼지다. '보편적' '전면적' '일반적' '넓다' '두루' 등. ② 普及(보급) 普通(보통) 普遍妥當(보편타당)
87	伏 엎드릴 **복**	亻 6	伏 fú	① 개(犬)가 사람(亻) 옆에 엎드려 있는 모양 이다. '엎드리다' '굴복하다' '공경하다'는 뜻. ② 屈伏(굴복) 埋伏(매복) 哀乞伏乞(애걸복걸)
88	複 겹칠 **복**	衤 14	复 fù	① 옷(衤)을 거듭(复거듭 복) 껴입다. '겹쳐 입다' '이중' '겹치다'라는 뜻이다. ② 複道(복도) 複寫(복사) 複式(복식) 複製(복제)
89	否 아닐 **부:**	口 7	否 fǒu	① 아니라고(不) 말(口)하다. 말(口)도 안 돼(不). '아니다' '부정하다' ' ···· 하지 않았는가?' ② 否決(부결) 否認(부인) 曰可曰否(왈가왈부)
90	負 질 **부:**	貝 9	负 fù	① 몸소 재물(貝)을 등에 짊어지다. '지다' '떠맡다' '빚을 지다' '업다'의 뜻이다. ② 負擔(부담) 負傷(부상) 負債(부채) 請負(청부)

4급 10회	한자 훈음	부수 총획	간체 병음	① 자원풀이　② 한자어
91	粉 가루　분(:)	米 10	粉 fěn	① 쌀(米)을 칼(刀)로 나누고(八나눌 팔) 또 나누어 계속 하면 가루가 된다. 곡식의 분말이다. ② 粉末(분말) 粉食(분식) 粉乳(분유) 花粉(화분)
92	憤 분할　분:	忄 15	愤 fěn	① 마음(忄)속에 있던 분함이 끓어오름.(賁클 분) '결내다' '성을 내다' '흥분하다' '원망하다' ② 憤慨(분개) 憤怒(분노) 悲憤慷慨(비분강개)
93	批 비평할　비:	扌 7	批 pī	① 크고 작은 것(比), 잘되고 못된 것을 손(扌)으로 견주어 보다. '평하다' '비판하다' ② 批評(비평) 批判(비판) 批准(비준)
94	祕 숨길　비:	示 10	秘 mì	① 신주(示)를 잘 구분(必)하여 감추어 보관한다. 4代봉사가 기본. '숨기다' '비밀' *祕(10획)=秘(10획) ② 祕密(비밀) 祕境(비경) 神祕(신비) 祕書室(비서실)
95	碑 비석　비	石 13	碑 bēi	① 돌(石)에다가 글씨를 새겨 죽은 사람이나 건물앞에 세운 돌. '돌기둥' '비석'이다. ② 碑石(비석) 碑文(비문) 墓碑(묘비) 記念碑(기념비)
96	私 사사　사	禾 7	私 sī	① 내가(厶팔을 내 쪽으로 굽힌 모양) 먹을(禾) 것은 내가 챙긴다. '나 개인의 것' '사사롭다'는 뜻. ② 私感(사감) 私有(사유) 私利私慾(사리사욕)
97	射 쏠　사(:)	寸 10	射 shè	① 몸(身)에서 정한 법대로(寸목표) 떠나보내다. '쏘다' '맞히다' '궁술'이란 뜻이다. ② 射擊(사격) 射殺(사살) 發射(발사) 注射器(주사기)
98	絲 실　사	糸 12	丝 sī	① 감아놓은 실(糸)타래의 겹쳐진 모양. '생사' '명주실' '가는 물건' 등의 뜻이다. (일)糸 ② 繭絲(견사) 綿絲(면사) 蠶絲(잠사) 鐵絲(철사)
99	辭 말씀　사	辛 19	辞 cí	① 죄인(辛죄 신)을 무섭게 문초하여 그 상황을 설명하게 하는 '말' '글' '문서' '사양하다' (일)辞 ② 辭意(사의) 辭退(사퇴) 答辭(답사) 祝辭(축사)
100	散 흩을　산:	攵 12	散 sàn	① 오래된 고기(昔예 석)를 요리할 때는 뭉친 것을 두드려 (攵) 흩어야 함. '흩다' '흩어지다' ② 散亂(산란) 散步(산보) 集散(집산) 解散(해산)

4
급

4급 11회	한자 훈음	부수 총획	간체 병음	① 자원풀이　② 한자어
101	象 코끼리　상	豕 12	象 xiàng	① 코끼리의 코, 귀, 몸통의 모양을 세운 것이다. '코끼리' '상아' '꼴' '모양' '징후' '조짐' ② 象徵(상징) 象形(상형) 現象(현상) 氣象(기상)
102	傷 다칠　상	亻 13	伤 shāng	① 사람(亻)이 상처(昜)를 입었다. 昜은 들추어내다. '상처' '이지러지다' '앓다' '마음아파하다' ② 傷處(상처) 傷心(상심) 重傷(중상) 火傷(화상)
103	宣 베풀　선	宀 9	宣 xuān	① 하늘(一)에서 땅(一)으로 햇빛(日)이 비쳐 우주(宀)로 퍼진다. '베풀다' '임금이 말하다' ② 宣告(선고) 宣誓(선서) 宣傳(선전) 宣布(선포)
104	舌 혀　설	舌 6	舌 shé	① 입(口)에서 혀가 나온 모양이다. 즉 입(口)이 하는 일을 도와주는 무기(干)다. '혀' '말'이다. ② 舌戰(설전) 舌禍(설화) 毒舌(독설) 長廣舌(장광설)
105	屬 붙일　속	尸 21	属 shǔ	① 꼬리(尸)달린 작은 벌레(蜀)들은 서로모여(소속) 되어 산다. '잇다' '붙다' '부탁하다' 뜻. (일)属 ② 所屬(소속) 部屬(부속) 屬國(속국) 專屬(전속)
106	損 덜　손:	扌 13	损 sǔn	① 아무리 튼튼한 무쇠 솥(員둥근 솥)이라도 손(扌)을 타면 줄어든다. '덜다' '감소하다' '잃다' ② 損益(손익) 損害(손해) 損傷(손상) 破損(파손)
107	松 소나무　송	木 8	松 sōng	① 나무(木) 중에서 품계가 제일 높은(公) 나무. '소나무'다. ② 松林(송림) 松花(송화) 松茂栢悅(송무백열)
108	頌 칭송할/기릴　송:	頁 13	颂 sòng	① 공적(公的)인 공(功)을 남긴 사람을 머리(頁)숙여 칭송하다. '기리다' '칭송하다'란 뜻이다. ② 稱頌(칭송) 頌祝(송축) 頌德(송덕) 讚頌歌(찬송가)
109	秀 빼어날　수	禾 7	秀 xiù	① 불거져 나온 벼(禾)의 이삭이 퍼져 뻗다. '빼어나게 나오다' '뛰어나다' '아름답다'란 뜻. ② 秀麗(수려) 秀作(수작) 秀才(수재) 最優秀(최우수)
110	叔 아재비　숙	又 8	叔 shū	① 손(又)으로 콩을 줍다. 콩이 작고 어려서 아버지 보다 작은 '숙부'의 뜻이 됨. '끝' '어리다' ② 叔父(숙부) 外叔母(외숙모) 叔姪(숙질) 堂叔(당숙)

4급 12회	한 자 훈 음	부수 총획	간체 병음	① 자원풀이　②한자어
111	肅 엄숙할　숙	聿 13	肃 sù	① 연못에서 상앗대질 하는 모양에서, 그렇게 조심하고 '엄숙'해야 한다. '공경하다' '정중' ② 嚴肅(엄숙) 靜肅(정숙) 自肅(자숙) 肅然(숙연)
112	崇 높을　숭	山 11	崇 chóng	① 山마루는 높다(宗)는 데서, 높은 곳은 우러러보다. '높다' '높게 하다' '존중하다'는 뜻. ② 崇拜(숭배) 崇尙(숭상) 崇慕(숭모) 崇禮門(숭례문)
113	氏 각시/성씨　씨	氏 4	氏 shì	① 땅속에 든 종자가 뿌리를 내리면서 싹이 돋아나는 모양이다. '성씨(姓氏)' ② 氏族(씨족) 姓氏(성씨) 創氏改名(창씨개명)
114	額 이마　액	頁 18	额 é	① 사람(客)의 머리(頁)는 이마부터 보인다. '이마' 나아가 '현판'의 뜻으로 파생함. ② 金額(금액) 額子(액자) 減額(감액) 殘額(잔액)
115	樣 모양　양	木 15	样 yàng	① 물결(永) 따라 나무(木)의 모양도 같다. 환경을 따라 모양도 따른다. '모양' '무늬' '본' (일)様 ② 模樣(모양) 樣態(양태) 多樣(다양) 外樣(외양)
116	嚴 엄할　엄	口 20	严 yán	① 큰 소리(口口)로 낸 교령(敎令)이 험준한 산처럼 '위엄스럽다' '엄하다' '무섭다' '굳세다' ② 嚴肅(엄숙) 嚴格(엄격) 嚴守(엄수) 嚴罰(엄벌)
117	與 더블/줄　여:	臼 14	与 yǔ	① 더불어 두 사람이 손으로 맞들다. 두 사람이 '더불어' '주다' ‥‥ 함께'란 뜻이다. (일)与 ② 與件(여건) 與否(여부) 授與(수여) 贈與(증여)
118	易 바꿀/쉬울 역/이:	日 8	易 yì	① 햇살(日)이 비치는 것(勿)은 오전에서 오후로 '쉽게' '바뀜' 간략하다. *쉬울 이 : ② 貿易(무역) 交易(교역) 簡易(간이) 容易(용이)
119	域 지경　역	土 11	域 yù	① 사방이 둘러싸인 땅(土)을 혹시(或) 누가 침입할까봐 키는 곳. '지경' '나라' '범위'의 뜻. ② 區域(구역) 地域(지역) 聖域(성역) 墓域(묘역)
120	延 늘일　연	廴 7	延 yán	① 길게 끌고(廴 끌 인) 가다가 그치다.(止) '이끌다' '늘어놓다' '넓어지다'란 뜻이다. ② 延命(연명) 延期(연기) 順延(순연) 延長戰(연장전)

4급

4급 13회	한자 훈음	부수 총획	간체 병음	① 자원풀이　② 한자어

121	鉛 납 연	金 13	铅 qiān	① 늪(沿의 획줄임)의 물빛이 푸르스름한 것처럼 잿빛의 금속(金). '납' '잿빛' ② 鉛筆(연필) 黑鉛(흑연) 無鉛揮發油(무연휘발유)
122	緣 인연 연	糸 15	缘 yuán	① 실(糸)이 끊긴(彖) 데를 실로 감치어 올이 '풀리지 않는다'는 뜻에서 '인연'이 됨. '이유' (일)緣 ② 因緣(인연) 緣由(연유) 緣木求魚(연목구어)
123	燃 탈 연	火 16	燃 rán	① 然(그럴 연)이 원래는 '타다'는 뜻인데, '그렇다'로 쓰여 火를 붙여서 '타다'는 뜻을 확실히 함. ② 燃燒(연소) 燃料(연료) 不燃(불연) 核燃料(핵연료)
124	迎 맞을 영	辶 8	迎 yíng	① 우러러보는(卬) 사람을 나아가서(辶) 맞이하다. '맞이하다' '만나다' '마중 나가다'란 뜻이다. *迎 ② 迎接(영접) 歡迎(환영) 送舊迎新(송구영신)
125	映 비칠 영(:)	日 9	映 yìng	① 햇빛(日)이 가운데(央)를 비추다. '비추다' '비치다' '빛나다' ② 映像(영상) 反映(반영) 上映(상영) 映畫(영화)
126	營 경영할 영	火 17	营 yíng	① 힘을 들여 끊이지 않게 손질하여 '경영함' '경영' '모여 살다' '동아리'란 뜻이다. (일)営 ② 經營(경영) 營農(영농) 兵營(병영) 營業(영업)
127	豫 미리 예:	豕 16	豫 yù	① 나(予)의 미래를 상상(象은 想과 통함)하여 보면 '미리' 알 수 있다. '미리' '사전에' (일)予 ② 豫想(예상) 豫報(예보) 豫習(예습) 豫選(예선)
128	郵 우편 우	阝 11	邮 yóu	① 언덕(阝)에 나무를 심어 드리우게(垂)하여 '역말=문서 전달처'를 표시했다. '역말' '우편' ② 郵遞局(우체국) 郵便(우편) 郵票(우표) 郵送(우송)
129	遇 만날 우:	辶 13	遇 yù	① 길을 가다가(辶) 생각지 않게 우연히 만나다. '길거리에서 만나다' '마주치다' '대접하다' *遇 ② 境遇(경우) 遭遇(조우) 待遇(대우) 處遇(처우)
130	優 넉넉할 우	亻 17	优 yōu	① 다른 사람(亻)의 근심(憂)까지 해 줄 수 있는 사람은 마음이 '넉넉한 사람' '뛰어난 사람' ② 優勝(우승) 優越(우월) 優秀(우수) 俳優(배우)

4급 14회	한자 훈음	부수 총획	간체 병음	① 자원풀이　　② 한자어
131	怨 원망할 원(:)	心 9	怨 yuàn	① 두 발자국(夗)의 모양이 어긋나 있듯이 마음(心)이 틀어져 있음. '원망하다' '슬퍼하다' ② 怨望(원망) 怨聲(원성) 怨恨(원한) 民怨(민원)
132	源 근원 원	氵 13	源 yuán	① 근원(原근원 원)과 물(氵)을 합쳐서 물이 처음 솟아나는 언덕이란 뜻. '시초'이고 '근원'이다. ② 根源(근원) 起源(기원) 語源(어원) 電源(전원)
133	援 도울 원:	扌 12	援 yuán	① 어떤 물건을 네 손(扌, 爪, 手, 又는 모두 손)이 서로 힘을 합쳐 '돕다' '원조하다' '당기다' ② 援助(원조) 救援(구원) 應援(응원) 聲援(성원)
134	危 위태할 위	㔾 6	危 wēi	① 사람이 절벽 위에서 쩔쩔매는 위태한 모양. '위태하다' '두려워하다' '무너지다'란 뜻이다. ② 危殆(위태) 危機(위기) 危險(위험) 危急(위급)
135	委 맡길 위	女 8	委 wěi	① 여자(女)는 남자에게 벼이삭(禾)처럼 고개를 숙이고 몸을 남자에게 맡긴다. '맡기다'란 뜻 ② 委任(위임) 委囑(위촉) 委託販賣(위탁판매)
136	威 위엄 위	女 9	威 wēi	① 모계사회에서 여자(女)가 큰 도끼(戉)를 들고 '위엄'있게 앉은 모양이다. '두려워하다' '존엄' ② 威嚴(위엄) 威勢(위세) 威脅(위협) 權威(권위)
137	圍 에워쌀 위	囗 12	围 wéi	① 둘레(囗)를 발로 밟아가듯(韋) 에워싸다. '둘레' '두르다' '지키다'는 뜻도 있다. (일)囲 ② 範圍(범위) 胸圍(흉위) 雰圍氣(분위기)
138	慰 위로할 위	心 15	慰 wèi	① 마음(心)이나마 편안(尉)하게 해주다. '위로하다'라는 뜻이다. ② 慰勞(위로) 慰安(위안) 慰問(위문) 自慰(자위)
139	乳 젖 유	乙 8	乳 rǔ	① 아기가(子) 손(爪)으로 엄마의 젖통(乚)을 잡고있는 모양이다. '젖을 먹이다' '젖 같은 액체' ② 母乳(모유) 乳房(유방) 牛乳(우유) 粉乳(분유)
140	遊 놀 유	辶 13	游 yóu	① 어린아이(子)가 깃발(方+人깃발 언)을 든 사람, 즉 안내자를 따라 '놀러가다'(辶) '벗을 사귀다' ② 遊園地(유원지) 遊戲(유희) 遊覽船(유람선)

141	遺 남길 유	辶 16	遗 yí	① 귀한(貴) 물건은 대를 이어(辶) 물려줌. '남기다' '주다' '끼치다' '잃어버리다' ② 遺產(유산) 遺物(유물) 遺族(유족) 遺跡地(유적지)
142	儒 선비 유	亻 16	儒 rú	① 사람(亻)이 사는 곳에서 꼭 쓰임(需구할 수)이 있는 사람. '선비' '유학'의 뜻이다. ② 儒教(유교) 儒學(유학) 焚書坑儒(분서갱유)
143	隱 숨을 은	阝 17	隐 yǐn	① 언덕(阝) 밑에 삼가(隱에서 阝를 생략) 숨어 보이지 않게 피하여 산다. '숨기다' '속 걱정' (일)隱 ② 隱居(은거) 隱密(은밀) 隱身(은신) 隱退(은퇴)
144	依 의지할 의	亻 8	依 yī	① 사람(亻)은 옷(衣)에 의지하여 몸을 보호하고 부끄러움 없이 살아간다. '기대다' '힘이 되다' ② 依據(의거) 依賴(의뢰) 舊態依然(구태의연)
145	儀 거동 의	亻 15	仪 yí	① 사람(亻)이 마땅히 해야 할 옳은(義)행동이다. '거동' '예의' '바르다' '현명하다'는 뜻. ② 儀典(의전) 賻儀(부의) 禮儀凡節(예의범절)
146	疑 의심할 의	疋 14	疑 yí	① 화살(矢)이나 비수(匕)가 어디로 날아갈지 몰라 발(疋발 소)을 들고 보며 '의심하다' ② 疑心(의심) 疑問(의문) 質疑(질의) 嫌疑(혐의)
147	異 다를 이:	田 11	异 yì	① 田은 囟(정수리 신)이며 귀신머리를 뜻함. 귀신은 탈을 썼을 때와 벗었을 때가 전혀 다름. ② 異見(이견) 異性(이성) 異彩(이채) 異變(이변)
148	仁 어질 인	亻 4	仁 rén	① 두(二) 사람(亻)간에 건전하고 바람직한 관계이다. '어질다' '인자하다' '사람의 본성' ② 仁慈(인자) 仁術(인술) 殺身成仁(살신성인)
149	姉 손위누이 자	女 8	姊 zǐ	① 나보다 먼저 태어나 큰(市저자 시/가장 큰 곳)여자 (女). '손윗누이'이다. ② 姉妹(자매) 姉兄(자형) 兄弟姉妹(형제자매)
150	姿 모양 자:	女 9	姿 zī	① 여자(女)의 겉모양이 아닌 품고 있는 그 다음(次)의 모양이다. 교양을 갖춘 모양이다. ② 姿勢(자세) 勇姿(용자) 姿態(자태) 雄姿(웅자)

4급 16회	한 자 훈 음	부수 총획	간 체 병 음	① 자원풀이　　② 한자어
151	資 재물　자	貝 13	资 zī	① 어떤 일을 하기 위한 직접적으로 드는 재화(貝) 이외(次)로 드는 돈. '재물' '비용' '금전' ② 資産(자산) 資料(자료) 融資(융자) 投資(투자)
152	殘 남을　잔	歹 12	残 cán	① 창(戈)과 창이 부딪치는 싸움에서 죽고 뼈만 앙상하게(歹) 남았다. '나머지' '잔인하다' (일)残 ② 殘金(잔금) 殘留(잔류) 殘酷(잔혹) 敗殘兵(패잔병)
153	雜 섞일　잡	隹 18	杂 zá	① 여러 가지 색깔을 모아 옷을 만드니 얼룩덜룩 하다. '섞이다' '어수선하다' (일)雜 ② 雜穀(잡곡) 雜誌(잡지) 複雜(복잡) 雜音(잡음)
154	壯 장할　장:	士 7	壮 zhuàng	① 큰 나무(爿은 적다는 뜻이 있음)가 쓸모 있듯이, 큰 사내(士)는 '굳세다' '씩씩하다' (일)壮 ② 壯骨(장골) 壯年(장년) 壯元(장원) 健壯(건장)
155	裝 꾸밀　장	衣 13	装 zhuāng	① 옷(衣)을 건장하게(壯) 차려입다. '꾸미다' '장식하다' '차리다' '책의 장정'의 뜻. ② 裝備(장비) 裝飾(장식) 治裝(치장) 假裝(가장)
156	帳 장막　장	巾 11	帐 zhàng	① 천(巾)을 길게(長) 늘어뜨려 무엇을 '가리다' '천막' '휘장' '공책' 요즈음의 '커텐'이다. ② 帳幕(장막) 帳簿(장부) 通帳(통장) 記帳(기장)
157	張 베풀　장	弓 11	张 zhāng	① 활(弓) 시위를 길게(長) 잡아당겨 벌리다. '베풀다' '넓히다' '차려놓다' '자랑하다' ② 誇張(과장) 緊張(긴장) 主張(주장) 擴張(확장)
158	獎 장려할　장(:)	犬 15	奖 jiǎng	① 개(犬)를 날쌔도록 훈련시키듯, 앞으로 장수가 되라고 권하며 돕는 데서 장려하다는 의미. '칭찬해 주다' '권장하다' '유도하다' (일)奬 *獎(15획)=奬(14획) ② 勸奬(권장) 獎勵(장려) 獎學金(장학금)
159	腸 창자　장	月 13	肠 cháng	① 사람의 몸(月=肉)안에 길게 늘어진 소화기관. '창자' 속에 있으므로 '마음'을 뜻하기도 한다. ② 胃腸(위장) 肝腸(간장) 盲腸(맹장) 大腸菌(대장균)
160	底 밑　저:	广 8	底 dǐ	① 집(广)의 아래의 근본이 되는 낮은 곳(氐)임. '밑' '속' '그치다' '도달하다'란 뜻이다. *底 ② 底力(저력) 底邊(저변) 徹底(철저) 海底(해저)

161	賊	貝	贼	① 창(戎병기를 들고)을 들고 재물(貝)을 빼앗는 사람. '도둑' '해치다' '나쁜 놈'이란 뜻. ② 盜賊(도적) 海賊(해적) 賊反荷杖(적반하장)
	도둑 적	13	zéi	

162	適	辶	适	① 중심(商배꼽 적/인체의 중심)을 잡고 가다(辶). '가다' '적합하다' '알맞고 좋다'란 뜻이다. ② 適當(적당) 適性(적성) 適應(적응) 快適(쾌적)
	맞을 적	15	shì	

163	積	禾	积	① 농작물(禾)을 모아서 쌓다(責) '모으다' '넓이' '쌓아 놓은 부피' 등의 뜻이다. ② 積金(적금) 積善(적선) 面積(면적) 容積(용적)
	쌓을 적	16	jī	

164	績	糸	绩	① 실(糸)을 겹겹이 쌓아(積의 획 줄임) 베를 짜다. '실을 잣다' '뽑다' '성과' '애쓴 보람'이란 뜻. ② 功績(공적) 成績(성적) 業績(업적) 實績(실적)
	길쌈 적	17	jì	

165	籍	竹	籍	① 대(竹)나무 조각을 깔개(藉의 획 줄임)처럼 쌓은 것. '적다' '죽간' '문서' '호적'이란 뜻. ② 書籍(서적) 國籍(국적) 戶籍(호적) 學籍簿(학적부)
	문서 적	20	jí	

166	專	寸	专	① 실패(專실패 전/寸을 제외하면 물레임)를 손(寸)으로 잡은 모양이다. 물레는 '오로지' 돌기만 함. (일)専 ② 專攻(전공) 專念(전념) 專門(전문) 專擔(전담)
	오로지 전	11	zhuān	

167	轉	車	转	① 수레바퀴(車)는 오로지(專) 구르게 하는 것이 목적이다. '구르다' '되돌아오다' '옮기다'란 뜻. (일)転 ② 自轉車(자전거) 轉學(전학) 逆轉勝(역전승)
	구를 전:	18	zhuǎn	

168	錢	金	钱	① 금속(金)이 창(戈)에 자꾸 부딪치면 작아지듯 얇게 된 금속조각. '돈'이다. (일)銭 ② 金錢(금전) 銅錢(동전) 錢票(전표) 葉錢(엽전)
	돈 전:	16	qián	

169	折	扌	折	① 손(扌)에 도끼(斤)를 들고 끊어버리다. '꺾다' '구부리다' '가르다' '일찍 죽다' ② 折半(절반) 骨折(골절) 夭折(요절) 挫折(좌절)
	꺾을 절	7	zhé	

170	占	卜	占	① 점(卜점 복)을 쳐서 입(口)으로 말해주다. 자리에 앉아 '점'을 친다고 하여 '차지하다' ② 占據(점거) 占術(점술) 占領(점령) 獨占(독점)
	점령할/점칠 점:/점	5	zhān	

4급 18회	한 자 훈 음	부수 총획	간 체 병음	① 자원풀이　　② 한자어
171	點 점　　점(:)	黑 17	点 diǎn	① 먹물(黑검을 흑)이 튀어 얼룩(占)이 지다. '검은 점' '점찍다' '더럽다' '흠'이란 뜻도 있다. ② 黑點(흑점) 滿點(만점) 汚點(오점) 終點(종점)
172	丁 고무래/장정 정	一 2	丁 dīng	① 천간(天干)에서 다 자라서 고개를 꺾인 모양. '못'의 모양이며 '성하다' '젊은 남자'란 뜻. ② 壯丁(장정) 兵丁(병정) 甲乙丙丁(갑을병정)
173	整 가지런할 정:	攵 16	整 zhěng	① 나무를 묶고(束) 튀어 나온 곳은 쳐서(攵) 똑 바르게 (正)하다. '가지런히 하다' '정돈하다' ② 整理整頓(정리정돈) 整備(정비) 調整(조정)
174	靜 고요할　정	青 16	静 jìng	① 물이 서로 다투어(爭) 흐르다가 푸른 빛(青)이 되면서 '고요해지다' '편안하다' '조용하다' (일)静 ② 靜肅(정숙) 靜寂(정적) 靜脈(정맥) 鎭靜劑(진정제)
175	帝 임금　　제:	巾 9	帝 dì	① 하늘(亠는 上임) 신(神)의 뜻으로 천하를 다스리는 '임금'이란 뜻. '임금' '하느님' ② 帝王(제왕) 天帝(천제) 玉皇上帝(옥황상제)
176	組 짤　　　조	糸 11	组 zǔ	① 실(糸)을 또(且거듭거듭 쌓은 모양) 합치고 합쳐 천을 짜다. '짜다' '길쌈을 하다' '구성하다' ② 組立(조립) 組織(조직) 組長(조장) 組合(조합)
177	條 가지　　조	木 11	条 tiáo	① 나무의 줄기(幹)에서 뻗은 가지(枝)에서 또 뻗어나간 먼 가지(攸멀 유+木). '가지' '조목' (일)条 ② 條目(조목) 條項(조항) 條約(조약) 信條(신조)
178	潮 조수/밀물 조	氵 15	潮 cháo	① 달(朝)의 움직임에 따라 바닷물(氵)이 드나드는 현상. '밀물과 썰물' '나타나다'란 뜻. ② 潮水(조수) 潮流(조류) 滿潮(만조) 風潮(풍조)
179	存 있을　　존	子 6	存 cún	① 才와 子를 합친 字. 아이의 재주가 태어난 상태로 그대로 '있다' '물건이 형성되어 있다' ② 存在(존재) 存立(존립) 保存(보존) 生存權(생존권)
180	從 좇을　　종(:)	彳 11	从 cóng	① 앞선 사람(임금이나 선구자)의 뒤를 따르다. 人人+止+彳의 조합이다. '좇다' '종용하다' (일)従 ② 服從(복종) 順從(순종) 從事(종사) 追從(추종)

181	鍾 쇠북　종	金 17	钟 zhōng	① 무거운(童=重) 쇠(金)로 만든 북. 그 종을 치면 아이 　(童)처럼 운다. '쇠북' '종'이다. *鍾(17획)=鐘(20획) ② 鍾閣(종각) 鍾路(종로) 打鐘(타종) 招人鍾(초인종)
182	座 자리　좌:	广 10	座 zuò	① 집(广)안에 앉는 자리(坐)를 만들어 배치하다. 　'자리' '위치' '지위'의 뜻을 가지고 있다. ② 座席(좌석) 座談會(좌담회) 座標(좌표) 講座(강좌)
183	朱 붉을　주	木 6	朱 zhū	① 나무(木) 줄기의 가운데 중심은 붉다. 　'붉다' '붉은 빛깔을 띤 물건' '줄기'란 뜻. ② 朱丹(주단) 朱木(주목) 朱紅(주홍) 印朱(인주)
184	周 두루　주	口 8	周 zhōu	① 말(口)을 할 때에 두루(用의 변형)살펴서 하다. 　'두루' '고루 미치게 하다' '둘레'란 뜻. ② 周邊(주변) 周圍(주위) 一周(일주) 周知(주지)
185	酒 술　주(:)	酉 10	酒 jiǔ	① 술을 담그는 술병(酉)에 뚜껑이 닫힌 모양임. 　그 안에 삼긴 물(氵)은 술이다. '술' ② 酒類(주류) 酒幕(주막) 洋酒(양주) 飮酒(음주)
186	證 증거　증	言 19	证 zhèng	① 단 위에 올라(登)가서 사실대로 말(言)하다. 　'증명하다' '증험하다' '깨닫다'라는 뜻이다. (일)証 ② 證據(증거) 證人(증인) 檢證(검증) 確證(확증)
187	誌 기록할　지	言 14	志 zhì	① 선비(士)의 말(言)과 행하고자 하는 마음(心)을 　'기록해 두다' '기억하다'라는 뜻이다. ② 校誌(교지) 貴誌(귀지) 日誌(일지) 雜誌(잡지)
188	智 지혜/슬기　지	日 12	智 zhì	① 아는 것(知)을 더욱 밝혀(日) 계속 말하다. 　'지혜롭다' '총명하다' '사리에 밝다' ② 智慧(지혜) 機智(기지) 衆智(중지) 智德體(지덕체)
189	持 가질　지	扌 9	持 chí	① 관청(寺관청 시)에서 보내온 공문서를 손(扌)에 　소중히 '지니다' '가지다' '끝까지 지키다' ② 持參(지참) 維持(유지) 矜持(긍지) 所持品(소지품)
190	織 짤　직	糸 18	织 zhī	① 실(糸)로 베를 짤(戈) 때 소리(音)를 내며 짠다. 　'베를 짜다' '만들다' '방직하다' ② 組織(조직) 毛織(모직) 染織(염직) 絹織物(견직물)

4급 20회	한 자 / 훈 음	부수 / 총획	간 체 / 병음	① 자원풀이　　② 한자어
191	珍 / 보배　진	玉 / 9	珍 / zhēn	① 구슬(玉)이 특별히 빛나는(彡) 것은 '진귀하다' '보배' '보물' '귀중하다' '소중하다' ② 珍貴(진귀) 珍珠(진주) 珍羞盛饌(진수성찬)
192	陣 / 진칠　진	阝 / 10	阵 / zhèn	① 언덕(阝)밑에 전차(車)를 숨기고 배치하여 진을 치다. '군영을 설치하다' '베풀다'라는 뜻. ② 陣地(진지) 對陣(대진) 退陣(퇴진) 背水陣(배수진)
193	盡 / 다할　진:	皿 / 14	尽 / jìn	① 화로(皿)속의 불씨(灬) 젓가락으로 뒤적이다가 꺼뜨려버리다. '다 없어지다' '전부'라는 뜻. (일)尽 ② 賣盡(매진) 極盡(극진) 未盡(미진) 蕩盡(탕진)
194	差 / 다를/어긋날　차	工 / 10	差 / chā	① 羊은 소(牛)보다 작다. 작은 것을 손으로 헤아려(左)보다. 큰 것은 잴 필요가 없다. '어긋나다' ② 差異(차이) 差等(차등) 千差萬別(천차만별)
195	讚 / 기릴　찬:	言 / 26	赞 / zàn	① 도울 가치가 있는 사람을 말(言)로 도와(贊) 칭찬해 주다. '돕다' '기리다' '찬양하다' (일)讃 ② 稱讚(칭찬) 讚頌歌(찬송가) 自畵自讚(자화자찬)
196	採 / 캘　채:	扌 / 11	采 / cǎi	① 손(爪)으로 나무(木)의 열매를 따듯 손(扌)을 더하여 '뜯다' '캐내다' '따다'는 뜻이 됨. ② 採光(채광) 採集(채집) 採用(채용) 採擇(채택)
197	冊 / 책　책	冂 / 5	册 / cè	① 종이가 발명되기 전 죽간(竹簡)을 한 줄로 엮어놓은 모양이다. '책' '문서'란 뜻이다. ② 冊房(책방) 冊床(책상) 冊子(책자) 別冊(별책)
198	泉 / 샘　천	水 / 9	泉 / quán	① 천연적으로 솟아나는(白) 물(水)이다. '샘' 또 '저승'이란 뜻으로도 쓰인다. ② 溫泉(온천) 冷泉(냉천) 黃泉(황천) 九泉(구천)
199	聽 / 들을　청	耳 / 22	听 / tīng	① 들어서 득(悳)이 될 만하면 귀(耳)를 쫑긋 세우고 (壬오뚝할 정) 듣는다. '듣다' '받다' (일)聴 ② 聽覺(청각) 聽取(청취) 盜聽(도청) 視聽者(시청자)
200	廳 / 관청　청	广 / 25	厅 / tīng	① 들을만한 소리(聽), 들려줘야 할 소리를 들을 수 있는 넓은 집(广). '관청' '대청' '마루' (일)庁 ② 官廳(관청) 市廳(시청) 開廳(개청) 廳長(청장)

4급

201	招 부를　　초	扌 8	招 zhāo	① 입으로 부른 것(召부를 소) 보다 더 적극적으로 손짓 (扌)까지 하며 부르는 것. '부르다' ② 招待(초대) 招請(초청) 招聘(초빙) 招魂(초혼)
202	推 밀　　추	扌 11	推 tuī	① 새(隹)가 앞으로 나아가게 하듯이 손(扌)으로 밀거나 들어 올리다. '밀다' '옮기다' '떠받들다' ② 推進(추진) 推理(추리) 推薦(추천) 推移(추이)
203	縮 줄일　　축	糸 17	缩 suō	① 실(糸)이나 천을 물에 잠갔다가 꺼내어 잠(宿)재우면 '줄어들다' '오그라들다' '움추리다' ② 縮小(축소) 萎縮(위축) 短縮(단축) 減縮(감축)
204	趣 뜻　　취:	走 15	趣 qù	① 자기가 좋아하는 것을 얻기(取가질 취) 위하여 달려간 다.(走) '재미' '취미' '뜻' '풍취'의 뜻. ② 趣味(취미) 趣向(취향) 情趣(정취) 興趣(흥취)
205	就 나아갈　　취:	尢 12	就 jiù	① 굽어진 것(尢)을 크게(京)바로 잡아 앞으로 나아가게 하다. '이루다' '나아가다' '길을 떠남' ② 就職(취직) 就任(취임) 就寢(취침) 就航(취항)
206	層 층　　층	尸 15	层 céng	① 집(尸은 屋)을 시루(曾시루의 떡은 겹겹이 쌓임)처럼 거듭 쌓아 올림. '층집' '켜' '거듭'이란 뜻. ② 層階(층계) 高層(고층) 斷層(단층) 富裕層(부유층)
207	寢 잘　　침:	宀 14	寝 qǐn	① 집(宀)에 비로(帚) 깨끗이 청소한 침대(爿)에서 '잠을 자다' '잠들다' '눕다'란 뜻이다. (일)寝 ② 寢臺(침대) 寢室(침실) 同寢(동침) 就寢(취침)
208	針 바늘　　침(:)	金 10	针 zhēn	① 쇠(金)를 갈아 마침내 완성(十)시킨 바늘. '바늘' '침' '찌르다' '바느질하다'란 뜻이다. ② 檢針(검침) 時針(시침) 方針(방침) 羅針盤(나침반)
209	稱 일컬을　　칭	禾 14	称 chēng	① 벼(禾)를 저울(稱저울 칭/禾를 줄임)에 무게를 달아보 고 '얼마'라고 말하여 주다. '저울' '명칭' (일)称 ② 稱讚(칭찬) 敬稱(경칭) 尊稱(존칭) 呼稱(호칭)
210	彈 탄알　　탄:	弓 15	弹 dàn	① 활(弓)시위에 화살을 얹어 고르게(單) 잡아 당겨야 하 는 것이 '탄알' '튕기다' '두드리다' (일)弾 ② 銃彈(총탄) 彈壓(탄압) 糾彈(규탄) 砲彈(포탄)

211	歎	欠	叹	① 어떤 일이 잘못되어 입을 크게(黃=堇) 벌려(欠) 아! 하고 '탄식하다' '감탄하다' '한숨 쉬다'
	탄식할　탄:	15	tàn	② 歎息(탄식) 感歎(감탄) 恨歎(한탄) 歎服(탄복)
212	脫	月	脱	① 벌레가 몸(月=肉)의 허물을 벗고,(兌바꿀 태) 몸을 바 꾸다. '벗다' '벗기다' '살이 빠지다' (일)脱
	벗을　탈	11	tuō	② 脫殼(탈곡) 脫走(탈주) 脫落(탈락) 虛脫(허탈)
213	探	扌	探	① 손(扌)에 막대기(木)를 들고 구멍(穴)을 쑤셔가면서 찾다. '더듬다' '찾다' '시험하다'
	찾을　탐	11	tàn	② 探究(탐구) 探索(탐색) 探偵(탐정) 探査(탐사)
214	擇	扌	择	① 눈으로(睪엿볼 역) 보고 손(扌)으로 좋은 것을 가려내 다. '가리다' '고르다' '뽑다' '추리다' (일)択
	가릴　택	16	zé	② 揀擇(간택) 採擇(채택) 取捨選擇(취사선택)
215	討	言	讨	① 법도(寸)에 어긋나면 말(言)로 가르치고 잘못을 '바로 잡다' '치다' '공격하다' '탐구하다'
	칠　토(:)	10	tǎo	② 討論(토론) 討伐(토벌) 檢討(검토) 聲討(성토)
216	痛	疒	痛	① 상처(疒)가 난 곳에 아픔이 왔다갔다(甬길 용)하여 통증을 느끼다. '아프다' '슬퍼하다'
	아플　통:	12	tòng	② 苦痛(고통) 痛症(통증) 痛哭(통곡) 憤痛(분통)
217	投	扌	投	① 손(扌)으로 창(殳)을 던지다. '던지다' '내던지다' '내버리다' '나아가다'
	던질　투	7	tóu	② 投入(투입) 投手(투수) 投身(투신) 投資(투자)
218	鬪	鬥	斗	① 주권인 제사권(豆제기 두)을 잡으려고(寸) 맞서 싸우다.(鬥싸울 두) '싸움' '싸우다' (일)闘
	싸움　투	20	dòu	② 鬪爭(투쟁) 戰鬪(전투) 泥田鬪狗(이전투구)
219	派	氵	派	① 샘에서 바다까지 물(氵)이 모여 든 물갈래의 모양이다. '물갈래' '나누다'란 뜻이다.
	갈래　파	9	pài	② 派遣(파견) 派生(파생) 派出婦(파출부) 派閥(파벌)
220	判	刂	判	① 칼(刂)로 반(半)을 나누어 보고 양쪽의 잘잘못을 '판단 한다' '나누다'란 뜻이다. *判
	판단할　판	7	pàn	② 判事(판사) 判斷(판단) 判決(판결) 審判(심판)

4급

221	篇	竹	篇	① 시렁(戶)위에 죽간(竹)으로 된 책(冊)을 얹어놓다. '책' '완결된 시문' '책을 세는 단위' ② 短篇(단편) 玉篇(옥편) 千篇一律(천편일률)
	책 편	15	piān	

222	評	言	评	① 어느 곳으로 잘못되어 기울어 졌는지(平) 말(言)하여 주다. '사물의 품평' '비평' '평론' ② 評價(평가) 論評(논평) 批評(비평) 惡評(악평)
	평할 평:	12	píng	

223	閉	門	闭	① 문(門)을 빗장으로 닫아 걸은 모양이다. '닫다' '마치다' '덮다' '가리다'의 뜻이다. ② 閉講(폐강) 閉幕(폐막) 閉鎖(폐쇄) 密閉(밀폐)
	닫을 폐:	11	bì	

224	胞	月	胞	① 몸(月=肉)으로 태아(包)를 싸고 있는 모양. '태보' '세포'란 뜻이다. ② 細胞(세포) 同胞(동포) 僑胞(교포) 癌細胞(암세포)
	세포 포(:)	9	bāo	

225	爆	火	爆	① 불(火)길이 사납게(暴사나울 폭) 터지다. '터지다' '폭발하다' '불길이 세다'란 뜻이다. ② 爆擊(폭격) 爆竹(폭죽) 爆破(폭파) 自爆(자폭)
	불터질 폭	19	bào	

226	標	木	标	① 나무(木)를 심어 경계나 한계를 표시(票)하다. '표시' '푯말' '과녁' '적다'란 뜻. ② 標記(표기) 標本(표본) 標語(표어) 商標(상표)
	표할 표	15	biāo	

227	疲	疒	疲	① 병(疒) 때문에 얼굴가죽(皮)이 당겨져 피곤한 모양이 다. '피곤하다' '고달프다' '수척하다' ② 疲困(피곤) 疲勞(피로) 疲弊(피폐)
	피곤할 피	10	pí	

228	避	辶	避	① 남의 눈을 피해 벽(辟)쪽으로 가다(辶). '숨다' '피하다' '도망가다' '어기다'의 뜻이다. *避 ② 避身(피신) 避姙(피임) 逃避(도피) 回避(회피)
	피할 피:	17	bì	

229	恨	忄	恨	① 나무속 뿌리처럼 깊이 박힌(艮) 마음(忄). 마음이 맺혀 있다. '한하다' '원통하다' '뉘우침' ② 恨歎(한탄) 怨恨(원한) 悔恨(회한) 長恨夢(장한몽)
	한(怨) 한:	9	hèn	

230	閑	門	闲	① 외양간(門)에 빗장을 걸어 놓은 모양이다. 소도 놀고 주인도 '한가하다' '고요하다'란 뜻. ② 閑暇(한가) 閑散(한산) 閑寂(한적) 忙中閑(망중한)
	한가할 한	12	xián	

4급 24회	한 자 / 훈 음	부수 / 총획	간체 / 병음	① 자원풀이　　② 한자어
231	抗 / 겨룰 항:	扌 / 7	抗 / kàng	① 막을 때는 최후에 손(扌)으로 목(亢)을 잡고 달려든다. '저항하다' '대항하다' '겨루다' ② 抗拒(항거) 抗戰(항전) 對抗(대항) 反抗(반항)
232	核 / 씨 핵	木 / 10	核 / hé	① 나무(木)에 단단한(亥) 껍질로 둘러싸여 열린 열매. '씨'가 되고 轉하여 '사물의 중요한 곳. ② 核心(핵심) 核武器(핵무기) 核實驗(핵실험)
233	憲 / 법 헌:	心 / 16	宪 / xiàn	① 본의와 다르게 해로움(害)을 당(罒)하는 일이 없도록 마음(心)으로 살펴야 하는 문서. '법' ② 憲法(헌법) 憲章(헌장) 違憲(위헌) 制憲節(제헌절)
234	險 / 험할 험:	阝 / 16	险 / xiǎn	① 언덕(阝)이 여러 겹(僉다 첨)으로 싸여 있어 험하다. '험하다' '위태롭다'라는 뜻이다. (일)険 ② 危險(위험) 險惡(험악) 冒險(모험) 保險(보험)
235	革 / 가죽 혁	革 / 9	革 / gé	① 짐승의 가죽을 좌우 양쪽으로 홀딱 벗겨 뒤집은 모양이다. '털이 없는 가죽' '고치다' ② 革帶(혁대) 革新(혁신) 改革(개혁) 沿革(연혁)
236	顯 / 나타날 현:	頁 / 23	显 / xiǎn	① 귀부인의 머리(頁) 장식에 맨 실(絲)은 햇빛(日)이 있을 때만 보인다. '나타나다' '밝다' (일)顕 ② 顯著(현저) 顯微鏡(현미경) 顯忠日(현충일)
237	刑 / 형벌 형	刂 / 6	刑 / xíng	① 죄인을 우물(井의 변형) 틀 같은 곳에 가두거나 매달아 칼(刂)로 '죽이다' '형벌'하다. ② 刑罰(형벌) 刑事(형사) 求刑(구형) 死刑(사형)
238	或 / 혹 혹	戈 / 8	或 / huò	① 창(戈)을 들고 일정한 구역(口)을 지키면서 '혹시' 적이 침입하지 않나 경계함. 國과 通字. ② 或時(혹시) 間或(간혹) 設或(설혹) 或如(혹여)
239	婚 / 혼인할 혼	女 / 11	婚 / hūn	① 옛날의 혼인은 해질 무렵(昏) 여자(女)의 집에서 했다. '혼인하다' '장가들다'라는 뜻. ② 婚姻(혼인) 結婚(결혼) 求婚(구혼) 離婚(이혼)
240	混 / 섞을 혼:	氵 / 11	混 / hùn	① 이곳저곳에서 떼를 지어(昆벌레) 모이는 물(氵)이니, '섞이다' '흐리다' '합하다'는 뜻. ② 混雜(혼잡) 混合(혼합) 混亂(혼란) 混食(혼식)

4급

241	紅 붉을　홍	糸	紅 9　hóng	① 실(糸)에 물감을 헤아려서(工) 붉게 물들이다. '붉은 빛' '선명한 적색' '연지'라는 뜻도 있다. ② 紅桃(홍도) 紅蔘(홍삼) 同價紅裳(동가홍상)
242	華 빛날　화	艹	华 12　huá	① 꽃이 화려하게 피어 늘어진 모양이다. '꽃' '빛나다' '찬란하다'라는 뜻이다. ② 華麗(화려) 繁華(번화) 富貴榮華(부귀영화)
243	環 고리　환(:)	玉	环 17　huán	① 구슬(玉)로 만든 반지·고리. '빙 돌아 제자리로 오다' '돌다' '두르다' ② 環境(환경) 循環(순환) 玉指環(옥지환=옥반지)
244	歡 기쁠　환	欠	欢 22　huān	① 황새(蔉)가 배가 잔뜩 불러 입을 벌리고(欠) 노래하고 있다. '즐겁다' '기쁘다' '좋아하다' (일)歓 ② 歡聲(환성) 歡呼(환호) 歡迎(환영) 歡待(환대)
245	況 상황　황:	氵	况 8　kuàng	① 물(氵)이 불어나는 상황(兄)을 알리다. 비유를 끌어대어 '설명함' '하물며' '더욱더' ② 狀況(상황) 現況(현황) 槪況(개황) 實況(실황)
246	灰 재　회	火	灰 6　huī	① 불(火)에 타고 남은 재를 손으로 긁어모으다. '재' '잿빛' '재로 만들다' '활기를 잃다' ② 石灰石(석회석) 洋灰(양회) 灰色分子(회색분자)
247	厚 두터울　후:	厂	厚 9　hòu	① 사당(厂)에 제물을 두툼하게(풍성하게) 바치다. '두터이 하다' '무겁다' '두께'라는 뜻이다. ② 重厚(중후) 厚意(후의) 厚生(후생) 濃厚(농후)
248	候 기후　후:	亻	候 10　hòu	① 활(矢)을 쏜 곳으로 멀리(攸멀 유) 떨어진 과녁이 본뜻 인데, '살피다' '안부를 묻다' '날씨' ② 氣候(기후) 問候(문후) 候補(후보) 測候所(측후소)
249	揮 휘두를　휘	扌	挥 12　huī	① 군졸(軍)들을 손(扌)을 흔들어 지휘하다. '휘두르다' '흔들다' '지휘하다' '지시하다' ② 指揮(지휘) 發揮(발휘) 一筆揮之(일필휘지)
250	喜 기쁠　희	口	喜 12　xǐ	① 북(豆악기이름 주)치며 입(口)으로 노래하니 즐겁고 '기쁘다' '즐겁다' '좋아하다'라는 뜻. ② 喜劇(희극) 喜悲(희비) 喜悅(희열) 歡喜(환희)

3급 II

500자

1	**佳** 아름다울　가:	亻 8	佳 jiā	① 사람(亻)이 서옥(圭홀/균형의 뜻)같이 균형 잡혀 　'아름답다' '좋다' '좋아하다'는 뜻이다. ② 佳人(가인) 佳節(가절) 漸入佳境(점입가경)
2	**架** 시렁　가:	木 9	架 jià	① 나무(木)를 얽어매어(加) 놓아 그 위에 물건을 　얹어 놓는 장치. '시렁' '횃대' '건너지르다' ② 架橋(가교) 架設(가설) 書架(서가) 十字架(십자가)
3	**閣** 집　각	門 14	阁 gé	① 여러 사람(各)이 드나드는 문(門)이 있는 큰 집. 　'누각' '사다리'란 뜻도 있다. ② 鍾閣(종각) 內閣(내각) 砂上樓閣(사상누각)
4	**脚** 다리　각	月 11	脚 jiǎo	① 다리의 장딴지(却)에 통통하게 붙은 살(月). 　'사람의 다리'에서 건너는 다리의 '다릿발'이 됨. ② 脚光(각광) 脚本(각본) 脚線美(각선미) 橋脚(교각)
5	**刊** 새길　간	刂 5	刊 kān	① 나무판에 칼(刂)로 새겨 평평(幵평평할 견/줄임)하게 　갖춘다. '책을 펴내다' '글씨를 새기다' ② 刊行(간행) 發刊(발간) 新刊(신간) 創刊號(창간호)
6	**肝** 간　간:	月 7	肝 gān	① 사람의 몸(月=肉)을 보호하기 위해 독성을 막아 내는 　(干) 몸의 기관. '간' '정성' '중요함' ② 肝膽(간담) 肝癌(간암) 九曲肝腸(구곡간장)
7	**幹** 줄기　간	干 13	干 gàn	① 나무(木)의 근본(榦줄기 간)이라 하여 나무의 뿌리, 　나아가 '깃대'에서 '중심'이란 뜻이 되었다. ② 幹部(간부) 語幹(어간) 幹線道路(간선도로)
8	**懇** 간절할　간:	心 17	恳 kěn	① 얌전할 간(豤정성스러울 간)에 마음(心)을 더해 　'간절하다' '정성' [본뜻은 돼지가 얌전히 밥을 먹음] ② 懇切(간절) 懇曲(간곡) 懇請(간청) 懇談會(간담회)
9	**鑑** 거울　감	金 22	鉴 jiàn	① 동판(金)을 반질반질하게 닦아서 거울(監)을 만들었 　다. '거울' '밝다' '살피다' '본뜨다'란 뜻. ② 鑑賞(감상) 鑑定(감정) 東醫寶鑑(동의보감)
10	**剛** 굳셀　강	刂 10	刚 gāng	① 산등성이(岡)처럼 두터운 그물을 칼(刂)로 자르다는데 　서 '굳세다' '꼬장꼬장하다' '성하다' ② 剛健(강건) 剛直(강직) 內柔外剛(내유외강)

11	綱 糸 벼리 강 14 gāng		纲	① 그물의 코와 코를 연결하여 손잡이 줄로 쓰는 제일 굵은(岡) 그물의 '벼릿줄'(糸) '근본' '법' ② 紀綱(기강) 綱領(강령) 三綱五倫(삼강오륜)
12	鋼 金 강철 강 16 gāng		钢	① 쇠(金) 중에서도 산처럼(岡뫼 강) 튼튼한 쇠. '굳세다' '강쇠'라는 뜻이다. ② 鋼鐵(강철) 鋼線(강선) 鋼管(강관) 製鋼(제강)
13	介 人 낄 개: 4 jiè		介	① 나누어진(八) 사람(人)들 사이로 끼어들어 일을 처리하다. '사이에 들다' '소개하다'란 뜻. ② 介意(개의) 媒介體(매개체) 仲介人(중개인)
14	概 木 대개 개: 15 gài		概	① 말(斗)위에 있는 곡식을 밀어내는 나무(木) 밀어내면 '대개' 평평하다. '대강' '평미레' ② 概念(개념) 大概(대개) 概要(개요) 節概(절개)
15	蓋 艹 덮을 개(:) 14 gài		盖	① 그릇(皿)에 담긴 음식이 엎어(去)질 까봐 풀(艹)로 '덮다' '뚜껑' '덮개'라는 뜻. ② 覆蓋(복개) 無蓋車(무개차) 拔山蓋世(발산개세)
16	距 足 상거할 거: 12 jù		距	① 닭의 며느리(엄지)발톱과 작은 발톱사이는 떨어져 있다. '떨어지다' '지나치다' '이르다' ② 相距(상거) 距離(거리) 射程距離(사정거리)
17	乾 乙 하늘/마를 건 11 qián		乾	① 아침 해가 뜨는 곳에 초목의 새싹(乙)이 깃발(幹/乙을 빼면 깃발 언)처럼 '하늘'을 향하다. '건조' ② 乾坤(건곤) 乾燥(건조) 乾濕(건습) 乾草(건초)
18	劍 刂 칼 검: 15 jiàn		剑	① 누구나 다(僉) 지니고 다니는 호신용 칼(刂) 양날로 되어있어 위엄이 있다. '칼' '찌르다' (일)劍 ② 劍客(검객) 劍道(검도) 刻舟求劍(각주구검)
19	隔 阝 사이 뜰 격 13 gé		隔	① 울타리(阝)를 사이에 두고 솥(鬲솥 격)이 다른 이웃. '사이가 뜨다' '막히다' '멀다' ② 間隔(간격) 隔離(격리) 隔阻(격조) 遠隔(원격)
20	訣 言 이별할 결 11 jué		诀	① 말(言)할 곳이 없이 터져(夬터놓을 쾌)나감. 딱 잘라 갈라지다. '이별하다' '끊다'라는 뜻. ② 訣別(결별) 永訣(영결) 秘訣(비결) 口訣(구결)

21	兼	八	兼	① 벼(禾) 두포기를 한손(又가 변형된 모양)으로 잡고 있는 모양이다. '겸하다' '아울러 쌓다' '갑절' *兼
	겸할 겸	10	jiān	② 兼備(겸비) 兼床(겸상) 兼用(겸용) 兼職(겸직)
22	謙	言	谦	① 이쪽과 저쪽을 아울러서(兼) 말(言)을 하게되면 '겸손해진다' '공손하다' '사양하다'
	겸손할 겸	17	qiān	② 謙遜(겸손) 謙讓(겸양) 謙虛(겸허) 謙德(겸덕)
23	硬	石	硬	① 돌(石)처럼 단단하게(更) 변하지 않게 굳다. '단단하다' '굳세다' '무리하게'라는 뜻이다.
	굳을 경	12	yìng	② 硬度(경도) 硬水(경수) 硬質(경질) 强硬派(강경파)
24	耕	耒	耕	① 쟁기(耒쟁기 뢰)로 울타리(井울타리 모양)를 치듯 둔덕을 짓다. '밭을 갈다' '생계를 도모하다'
	밭 갈 경	10	gēng	② 耕作(경작) 農耕(농경) 筆耕(필경) 耕耘機(경운기)
25	徑	彳	径	① 곧게(巠지하수 경) 뻗은 반듯한 길로 가다(彳) '지름길' '지름' '곧바로' '빠르다'라는 뜻이다. (일)径
	지름길/길 경	10	jìng	② 口徑(구경) 半徑(반경) 直徑(직경) 捷徑(첩경)
26	頃	頁	顷	① 머리(頁)가 한쪽으로 기울어(匕) 졌다는 데서 비뚤어지는 것은 '잠깐' 비뚤어진 밭의 '이랑'
	이랑/잠깐 경	11	qǐng	② 頃刻(경각) 萬頃蒼波(만경창파) 頃步(경보)
27	契	大	契	① 갈라진 것(刀)을 두 사람(大)이 서로 존중하다. '칼로 글씨를 파서 약속을 맺다' '맞추다'란 뜻.
	맺을 계:	9	qì	② 契約(계약) 契機(계기) 契印(계인) 親睦契(계약계)
28	桂	木	桂	① 귀중한 흙(圭)에 심어진 향기 나는 나무(木) 달 속에 있다는 '계수나무' '달'을 뜻하기도 함.
	계수나무 계:	10	guì	② 月桂樹(월계수) 月桂冠(월계관) 桂皮(계피)
29	械	木	械	① 경계(戒)하여 잡은 사람을 벌주는 나무(木)로 만든 형구(形具). '틀' '형틀' '기구'의 뜻이다.
	기계 계:	11	xiè	② 機械(기계) 器械(기계) 機械體操(기계체조)
30	啓	口	启	① 손(攵)으로 문(戶)을 열고 입(口)으로 여쭈다. 정신적으로 '열어주다' '가르쳐 인도하다'
	열 계:	11	qǐ	② 啓蒙(계몽) 啓示(계시) 啓導(계도) 謹啓(근계)

31	溪 시내 계:	氵 13	溪 xī	①산골 물(氵)을 작은(幺) 곳과 큰(大) 곳의 물을 긁어 모아(爪) 흐르는 계곡. '시내'란 뜻이다. (일)渓 ②溪谷(계곡) 淸溪川(청계천) 曹溪寺(조계사)
32	姑 시어미 고	女 8	姑 gū	①여자(女)가 오래(古) 살면 시어머니가 된다. '시어미' 또 '고모' '시누이'의 뜻도 있다. ②姑婦(고부) 姑母(고모) 姑息策(고식책)
33	稿 원고/볏짚 고	禾 15	稿 gǎo	①잘 자란(高) 볏짚(禾)을 추려서 지붕을 이듯, 잘 지은 문장을 골라 글을 지음. '초고' '원고' ②原稿(원고) 草稿(초고) 稿料(고료) 投稿(투고)
34	鼓 북 고	鼓 13	鼓 gǔ	①악기(壴악기이름 주)를 세워 놓고 두드리다(攴) 막대를 잡고 두드리는 '북'이다. ②鼓動(고동) 鼓膜(고막) 鼓吹(고취) 鼓笛隊(고적대)
35	谷 골 곡	谷 7	谷 gǔ	①물이 바위를 돌아 흐르는 골짜기 모양이다. '골' '골짜기' '좁은 길'이란 뜻이다. ②溪谷(계곡) 峽谷(협곡) 深山幽谷(심산유곡)
36	哭 울 곡	口 10	哭 kū	①개(犬)가 고개를 휘저으며 울고(口)있는 모양. '소리 내어 울다' '노래하다'란 뜻이다. ②哭聲(곡성) 弔哭(조곡) 大聲痛哭(대성통곡)
37	貢 바칠 공:	貝 10	贡 gòng	①돈 가치(貝)가 있는 것을 만들어서(工) 나라에 바치다. '바치다' '이바지하다'란 뜻이다. ②貢物(공물) 貢獻(공헌) 朝貢(조공)
38	恐 두려울 공(:)	心 10	恐 kǒng	①실제로 없는 것을 마음(心)으로 만들어서(工) 더 크게(凡) 상상하다. '두려워하다' '겁을 내다' ②恐怖(공포) 恐喝(공갈) 恐龍(공룡) 恐妻家(공처가)
39	供 이바지할 공:	亻 8	供 gōng	①함께(共)하는 사람(亻)이란 뜻이니, 그런 사람을 '받들다' '이바지하다' '공급하다'란 뜻이다. ②供給(공급) 提供(제공) 佛供(불공) 供養米(공양미)
40	恭 공손할 공	小 10	恭 gōng	①다 함께(共) 받드는 마음(忄=심)이다. '공손하다' '삼가다' '받들다'라는 뜻이다. ②恭遜(공손) 恭敬(공경) 恭待(공대) 恭賀新年(공하신년)

3급 Ⅱ

41	誇 자랑할　과:	言 13	夸 kuā	① 실제보다 더 크게(大) 말(言)을 하는 것은 아첨(夸아첨할 과) 이고 '자랑'이다. '거칠다' ② 誇大(과대) 誇張(과장) 誇示(과시)
42	寡 적을　과:	宀 14	寡 guǎ	① 집(宀)안에서 혼자 근심(憂를 획 줄임)하고 있는 여자. '홀어미' 또 '적다'의 뜻도 있다. ② 寡婦(과부) 多寡(다과) 衆寡不敵(중과부적)
43	冠 갓　관	冖 9	冠 guān	① 손(寸)으로 우뚝한(元) 곳에 덮어(冖) 쓰다. '머리에 쓰는 물건(모자)' '갓'이다. ② 冠禮(관례) 金冠(금관) 弱冠(약관) 冠形詞(관형사)
44	館 집　관	食 17	馆 guǎn	① 관리(官)들에게 밥(食)도 먹여 주고 잠도 재워주던 곳. '객사' '집'이다. ② 開館(개관) 旅館(여관) 新館(신관) 成均館(성균관)
45	貫 꿸　관(:)	貝 11	贯 guàn	① 돈(貝)을 꾸러미로 꿰다(毋꿰뚫어 꿴 모양). 한 꾸러미가 '한 관'이었다. '꿰다' '뚫다' ② 貫徹(관철) 通貫(통관) 初志一貫(초지일관)
46	慣 익숙할/버릇 관	忄 14	惯 guàn	① 마음(忄)을 꿰뚫어(貫) 쑥 박혀 떠나지 않는 마음이다. '버릇이 되다' '익다' ② 慣習(관습) 慣行(관행) 慣性(관성) 慣例(관례)
47	寬 너그러울 관	宀 15	宽 kuān	① 집(宀)안에서 편히 쉬다. 어린아이를 보면 마음이 '너그러워 진다' '온후하다' '용서하다' (일)寛 ② 寬大(관대) 寬待(관대) 寬容(관용)
48	狂 미칠　광	犭 7	狂 kuáng	① 짐승(犭=犬)이 지나치게 크게(王) 되면 정상에서 벗어나 '미친것 같다' '거만하다' ② 狂犬病(광견병) 狂奔(광분) 發狂(발광) 狂信(광신)
49	怪 괴이할　괴(:)	忄 8	怪 guài	① 토지(土)신을 대하는 마음(忄+又)이 이상하고 신기하다. '기이하다' '의심하다' '도깨비' ② 怪奇(괴기) 怪談(괴담) 怪物(괴물) 怪漢(괴한)
50	壞 무너질　괴:	土 19	坏 huài	① 흙(土)이 물을 품어(懷획 줄임)있다가 무너지다. '무너지다' '무너뜨리다' '파괴하다' (일)壊 ② 壞滅(괴멸) 崩壞(붕괴) 破壞(파괴) 損壞(손괴)

51	較 비교할/견줄 교	車 13	较 jiào	① 수레(車)의 두 바퀴가 아우르는지(交사귈 교) 견주어 보다. '비교하다' '견주어 보다'란 뜻. ② 比較(비교) 較差(교차) 日較差(일교차)
52	巧 공교할 교	工 5	巧 qiǎo	① 헤아림이(工) 가까스로(입안에서 맴도는 모양)되어 긍정도 부정도 아닌 것. '잘하다' '예쁘다' ② 巧妙(교묘) 工巧(공교) 技巧(기교) 精巧(정교)
53	丘 언덕 구	一 5	丘 qiū	① 山을 받치고(一) 있는 언덕 모양이다. '언덕' '무덤' '동산'이란 뜻. 또 '공자의 이름' ② 丘陵(구릉) 比丘尼(비구니) 首丘初心(수구초심)
54	久 오랠 구:	丿 3	久 jiǔ	① 가는 사람을 뒤에서 잡아 오랫동안 끌고 있는 모양이다. '오래다' '오래 기다리다' '머무르다' ② 久遠(구원) 耐久(내구) 長久(장구) 持久力(지구력)
55	拘 잡을 구	扌 8	拘 jū	① 펴진 것을 손(扌)으로 구부려(句) 묶다. '붙잡다' '체포하다' '얽매다' '구류하다' ② 拘束(구속) 拘禁(구금) 拘引(구인) 拘置所(구치소)
56	菊 국화 국	艹 12	菊 jú	① 꽃(艹)잎을 양손으로 떠받쳐 잡은 손(匊) 모양이다. 가을에 피는 '국화'이다. ② 菊花(국화) 黃菊(황국) 梅蘭菊竹(매란국죽)
57	弓 활 궁	弓 3	弓 gōng	① 활의 모양이다. '활' '궁술' '길이의 단위=1弓은 여섯 자(尺) ② 弓道(궁도) 洋弓(양궁) 傷弓之鳥(상궁지조)
58	拳 주먹 권:	手 10	拳 quán	① 손(手)을 말아 쥔 모양이다. '주먹' '주먹을 쥐다'라는 뜻이다. *拳 ② 拳鬪(권투) 拳銃(권총) 鐵拳(철권) 跆拳道(태권도)
59	鬼 귀신 귀:	鬼 10	鬼 guǐ	① 사람이 죽어서 머리에 뿔이 나고(囟) 다리는 하나 뿐인 '귀신'으로 변한 모양. '영혼' '도깨비' ② 鬼神(귀신) 鬼才(귀재) 魔鬼(마귀) 吸血鬼(흡혈귀)
60	菌 버섯 균	艹 12	菌 jùn	① 곳간(困곳집 균) 같이 갓이 씌어 진 풀(艹) '버섯' '세균' '곰팡이'란 뜻도 있다. ② 病菌(병균) 細菌(세균) 滅菌(멸균) 殺菌(살균)

3급 II

61	克 이길　　극	儿 7	克 kè	① 두꺼운 갑옷을 입고 그 무게를 이기다. 　 자기 스스로를 '이기다' '능하다'라는 뜻. ② 克服(극복) 克己復禮(극기복례)
62	琴 거문고　　금	玉 12	琴 qín	① 기러기발이 있는 거문고를 본뜬 글자이다. 　 '거문고' 일반적인 '현악기'를 뜻한다. ② 琴瑟(금슬=금실) 彈琴(탄금) 伽倻琴(가야금)
63	禽 새　　금	内 13	禽 qín	① 무늬가 좋은 볼만한 새를 잡아 지붕을 씌어 가두어 놓 　 은 모양. '날짐승' '사로잡다' ② 禽獸(금수) 家禽(가금) 猛禽(맹금=독수리 등)
64	錦 비단　　금:	金 16	锦 jǐn	① 흰 비단(帛)에 물을 들여 빛(金)나는 비단. 　 '비단' '아름답다' 물건에 부쳐 '경의를 나타냄' ② 錦上添花(금상첨화) 錦繡江山(금수강산)
65	及 미칠　　급	又 4	及 jí	① 앞서 달아나는 사람에게 손이 미치다. 　 '가 닿다' '미치다' '및' '함께'라는 뜻이다. ② 可及的(가급적) 科擧及第(과거급제) 莫及(막급)
66	企 꾀할　　기	人 6	企 qǐ	① 사람(人)이 발돋움(止)하고 멀리 바라보고 있다. 　 '꾀하다' '계획하다' '바라다' '원하다' ② 企待(기대) 企圖(기도) 企劃(기획) 企業體(기업체)
67	其 그　　기	八 8	其 qí	① 곡식을 까부는 '키'를 본뜬 글자인데, '그것'. '그' 등 지 　 시대명사 또는 토씨로 쓰인다. ② 其他(기타) 各其(각기) 不知其數(부지기수)
68	祈 빌　　기	示 9	祈 qí	① 전쟁(斤)에 앞서 이겨달라고 신(示)에게 빌다. 　 '빌다' '구하다' '고하다'라는 뜻이다. *祈 ② 祈禱(기도) 祈求(기구) 祈願(기원) 祈雨祭(기우제)
69	畿 경기　　기	田 15	畿 jī	① 천자가 사는 궁성에서 4방 500리 이내의 땅. 　 '천자가 직할하여 농사짓는 땅' '경기' '문안' ② 京畿道(경기도) 畿湖地方(기호지방)
70	騎 말탈　　기	馬 18	骑 qí	① 말(馬)에 기대어(奇) 타다. 　 '말을 탄 병사' '말 타다' ② 騎士(기사) 騎馬隊(기마대) 騎兵隊(기병대)

번호	한자	훈음	부수	총획	간체 병음	① 자원풀이 ② 한자어
71	緊	긴할 긴	糸	14	紧 jǐn	① 손으로 쳐서(攵) 구부리고 실(糸)로 동여매어 '단단하게 하다' '팽팽하다' '긴하다' ② 緊急(긴급) 緊張(긴장) 要緊(요긴) 緊迫(긴박)
72	諾	허락할 락	言	16	诺 nuò	① 자기와 생각이 같다고(若같을 약) 말(言)하다. '대답하다' '그렇게 하라고 하다'란 뜻이다. ② 承諾(승낙) 許諾(허락) 受諾(수락) 應諾(응낙)
73	娘	계집 낭	女	10	娘 niáng	① 다 커서 남자들이 좋아할(良) 만한 여자(女). '아가씨' '소녀'란 뜻이다. ② 娘子(낭자) 嬌娘(교낭)
74	耐	견딜 내:	而	9	耐 nài	① 농사철에 농사를 짓지 않으면 수염(而)을 손(寸)으로 뽑더라도 참아야 한다. '견디다' '참다' ② 忍耐(인내) 耐久(내구) 耐震(내진) 堪耐(감내)
75	寧	편안 녕	宀	14	宁 níng	① 집(宀)에서 물 쟁반(皿)을 놓고 신에게 발원하니 마음(心)이 편함. '편안하다' '문안하다' ② 安寧(안녕) 寧日(영일) 壽福康寧(수복강녕)
76	奴	종 노	女	5	奴 nú	① 전쟁에서 포로로 잡아온 여자(女)인데, 손(又)을 쉬지 못하게 일을 시켰다. '종' '노예' ② 奴隷(노예) 奴婢(노비) 守錢奴(수전노)
77	腦	골/뇌수 뇌	月	13	脑 nǎo	① 뇌(囟정수리 신)를 감싸고 있는 살(月=肉)과 머리털(巛)의 모양이다. '뇌' '머리' '마음'이다. (일)脳 ② 頭腦(두뇌) 腦死(뇌사) 腦波(뇌파) 腦震蕩(뇌진탕)
78	泥	진흙 니	氵	8	泥 ní	① 尼는 두 사람이 들러붙은 모양. 물(氵)기 때문에 들러붙은 '진흙' '흙탕물'이란 뜻이다. ② 泥田鬪狗(이전투구) 雪泥鴻爪(설니홍조)
79	茶	차 다/차	艹	10	茶 chá	① 자란(余) 새싹(艹)을 따서 음료로 삼는 풀. '달여 마시는 차' *글자가 뒤에 붙으면 '차' ② 茶菓(다과) 茶禮(다례) 恒茶飯事(항다반사)
80	旦	아침 단	日	5	旦 dàn	① 아침 해(日)가 지평선(一) 위로 떠오른 모양. '해가 떠오르는 때' '아침' '새벽'이란 뜻이다. ② 元旦(원단) 旦夕(단석)

3급 II

81	但 다만 단:	亻 7	但 dàn	① 아침(旦)에 잠자리에서 일어나기 직전의 차림. '다만' '부질없이' '헛되이'라는 뜻의 助字. ② 但書(단서) 但只(단지)
82	丹 붉을 단	丶 4	丹 dān	① 갱 속 가장 깊은 곳에 있는 수은인데 그 빛깔이 '붉다' 깊은 곳에 있는 '정성'으로 가차됨. ② 丹粧(단장) 丹楓(단풍) 一片丹心(일편단심)
83	淡 맑을 담	氵 11	淡 dàn	① 물(氵)을 증발(炎)시켜 정류한 증류수와 같이 '담백한 물' '맑다' '싱겁다' '연하다'라는 뜻. ② 淡泊(담박) 淡水(담수) 濃淡(농담) 冷淡(냉담)
84	踏 밟을 답	足 15	踏 tà	① 산수(水)와 별(日)을 보고 발(足)로 밟고 가다. '발로 밟다' '제자리걸음'이란 뜻이다. ② 踏査(답사) 踏步(답보) 踏襲(답습) 踏橋(답교)
85	唐 당나라/당황할 당(:)	口 10	唐 táng	① 큰(庚) 소리(口)로 말하니 '황당하다' '당나라' '허풍' '갑자기'란 뜻이다. ② 唐慌(당황) 唐突(당돌) 荒唐無稽(황당무계)
86	糖 엿/사탕 당/탕	米 16	糖 táng	① 쌀(米)을 절구통(口)에 넣고 절굿공이(庚)로 쳐서 만든 엿. '사탕' '엿'이다. ② 糖分(당분) 糖度(당도) 血糖(혈당) 雪糖(설탕)
87	臺 대 대	至 14	台 tái	① 흙을 높이(高의 변형) 쌓아 조망할 수 있게 오르다(至) '대' '돈대' '누각' '성문'이란 뜻. ② 臺本(대본) 舞臺(무대) 燈臺(등대) 靑瓦臺(청와대)
88	貸 빌릴/꿀 대:	貝 12	贷 dài	① 지불할 돈(貝)이 없는 사람을 대신(代)하여 지불하다. '빌리다' '꾸다' '갚다'라는 뜻. ② 賃貸(임대) 貸切(대절) 貸出(대출) 貸金(대금)
89	刀 칼 도	刀 2	刀 dāo	① 한쪽에만 날이 있는 칼. '식칼'이다. '칼' 옛날에는 이런 모양의 '돈'이란 뜻도 있다. ② 刀劍(도검) 短刀(단도) 面刀(면도) 食刀(식도)
90	倒 넘어질 도:	亻 10	倒 dǎo	① 내가 목표에 도달(至) 하기 위해서는 남(亻)을 쓰러뜨려야(刂) 한다. '넘어지다' '자빠지다' ② 倒産(도산) 壓倒(압도) 打倒(타도) 顚倒(전도)

91	渡 건널　도	氵 12	渡 dù	① 물(氵)을 건널 때는 그 깊이를 먼저 헤아려(度)보고 가능해야 건넌다. '건너다' '지나가다' ② 渡江(도강) 賣渡(매도) 不渡(부도) 渡美(도미)
92	桃 복숭아　도	木 10	桃 táo	① 나무(木)중에서 꽃이 많이(兆거북의 등이 터진 모양) 피고 열매도 많이 맺는 나무. ② 桃花(도화) 胡桃(호도) 武陵桃源(무릉도원)
93	途 길(行中)　도:	辶 11	途 tú	① 나의 집(余나무위에 지은 집)으로 가다(辶). 내가 가고 있는 '도중의 길'이다. '수단' '방법' *途 ② 途中(도중) 方途(방도) 用途(용도) 壯途(장도)
94	陶 질그릇　도	阝 11	陶 táo	① 언덕(阝)에 비스듬하게 가마를 쌓고(勹) 그 안에서 '질그릇'(缶)을 구웠다. '가르치다' ② 陶器(도기) 陶藝(도예) 陶冶(도야) 陶醉(도취)
95	突 갑자기　돌	穴 9	突 tū	① 개(犬)가 구멍(穴)에서 '갑자기' 튀어나오다. '부딪치다' '불룩하게 나오다'란 뜻이다. ② 突發(돌발) 突出(돌출) 衝突(충돌) 溫突(온돌)
96	凍 얼　동:	冫 10	冻 dòng	① 얼음(冫)이 얼어 꽁꽁 동여 맨(東) 것처럼 움츠려 들었다. '얼다' '춥다' '얼음'이란 뜻이다. ② 凍傷(동상) 冷凍(냉동) 凍破(동파) 不凍液(부동액)
97	絡 이을/얽을　락	糸 12	络 luò	① 실(糸)을 감아 두르다(各). 실을 둘러서 잇다. '두르다' '둘러싸다' '잇다' '줄이나 띠'란 뜻. ② 連絡(연락) 籠絡(농락) 經絡(경락)
98	蘭 난초　란	艹 21	兰 lán	① 장문(門)가에 두며 밑은 묶는(束) 듯, 위는 푼(八)듯 하고 향기가 좋은 풀(艹). '난초' ② 蘭草(난초) 風蘭(풍란) 金蘭之交(금란지교)
99	欄 난간　란	木 21	栏 lán	① 나무(木)로 門을 나가지 못하도록 막아놓은 (束) '난간' '우리' '울'이란 뜻. ② 欄干(난간) 空欄(공란)
100	浪 물결　랑(:)	氵 10	浪 làng	① 둥실둥실 출렁이는 견딜만한 좋은(良) 물결(氵) '물결' '파도' '함부로 하다'의 뜻도 있다. ② 波浪(파랑) 激浪(격랑) 浪費(낭비) 浮浪輩(부랑배)

3급 II

101	郎 사내　랑	阝 10	郎 láng	① 가려(良) 뽑은 사내들이 언덕(阝)에 모였다. '사내' '남편' '벼슬이름'으로도 쓰였다. ② 花郎徒(화랑도) 新郎(신랑) 郎君(낭군) 侍郎(시랑)
102	廊 사랑채/행랑　랑	广 13	廊 láng	① 본채(广)에 잘 붙여지어 사내(郎)들이 공부하던 곳. '곁채' '행랑' '복도'라는 뜻이다. ② 舍廊房(사랑방) 行廊(행랑) 畵廊(화랑) 廊下(낭하)
103	涼 서늘할　량	氵 11	凉 liáng	① 높은 곳(京)에서 물(氵)이 떨어져 '서늘하다' '쓸쓸하다' '슬퍼하다'란 뜻도 있다. 凉은 俗字. (일)凉 ② 淸涼(청량) 荒涼(황량) 納涼特輯(납량특집)
104	梁 들보/돌다리　량	木 11	梁 liáng	① 나무(木)를 잘라(刃) 물(氵)을 건널 수 있게 걸쳐 놓은 것. 轉하여 '대들보'로 됨. ② 橋梁(교량) 上梁(상량) 梁上君子(양상군자)
105	勵 힘쓸　려:	力 17	励 lì	① 사납게(厲갈/권할 려) 힘(力)을 쓰다. '힘쓰다' '권장하다' (일)励 ② 激勵(격려) 督勵(독려) 勉勵(면려) 獎勵賞(장려상)
106	曆 책력　력	日 16	历 lì	① 언덕(厂) 밑에 벼(禾)를 순서대로 쌓아 놓듯 순서대로 쌓아온 날(日)을 적어 놓은 책이다. (일)曆 ② 冊曆(책력) 陽曆(양력) 陰曆(음력) 月曆(월력)
107	鍊 쇠불릴/단련할　련:	金 17	炼 liàn	① 쇠(金) 달구어 풀었다(八) 묶었다(束)를 되풀이 하여 좋은 쇠(金)를 가려내다(束) '쇠를 불리다' (일)錬 ② 鍛鍊(단련) 試鍊(시련) 鍊磨(연마) 製鍊(제련)
108	聯 연이을　련	耳 17	联 lián	① 북의 귀(耳)를 통하여 나온 실(絲)이 날줄에 연결되어 '잇닿다' '합치다' '잇다'의 뜻. ② 關聯(관련) 聯想(연상) 聯盟(연맹) 聯合(연합)
109	蓮 연꽃　련	艹 15	莲 lián	① 뿌리하나만 던져 놓으면 서로 이어져(連) 꽃 (艹)이 피는 '뿌리 중심의 연꽃' '연밥' ② 木蓮(목련) 紅蓮(홍련) 蓮花紋(연화문)
110	戀 그리워할/그릴　련:	心 23	恋 liàn	① 말(言)이 계속 실(絲)이 엉키듯이 이어져서 잊지 못하 는 '그리운 마음(心)'이다. '사모하다' (일)恋 ② 戀愛(연애) 戀慕(연모) 悲戀(비련) 戀情(연정)

111	裂 찢어질 렬	衣 12	裂 liè	① 옷(衣)이 찢어져 벌어(列)지다. '찢다' '찢어지다' '틈이 열리다' '벌어지다' ② 決裂(결렬) 破裂(파열) 四分五裂(사분오열)
112	嶺 고개 령	山 17	岭 lǐng	① 山을 거느리고(領) 있는 산정의 좁은 길. '재' '산봉우리' '산길'이란 뜻이다. ② 峻嶺(준령) 嶺南(영남) 大關嶺(대관령) 嶺東(영동)
113	靈 신령 령	雨 24	灵 líng	① 비(雨)가 내리도록 중얼중얼(口) 하면서 비는 무당 (巫). 비가 내리면 '신령' '신통'하다. (일)霊 ② 神靈(신령) 魂靈(혼령) 亡靈(망령) 靈感(영감)
114	爐 화로 로	火 20	炉 lú	① 불(火)을 담아두는 그릇(盧밥그릇 로)이다. '화로' '향로' 전(轉)하여 '뙤약볕'이다. (일)炉 ② 火爐(화로) 香爐(향로) 煖爐(난로) 原子爐(원자로)
115	露 이슬 로(:)	雨 21	露 lù	① 길(路)가에 내린 비(雨). 풀잎이 촉촉이 젖어있는 '이슬'이다. '드러나다' '나타나다'란 뜻. ② 露宿者(노숙자) 暴露(폭로) 露骨(노골) 綻露(탄로)
116	祿 녹 록	示 13	禄 lù	① 조상(示)으로부터 복을 받아 관리가 되어 녹(彔근본/봉급)을 받다. '곡식' '상으로 주는 물건' ② 福祿(복록) 貫祿(관록) 國祿(국록) 俸祿(봉록)
117	弄 희롱할 롱:	廾 7	弄 nòng	① 손(廾두손맞잡을 공)으로 구슬(玉)을 가지고 놀다. '희롱하다' '가지고 놀다' '업신여기다' ② 戲弄(희롱) 嘲弄(조롱) 弄談(농담) 才弄(재롱)
118	賴 의뢰할 뢰:	貝 16	赖 lài	① 이익을 남겨 돈(貝)을 벌다. '힘입는다' '믿는다' '의지하다' '버티다'라는 뜻이다. (일)頼 ② 信賴(신뢰) 依賴(의뢰) 無賴漢(무뢰한)
119	雷 우레 뢰	雨 13	雷 léi	① 비(雨)가 올 때 번개(田번개의 모양)를 치며 내는 소리. '천둥' '우레'라는 뜻이다. ② 落雷(낙뢰) 地雷(지뢰) 魚雷(어뢰) 避雷針(피뢰침)
120	樓 다락 루	木 15	楼 lóu	① 나무(木)로 여자의 머리(婁)모양처럼 쌓아 올린 집. '다락' '망루' '겹치다' (일)楼 ② 望樓(망루) 摩天樓(마천루) 砂上樓閣(사상누각)

121	漏 샐 루:	氵 14	漏 lòu	① 지붕(戶)에서 빗(雨)물처럼 물(氵)이 새어 나오다. '새다' '넘치다'라는 뜻이다. ② 漏泄(누설) 漏落(누락) 早漏(조루) 脫漏(탈루)
122	累 여러/자주 루:	糸 11	累 lèi	① 실(糸)을 여러 겹(畾의 획 줄임)으로 묶다. '복잡하다' '번거롭다' '점점증가하다'란 뜻. ② 累計(누계) 累犯(누범) 累卵之勢(누란지세)
123	倫 인륜 륜	亻 10	伦 lún	① 책(冊)을 모아서(亼) 정리하는 사람(亻)이란 뜻이 질서를 지키는 '도' '인륜' '떳떳하다' ② 人倫(인륜) 倫理(윤리) 天倫(천륜) 不倫(불륜)
124	栗 밤 률	木 10	栗 lì	① 나무(木)에 밤(覀)이 달린 모양을 그린 것임. '밤나무' '단단하다'라는 뜻으로 쓰인다. ② 生栗(생률) 栗谷(율곡) 棗栗梨柿(조율이시)
125	率 비율/거느릴 률/솔	玄 11	率 lù	① 새그물 모양을 본뜬 자로 그물에 걸린 새처럼 부하를 '거느리다' *거느릴 솔. 거느리는 '비율' ② 比率(비율) 確率(확률) 能率(능률) 統率(통솔)
126	隆 높을 륭	阝 12	隆 lóng	① 계단(阝)으로 오르듯(生) 위를 향해 가다(夂). '무성하다' '가운데가 우뚝하다' '크다' ② 隆起(융기) 隆盛(융성) 隆崇(융숭)
127	陵 언덕 릉	阝 11	陵 líng	① 흙(土)으로 언덕(阝)을 쌓아 좌우(八)로 경계를 지은 곳(夂). '언덕' '가파르다' '임금의 무덤' ② 王陵(왕릉) 丘陵(구릉) 陵蔑(능멸) 陵谷(능곡)
128	吏 벼슬아치/관리 리:	口 6	吏 lì	① 관아에서 관장을 모시고 기록(史)을 담당 하는 '벼슬아 치' 깃대 아래에서 일하는 사람. ② 官吏(관리) 稅吏(세리) 貪官汚吏(탐관오리)
129	裏 속 리:	衣 13	里 lǐ	① 옷(衣)과 마을(里는 들 가운데 있음)을 합쳐 여러 가지 속옷이 '속'이 됨. '모든 사물의 안' '내부' ② 裏面(이면) 裏書(이서) 表裏不同(표리부동)
130	履 밟을 리:	尸 15	履 lǚ	① 사람(尸)이 왕복(復)하는 곳. 신을 신고 밟아야 하는 곳. '신다' '밟다' '지위에 오르다' ② 履歷書(이력서) 履修(이수) 履行(이행)

131	臨 임할 림	臣 17	临 lín	① 사람(人)이 물건(品)을 보기 위하여 몸을 굽혀(臣) 가까이 '다다른 모양' '임하다' ② 降臨(강림) 再臨(재림) 臨終(임종) 臨迫(임박)
132	磨 갈 마	石 16	磨 mó	① 삼실(麻)을 만들듯 돌(石)로 으깨다. '숫돌에 갈다' '문지르다' '닳다'라는 뜻이다. ② 磨耗(마모) 磨勘(마감) 切磋琢磨(절차탁마)
133	麻 삼 마(:)	麻 11	麻 má	① 집(广)안에서 삼의 껍질을 벗기는(朩朩) 모양. '삼' '삼으로 만든 옷' *麻 ② 麻衣(마의) 亂麻(난마) 茱麻(채마) 大麻草(대마초)
134	莫 없을 막	艹 11	莫 mò	① 해(日)가 풀밭(艹)으로 들어가서 없어졌다. '~않다' '~아무도 하지 않다' '말다' '없다' ② 莫大(막대) 莫論(막론) 莫逆之友(막역지우)
135	漠 넓을 막	氵 14	漠 mò	① 물(氵)이 없어져(莫) 넓은 사막이 되었다. '사막' '쓸쓸하다' '넓다'라는 뜻이다. ② 漠然(막연) 茫漠(망막) 沙漠(사막) 漠漠(막막)
136	幕 장막 막	巾 14	幕 mù	① 천(巾)으로 햇빛을 가리다(莫). '막' '천막' '덮다'라는 뜻이다. ② 天幕(천막) 帳幕(장막) 煙幕(연막) 園頭幕(원두막)
137	晩 늦을 만:	日 11	晚 wǎn	① 해(日)가 서쪽으로 돌아 빠질(免) 때는 '늦은때 임' '해지다' '저물다'라는 뜻이다. ② 晩秋(만추) 晩鐘(만종) 晩餐(만찬) 早晩間(조만간)
138	妄 망령될 망:	女 6	妄 wàng	① 정상적인 판단이 없어(亡) 도리에 어긋난 여자(女). '망령되다' '허망하다' '거짓'이란 뜻. ② 妄靈(망령) 妄覺(망각) 輕擧妄動(경거망동)
139	媒 중매 매	女 12	媒 méi	① 남녀의 짝을 조화시켜 주는 사람. (某는 梅의 古字, 조미료임) '중매하다' '매개하다' ② 中媒(중매) 冷媒(냉매) 觸媒(촉매) 媒介體(매개체)
140	梅 매화 매	木 11	梅 méi	① 복숭아 못지않게 달콤한 열매가 많이(每) 여는 나무(木). '매화나무' '신맛'이란 뜻도 있다. ② 梅花(매화) 梅實(매실) 梅毒(매독) 雪中梅(설중매)

141	麥 보리 맥	麥 11	麦 mài	① 깜부기가 붙어 있고 익어서 고개가 뻣뻣한 보리 모양. 夂는 춘궁기를 지나 먹을 것이 왔다. (일)麦 ② 麥芽(맥아) 麥酒(맥주) 麥秀之嘆(맥수지탄)
142	孟 맏 맹(:)	子 8	孟 mèng	① 아버지의 밥그릇(皿)을 물려 받은 아들(子) 큰아들이다. '맏이' '처음'이란 뜻이다. ② 孟子(맹자) 孔孟(공맹) 孟母三遷(맹모삼천)
143	猛 사나울 맹:	犭 11	猛 měng	① 가장 힘이 세고 큰(孟) 개(犭)는 사납다. '사납다' '사나운 개' '갑자기' '성내다' ② 猛犬(맹견) 猛攻(맹공) 猛獸(맹수) 勇猛(용맹)
144	盟 맹서 맹	皿 13	盟 méng	① 그릇에 소(牛)피를 받아 놓고 해(日)와 달(月)에 맹세했다. 즉 하늘에 '맹세'했다. '결의' ② 盟誓(맹서) 盟約(맹약) 加盟(가맹) 血盟(혈맹)
145	盲 소경/눈 멀 맹	目 8	盲 máng	① 눈(目)이 망(亡)해 버렸다. 즉 눈을 볼 수 없다. '눈이 멀다' '보이지 않다' '어둡다' ② 盲啞(맹아) 盲信(맹신) 盲腸(맹장) 色盲(색맹)
146	免 면할 면:	儿 7	免 miǎn	① 사람이 태어나는 모양인데, 전주(轉注)되어 고통에서 '벗어나다' '해직하다'라는 뜻이다. ② 免除(면제) 免許(면허) 罷免(파면) 免罪(면죄)
147	綿 솜 면	糸 14	绵 mián	① 비단(帛)을 만드는 실(糸)이니 솜이다. '솜' '목화의 솜' '연잇다' '얽히다'라는 뜻이다. ② 綿絲(면사) 純綿(순면) 周到綿密(주도면밀)
148	眠 잘 면	目 10	眠 mián	① 눈(目)이 감겨져(民은 죄수의 눈을 찌른 모양) 있으니 잠을 자다. '졸리다' '잠'이란 뜻. ② 冬眠(동면) 睡眠(수면) 永眠(영면) 催眠術(최면술)
149	滅 멸할/꺼질 멸	氵 13	灭 miè	① 물(氵)이 다 마르고 불(火)이 꺼지듯 없어지다. '멸망하다' '끄다' '보이지 아니하다' ② 滅亡(멸망) 全滅(전멸) 破滅(파멸) 明滅(명멸)
150	銘 새길 명	金 14	铭 míng	① 쇠나(金) 돌에 이름(名)을 새기다. '새기다' '기록하다' 마음 깊이 새기다. ② 銘心(명심) 碑銘(비명) 感銘(감명) 座右銘(좌우명)

151	謀 꾀 모	言 16	谋 móu	① 단 열매(某)가 맺도록 말(言)을 주고받다. 아무(某)하고 함부로 말(言)하지 않음. '꾀' '계책' ② 謀略(모략) 謀議(모의) 謀陷(모함) 圖謀(도모)
152	慕 그릴 모:	小 15	慕 mù	① 보고 싶은 마음(忄)이 지워지지 않는다(莫). '그리워하다' '뒤를 따르다' '높이다'라는 뜻. ② 慕情(모정) 戀慕(연모) 崇慕(숭모) 追慕(추모)
153	貌 모양 모	豸 14	貌 mào	① 모든 짐승(豸벌레/해태 치)은 각각 모양(皃얼굴 모)이 다르다. '모양' '자태' '얼굴' '상태'의 뜻. ② 美貌(미모) 變貌(변모) 風貌(풍모)
154	睦 화목할 목	目 13	睦 mù	① 눈(目)자위가 우묵하면서 허술하지 않음. '화목하다' '친하다' *눈이 튀어나온 사람은 사납다. ② 和睦(화목) 親睦(친목) 睦友(목우)
155	沒 빠질 몰	氵 7	没 mò	① 소용돌이치는 물(氵)에서 무엇을 건지려다가 가라앉음. '잠기다' '빠지다' '망하다'란은 뜻. (일)没 ② 沒頭(몰두) 沒入(몰입) 沒殺(몰살) 埋沒(매몰)
156	蒙 어두울 몽	艹 14	蒙 méng	① 돼지(豕)를 풀(艹)로 덮어(冖) 가리니 어둡다. '덮다' '숨기다' '어리석다' '어린사람' ② 啓蒙(계몽) 蒙塵(몽진) 訓蒙字會(훈몽자회)
157	夢 꿈 몽	夕 14	梦 mèng	① 저녁(夕)이 지나 침대에서 잠들어 눈(罒=目)에서 보이지 않는 것이 '묘사됨' '꿈' '환상' ② 吉夢(길몽) 胎夢(태몽) 一場春夢(일장춘몽)
158	茂 무성할 무:	艹 9	茂 mào	① 풀(艹)이 솎아낼 정도로 무성(戊낫이 필요할 만큼 하게 자람. '우거지다' '왕성하다'라는 뜻이다. ② 茂盛(무성) 茂林(무림) 茂才(무재) 茂蔭(무음)
159	貿 무역할 무:	貝 12	贸 mào	① 다른 나라와 문호(卯)를 개방하고 재화(貝)를 사고팔다. '무역하다' '바꾸다'라는 뜻이다. ② 貿易(무역) 貿易風(무역풍) 貿易協會(무역협회)
160	默 잠잠할 묵	黑 16	默 mò	① 개(犬)의 습성은 어두운 곳(黑)에 숨어서 짖지않고 있다. '조용하다' '말이 없다' '잠잠하다' (일)黙 ② 默念(묵념) 默殺(묵살) 默認(묵인) 沈默(침묵)

161	墨 먹　묵	土 15	墨 mò	① 불탄 검정(黑)을 모아 흙(土)과 섞어 구워서 '먹'을 만들었다. '더러워지다' '검게되다' ② 墨香(묵향) 白墨(백묵) 紙筆硯墨(지필연묵)
162	紋 무늬　문	糸 10	纹 wén	① 여러 색이 뒤섞인 실(糸)로 무늬(文)를 놓았다. '무늬' '문채' 또 '주름'이란 뜻도 있다. ② 指紋(지문) 紋章(문장) 花紋席(화문석) 彩紋(채문)
163	勿 말(禁)　물	勹 4	勿 wù	① 햇빛(彡)이 천지를 감싸(勹) 비출 때는 똑바로 쳐다보지 말라. '말다' '아니다' '없다'란 뜻. ② 勿論(물론) 勿驚(물경) 勿忘草(물망초)
164	微 작을　미	彳 13	微 wēi	① 오뚝한 것(兀)이 山밑에 있어서 가서(彳) 들추어(攵) 봐야만 보이는 작은 것. '작다' '몰래' ② 微動(미동) 微妙(미묘) 微笑(미소) 顯微鏡(현미경)
165	尾 꼬리　미:	尸 7	尾 wěi	① 짐승의 엉덩이(尸) 부분에 난 털(毛)이다. '꼬리' '뒤' '뒤를 따르다'라는 뜻이다. ② 尾行(미행) 交尾(교미) 龍頭蛇尾(용두사미)
166	迫 핍박할　박	辶 9	迫 pò	① 말소리를 알아들을(白) 정도로 바짝 가까이 가다(辶) '닥치다' '서둘다' '핍박하다'란 뜻. (일)迫 ② 逼迫(핍박) 迫頭(박두) 急迫(급박) 脅迫狀(협박장)
167	薄 엷을　박	艹 17	薄 bó	① 풀(艹)이나 물(氵)은 넓게(專펼 부) 펴져 있으면 두텁지 않고 '엷다' '등한히 하다' '펴다' ② 薄福(박복) 輕薄(경박) 薄利多賣(박리다매)
168	般 가지/일반　반	舟 10	般 bān	① 배(舟)를 상앗대(殳)로 저어서 돌거나 움직이게 하다. '돌다' '옮기다' 또 '무리'라는 뜻. ② 今般(금반) 全般(전반) 諸般(제반) 一般的(일반적)
169	盤 소반　반	皿 15	盘 pán	① 그릇(皿)을 올려놓고 옮길(般)수 있게 만든 넓적하게 만든 '쟁반' '큰 접시' '넓적한 큰 돌' ② 盤面(반면) 鍵盤(건반) 音盤(음반) 盤石(반석)
170	飯 밥　반	食 13	饭 fàn	① 잡곡밥(食)은 뒤집어(反) 가면서 푼다. 또한 비빔밥(食)은 뒤집어(反)서 섞어 먹는다. '밥' ② 朝飯(조반) 飯饌(반찬) 十匙一飯(십시일반)

171	拔 뽑을 발	扌 8	拔 bá	① 손(扌)으로 개의 꼬리(犮개가 달리는 모양)털을 뽑다. '개의 가죽(털)을 뽑다' '빼어나다' '특출' (일)抜 ② 拔萃(발췌) 奇拔(기발) 拔擢(발탁) 選拔(선발)
172	芳 꽃다울 방	艹 8	芳 fāng	① 꽃(艹)의 향기가 사방(方)으로 퍼져나가다. '꽃답다' '향기 풀' '아름다움의 비유'로 쓰인다. ② 芳香(방향) 芳年(방년) 綠陰芳草(녹음방초)
173	培 북돋울 배:	土 11	培 péi	① 식물의 뿌리에 흙(土)을 더하여(倍의 획 줄임) 돋구어 주다. '가꾸다' '북돋우다' '불리다' ② 培養(배양) 栽培(재배) 肥培(비배) 培植(배식)
174	排 밀칠 배	扌 11	排 pái	① 손(扌)써 반대쪽(非)으로 밀쳐 내다. '물리치다' '배제하다'란 뜻이다. ② 排球(배구) 排泄(배설) 排卵(배란) 排除(배제)
175	輩 무리 배:	車 15	辈 bèi	① 새의 깃(非)처럼 많은 수레(車)가 줄지어 서 있다. '떼를 지다' '무리' '순서'의 뜻도 있다. ② 輩出(배출) 先輩(선배) 雜輩(잡배) 暴力輩(폭력배)
176	伯 맏 백	亻 7	伯 bó	① 사람(亻)은 맏이(白은 희다, 기본이다.)가 집안의 기본이다. '맏' '큰아들' '우두머리'란 뜻이다. ② 伯父(백부) 畫伯(화백) 伯仲之勢(백중지세)
177	繁 번성할 번	糸 17	繁 fán	① 실(糸)처럼 생긴 넝쿨 등이 빠르게(敏) 뻗어 나가다. '많다' '번성하다' '바쁘다'란 뜻이다. ② 繁盛(번성) 繁榮(번영) 頻繁(빈번) 繁華街(번화가)
178	凡 무릇 범(:)	几 3	凡 fán	① 바람(風의 획 줄임)을 안은 돛의 모양이다. 바람이 두루 불어치다. '모두' '무릇'이란 뜻. ② 平凡(평범) 凡例(범례) 凡常(범상) 大凡(대범)
179	碧 푸를 벽	石 14	碧 bì	① 흰(白)색의 옥(玉)돌(石)이 희다 못해 '푸르다' '푸른 빛' '푸른 옥돌'이란 뜻이다. ② 碧眼(벽안) 碧溪水(벽계수) 桑田碧海(상전벽해)
180	丙 남녘 병:	一 5	丙 bǐng	① 양기(一)가 먼(冂)곳으로 들어(入)가려고 하다. '셋째 천간' '밝음' '남녘'이로 쓰이고 있다. ② 甲乙丙丁(갑을병정) 丙種(병종) 丙子胡亂(병자호란)

3급Ⅱ 19회	한 자 / 훈 음	부수 / 총획	간 체 / 병음	① 자원풀이 ② 한자어

181	補 기울 보:	衤 12	补 bǔ	① 옷(衤)이 터진 곳을 헝겊으로 덮어(甫)서 깁다. '깁다' '고치다' '돕다' '보충하다'란 뜻이다. ② 補講(보강) 補償(보상) 補修(보수) 補充(보충)
182	譜 족보 보:	言 19	谱 pǔ	① 말(言)을 계통적으로 넓혀(普)서 표를 만들다. '순서대로 적다' '계통을 따라 열거하다' ② 族譜(족보) 樂譜(악보) 系譜(계보) 年譜(연보)
183	腹 배 복	月 13	腹 fù	① 살(月=肉)이 거듭, 겹치게(复) 쌓여 장기(臟器)를 덮고 있는 신체의 일부. '배' '창자' '마음' ② 腹部(복부) 腹案(복안) 心腹(심복) 割腹(할복)
184	覆 덮을/다시 부/복	襾 18	覆 fù	① 위를 덮고(襾덮을 아) 뒤집어서 다시(復) 아래도 덮는다. '덮다=덮을 부' '뒤집다' '덮개' ② 覆蓋(복개) 覆面(복면) 飜覆(번복) 顚覆(전복)
185	封 봉할 봉	寸 9	封 fēng	① 손(寸)으로 흙(土)을 돋우어(土) 쌓고 경계를 삼다. 제후에게 땅을 주어 다스리게 함. '봉하다' ② 封建社會(봉건사회) 封墳(봉분) 封鎖(봉쇄) 開封(개봉)
186	峯 봉우리 봉	山 10	峰 fēng	① 무성하게(丰클 봉) 올라간(夂) 山이 '산봉우리'이다. '봉우리' '뫼' '산'이란 뜻이다. 峯=峰 ② 高峯(고봉) 雪峯(설봉) 主峯(주봉) 最高峯(최고봉)
187	逢 만날 봉	辶 11	逢 féng	① 마치 좌우등성이가 봉우리를 만나듯, 서로 지나가다가 (辶) 만나다(夆). '만나다' '맞이하다' *逢 ② 相逢(상봉) 逢變(봉변) 逢着(봉착) 逢時(봉시)
188	鳳 봉새 봉:	鳥 14	凤 fèng	① 새(鳥) 중에서 바람(風)을 일으키는 제일 큰 새. 상상의 새 '봉황새' 암놈은 황(凰)이다. ② 鳳凰(봉황) 鳳仙花(봉선화) 龍味鳳湯(용미봉탕)
189	扶 도울 부	扌 7	扶 fú	① 장정(夫)이 손(扌)으로 부축하여 주다. '돕다' '조력하다' '붙들다' '구원하다' ② 扶養(부양) 扶助(부조) 相扶相助(상부상조)
190	付 부칠 부:	亻 5	付 fù	① 내 손(寸)으로 다른 사람(亻)에게 건네주다. '주다' '건네다' '붙이다'라는 뜻이다. ② 交付(교부) 納付(납부) 當付(당부) 送付(송부)

191	附 붙을　부(:)	阝 8	附 fù	① 언덕(阝)이 山에 붙어(付)있다. '의지하다' '붙어있다' '붙이다'라는 뜻이다. ② 附加(부가) 附屬品(부속품) 附近(부근) 添附(첨부)
192	符 부호　부(:)	竹 11	符 fú	① 대나무(竹)조각에 표시하였다가 서로 맞추어(付)보고 증거로 삼았다. '들어맞다'라는 뜻. ② 符籍(부적) 符合(부합) 符號(부호) 終止符(종지부)
193	浮 뜰　부	氵 10	浮 fú	① 물(氵)위로 부풀어(孚손으로 아기를 안은 모양) 떠오른 모양. '뜨다' '덧없다' '불안정하다' ② 浮刻(부각) 浮力(부력) 浮沈(부침) 浮萍草(부평초)
194	腐 썩을　부:	肉 14	腐 fǔ	① 창고(府)에 고기(肉)를 오래두면 썩기 쉽다. '썩다' '나쁜 냄새가 나다' '마음 상하다' ② 腐敗(부패) 豆腐(두부) 切齒腐心(절치부심)
195	簿 문서　부:	竹 19	簿 bù	① 죽간(竹)에 오고간 것(수입·지출)을 손(寸)으로 적어두다. '장부' '다스리다' '조사하다' ② 簿記(부기) 名簿(명부) 帳簿(장부) 家計簿(가계부)
196	賦 부세　부:	貝 15	賦 fù	① 전쟁에 쓸 무기(武)를 만들기 위해 돈(貝)을 거두다. '세금을 거두다' '구실을 붙이다' ② 賦稅(부세) 賦金(부금) 賦役(부역) 割賦金(할부금)
197	紛 어지러울　분	糸 10	纷 fēn	① 실(糸)이 이리저리 여러 갈래로 나누어(分)져 '엉키다' '어지럽다' '혼잡하다'는 뜻이다. ② 紛糾(분규) 紛亂(분란) 紛失(분실) 紛爭(분쟁)
198	奔 달릴　분	大 8	奔 bēn	① 두 팔을 크게(大) 흔들면서 급히 빠르게(卉) 걸어가는 모양. '달리다' '달아나다'란 뜻이다. ② 奔走(분주) 狂奔(광분) 東奔西走(동분서주)
199	奮 떨칠　분:	大 16	奋 fèn	① 새(隹)가 날개를 크게(大)하고 밭(田)에서 날아가려는 모양. '떨치다' '분격하다'란 뜻. ② 奮起(분기) 奮發(분발) 興奮(흥분) 奮鬪(분투)
200	拂 떨칠　불	扌 8	拂 fú	① 손(扌)으로 깊어야 할 것을 없애(弗) 버리다. '털어버리다' '닦다' '씻다'라는 뜻이다. (일)払 ② 拂拭(불식) 假拂(가불) 支拂(지불) 先拂(선불)

3급 II

201	妃 女 6 妃 fēi 왕비 비	① 왕 옆에서 항상 구부리고(己) 앉아 왕을 받드는 여자(女) '왕비' '짝' 配(짝 배)와 같은 뜻. ② 王妃(왕비) 皇妃(황비) 楊貴妃(양귀비)
202	肥 月 8 肥 féi 살찔 비:	① 살(月=肉)이 손에 잡히도록(巴) 많고 두껍다. '살찌다' 살을 찌우는 '거름'이란 뜻이다. ② 肥滿(비만) 肥料(비료) 肥沃(비옥) 肥肉牛(비육우)
203	卑 十 8 卑 bēi 낮을 비:	① 죽은 이를 제사할 때 탈(囟정수리 신)을 잡고 서 있는 신분이 '낮은 사람' '천하다'는 뜻. ② 卑屈(비굴) 卑賤(비천) 男尊女卑(남존여비)
204	婢 女 11 婢 bì 계집종 비:	① 신분이 낮은(卑낮을 비) 여자(女) 즉 '계집 종' '천한 여자' '곁마누라' '첩'으로도 쓰임. ② 奴婢(노비) 婢僕(비복) 官婢(관비) 婢妾(비첩)
205	斜 斗 11 斜 xié 비낄 사	① 내(余나 여)가 말(斗)로 곡식을 되다. 말 안에 든 곡식을 '기울여' 쏟다. '비스듬하다' ② 斜線(사선) 斜視(사시) 斜陽(사양) 傾斜(경사)
206	祀 示 8 祀 sì 제사 사	① 신(示)에게 몸을 구부리고(巳) 제사를 지내는 모양이다. '제사지내다'라는 뜻이다. *祀 ② 祭祀(제사) 告祀(고사) 時祀(시사) 享祀(향사)
207	司 口 5 司 sī 맡을 사	① 궁(宮)밖의 행사에서 사회를 맡아보는 사람. 后(임금 후/宮안에서)를 뒤집어 놓은 모양. ② 司會(사회) 司祭(사제) 司牧(사목) 司令官(사령관)
208	蛇 虫 11 蛇 shé 긴뱀 사	① 구불구불 기어가는 벌레(虫) 뱀 모양이다. '뱀' '구불구불 가다'란 뜻이다. ② 蛇足(사족) 毒蛇(독사) 白蛇(백사) 長蛇陣(장사진)
209	詞 言 12 词 cí 말/글 사	① 어떤 행사에서 司 뜻을 지닌 말(言)이나 글. '말' '말의 구절' '문법상의 어류(語類). ② 歌詞(가사) 臺詞(대사) 動詞(동사) 代名詞(대명사)
210	沙 氵 7 沙 shā 모래 사	① 물(氵)이 적어(少)지면 남는 것은 '모래'다. 沙와 砂는 통용되나, 砂는 '강모래' 沙는 '바닷모래' ② 沙漠(사막) 黃沙(황사) 沙鉢(사발) 白沙場(백사장)

211	邪 간사할 사	阝 7	邪 xié	① 장애(阝)를 무릅쓰고 어금니(牙)가 나오듯 비뚤어지게 나온 마음. '비뚤어진 마음' '간사함' ② 奸邪(간사) 邪戀(사련) 邪惡(사악) 妖邪(요사)
212	削 깎을 삭	刂 9	削 xuē	① 칼(刂)로 살(月)을 작게(小) 깎아내다. '깎다' '제하다'라는 뜻이다. *削 ② 削減(삭감) 削除(삭제) 添削(첨삭) 削髮(삭발)
213	森 수풀 삼	木 12	森 sēn	① 나무(木)가 아래 위, 옆으로도 우거져 있다. 한자에서 셋=3은 많다는 뜻이다. '빽빽하다' ② 森林(삼림) 森嚴(삼엄) 森羅萬象(삼라만상)
214	償 갚을 상	亻 17	偿 cháng	① 공을 세운 사람(亻)에게 상(賞)을 주어 그 공을 갚다. '빚을 갚다' '보상해주다'라는 뜻. ② 補償(보상) 賠償(배상) 償還(상환) 辨償(변상)
215	尙 오히려 상(:)	小 8	尚 shàng	① 높은 토대(冋)위에 조금(小) 쌓아 올리니 '오히려' 높다. '숭상하다' '바라다'의 뜻이다. (일)尚 ② 崇尙(숭상) 高尙(고상) 時機尙早(시기상조)
216	桑 뽕나무 상	木 10	桑 sāng	① 정성들여 손(又又又)으로 일일이 잎을 따야 하는 뽕나무(木) 모양이다. 又=손 넓이만큼 뽕잎. ② 桑椹(상심=오디) 桑梓(상자) 桑田碧海(상전벽해)
217	霜 서리 상	雨 17	霜 shuāng	① 비(雨)가 내려 서로 어울려 결정체를 이룬 것. '서리' '세월' '엄하다'의 뜻도 된다. ② 星霜(성상) 秋霜(추상) 雪上加霜(설상가상)
218	裳 치마 상	衣 14	裳 cháng	① 항상(尙숭상할 상) 입어야 되는 아랫도리 옷(衣). '치마'나 바지 등 아랫도리에 입는 옷. ② 衣裳(의상) 綠衣紅裳(녹의홍상)
219	詳 자세할 상	言 13	详 xiáng	① 몸집이 작은 羊처럼 말(言)로 자세하게 설명하다. '자세하다' '두루 다 갖추어 짐' ② 詳細(상세) 仔詳(자상) 詳述(상술) 未詳(미상)
220	喪 잃을 상(:)	口 12	丧 sàng	① 망(亡)함이나 죽음을 슬퍼하여 울다(哭)에서, '죽다' 죽으면 생명을 잃은 것이니 '잃다'가 됨. ② 喪家(상가) 喪失(상실) 問喪(문상) 國喪(국상)

3급Ⅱ 23회	한자 훈음	부수 총획	간체 병음	① 자원풀이　　② 한자어
221	像 모양　　상	亻 14	像 xiàng	① 바람직한 인간(亻)상(象모양 상)이다. 　사람이 그린 코끼리가 진짜와 닮다. '본뜬 형상' ② 銅像(동상) 假像(가상) 佛像(불상) 肖像畫(초상화)
222	塞 막힐/변방 색/새	土 13	塞 sāi	① 외적의 침입을 막기 위해 흙(土)을 쌓고 울타리를 쳐 　지은 집(宀). '막을 색'도 된다. ② 要塞(요새) 窮塞(궁색) 塞翁之馬(새옹지마)
223	索 찾을/노(새끼줄) 색/삭	糸 10	索 suǒ	① 덮여진(宀) 실타래(糸) 속에서 끝을 '찾다' 　또 여럿이(十) 실(糸)을 꼬아서 만든 '동아줄 삭' ② 搜索(수색) 探索(탐색) 思索(사색) 索道(삭도)
224	恕 용서할　　서:	心 10	恕 shù	① 나와 같은(如같을 여) 마음(心)이면 무슨 일이든지 　'용서'가 된다. '헤아려 동정하다' ② 容恕(용서) 恕宥(서유) 寬恕(관서)
225	徐 천천할　　서(:)	彳 10	徐 xú	① 余는 나무위에 지은 나의 집이란 뜻. 집(余)으로 돌아 　올(彳)때는 여유 있게 '천천히'온다. ② 徐行(서행) 徐羅伐(서라벌) 姓氏 '徐'씨.
226	署 마을/관청 서:	罒 14	署 shǔ	① 그 많은 사람(者)들을 그물(罒)치듯 하여 관리하는 곳. 　'맡다' '관할하다'는 뜻이다. ② 署理(서리) 署名(서명) 部署(부서) 警察署(경찰서)
227	緒 실마리　　서:	糸 15	绪 xù	① 이놈저놈(者) 많이 엉킨 실(糸) 중에서 맨 처음의 것. 　'실마리' '끄트머리' '시초'의 뜻. (일)緒 ② 端緒(단서) 緒論(서론) 頭緒(두서) 由緒(유서)
228	惜 아낄　　석	忄 11	惜	① 지난 것(昔예 석)이지만 좋은 것은 아까운 마음(忄)에 　서 잊지 못한다. '아까워하다' '사랑하다' ② 惜別(석별) 惜敗(석패) 哀惜(애석) 愛惜(애석)
229	釋 풀　　석	釆 20	释 shì	① 어느 짐승의 발자국(釆)인지 엿보아(睪엿볼 역) 　'풀어내다' '부처의 칭호'로도 쓰인다. (일)釈 ② 釋明(석명) 解釋(해석) 釋迦牟尼(석가모니)
230	旋 돌(廻)　　선	方 11	旋 xuán	① 깃발(方+人=깃발 언) 아래 모여 발(疋발 소)로 　빙글빙글 돌아가며 춤을 추다. '빙빙 돌다' ② 旋律(선율) 斡旋(알선) 周旋(주선)

| 231 | 禪 | 示 | 禅 | ① 땅을 고르게(單은 땅을 고르게 한 모양)하고 신(示)에게 제사지내다. '고요하다' '진리를 깨닫다' (일)禅 |
| | 선 | 선 17 | chán | ② 禪讓(선양) 封禪(봉선) 坐禪(좌선) 參禪(참선) |

| 232 | 燒 | 火 | 烧 | ① 불(火)이 타면 불길이 높이(堯높을 요) 올라가게 된다. '불꽃으로 사르다' '불태우다' (일)焼 |
| | 사를 | 소(:) 16 | shāo | ② 燒却(소각) 燒滅(소멸) 燃燒(연소) 燒酒(소주) |

| 233 | 訴 | 言 | 诉 | ① 상대의 잘못을 물리쳐(斥물리칠 척) 달라고 말(言)로 '하소연'하다. '아뢰다' '송사하다' |
| | 호소할 | 소 12 | sù | ② 呼訴(호소) 訴訟(소송) 告訴(고소) 哀訴(애소) |

| 234 | 疏 | 疋 | 疏 | ① 두 발(疋발 소)처럼 흐름(流의 획 줄임)이 서로 '통하다' '멀리하다' '듬성듬성하다' '트이다' |
| | 소통할 | 소 12 | shū | ② 疏通(소통) 疏遠(소원) 疏忽(소홀) 上疏(상소) |

| 235 | 蘇 | 艹 | 苏 | ① 물고기(魚)가 살기 좋은 조건인 벼(禾)풀(艹)사이에 있어 '되살아나다' '깨다' '풀이름차조기' |
| | 되살아날 | 소 20 | sū | ② 蘇生(소생) 蘇聯(소련) 蘇莖(소경=약초) |

| 236 | 訟 | 言 | 讼 | ① 공평(公)하게 말(言)해 달라고 호소하다. '소송하다' '재판하다' '시비하다'란 뜻이다. |
| | 송사할 | 송: 11 | sòng | ② 訟事(송사) 訴訟(소송) |

| 237 | 刷 | 刂 | 刷 | ① 판목(版木)에 칼(刂)로 파고 문질러서 글자를 '새기다' '인쇄하다' '고치다'라는 뜻이다. |
| | 인쇄할 | 쇄: 8 | shuā | ② 印刷(인쇄) 縮刷版(축쇄판) 刷新(쇄신) |

| 238 | 鎖 | 金 | 锁 | ① 쇠(金)를 잘게 하여 사슬을 만들다. 또 쇠사슬은 '잠근다'는 뜻이 있으므로 '자물쇠'도 된다. *鎖 |
| | 쇄사슬 | 쇄: 18 | suǒ | ② 封鎖(봉쇄) 閉鎖(폐쇄) 鎖國(쇄국) 連鎖縮(연쇄점) |

| 239 | 衰 | 衣 | 衰 | ① 풀로 만든 도롱이가 본래의 뜻인데, 늙고 쇠약한 사람이 의복으로 써서 '쇠약'으로 전주(轉注) |
| | 쇠할 | 쇠 10 | shuāi | ② 衰弱(쇠약) 老衰(노쇠) 興亡盛衰(흥망성쇠) |

| 240 | 帥 | 巾 | 帅 | ① 깃발(巾)을 들고 군대를 지휘하는 '장수' '거느리다' '통솔하다' '앞장서다'란 뜻이다. |
| | 장수 | 수 9 | shuài | ② 將帥(장수) 元帥(원수) 國軍統帥權(국군통수권) |

241	垂	土	垂	① 식물의 열매와 줄기가 늘어진 모양이다.
	드리울 수	8	chuí	'드리우다' '늘어지다'란 뜻이다.
				② 垂直(수직) 懸垂幕(현수막) 垂簾聽政(수렴청정)

242	殊	歹	殊	① 목을 베어 죽이니(歹) 붉은(朱)피가 나오다.
	다를 수	10	shū	이것이 '특수'한 일이다. '유달리'란 뜻이다.
				② 特殊(특수) 殊勳(수훈) 殊狀(수상) 殊效(수효)

243	愁	心	愁	① 가을(秋)에 느껴지는 쓸쓸한 마음(心)이다.
	근심 수	13	chóu	'시름겹다' '근심하다' '얼굴빛을 바꾸다'
				② 愁心(수심) 憂愁(우수) 哀愁(애수) 鄕愁(향수)

244	需	雨	需	① 비(雨)가 내려서(而) 만물을 자라게 하다.
	쓰일/쓸 수	14	xū	빗물(雨)이 만물을 이어(而)주다. '쓰이다'
				② 需給(수급) 需要(수요) 婚需(혼수) 盛需期(성수기)

245	壽	士	寿	① 선비(士)가 한 말(口)이나 공인(工)이 척도(寸)에 따라
	목숨 수	14	shòu	만든 물건은 '수명이 오래 간다' '목숨' (일)寿
				② 壽命(수명) 長壽(장수) 壽宴(수연) 壽衣(수의)

246	隨	阝	随	① 앞에 간 사람을 뒤떨어져 따라가다.
	따를 수	16	suí	'따르다'라는 뜻. 나라이름으로도 쓰였다. *隨
				② 隨伴(수반) 隨行(수행) 夫唱婦隨(부창부수)

247	輸	車	输	① 수레(車)나 배(舟배의 변형)로 실어 보내다.
	보낼 수	16	shū	'실어내다' '보내다' '쏟다'라는 뜻이다.
				② 輸出(수출) 輸送(수송) 密輸(밀수) 輸血(수혈)

248	獸	犬	兽	① 두 눈과 입과 얼굴이 개(犬)를 닮은 짐승이다.
	짐승 수	19	shòu	네 발이 달린 '짐승' '가축'이란 뜻이다. (일)獣
				② 禽獸(금수) 猛獸(맹수) 人面獸心(인면수심)

249	淑	氵	淑	① 콩나물(叔콩 숙)은 깨끗한 물(氵)로 기른다.
	맑을 숙	11	shū	'맑다' '착하다'는 사람의 이름자로 많이 쓰인다.
				② 貞淑(정숙) 淑女(숙녀) 窈窕淑女(요조숙녀)

250	熟	灬	熟	① 孰(익을 숙)이 '익히다'는 뜻인데 '누구'라고
	익을 숙	15	shú	쓰이게 되어 불(灬)을 더하여 뜻을 확실히 함.
				② 熟達(숙달) 熟眠(숙면) 熟成(숙성) 熟語(숙어)

251	旬	日	旬	① 해(日)가 한 바퀴 돌다(勹). 옛날 사람들은 해를 열개로 보아 十干으로 날을 정함. '열흘'
	열흘　순	6	xún	② 上旬(상순) 初旬(초순) 七旬(칠순) 삼순(三旬=30일)

252	巡	巛	巡	① 냇물(巛)이 이리저리 돌아 흐르듯 방향을 찾아 돌다(辶) '돌다' '널리 돌아다니다'라는 뜻이다. *巡
	돌(廻)/순행할 순	7	xún	② 巡警(순경) 巡禮(순례) 巡訪(순방) 巡察(순찰)

253	瞬	目	瞬	① 눈(目)을 연달아 자꾸(舜은 빠른 제자리걸음) 감았다 떴다함. '눈을 깜박이다' '단시간'이다.
	눈 깜짝일 순	17	shùn	② 瞬間(순간) 瞬息間(순식간) 一瞬間(일순간)

254	述	辶	述	① 벗겨(朮벗길 출) 가면서(辶) 드러나게 하다. '책을 짓다' '밝히다' '말하다'라는 뜻이다. *述
	펼　　술	9	shù	② 著述(저술) 論述(논술) 陳述(진술) 口述(구술)

255	濕	氵	湿	① 실(糸=누에고치)을 물(氵)에 잠그다. 누에고치는 물이 잘 스며든다. '축축하다' '습기'라는 뜻. (일)湿
	젖을　　습	17	shī	② 濕氣(습기) 濕度(습도) 濕布(습포) 乾濕(건습)

256	拾	扌	拾	① 손(扌)으로 주은 쓸 만한 물건들(口)을 지붕밑에 모아 (스모을 집) 둠. '줍다' '습득하다'
	주울/열 습/십	9	shí	② 拾得(습득) 收拾(수습) 道不拾遺(도불습유)

257	襲	衣	袭	① 죽은 사람에게 입히는 옷(衣) 즉 습의(襲衣)인데, 전(轉)하여 '갑작스럽다' '덮치다'가 됨.
	엄습할 습	22	xí	② 襲擊(습격) 空襲(공습) 踏襲(답습) 被襲(피습)

258	昇	日	升	① 아침 해(日)가 떠오르다.(升오를 승) '오르다' '해가 떠오르다' '위로 올라가다'
	오를　　승	8	shēng	② 昇格(승격) 昇級(승급) 昇進(승진) 昇段(승단)

259	乘	丿	乘	① 의자가 없던 시절에는 지도자는 나무(木)에 올라 교화(教化) 했다. '타다' '오르다' '곱하다' (일)乗
	탈　　승	10	chéng	② 乘客(승객) 搭乘(탑승) 加減乘除(가감승제)

260	僧	亻	僧	① 보통 사람(亻)보다 조금 앞선(曾일찍 증) 사람. 즉 일찍 깨우친 사람. '중' '스님'으로 쓰인다. *僧
	중　　승	14	sēng	② 僧侶(승려) 僧房(승방) 僧舞(승무) 托鉢僧(탁발승)

3급Ⅱ 27회	한자 훈음	부수 총획	간체 병음	① 자원풀이　　② 한자어
261	侍 모실　　시:	亻 8	侍 shì	① 관청(寺관청 시)에서 모시는 높은 사람(亻). '모시다' '받들다'란 뜻이다. ② 侍女(시녀) 侍從(시종) 嚴妻侍下(엄처시하)
262	飾 꾸밀　　식	食 14	饰 shì	① 바탕이 되는 헝겊(巾)을 먹어 나가듯(食) 꾸며 나가다. '꾸미다' '분바르다' '장식하다'란 뜻. ② 假飾(가식) 服飾(복식) 虛禮虛飾(허례허식)
263	愼 삼갈　　신:	忄 13	慎 shèn	① 마음(忄)을 늘 진실(眞참 진)되게 하여 삼가다. '삼가다' '진실로' '생각하다' '고요하다'란 뜻. ② 愼重(신중) 勤愼(근신) 愼獨(신독) 愼終(신종)
264	甚 심할　　심:	甘 9	甚 shén	① 甘은 단맛으로 먹고 싶은 것. 匹는 남녀가 짝을 지은 모양. 인간의 2대 본능은 누구나 '심하다' ② 甚大(심대) 激甚(격심) 極甚(극심) 甚至於(심지어)
265	審 살필　　심(:)	宀 15	审 shěn	① 집(宀)으로 침입한 짐승의 발자국(釆)을 살펴보고 안다. '살피다' '자세하다' '심문하다'란 뜻. ② 審判(심판) 審査(심사) 審問(심문) 審美眼(심미안)
266	雙 두/쌍　　쌍	隹 18	双 shuāng	① 한 손(又)에 두 마리의 새(隹隹)를 잡고 있는 모양이 다. '둘' '쌍' '짝'이란 뜻이다. (일)双 ② 雙童(쌍동=쌍둥이) 雙璧(쌍벽) 雙方(쌍방)
267	牙 어금니　　아	牙 4	牙 yá	① 아! 하고 입을 크게 벌려야 보이는 '어금니' '이를 갈다' '깨물다' '지켜주다'란 뜻이다. ② 齒牙(치아) 牙城(아성) 毒牙(독아) 象牙塔(상아탑)
268	雅 맑을　　아(:)	隹 12	雅 yǎ	① 원래는 갈가마귀를 뜻하는 한자인데, 그 새의 울음소리 가 '맑고 우아하다'해서 뜻이 변함. ② 雅量(아량) 端雅(단아) 優雅(우아) 雅號(아호)
269	我 나　　아:	戈 7	我 wǒ	① 나는 내 손(手)으로 스스로 지켜야(戈)한다. '나' '자신' '나의 편' '우리'라는 뜻이다. ② 我軍(아군) 自我(자아) 我田引水(아전인수)
270	芽 싹　　아	艹 8	芽 yá	① 어금니(牙)가 나오듯 풀싹(艹)이 나오는 모양이다. '싹트다' '조짐이 보이다' '처음'이란 뜻. ② 發芽(발아) 麥芽(맥아) 萌芽(맹아) 胚芽(배아)

| 271 | 亞 | 二 | 亚 | ① 아래 위 二는 천지(天地)이다. 가운데는 남녀가 구부리고 맞서있는 모양. '같이' 오래 살자. |
| | 버금 아(:) | 8 | yà | ② 亞流(아류) 亞獻(아헌) *'버금'은 으뜸 다음 자리. |

| 272 | 阿 | 阝 | 阿 | ① 언덕(阝)이 굽어(可는 갈고리 모양의 굽은 것) 들어 넘기 힘든 '큰 언덕' '아첨하다'로도 쓰인다. |
| | 언덕 아 | 8 | ā | ② 阿膠(아교) 阿諂(아첨) 阿鼻叫喚(아비규환) |

| 273 | 岸 | 山 | 岸 | ① 山아래는 언덕(厂언덕 엄)이 막아서(干방패 간) 받쳐주고 있다. '언덕' '기슭' 높은 곳이다. |
| | 언덕 안: | 8 | àn | ② 海岸(해안) 沿岸(연안) 東海岸(동해안) |

| 274 | 顏 | 頁 | 颜 | ① 머리(頁)와 수염과 눈썹이 빛나는(彡)사람의 얼굴이다. '얼굴' '낯'이다. |
| | 낯/얼굴 안 | 18 | yán | ② 顏面(안면) 顏色(안색) 龍顏(용안) 紅顏(홍안) |

| 275 | 巖 | 山 | 岩 | ① 山에 가까이 하기엔 너무나 어렵고 엄숙한(嚴)돌이니 '바위'이다. '가파르다' '험하다'는 뜻. (일)巌 |
| | 바위 암 | 23 | yán | ② 巖壁(암벽) 鎔巖(용암) 奇巖怪石(기암괴석) |

| 276 | 央 | 大 | 央 | ① 나를 중심으로 전후좌우상하(前後左右上下=六合)의 가운데, 입체적인 '가운데'를 뜻한다. |
| | 가운데 앙 | 5 | yāng | ② 中央(중앙) 中央廳(중앙청) 中央集權(중앙집권) |

| 277 | 仰 | 亻 | 仰 | ① 내가(卩나 앙) 나보다 높은 사람(亻)을 쳐다보다. '우러르다' '그리워하다' '믿다'의 뜻. |
| | 우러를 앙: | 6 | yǎng | ② 仰望(앙망) 仰請(앙청) 仰祝(앙축) 推仰(추앙) |

| 278 | 哀 | 口 | 哀 | ① 동정의 목소리(口)를 옷소매(衣)를 여미듯 한군데로 모으다. '슬퍼하다' '불쌍히 여기다' |
| | 슬플 애 | 9 | āi | ② 哀悼(애도) 哀慕(애모) 哀惜(애석) 哀願(애원) |

| 279 | 若 | ⧾ | 若 | ① 손(右)으로 식물(艹)을 채취함에는 거의 비슷비슷하다. '너' '같다' '만일'이란 뜻으로 가차됨. |
| | 같을/반야 약/야 | 9 | ruò | ② 若干(약간) 萬若(만약) 般若心經(반야심경) |

| 280 | 揚 | 扌 | 扬 | ① 손(扌)으로 들추어내어 오르게(昜오를 양)하다. '높이 들다' '위로 올리다' '밝히다'라는 뜻. |
| | 날릴 양 | 12 | yáng | ② 揭揚(게양) 宣揚(선양) 浮揚(부양) 讚揚(찬양) |

3급Ⅱ

281	壤 흙덩이 양:	土 20	壤 rǎng	① 땅(土)의 힘이 커서(襄도울 양) 농경지로 좋은 땅이다. '흙' '농지' '풍족하다'는 뜻도 있다. (일)壌 ② 平壤(평양) 擊壤歌(격양가) 天壤之差(천양지차)
282	讓 사양할 양:	言 24	让 ràng	① 마음의 용량이 커야(襄) 그 하는 말(言)이 남에게 사양하는 말이 된다. '양보' '겸손'의 뜻. (일)譲 ② 讓步(양보) 辭讓(사양) 謙讓(겸양) 分讓(분양)
283	御 거느릴 어:	彳 11	御 yù	① 말을 몰고 가서(彳) 멍에를 풀고 卸(풀/짐부릴 사) 쉬게 하다. 귀인을 모시는 일. '어거' '말을 몰다' ② 御駕(어가) 御命(어명) 御使(어사) 制御(제어)
284	抑 누를 억	扌 7	抑 yì	① 손(扌)으로 도장(印의 변형)을 눌러 찍다. '누르다' '눌러서 막다' '숙이다'라는 뜻이다. ② 抑留(억류) 抑壓(억압) 抑强扶弱(억강부약)
285	憶 생각할 억	忄 16	忆 yì	① 마음(忄)에 품고 있는 생각(意)이 지워지지 않음. '생각하다' '기억'이란 뜻도 됨. ② 記憶(기억) 追憶(추억) 舊憶(구억)
286	亦 또 역	亠 6	亦 yì	① 팔 밑 옆구리를 뜻하는 글자. 옆구리는 이쪽에 또 있다. '또' '또한'으로 가차된 字. ② 亦是(역시) 亦然(역연)
287	役 부릴 역	彳 7	役 yì	① 어떤 어려움을 물리치러(殳) 보내다(彳). '부리다' '일' '직무' '일군'등으로 쓰인다. ② 役軍(역군) 役事(역사) 役割(역할) 苦役(고역)
288	疫 전염병 역	疒 9	疫 yì	① 병(疒)이 이사람 저 사람에게 돌려 퍼지며 고역(殳창에 찔린 듯)을 주는 병. '돌림병' ② 檢疫(검역) 免疫(면역) 防疫(방역) 紅疫(홍역)
289	譯 번역할 역	言 20	译 yì	① 다른 나라 말(言)로 바꾸는 것(睪엿보다/바꾸다) '풀이하다' '번역하다' '통변(通辯)하다' (일)訳 ② 飜譯(번역) 通譯(통역) 內譯(내역) 註譯(주역)
290	驛 역 역	馬 23	驿 yì	① 관리가 먼 길을 갈 때 말(馬)을 바꾸어(睪)타는 곳. '정거장' '기차역'이란 뜻이다. (일)駅 ② 驛前(역전) 驛舍(역사) 驛長(역장) 簡易驛(간이역)

291	沿	氵	沿	① 강(氵)속에 박힌 돌(口)을 비켜(八나눌 팔) 흘러가다. '물을 따라 내려가다' '언저리'란 뜻이다.
	물 따라갈/따를 연(:)	8	yán	② 沿岸(연안) 沿革(연혁) 沿邊(연변) 沿近海(연근해)
292	宴	宀	宴	① 여자(女)가 집(宀)에서 편히(晏편할 안.획 줄임) 쉬고 있는 모양인데, 전(轉)하여 '잔치'로 쓰임.
	잔치 연:	10	yàn	② 宴會(연회) 酒宴(주연) 饗宴(향연) 披露宴(피로연)
293	燕	灬	燕	① 부리를 벌리고 긴 날개를 펴고 두 갈래로 갈라진 제비의 모양을 본뜬 글자. '제비' '잔치'
	제비 연(:)	16	yàn	② 燕雀(연작) 燕尾服(연미복) 燕京(연경=북경의 별칭)
294	軟	車	软	① 수레(車)가 덜컹거리지 않게 새끼줄을 감아 부드럽게 하였다는 데서, '부드럽다' '연하다'
	연할 연:	11	ruǎn	② 軟膏(연고) 軟骨(연골) 柔軟(유연) 軟弱(연약)
295	悅	忄	悦	① 사람(儿)이 마음(忄)이 즐거워서 입(口)을 벌리고 (八벌릴 팔) 웃고 있다. '즐거워하다' '기쁘다' (일)悦
	기쁠 열	10	yuè	② 喜悅(희열) 悅樂(열락) 悅慕(열모)
296	炎	火	炎	① 불꽃이 활활 타는 모양을 그린 것이다. '불타다' '덥다' '불꽃'이란 뜻이다.
	불꽃 염	8	yán	② 炎症(염증) 肝炎(간염) 鼻炎(비염) 炎天(염천)
297	染	木	染	① 초목(木)의 물기(氵)를 여러(九) 번 되풀이하여 적셔 '물감을 들이다' '더럽히다'란 뜻.
	물들 염:	9	rǎn	② 染料(염료) 染色(염색) 感染(감염) 汚染(오염)
298	鹽	鹵	盐	① 바닷물을 증발시켜 짠맛을 내는 소금(鹵소금) 을 만들어 그릇(皿)에 보관하다. '소금' '자반' (일)塩
	소금 염	24	yán	② 鹽田(염전) 鹽分(염분) 鹽素(염소) 天日鹽(천일염)
299	影	彡	影	① 볕(日)이 크게(京크다는 뜻) 비쳐 그림자(彡)가 비추다. '그림자' '사람의 모습'으로 쓰임.
	그림자 영:	15	yǐng	② 影像(영상) 影幀(영정) 撮影(촬영) 影響(영향)
300	譽	言	誉	① 여러 사람(與더불 여)이 좋다고 하는 말(言)은 좋은 말이다. '기리다' '칭찬하다' '좋은 평판' (일)誉
	기릴/명예 예:	21	yù	② 名譽(명예) 榮譽(영예) 譽聲(예성) 譽兒癖(예아벽)

3급 II

301	悟 깨달을　　오:	↑	悟	① 내가(吾:나 오) 처한 입장을 마음(↑)으로 느껴 '깨닫다' 　'깨우치다' '총명하다'란 뜻이다. ② 覺悟(각오) 悟道(오도) 大悟覺醒(대오각성)
		10	wù	

302	烏 까마귀　　오	灬	乌	① 까마귀는 몸 전체가 새까맣다(all black) 새 조(鳥)에 　서 점 하나(一)를 빼도 모르는 새. ② 烏梅(오매) 烏鵲橋(오작교) 烏飛梨落(오비이락)
		10	wū	

303	獄 옥(囚舍)　　옥	犭	狱	① 개 두 마리(犭+犬)가 짖어대고(言) 있어 시끄러워 　주인이 쫓아 집에 가두다. '가두다' ② 獄死(옥사) 監獄(감옥) 地獄(지옥) 脫獄(탈옥)
		14	yù	

304	瓦 기와　　와:	瓦	瓦	① 상하좌우(上下左右)로 포개어 놓은 기왓장의 모양이 　다. '기와' '질그릇'을 뜻한다. ② 蓋瓦(개와) 煉瓦(연와) 瓦解(와해) 靑瓦臺(청와대)
		5	wǎ	

305	緩 느릴　　완:	糸	缓	① 실(糸)이 느슨하게 늘어진(爰:당길 원) 모양. 　'느릿느릿하다' '늘어지다' '더디다' '너그럽다' ② 緩急(완급) 緩行(완행) 弛緩(이완) 緩和(완화)
		15	huǎn	

306	辱 욕될　　욕	辰	辱	① 농사철(辰月=3월)에 게으름을 피우고 있어 　손(寸) 써서 수치를 보여 주고 있다.(辰 : 꿈틀대다) ② 困辱(곤욕) 屈辱(굴욕) 凌辱(능욕) 恥辱(치욕)
		10	rǔ	

307	欲 하고자 할　　욕	欠	欲	① 부족(欠:모자랄 흠)한 것을 채우고자(谷)하는 사람의 　본성을 나타낸 글자이다. '하려고하다' ② 欲求(욕구) 欲情(욕정) 欲速不達(욕속부달)
		11	yù	

308	慾 욕심　　욕	心	欲	① 하고자 하는 마음(欲)이 분수를 넘어서 더 하고 싶은 　마음(心)이다. '욕심' '욕정'이다. ② 慾心(욕심) 過慾(과욕) 性慾(성욕) 貪慾(탐욕)
		15	yù	

309	宇 집　　우:	宀	宇	① 하늘을 집(宀)이라고 하는 무한한 공간이다. 　천지사방(天地四方) 왈(曰) '宇'다. '집' '하늘' ② 宇宙(우주) 宇宙船(우주선) 宇宙洪荒(우주홍황)
		6	yǔ	

310	偶 짝　　우:	亻	偶	① 서로 기대고(禺:원숭이 우) 살아야만 사람(亻). 　'짝' '부부' '뜻하지 않은'이라는 뜻이다. ② 偶發(우발) 偶數(우수) 偶然(우연) 配偶者(배우자)
		11	ǒu	

3급 II 32회	한 자 훈 음	부수 총획	간체 병음	① 자원풀이　② 한자어
311	羽 깃 우:	羽 6	羽 yǔ	① 새의 양쪽 날개인 깃털을 그린 모양. 음가(音價) '우 우~소리를 낸다.' '새의 깃털' ② 羽毛(우모) 羽翼(우익) 羽化登仙(우화등선)
312	愚 어리석을 우	心 13	愚 yú	① 사람의 마음(心)이 원숭이(禺원숭이 우) 정도밖에 되지 않음. '어리석다' '고지식하다' ② 愚鈍(우둔) 愚昧(우매) 愚公移山(우공이산)
313	憂 근심 우	心 15	忧 yōu	① 사람의 마음(心)과 판단이 머리를(頁) 뒤집어 씌운 (冖)것처럼 뒤로(夂) 진행되다. '걱정' '근심' ② 憂慮(우려) 憂愁(우수) 憂鬱(우울) 憂患(우환)
314	韻 운 운:	音 19	韵 yùn	① 소리(音)는 장애가 없는 한 둥글게(員) 퍼져 나간다. 메아리처럼 퍼진다. ② 音韻(음운) 韻律(운율) 韻致(운치) 切韻(절운)
315	越 넘을 월	走 12	越 yuè	① 큰 도끼(戉도끼 월)로 위협하니 뛰어(走달릴 주)넘어 달아나다. '뛰어넘다' '건너다'란 뜻. ② 越境(월경) 越等(월등) 越班(월반) 追越(추월)
316	僞 거짓 위	亻 14	伪 wěi	① 사람(亻)이 후천적으로 하는 행위(爲할 위)는 진리가 아닌, '거짓이다' '속이다'는 뜻이다. (일)偽 ② 眞僞(진위) 僞造(위조) 僞善(위선) 虛僞(허위)
317	胃 밥통 위	月 9	胃 wèi	① 음식물이 저장(田은 쌀인 모양이 변형=省形)되어 살(月)로 감싸져 있는 밥통모양이다. ② 胃腸(위장) 脾胃(비위) 胃腸炎(위장염)
318	謂 이를 위	言 16	谓 wèi	① 자신의 속(胃마음 속)에 있는 진심으로 해주는 말(言). '말하다' '이야기하다' '일컫다'라는 뜻. ② 所謂(소위) 可謂(가위) 稱謂(칭위)
319	幼 어릴 유	幺 5	幼 yòu	① 힘(力)이 적은(幺작을 요) 어린아이다. '어리다' '어린아이' '작다'라는 뜻이다. ② 幼稚園(유치원) 幼兒(유아) 長幼有序(장유유서)
320	猶 오히려 유	犭 12	犹 yóu	① 충직한 개(犭)가 못된 무리의 추장(酋두목 추)보다 '오히려 낫다' '태연히' '마땅히 ~야 한다) ② 執行猶豫(집행유예) 猶子(유자 : 형제의 아들)

321	幽 그윽할　유	幺 9	幽 yōu	① 그윽한(幺어릴 요) 골짜기는 山이 높아야 한다. '그윽하다' '숨다' '피하여 가두다'라는 뜻. ② 幽靈(유령) 幽宅(유택) 深山幽谷(심산유곡)
322	柔 부드러울　유	木 9	柔 róu	① 창(矛)보다는 창 자루(木)가 부드럽고 탄력성이 있다. '부드럽다' '약하다' '편안하게 하다' ② 柔軟(유연) 溫柔(온유) 優柔不斷(우유부단)
323	悠 멀　유	心 11	悠 yōu	① 마음(心)에 오래도록(攸멀 유) 느끼고 있다. '생각하다' '한가하다' '걱정하다'란 뜻. ② 悠久(유구) 悠然(유연) 悠悠自適(유유자적)
324	維 벼리　유	糸 14	维 wéi	① 새(隹)그물의 사방을 두른 굵은 실(糸)이다. '굵은 줄' '잡아 묶다' '개혁하다'란 뜻도 있다. ② 纖維(섬유) 維持費(유지비) 維新(유신)
325	裕 넉넉할　유:	衤 12	裕 yù	① 옷(衤)이 몸에 꽉 쪼이지 않게 주름질(谷) 정도로 여유가 있어 넉넉하다. ② 餘裕(여유) 裕福(유복) 裕足(유족)
326	誘 꾈　유	言 14	诱 yòu	① 말(言)을 뛰어나게(秀) 잘 하면 이유가 있다. '꾀기 위한 말' '속이다' '권하다'란 뜻이다. ② 誘拐(유괴) 誘引(유인) 誘惑(유혹) 勸誘(권유)
327	潤 불을　윤:	氵 15	润 rùn	① 물건은 물(氵)에 갇혀 있으면(閏) 불어나기 마련이다. '적시다' '이익' '젖다' '윤택하다' ② 潤氣(윤기) 潤澤(윤택) 利潤(이윤) 潤滑油(윤활유)
328	乙 새　을	乙 1	乙 yǐ	① 새가 물위를 유유히 헤엄쳐 다니는 모양이다. 둘째 천간(天干)으로도 쓰인다. ② 甲子乙丑(갑자을축) 甲論乙駁(갑론을박)
329	淫 음란할　음	氵 11	淫 yín	① 비(氵)가 지나치게 내리다. 여자를 지나치게 가까이 탐하려고 함. '음란' '빠지다' '탐내다' ② 淫亂(음란) 淫蕩(음탕) 姦淫(간음) 催淫劑(최음제)
330	已 이미　이:	己 3	已 yǐ	① 본래는 쟁기를 본뜬 모양인데, 가차되어 '이미' '벌써' '중지하다'라는 조사로만 쓰인다. ② 已往之事(이왕지사) '以'와 같은 뜻으로 쓰인다.

331	翼 날개　　익	羽 17	翼 yì	① 각각 다른(異) 두 날개(羽)가 몸통을 도와 날 수 있게 하다. '날개' '깃' '돕다' '보좌하다' ② 右翼手(우익수) 翼戴(익대) 翼卵(익란)
332	忍 참을　　인	心 7	忍 rěn	① 마음(心)을 칼날(刃) 간수하듯 두려워하면서 '참아야한다' '잔인' '용서하다' '차마 못하다' ② 忍耐(인내) 容忍(용인) 忍苦(인고) 殘忍(잔인)
333	逸 편안할　일	辶 12	逸 yì	① 토끼(兎)가 달아나(辶) 편안한 곳에 숨다. '마음이 놓이다' '숨어버리다' '놓아주다' *逸 ② 逸品(일품) 逸話(일화) 無事安逸(무사안일)
334	壬 북방　　임:	士 4	壬 rén	① 흙에서 풀이 나와 오뚝하게 자란 모양. 또 배가 불러진 모양인데, 아홉째 천간으로 쓰임. ② 壬辰倭亂(임진왜란) 壬午軍亂(임오군란)
335	賃 품삯　　임:	貝 13	赁 lìn	① 짐을 맡거나(任) 옮겨진 대가(貝)이다. '품팔이' '빌리다' '세내다' '품삯'이란 뜻이다. ② 賃金(임금) 運賃(운임) 滯賃(체임) 賃貸(임대)
336	刺 찌를　자:/척	刂 8	刺 cì	① 가시(朿가시 자)가 마치 칼끝(刂)처럼 찌르다. '찌르다' '바늘처럼'이란 뜻이다. ② 刺客(자객) 刺戟(자극) 亂刺(난자) 諷刺(풍자)
337	慈 사랑　　자	心 13	慈 cí	① 가물(玄) 가물(玄) 보이지 않는 곳까지 살펴주는 사랑하는 마음(心). '사랑하다' '어머니' ② 慈堂(자당) 慈愛(자애) 慈善(자선) 無慈悲(무자비)
338	紫 자주빛　자	糸 11	紫 zǐ	① 실(糸)에 물을 들이면 이만한(此) 색이 없다. 색 중에서 제일 고급 색. 紫金城을 보면 안다. ② 紫色(자색) 紫雲(자운) 山紫水明(산자수명)
339	暫 잠깐　　잠(:)	日 15	暂 zàn	① 시간(日)을 토막 내듯 베어버린(斬벨 참) 짧은 시간이 다. '짧다' '얼른' '갑자기' '임시로' ② 暫時(잠시) 暫間(잠간) 暫定的(잠정적) 暫留(잠류)
340	潛 잠길　　잠	氵 15	潜 qián	① 누에가(蠶누에 잠. 획 줄임)) 뽕잎을 갉아 먹듯 물에 잠겨들다. '잠기다' '몰래' '자맥질하다' (일)潜 ② 潛水(잠수) 潛伏(잠복) 潛在(잠재) 潛望鏡(잠망경)

341	丈 어른 장:	一 3	丈 zhàng	① 어른 한 팔의 길이. 다 자란 어른의 키. '어른' 남자의 키'라는 뜻이다. ② 丈母(장모) 聘丈(빙장) 氣高萬丈(기고만장)
342	莊 씩씩할 장	艹 11	庄 zhuāng	① 풀(艹)이 무성(壯)하듯 씩씩함. 또, 큰(壯) 농토를 지키기 위해 임시로 지은 집. '별장' (일)莊 ② 莊嚴(장엄) 莊園(장원) 莊重(장중) 別莊(별장)
343	粧 단장할 장	米 12	妆 zhuāng	① 가루(米)를 칠하여 크게(庄뛰어나게 보이려고) 분칠을 하다. '단장하다' '~제 하다' ② 丹粧(단장) 治粧(치장) 化粧(화장) 美粧院(미장원)
344	掌 손바닥 장:	手 12	掌 zhǎng	① 손(手)을 들어(尙연기가 피어오르는 모양) 손바닥을 펴 보이다. '손바닥' '맡다' '주관하다'란 뜻. ② 掌握(장악) 管掌(관장) 拍掌大笑(박장대소)
345	葬 장사 지낼 장:	艹 13	葬 zàng	① 죽은 사람(死)을 상(廾평상모양)위에 놓고 풀 (艹)을 덮어두는 절차. '장사지내다' '매장하다' ② 葬禮式(장례식) 埋葬(매장) 葬事(장사) 暗葬(암장)
346	藏 감출 장:	艹 18	藏 cáng	① 풀(艹)로 덮어 곡식을 감추어두다(臧감출 장) '감추다' '간직하다' '저장하다'란 뜻이다. (일)蔵 ② 藏書(장서) 秘藏(비장) 貯藏(저장) 所藏(소장)
347	臟 오장 장:	月 22	脏 zàng	① 몸뚱이(月=肉) 속에 감추어진(藏) 모든 장기. '오장' '내장'이다. (일)臓 ② 臟器(장기) 內臟(내장) 五臟六腑(오장육부)
348	栽 심을 재:	木 10	栽 zāi	① 나무(木)를 '심을 때'는 흙(土)으로 북돋우기도 하고 가지를 잘라(戈)주기도 한다. '가꾸다' ② 植栽(식재) 栽培(재배) 盆栽(분재) 移栽(이재)
349	裁 옷 마를 재	衣 12	裁 cái	① 옷(衣)을 만들 때는 자르거나(戈) 늘리는 곳을 알아야 함. '마르다' '헤아리다' '처리하다' ② 裁可(재가) 裁判(재판) 獨裁(독재) 總裁(총재)
350	載 실을 재:	車 13	载 zài	① 차(車)에 짐을 실을 때는 차의 폭이나 다리의 높이 때문에 튀어나온 곳을 잘라준다(戈). ② 揭載(게재) 登載(등재) 積載(적재) 搭載(탑재)

3급Ⅱ 36회	한 자 / 훈 음	부수 / 총획	간체 / 병음	① 자원풀이　　② 한자어

351	**抵** 막을(抗) 저:	扌 8	抵 dǐ	① 덤벼오는 사람을 손(扌)으로 잡아 낮은 곳(氐)으로 밀쳐버리다. '겨루다' '대항하다' '해당' *抵 ② 抵抗(저항) 抵當(저당) 抵觸(저촉) 大抵(대저)
352	**著** 나타날 저:	艹 13	著 zhù	① 대나무로 만든 것에 글을 적었다는 것이 竹이 艹로 변한 것이다. '나타내다' '드러나다' *著 ② 著書(저서) 著述(저술) 著者(저자) 編著(편저)
353	**跡** 발자취 적	足 13	迹 jī	① 겨드랑이(亦) 밑에 있는 발(足)자국이다. 걸어가면 발자국이 땅에 남는다. '발자취' '행적' ② 遺跡(유적) 潛跡(잠적) 追跡(추적) 筆跡(필적)
354	**寂** 고요할 적	宀 11	寂 jì	① 집(宀)안에 사람이(叔아제비 숙)없어 고요하고 쓸쓸하다. 寞(고요할 막 : 집宀안에 아무도 없다莫) ② 寂寞(적막) 寂滅(적멸) 靜寂(정적) 閑寂(한적)
355	**笛** 피리 적	竹 11	笛 dí	① 대통(竹)으로 말미암아(由) 소리를 내는 피리. '피리' '날라리=太平簫는 나무' ② 警笛(경적) 汽笛(기적) 胡笛(호적) 鼓笛隊(고적대)
356	**摘** 딸(手收) 적	扌 14	摘 zhāi	① 덮여져(商밑둥 적)있는 것을 손(扌)으로 따다. '골라서 따다' '들추어내다' '지적하다'란 뜻. ② 摘發(적발) 摘示(적시) 摘要(적요) 指摘(지적)
357	**蹟** 자취 적	足 18	迹 jì	① 발(足)로 차곡차곡 쌓아간(責) 자취. 지나온 '발자취' '행적'이다. ② 古蹟(고적) 事蹟(사적) 奇蹟(기적) 史蹟(사적)
358	**殿** 전각 전:	殳 13	殿 diàn	① 고대하고 장엄한 건물인데, 자원(字源)에 대한 정설이 없다. '궁전'이나 '큰집'으로 쓰인다. ② 宮殿(궁전) 殿閣(전각) 聖殿(성전) 大雄殿(대웅전)
359	**漸** 점점 점:	氵 14	渐 jiàn	① 물(氵)이 밀려들어 조금씩 땅을 깎아(斬벨 참) 먹다. '점점' '차츰' '천천히 움직이다' ② 漸次(점차) 漸增(점증) 漸入佳境(점입가경)
360	**亭** 정자 정	亠 9	亭 tíng	① 우뚝한 곳(丁)에 높이(高의 획 줄임) 지은 집. '정자' '역참' '망루'란 뜻이다. ② 亭子(정자) 料亭(요정) 八角亭(팔각정)

361	**頂** 정수리　정	頁 11	顶 dǐng	① 사람의 머리(頁)위에 가장 오뚝한(丁다 자라서 구부러진 모양) 곳. '머리 꼭대기' '이마'라는 뜻. ② 頂上(정상) 頂點(정점) 絶頂(절정) 登頂(등정)
362	**井** 우물　정(:)	二 4	井 jǐng	① 우물의 난간. 우물의 귀틀모양이다. '우물'이란 뜻이다. ② 市井(시정) 油井(유정) 臨渴掘井(임갈굴정)
363	**征** 칠　정	彳 8	征 zhēng	① 버릇을 바로잡아(正) 주려고 갔다(彳) '치다' '가다' '쳐서 취하다'라는 뜻이다. ② 征伐(정벌) 征服(정복) 長征(장정) 遠征隊(원정대)
364	**廷** 조정　정	廴 7	廷 tíng	① 본채의 뜰에 우뚝(壬)하게 지은 집. '조정' '관청' '관아'라는 뜻으로 쓰인다. ② 朝廷(조정) 法廷(법정) 宮廷(궁정) 閉廷(폐정)
365	**貞** 곧을　정	貝 9	贞 zhēn	① 점(卜)을 친 결과대로 돈(貝)을 정직하게 썼다. '곧다' '지조가 굳다' '곧 바름'이란 뜻이다. ② 貞淑(정숙) 貞操(정조) 貞潔(정결) 不貞(부정)
366	**淨** 깨끗할　정	氵 11	净 jìng	① 더러운 물(氵)도 깨끗한 물과 섞여 다투면서 (爭) 흐르게 되면 깨끗하여 진다. '깨끗하다' (일)净 ② 淨潔(정결) 淨化槽(정화조) 淨水器(정수기)
367	**齊** 가지런할　제	齊 14	齐 qí	① 두 가지 說이 있다. 곡식 이삭이 가지런하다. 또 창을 '가지런히' 꽂아둔 모양. '정제된 모양' (일)斉 ② 齊唱(제창) 均齊(균제) 修身齊家(수신제가)
368	**諸** 모두　제	言 16	诸 zhū	① 여러 사람(者)이 모이면 '모두'가 말(言)을 잘한다. '온갖' '여러' '모든'이란 뜻이다. ② 諸般(제반) 諸侯(제후) 諸元(제원) 諸賢(제현)
369	**兆** 억조　조	儿 6	兆 zhào	① 고대에 거북을 태워 그 갈라진 모양을 보고 길흉을 점 쳤는데, 그 갈라진 금이 수 없이 많다. ② 兆朕(조짐) 徵兆(징조) 億兆蒼生(억조창생)
370	**照** 비칠　조:	灬 13	照 zhào	① 햇빛(日)과 불빛(灬) 불러들여(召) 비치게 하다. '비추다' '햇빛' '비교하다'란 뜻이다. ② 照度(조도) 照明(조명) 照會(조회) 落照(낙조)

371	租 禾	租	① 벼(禾)를 조상(且)의 제물로 바침. 그렇게 하겠다는 '구실'로 '세금'을 거두었다. '세들다' ② 租稅(조세) 租借地(조차지) 租賃(조임)
	조세 조	10	zū

372	縱 糸	纵	① 실(糸) 가닥의 상하가 분명하게 늘어져(從) '세로'를 이루고 있음. '늘어지다' '내보내다' (일)縦 ② 縱橫(종횡) 放縱(방종) 七縱七擒(칠종칠금)
	세로 종	17	zòng

373	坐 土	坐	① 의자(椅子)가 생기기 전에는 흙(土)을 파서 의자 모양으로 서로 보고 앉았다. '앉다' '자리' ② 坐視(좌시) 坐板(좌판) 坐不安席(좌불안석)
	앉을 좌:	7	zuò

374	柱 木	柱	① 집을 지탱하는 주인(主)이 되는 나무(木). '기둥' '줄기' '버티고 서있다'라는 뜻. ② 石柱(석주) 柱聯(주련) 四柱八字(사주팔자)
	기둥 주	9	zhù

375	株 木	株	① 나무(木)는 그 줄기(朱)를 표준삼아 숫자를 센다. (동물은 머리) '그루' '뿌리'의 뜻이다. ② 株式會社(주식회사) 守株待兔(수주대토)
	그루 주	10	zhū

376	洲 氵	洲	① 물(氵)가에 있는 큰 고을(州고을 주)이란 뜻. '섬' '대륙' '모래톱'이라는 뜻이다. ② 三角洲(삼각주) 濠洲(호주) 六大洲(육대주)
	물가 주	9	zhōu

377	珠 玉	珠	① 붉은 빛(朱)을 내는 품질이 좋은 구슬(玉) 이다. '구슬' '붉다'라는 뜻이다. ② 珍珠(진주) 珠玉(주옥) 珠算(주산) 念珠(염주)
	구슬 주	10	zhū

378	奏 大	奏	① 높은(二는 上) 사람 대인(大)에게 예쁜 것(夭)을 드리다. '아뢰다' '상소' '음악의 한 곡' ② 上奏(상주) 奏樂(주악) 演奏(연주) 吹奏樂(취주악)
	아뢸 주(:)	9	zòu

379	宙 宀	宙	① 만물이 죽고 사는 것을 반복하는 하늘을 지붕이라 생각하는 집. '往古來今曰宙' '무한' ② 宇宙(우주) 宙合樓(주합루)
	집 주:	8	zhòu

380	鑄 金	铸	① 쇠붙이(金)를 녹여 거푸집을 주조하는 데는 시간이 오래(壽) 걸린다. '쇠를 부어 만들다' (일)鋳 ② 鑄物(주물) 鑄字(주자) 鑄造(주조) 鑄貨(주화)
	쇠불릴 주	22	zhù

3급Ⅱ

381	仲 버금 중(:)	亻 6	仲 zhòng	① 여러 형제인 사람(亻) 중에서 가운데(中)인 사람. '버금' '가운데' '거간'이란 뜻. ② 仲裁(중재) 仲介人(중개인) 伯仲叔季(백중숙계)
382	即 곧 즉	卩 9	即 jí	① 바로 앞에서 꿇어(卩) 앉은 사람. '가깝다' '곧' '이제'라는 뜻이다. (일)即 ② 卽刻(즉각) 卽決(즉결) 卽時(즉시) 卽效(즉효)
383	症 증세 증(:)	疒 10	症 zhèng	① 병(疒)은 시간이 가면서(正) 변해 간다. '증세' '병의 성질이나 상태'란 뜻이다. ② 症勢(증세) 症狀(증상) 渴症(갈증) 炎症(염증)
384	曾 일찍 증	日 12	曾 céng	① 오늘 보다 먼저. 또 시루같이 거듭 쌓인 날. '일찍이' '이전에' '겹치다' '이미'라는 뜻. *曽 ② 未曾有(미증유) 曾孫子(증손자) 曾子(증자)
385	憎 미울 증	忄 15	憎 zēng	① 싫어하는 마음(忄)이 자꾸 쌓이게(曾거듭 증) 증오하고 '미워'하게 된다. '질투하다'란 뜻. *憎 ② 憎惡(증오) 愛憎(애증) 憎嫉(증질) 憎嫌(증혐)
386	蒸 찔 증	艹 14	蒸 zhēng	① 풀(艹)을 때니(灬) 증기가 올라가는(丞) 모양. '찌다' '덥다'라는 뜻이다. ② 水蒸氣(수증기) 蒸發(증발) 汗蒸幕(한증막)
387	之 갈 지	丿 4	之 zhī	① 초목이 위로 뻗어 올라가는 모양이다. '가다' '이르다' '이것, 지시대명사'로 쓰인다. ② 無用之物(무용지물) 易地思之(역지사지)
388	池 못 지	氵 6	池 chí	① 땅(地)에서 흙(土)을 파내어 없애면 그 자리에 물이 괴어 웅덩이(저수지)가 된다. ② 貯水池(저수지) 池塘(지당) 池魚之殃(지어지앙)
389	枝 가지 지	木 8	枝 zhī	① 나무(木)의 줄기에서 맨 처음으로 갈라져(支)나간 나뭇가지이다. '나누어지다' '흩어지다' ② 接枝(접지) 剪枝(전지) 金枝玉葉(금지옥엽)
390	辰 별/때 진/신	辰 7	辰 chén	① 풀이 꿈틀거리며 나오는 3월이 본래의 뜻. '때/날 신' 생신(生辰) 日月星辰(일월성신) ② 日辰(일진) 辰韓(진한) 壬辰倭亂(임진왜란)

391	振 떨칠　　진:	扌 10	振 zhèn	① 손(扌)으로 꿈틀대도록(辰月=3月) 흔들다. '손으로 흔들다' '떨다' '진동하다'란 뜻이다. ② 振動(진동) 振作(진작) 振興(진흥) 奮三振(탈삼진)
392	震 우레　　진:	雨 15	震 zhèn	① 비(雨)가 내릴 때 번개를 치며 천둥소리(벼락)가 진동 하다. '크게 흔들리다' '지진'이란 뜻. ② 地震(지진) 震動(진동) 震幅(진폭) 震源地(진원지)
393	鎭 진압할　진(:)	金 18	镇 zhèn	① 참으로(眞) 무거운 쇠붙이(金)로 누르다. '진정하다' '누르다' '무겁다'라는 뜻이다. (일)鎮 ② 鎭壓(진압) 鎭定(진정) 鎭魂(진혼) 鎭痛劑(진통제)
394	陳 베풀/묵을 진:/진	阝 11	陈 chén	① 경계(阝)를 두고 잘 묶어(東) 놓다. 잘 갈무리하다. '벌이다' '진열하다' '베풀다' '묵다' ② 陳頭(진두) 陳腐(진부) 陳述(진술) 陳情書(진정서)
395	疾 병/빠를　질	疒 10	疾 jí	① 화살(矢)을 맞아 병이 들었다. 외상(外傷)이다. '빠를 질' : 화살(矢)의 독은 빠르게 퍼진다. ② 疾病(질병) 痼疾(고질) 疾風怒濤(질풍노도)
396	秩 차례　　질	禾 10	秩 zhì	① 본디의 뜻은 밥맛(禾)을 잃어버린(失) 80된 노인이다. 序는 70대. '질서'라는 뜻이다. ② 秩序(질서) 秩然(질연 : 질서정연) 無秩序(무질서)
397	執 잡을　　집	土 11	执 zhí	① 수갑(幸은 변형)을 차고 무릎을 꿇고(丸) 앉은 사람을 본뜬 字. '잡다' '가지다' '지키다' ② 執行(집행) 執權(집권) 執着(집착) 固執(고집)
398	徵 부를　　징	彳 15	征 zhēng	① 착한 싹이 더 작아지는 것을 염려하여 경계하다. '부르다' '거두다' '증거'란 뜻. (일)徵 ② 徵發(징발) 徵收(징수) 象徵(상징) 特徵(특징)
399	借 빌/빌릴　차:	亻 10	借 jiè	① 마른 고기(昔예 석)가 없을 때는 다른 사람(亻)에게 '빌리다' '빌려주다' '돕다'란 뜻이다. ② 借款(차관) 借用(차용) 貸借(대차) 租借(조차)
400	此 이　　　차	止 6	此 cǐ	① 쓸 만한 것은 변함(比) 없이 이곳에 머물게 (止)하다. '이' '이것' '가까운 사물'로 쓰인다. ② 此際(차제) 此後(차후) 此日彼日(차일피일)

401	錯 어긋날 착	金 16	错 cuò	① 오래된(昔예 석) 쇠붙이(金)는 녹이 쓸기 마련. '섞이다' '그르치다' '잘못되다'란 뜻이다. ② 錯覺(착각) 錯誤(착오) 錯視(착시) 倒錯(도착)
402	贊 도울 찬:	貝 19	赞 zàn	① 앞서(先) 나가 행한 것이 가치(貝)가 있어 도와주다. '돕다' '기리다' '참여하다'란 뜻. (일)賛 ② 贊反(찬반) 贊成(찬성) 贊助(찬조) 協贊(협찬)
403	昌 창성할 창(:)	日 8	昌 chāng	① 햇빛(日)이 밝고 공명하고 당당하게 말(曰)하는 것은 착하고 '창성하다' '번영하다'란 뜻. ② 昌盛(창성) 繁昌(번창) 文昌(문창) 昌朝(창조)
404	倉 곳집 창(:)	人 10	仓 cāng	① 스(지붕아래) 戶(통풍용 창문) ㅁ(물품) 즉 지붕을 단단히 덮고 물건을 보관하는 곳. '곳집' ② 倉庫(창고) 穀倉(곡창) 彈倉(탄창) 倉卒間(창졸간)
405	蒼 푸를 창	艹 14	苍 cāng	① 창고(倉)에 이끼(艹)가 끼어 푸르게 되다. '푸르다' '우거지다' 또, '백성'이란 뜻으로 쓰임. ② 蒼空(창공) 古色蒼然(고색창연) 億兆蒼生(억조창생)
406	債 빚 채:	亻 13	债 zhài	① 금품을 강요당할(責) 만한 일이 있는 사람(亻). '빚' '빌리다'라는 뜻이다. ② 債務(채무) 債券(채권) 私債(사채) 國債(국채)
407	彩 채색 채:	彡 11	彩 cǎi	① 물감을 채취(采)하고 가려서 무늬(彡)를 그리다. '무늬' '빛' '물감으로 그리다'란 뜻. ② 彩色(채색) 水彩畵(수채화) 光彩(광채) 多彩(다채)
408	菜 나물 채:	艹 12	菜 cài	① 초목(艹)에서 채취(采캘 채)할 수 있는 잎 종류의 '나물' '채소' '반찬' *菜는 잎. 蔬는 뿌리. ② 菜蔬(채소) 菜食(채식) 野菜(야채) 生彩(생채)
409	策 꾀 책	竹 12	策 cè	① 대나무(竹)로 만들어 따끔하게(束) 때린다. '채찍' '꾀하다' 대나무에 '적다'란 뜻. ② 對策(대책) 計策(계책) 妙策(묘책) 散策(산책)
410	妻 아내 처	女 8	妻 qī	① 여자(女)가 비녀를 꽂고 다소곳이 앉은 모양. '아내' 또 '시집보내다'의 뜻도 있다. ② 妻家(처가) 夫妻(부처) 糟糠之妻(조강지처)

411	尺 자 척	尸 4	尺 chǐ	① 사람(尸)의 손으로 길이를 재는 모양이다. '자'(길이의 단위) '법도' '가깝다'라는 뜻. ② 尺度(척도) 越尺(월척) 吾鼻三尺(오비삼척)
412	拓 넓힐/박을 척/탁	扌 8	拓 tuò	① 문 앞에 있는 돌(石)을 손(扌)으로 걷어 내어 '넓히다' '개척하다' 또 '박다'일 때는 '박을 탁' ② 開拓(개척) 干拓(간척) *拓本(탁본)
413	戚 친척 척	戈 11	戚 qī	① 무성(戊)한 콩알(叔콩 숙/획 줄임)이 한 껍질 속에 여럿이 들어 있듯이 동포(同胞)인 '겨레' ② 親, 父系 姻, 妻家 戚, 外家를 합쳐 親姻戚(친인척)
414	淺 얕을 천:	氵 11	浅 qiǎn	① 창(戈)은 부딪치면 얇아지고 작아진다. 물(氵)이 얇은 것은 '옅은 것' '얕다'란 뜻. (일)浅 ② 淺薄(천박) 日淺(일천) 淺聞(천문) 淺識(천식)
415	遷 옮길 천:	辶 16	迁 qiān	① 두 사람이 시체의 머리를 안고 옮기는 모양. '옮기다' '바꾸다' '벼슬의 위치가 바뀌다' ② 改過遷善(개과천선) 孟母三遷之教(맹모삼천지교)
416	踐 밟을 천:	足 15	践 jiàn	① 발(足)걸음을 적게(戈+戈)하여 밟고 가다. '밟다' '짓밟다' '행하다' '오르다'란 뜻. (일)践 ② 實踐(실천) 踐踏(천답) 踐歷(천력) 踐位(천위)
417	賤 천할 천:	貝 15	贱 jiàn	① 돈(貝)이 적으면 업신여김을 당하게 된다. '천하다' '경멸하다' '업신여기다'란 뜻이다. ② 貴賤(귀천) 賤待(천대) 賤視(천시) 賤民(천민)
418	哲 밝을 철	口 10	哲 zhé	① 말(口)을 꺾어서(折) 안해도 진리를 깨우쳐알다. '슬기' '알다' '도리나 사리에 밝은 사람' ② 哲學(철학) 哲人(철인) 哲聖(철성) 明哲(명철)
419	徹 통할 철	彳 15	彻 chè	① 편달(攵)하고 뜻을 길러(育) 나가서(彳) 목적지까지 '통하다' '뚫다' '막힘없이 통하다' ② 徹底(철저) 徹夜(철야) 貫徹(관철) 透徹(투철)
420	滯 막힐 체	氵 14	滞 zhì	① 띠(帶)를 두른 것처럼 물(氵)이 흐르지 못해 막히다. '막히다' '머무르다'란 뜻이다. (일)滞 ② 停滯(정체) 滯納(체납) 滯症(체증) 延滯(연체)

3급 II 43회	한 자 훈 음	부수 총획	간체 병음	① 자원풀이 ② 한자어
421	肖 닮을/같을 초	月 7	肖 xiào	① 몸(月)이 조금 작을(小) 뿐 많이 '닮았다' '닮다' '비슷함' '본받다'란 뜻이다. *肖 ② 肖像畫(초상화) 不肖小生(불초소생)
422	超 뛰어넘을 초	走 12	超 chāo	① 누군가 부르면(召) 뛰어가다(走). '뛰어넘다' '초과하다' '뛰어나다'란 뜻이다. ② 超過(초과) 超越(초월) 超然(초연) 超滿員(초만원)
423	礎 주춧돌 초	石 18	础 chǔ	① 무릎(疋발 소)까지 수북한 잡초(林)를 제치고 터를 닦은 후 돌(石)로 '주춧돌'을 놓다. '토대' ② 礎石(초석) 基礎(기초) 礎潤而雨(초윤이우)
424	促 재촉할 촉	亻 9	促 cù	① 사람(亻)이 발(足)로 빨리 가도록 재촉함. '재촉하다' '급하다' '다가오다'란 뜻이다. ② 促求(촉구) 促迫(촉박) 督促(독촉) 販促(판촉)
425	觸 닿을 촉	角 20	触 chù	① 벌레(蜀)가 더듬이(角)로 더듬어 어느 곳에 '닿다' '서로 접촉하다' '부딪치다'란 뜻이다. (일)触 ② 觸角(촉각) 觸感(촉감) 接觸(접촉) 抵觸(저촉)
426	催 재촉할 최:	亻 13	催 cuī	① 사람을 독려하여 일을 신속히 진행하도록 하다. '재촉하다' '열다' '베풀다'란 뜻이다. ② 開催(개최) 主催(주최) 催告(최고) 催眠術(최면술)
427	追 쫓을/따를 추	辶 10	追 zhuī	① 언덕(阜)에 숨은 자를 쫓아가다(辶) 즉 뒤를 '쫓다' '섬기다' '따르다' '내몰다'란 뜻이다. ② 追擊(추격) 追越(추월) 追從(추종) 追慕(추모)
428	畜 짐승 축	田 10	畜 chù	① 짐승의 머리에 끈을 달아 기르다. 옆에 놓고 먹여 살리다. '기르다' '짐승' '가축'이다. ② 家畜(가축) 畜産(축산) 牧畜(목축) 種畜(종축)
429	衝 찌를 충	行 15	冲 chōng	① 길(行)을 가다가 '탕'(重은 '탕'부딪치는 의성어)하고 부딪치다. 또 네거리(行)는 중요(重)하다. ② 衝突(충돌) 衝擊(충격) 折衝(절충) 要衝地(요충지)
430	吹 불 취:	口 7	吹 chuī	① 입(口)을 벌려 후~하고 기운을 빼내다(欠) '입으로 불다' '부추기다' '악기를 불다'란 뜻. ② 吹入(취입) 鼓吹(고취) 吹打(취타) 吹奏樂(취주악)

3급Ⅱ 44회	한 자 훈 음	부수 총획	간 체 병음	① 자원풀이　②　한자어
431	醉 취할　취:	酉 15	醉 zuì	① 술(酉)을 자기 주량이 넘치도록(卒) 마시다. '술에 취하다' '마음에 취하다'란 뜻이다. (일)酔 ② 醉客(취객) 醉興(취흥) 陶醉(도취) 痲醉(마취)
432	側 곁　측	亻 11	侧 cè	① 규범(則법칙 칙)이 될 만한 사람(亻)을 항상 곁에 두어 야 한다. '옆' '가' '다가오다'란 뜻. ② 側近(측근) 側面(측면) 兩側(양측) 貴側(귀측)
433	恥 부끄러울　치	心 10	耻 chǐ	① 나의 잘못한 언행이 귀(耳)에 쏙 들어가 마음(心)으로 '부끄러워함' '욕보이다'는 뜻도 있음. ② 恥事(치사) 恥辱(치욕) 廉恥(염치) 羞恥(수치)
434	値 값　치	亻 10	值 zhí	① 사람(亻)이 곧게(直) 서서 마주하다. '만나다' '당하다'에 서 전의되어 물건에 맞먹는 '값'이 됨. ② 價値(가치) 數値(수치) 近似値(근사치) 平均値(평균치)
435	稚 어릴　치	禾 13	稚 zhì	① 작은 벼(禾)와 작은 새(隹)를 합하고 기준하여 '어리다'라는 뜻으로 쓰게 됨. ② 幼稚園(유치원) 稚拙(치졸) 稚氣(치기) 稚魚(치어)
436	漆 옻　칠	氵 14	漆 qī	① 옻나무(桼)를 벗겨서 그 수액(樹液)을 물감으로 썼다. 검은 색으로 최상의 천연염료이다. ② 漆器(칠기) 漆板(칠판) 漆黑(칠흑) 金漆(금칠)
437	沈 잠길/성　침(:)/심:	氵 7	沈 shěn	① 물(氵)에 가라앉은 듯 말듯(冘머뭇거릴 유)하다. '가라앉다' '물에 잠기다' '고요하다'란 뜻도 됨. ② 沈沒(침몰) 沈水(침수) 沈澱(침전) 沈黙(침묵)
438	浸 잠길　침:	氵 10	浸 jìn	① 빗자루(帚)로 쓸 때는 차례대로 쓸어나간다. 물에 잠기는 것도 차례대로 '잠기다' '스미다' ② 浸水(침수) 浸蝕(침식) 浸透(침투) 浸禮敎(침례교)
439	奪 빼앗을　탈	大 14	夺 duó	① 새(隹)가 날개를 크게(大)하여 목표물을 제압 한 후 발톱(寸)으로 낚아채다. '빼앗다' '잃다' ② 奪取(탈취) 劫奪(겁탈) 掠奪(약탈) 爭奪(쟁탈)
440	塔 탑　탑	土 13	塔 tǎ	① 흙(土)으로 높게 쌓은 탑 모양이다. '탑' '절佛舍'이다. ② 石塔(석탑) 佛塔(불탑) 尖塔(첨탑) 象牙塔(상아탑)

3급Ⅱ

3급Ⅱ 45회	한자 훈음	부수 총획	간체 병음	① 자원풀이　② 한자어
441	湯 끓을　탕:	氵 12	汤 tāng	① 물(氵)이 햇볕(昜볕 양)을 받아 더워지다. '물을 끓이다' '목욕하다' '씻다'는 뜻으로 쓰임. ② 沐浴湯(목욕탕) 冷湯(냉탕) 蔘鷄湯(삼계탕)
442	泰 클　태	氺 10	泰 tài	① 큰(大) 물(氺)의 피해를 손으로 막아내야 '태평'이 온다. '크다' '편안하다' '몹시'란 뜻. ② 泰平(태평) 泰然(태연) 國泰民安(국태민안)
443	殆 거의　태	歹 9	殆 dài	① 목숨(口는 목구멍, 厶는 숨구멍)이 죽음(歹)에 이르러 '위태롭다' 죽음에 '거의 가깝다' ② 危殆(위태) 殆半(태반) 知止不殆(지지불태)
444	澤 못　택	氵 16	泽 zé	① 들어가는 물(氵)과 나오는 물이 분명하게 바뀌어(睪)지는 곳. '연못' '은혜' '윤'이란 뜻. (일)沢 ② 光澤(광택) 潤澤(윤택) 惠澤(혜택) 德澤(덕택)
445	兎 토끼　토	儿 8	兔 tù	① 큰 귀와 통통한 몸 꼬리가 긴 토끼의 모양을 그린 것임. '토끼' 또 달의 이칭으로도 쓰인다. *兎 = 兔 ② 兎死狗烹(토사구팽) 兎角龜毛(토각귀모)
446	吐 토할　토(:)	口 6	吐 tǔ	① 풀싹이 땅(土)에서 나오듯 입(口)으로 토하다. '토하다' '털어놓다' '드러내다'란 뜻이다. ② 吐露(토로) 實吐(실토) 吐哺握發(토포악발)
447	透 사무칠　투	辶 11	透 tòu	① 우수(秀)한 사람은 장애물을 쉽게 뚫고 나간다.(辶) '통해서 보다' '통하다' *透 ② 透明(투명) 透寫(투사) 透徹(투철) 透視圖(투시도)
448	版 판목　판	片 8	版 bǎn	① 나무 조각(片)에 글씨를 새긴 것이다. 도장이나 인쇄목판은 반대(反)로 글씨를 새겼다. ② 版木(판목) 版權(판권) 再版(재판) 經版(경판)
449	片 조각　편(:)	片 4	片 piàn	① 가지가 붙은 통나무를 半으로 쪼갠 모양이다. 작다는 뜻으로 쓰인다. '한쪽 조각' '납작한 조각' ② 片道(편도) 片鱗(편린) 斷片(단편) 破片(파편)
450	偏 치우칠　편	亻 11	偏 piān	① 사람(亻) 한쪽 구석(扁)으로 치우쳐 있음. '치우치다' '한쪽' '하나'란 뜻도 있다. ② 偏見(편견) 偏愛(편애) 偏母膝下(편모슬하)

3급II 46회	한 자	부수	간 체	① 자원풀이　　② 한자어
	훈 음	총획	병음	

451	編	糸	编	①실(糸)로 대쪽에 쓴 죽간인 책(扁)을 꿰매다. '엮다' '짜다' '한권의 책'이란 뜻도 있다.
	엮을　편	15	biān	② 編輯(편집) 編成(편성) 編著(편저) 續編(속편)

452	肺	月	肺	①몸(月)속에 든 장기의 하나. 시장(市)처럼 숨쉬는 소리가 시끄럽다. '허파' '부아' '마음'이다.
	허파　폐:	8	fèi	② 肺腑(폐부) 肺病(폐병) 肺炎(폐렴) 塵肺症(진폐증)

453	廢	广	废	①집(广)에서 살던 사람이 모두 떠나(發)가니 '폐허'가 된 '쓸모없는 집' '그만두다' '부서지다' (일)廢
	폐할/버릴　폐:	15	fèi	② 廢家(폐가) 廢校(폐교) 廢止(폐지) 廢車(폐차)

454	弊	廾	弊	①옷이 낡아 해져(敝해질 폐) 두 손(廾)으로 맞잡아 가리다. '해치다' '나쁘다'라는 뜻이다.
	폐단/해질　폐:	15	bì	② 弊端(폐단) 弊習(폐습) 弊害(폐해) 民弊(민폐)

455	捕	扌	捕	①달아나는 사내(甫사내 보)를 쫓아가 손(扌)으로 붙잡다. '붙잡다' '체포하다'란 뜻이다.
	잡을　포:	10	bǔ	② 捕虜(포로) 捕捉(포착) 逮捕(체포) 生捕(생포)

456	浦	氵	浦	①물가(氵)에서 오고가는 사람을 배 삯을 받고 건너 주는 곳. 甫는 사내/사공. '물가' '개펄'
	개/물가　포	10	pǔ	② 浦口(포구) 浦灣(포만) 永登浦(영등포) 麻浦(마포)

457	楓	木	枫	①나무(木)에 바람(風)이 들어 잎의 색깔이 물들다. 바람에 잘 흔들리는 '단풍나무'다.
	단풍　풍	13	fēng	② 丹楓(단풍) 楓嶽山(풍악산 : 가을의 금강산)

458	皮	皮	皮	①손으로 짐승의 가죽을 벗기는 모양으로, 털이 붙어있는 가죽이다. '피부' '살갗' '껍질'
	가죽　피	5	pí	② 皮革(피혁) 皮膚(피부) 桂皮(계피) 鐵面皮(철면피)

459	彼	彳	彼	①쓸모 있는 살은 이곳(此)에 두고 쓸모없는 가죽 (皮)은 저쪽으로 보내다.(彳) '저' '저것'이다.
	저　피:	8	bǐ	② 彼我間(피아간) 彼此一般(피차일반)

460	被	衤	被	①살가죽(皮)을 덮어 입는 옷(衣)이다. '입다' '이불' '거죽' '덮다' '받다'라는 뜻.
	입을　피:	10	bèi	② 被告(피고) 被拉(피랍) 被服(피복) 被殺(피살)

3급II

461	畢 마칠　　필	田 11	毕 bì	① 자루가 달린 그물의 상형이다. 　'사냥을 마치다' '완성하다' '끝내다'라는 뜻. ② 畢竟(필경) 畢生(필생) 檢查畢證(검사필증)
462	荷 멜　　하(:)	艹 11	荷 hé	① 물건을 받칠(何멜 하) 만큼 큰 잎(艹)을 가진 잎 중심 　의 연꽃. 뿌리 중심은 蓮. '연꽃' '짊어지다' ② 荷物(하물) 荷重(하중) 賊反荷杖(적반하장)
463	賀 하례할　　하:	貝 12	贺 hè	① 좋은 일에 재물(貝)을 보태주어(加) '하례하다' 　'축하해주다' '경축하다'란 뜻이다. ② 賀禮(하례) 祝賀(축하) 致賀(치하) 年賀狀(연하장)
464	何 어찌　　하	亻 7	何 hé	① 사람(亻) 숨이 찬(可는 숨이 가까스로 나오는 모양) 　모양인데, 왜? 그럴까? '어찌' '무엇'을 뜻함. ② 何等(하등) 何時(하시) 何必(하필) 誰何(수하)
465	鶴 학　　학	鳥 21	鹤 hè	① 높이 나는(崔높이 날 확) 고상한 새(鳥)는 학이다. 　'두루미' '학'이다. ② 鶴舞(학무) 仙鶴(선학) 群鷄一鶴(군계일학)
466	汗 땀　　한(:)	氵 6	汗 hàn	① 몸에서 나오는 물(氵)인데 너무 많이 나와서 　막아(干방패 간)버리고 싶다. '땀' '땀을 내다' ② 汗蒸幕(한증막) 多汗症(다한증) 不汗黨(불한당)
467	割 벨　　할	刂 12	割 gē	① 칼(刂)로 베어 해치다(害해할 해)는 뜻. 　'해치다' '나누다' '쪼개다'라는 뜻이다. ② 割當(할당) 割賦(할부) 割腹(할복) 割引(할인)
468	含 머금을　　함	口 7	含 hán	① 지금(今) 입(口)안에 머금고 있다. 　'머금다' '거두다' '드러나지 아니하다'란 뜻. ② 包含(포함) 含量(함량) 含蓄忿怨(함축분원)
469	陷 빠질　　함:	阝 11	陷 xiàn	① 언덕(阝)밑에 파놓은 구덩이(臼)에 사람(人)이 빠지다. 　'빠지다' '함정' '무너지다' (일)陷 ② 陷穽(함정) 陷落(함락) 缺陷(결함) 謀陷(모함)
470	恒 항상　　항	忄 9	恒 héng	① 하늘(一)과 땅(一) 사이의 해(日)는 항상 변함이 없다. 　그러한 마음(忄). '항상' '늘' '언제나' ② 恒常(항상) 恒溫(항온) 恒久的(항구적) 恒星(항성)

471	**項** 항목　항:	頁	项 12 xiàng	① 머리(頁) 몸 사이의 工과 생긴 곳이 목이다. '목덜미' '조목' '항목'이란 뜻이다. ② 項目(항목) 條項(조항) 事項(사항) 前項(전항)
472	**響** 울릴　향:	音	响 22 xiǎng	① 소리(音)가 시골(鄕)로 퍼져 나가다. '소리가 울리다' '소리가 마주치다'란 뜻이다. ② 音響(음향) 交響曲(교향곡) 影響(영향) 響應(향응)
473	**獻** 드릴　헌:	犬	献 20 xiàn	① 전쟁에서 이기고, 장수에게 호랑이(虍) 무늬가 있는 솥(鬲)에 개(犬)고기를 삶아 드려 축원함. (일)献 ② 獻金(헌금) 獻納(헌납) 貢獻(공헌) 獻血(헌혈)
474	**玄** 검을　현	玄	玄 5 xuán	① 들어 갈수록 가물가물 보이지 않음. '검다' '멀다' '하늘' '오묘하다'란 뜻이다. ② 玄關(현관) 玄米(현미) 天地玄黃(천지현황)
475	**懸** 달(繫)　현:	心	悬 20 xuán	① 상금을 매달고 공모하다는 뜻이다. '매달다' '걸다' '떨어지다'라는 뜻이다. ② 懸隔(현격) 懸板(현판) 懸案(현안) 懸賞金(현상금)
476	**穴** 굴　혈	穴	穴 5 xué	① 우묵하고 깊게 파진 '구덩이'인 '굴'모양이다. '구멍' '움' '구덩이' '동굴'이란 뜻이다. ② 穴居(혈거) 墓穴(묘혈) 堤潰蟻穴(제궤의혈)
477	**脅** 위협할　협	月	胁 10 xié	① 힘(力)이 뭉쳐 나오는 심장을 에우고 있는 갈비를 둘러싼 살(月). '갈비' '옆구리'이다. ② 威脅(위협) 脅奪(협탈) 脅迫狀(협박장)
478	**衡** 저울대　형	行	衡 16 héng	① 큰소(大) 뿔(角)을 이리저리(行) 가로자른 안전장치. '저울대' '쇠뿔의 가름대' '가로지른 나무' ② 衡平(형평) 銓衡(전형) 度量衡器(도량형기)
479	**慧** 슬기로울　혜:	心	慧 15 huì	① 비(彗)로 욕심을 깨끗이 쓸어버려 샘물처럼 솟는 마음(心)이 '지혜'이다. '슬기롭다' ② 慧眼(혜안) 智慧(지혜) 慧敏(혜민) 聰慧(총혜)
480	**虎** 범　호(:)	虍	虎 8 hǔ	① 호랑이가 입을 크게 벌리고 부르짖는 모양. '범' '용맹스럽다'는 뜻이다. ② 虎狼(호랑) 虎皮(호피)

| 481 | 胡 | 月 | 胡 | ① 오래(古)되어 굳은 살(月)은 깎아내도 다시 살아난다. 쫓아내도 다시 침범하는 '오랑캐' |
| | 되(戎·羌) 호 | 9 | hú | ② 胡桃(호도) 胡笛(호적) 丙子胡亂(병자호란) |

| 482 | 浩 | 氵 | 浩 | ① 홍수(氵)가 났으니 빨리 대피하라고 소리쳐 알림(告). '크다' '넓다' '광대하다'는 뜻이다. |
| | 넓을 호: | 10 | hào | ② 浩氣(호기) 浩蕩(호탕) 浩然之氣(호연지기) |

| 483 | 豪 | 豕 | 豪 | ① 돼지(豕) 등에 난 털이 크고(高) 사납게 생겨 '굳세게' 보이다. '뛰어나다' '강맹하다' |
| | 호걸 호 | 14 | háo | ② 豪傑(호걸) 豪快(호쾌) 强豪(강호) 豪華板(호화판) |

| 484 | 惑 | 心 | 惑 | ① 혹(或) 누가 쳐들어오지 않나하는 생각(心)이 나타나 '어지럽고' '헷갈림' '의심함' |
| | 미혹할 혹 | 12 | huò | ② 困惑(곤혹) 當惑(당혹) 誘惑(유혹) 疑惑(의혹) |

| 485 | 魂 | 鬼 | 魂 | ① 사람이 죽으면 뼈(魄)는 땅에 묻히고 정신은 구름(云)처럼 떠다닌다는 귀신(鬼)이라고 여김. |
| | 넋 혼 | 14 | hún | ② 魂魄(혼백) 靈魂(영혼) 魂飛魄散(혼비백산) |

| 486 | 忽 | 心 | 忽 | ① 마음(心) 속에 아무것도 없었는데(勿), 갑자기 떠올랐다. '갑자기' '다하다' '마음에 두지 않다' |
| | 갑자기 홀 | 8 | hū | ② 忽待(홀대) 忽然(홀연) 疎忽(소홀) 忽視(홀시) |

| 487 | 洪 | 氵 | 洪 | ① 물(氵)이 한 곳(共)으로 다 모여 든 것 같은 '큰물'이다. '큰 물' '넓다' 성씨(姓氏)로도 쓰임. |
| | 넓을 홍 | 9 | hóng | ② 洪水(홍수) 洪圖(홍도) 洪範九疇(홍범구주) |

| 488 | 禍 | 示 | 祸 | ① 살(肉)은 다 발라먹고 뼈(咼는 骨의 변형)만 신(示)에게 바치면 화(罰)를 당한다. '죄' '허물' |
| | 재앙 화: | 14 | huò | ② 禍根(화근) 輪禍(윤화) 遠禍召福(원화소복) |

| 489 | 換 | 扌 | 换 | ① 서로에게 필요한 것은 큰(奐클 환)것으로 손(扌)으로 바꾼다. '바꾸다' '교체하다'란 뜻이다. |
| | 바꿀 환: | 12 | huàn | ② 交換(교환) 換錢(환전) 換氣(환기) 換率(환율) |

| 490 | 還 | 辶 | 还 | ① 눈동자(睘놀라서 볼 경)를 돌려서 갔던 길을 제자리로 돌아오다. (辶) '돌아오다' '돌려보내다' |
| | 돌아올 환 | 17 | huán | ② 還甲(환갑) 還拂(환불) 歸還(귀환) 奪還(탈환) |

491	皇 임금 황	白 9	皇 huáng	① 햇빛(白)에 빛나는 큰 도끼(王)를 가진 사람. 태양의 아들로서 인간을 다스리는 '임금' '황제' ② 皇帝(황제) 皇室(황실) 敎皇(교황) 天皇(천황)
492	荒 거칠 황	艹 10	荒 huāng	① 황량(荒亡할 황)한 풀(艹) 이외에는 아무것도 없다. '풀만 땅을 덮고 있다' '거칠어 진 땅' ② 荒蕪地(황무지) 荒野(황야) 虛荒(허황) 荒凉(황량)
493	悔 뉘우칠 회:	忄 10	悔 huǐ	① 매일(每) 가지고 있는 탐욕스런 내 마음(忄)을 반성하고 '뉘우치다' '아까운 생각' '고치다' ② 後悔(후회) 慙悔(참회) 悔心曲(회심곡)
494	懷 품을 회	忄 19	怀 huái	① 마음(忄)을 가리고(褱품을 회) 있으니 품고 있다는 뜻. '품다' '드러나지 않은 마음' '싸다' (일)懷 ② 懷古(회고) 懷柔(회유) 虛心坦懷(허심탄회)
495	劃 그을 획	刂 14	划 huà	① 그려 놓은 그림(畵)의 중간 중간에 칼(刂)로 새겨 넣다. 논밭 사이에 경계를 '긋다' '계획' ② 計劃(계획) 企劃(기획) 劃數(획수) 劃策(획책)
496	獲 얻을 획	犭 17	获 huò	① 날짐승(隹)과 길짐승(犭)을 잡아 손아귀(又)에 넣다. '얻다' '포로' '잡다'란 뜻이다. ② 獲得(획득) 濫獲(남획) 虜獲(노획) 漁獲量(어획량)
497	橫 가로 횡	木 16	横 héng	① 소 외양간을 가로지르는 누런색(黃) 나무(木). 소(牛)는 노란색을 싫어한다. '가로지르다' '가로' (일)横 ② 縱橫(종횡) 橫領(횡령) 橫書(횡서) 橫財(횡재)
498	胸 가슴 흉	月 10	胸 xiōng	① 간·심장·폐·지라를 살(月=肉)과 갈비뼈로 감싸(勹) 감추고(凶)있는 '가슴' '앞' '요충지' ② 胸襟(흉금) 胸圍(흉위) 胸像(흉상) 胸部(흉부)
499	稀 드물 희	禾 12	稀 xī	① 벼(禾)를 드문드문 성기게 심어서 드물다. 希는 드물다는 뜻이 있음. '드물다' '성기다' ② 稀代(희대) 稀微(희미) 稀薄(희박) 古稀(고희)
500	戱 놀이 희	戈 16	戏 xì	① 싸움에 이기면 호랑이(虍) 무늬가 있는 그릇에 제물을 바치고 무기(戈)를 돌려가며 춤췄다. ② 戲弄(희롱) 戲曲(희곡) 遊戲(유희) 戲畵(희화)

3급 II

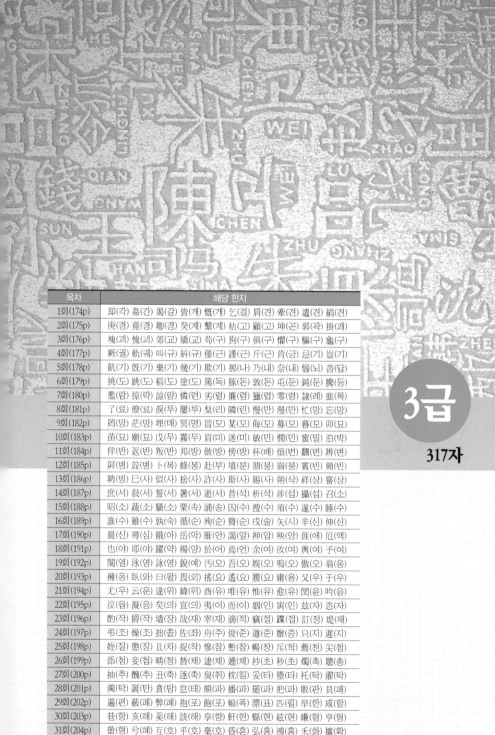

3급

317자

1	却 물리칠　각	卩 7	却 què	① 사람(卩몸을 구부린 사람)을 물러나도록(去) 하다. '뒤로 물러남' '물리치다' '그치다'란 뜻. ② 棄却(기각) 忘却(망각) 燒却(소각) 退却(퇴각)
2	姦 간음할　간:	女 9	奸 jiān	① 많은 여자(女)와 어울리는 것은 도덕적으로 음란한 일이다. '간음하다' '옳지 않다' '나쁘다' ② 姦淫(간음) 姦通(간통) 强姦(강간) 姦婦(간부)
3	渴 목마를　갈	氵 12	渴 kě	① 몸속에 지니고 있는 물(氵)이 다하여(曷다할 갈) 목이 마르다. '목이 마르다' '서두르다'란 뜻. (일)渇 ② 渴症(갈증) 渴望(갈망) 臨渴掘井(임갈굴정)
4	皆 다(總)　개	白 9	皆 jiē	① 모든 사람(比)이 늘어서서 같은 말(白말하다)을 '다같이'하다. '모두' '전부' '함께'란 뜻. ② 皆勤(개근) 擧皆(거개) 皆旣日蝕(개기일식)
5	慨 슬퍼할　개:	忄 14	慨 kǎi	① 이미(旣이미 기) 지나간 일에 화(忄)를 내는 것은 슬픈 일이다. '슬퍼하다' '개탄하다' ② 慨歎(개탄) 憤慨(분개) 感慨無量(감개무량)
6	乞 빌　걸	乙 3	乞 qǐ	① 본디 운기(雲氣)의 모양이다. 음형(音形)이 祈(빌 기) 에 가까워 '빌다' '구걸하다'로 가차. ② 求乞(구걸) 乞人(걸인) 哀乞伏乞(애걸복걸)
7	肩 어깨　견	月 8	肩 jiān	① 마치 집(戶)의 창문처럼 좌우로 움직이는 살 (月)이니 사람의 '어깨'란 뜻이다. ② 肩章(견장) 肩骨(견골) 路肩(노견) 肩臂(견비)
8	牽 이끌/끌　견	牛 11	牵 qiān	① 소(牛)에 멍에를 씌어(冖) 끈(糸)으로 끌고가다. '끌다' '당기다' '이끌다'는 뜻이다. ② 牽引(견인) 牽制(견제) 牽牛織女(견우직녀)
9	遣 보낼　견:	辶 14	遣 qiǎn	① 용무(고기를 보존 식량으로 하라고)를 띄워 보내다 (辶). '보내다'란 뜻이다. *遣 ② 派遣(파견) 分遣(분견) 遣歸(견귀 : 돌려보냄)
10	絹 비단　견	糸 13	绢 juàn	① 누에(肙)에서 얻어진 실(糸)로 만들어진 비단. '얇은 비단' '명주' '견직물'이다. ② 絹絲(견사) 絹紡(견방) 絹織物(견직물)

11	庚 별(星)　경	广 8	庚 gēng	① 일곱째 천간(天干)이다. 절굿공이로 곡식을 찧는다는 뜻. 만물이 여무는 가을. ② 庚伏(경복=삼복) 庚辰(경진) 甲乙 ‥‥庚辛壬癸
12	竟 마침내　경:	立 11	竟 jìng	① 사람(儿)의 소리(音)는 끝이 있다. 한없이 오래 끌지는 못한다. '다하다' '마침내'라는 뜻. ② 畢竟(필경) 究竟(구경) 竟夜(경야)
13	卿 벼슬　경	卩 12	卿 qīng	① 두 사람이 음식(皂고소할 흡)을 사이에 두고 마주보고 있는 모양. 왕실에서 접대하는 '벼슬' ② 公卿大夫(공경대부) 樞機卿(추기경) 三卿(삼경)
14	癸 북방/천간　계:	癶 9	癸 guǐ	① 열째 천간(天干). 사방에서 화살이 날라 와서 죽다. 죽으면 다시 태어난다. '맨 나중' '맨 뒤' ② 癸丑日記(계축일기) 癸未字(계미자)
15	繫 맬　계:	糸 19	系 xì	① 수레(軍을 거꾸로 한 모양)에 창(殳)을 싣고 실(糸)로 동여매다. '매다' '얽다' '묶다'란 뜻. ② 連繫(연계) 繫留場(계류장) 繫縛(계박) 繫船(계선)
16	枯 마를　고	木 9	枯 kū	① 나무(木)가 오래(古) 살면 말라서 죽는다. '마르다' '건조하다' '말라서 죽다'란 뜻. ② 枯死(고사) 枯木(고목) 榮枯盛衰(영고성쇠) 枯渴(고갈)
17	顧 돌아볼　고	頁 21	顾 gù	① 뻐꾹새(雇뻐꾹새 호)가 남의 둥지에 알을 낳고 잘 자라나 자꾸 머리(頁)를 '뒤돌아보다' '돌보다' ② 顧客(고객) 顧問(고문) 三顧草廬(삼고초려)
18	坤 따/땅　곤	土 8	坤 kūn	① 땅(土)은 하늘의 뜻(申은 번개)을 고스란히 받는다. '땅' '대지' '순하다'라는 뜻으로도 쓰인다. ② 乾坤(건곤) 坤德(곤덕) 乾坤一擲(건곤일척)
19	郭 둘레/외성　곽	阝 11	郭 guō	① 평화를 누리고(享누릴 향) 살기 위해 주위 언덕(阝)에 성벽이 있어야 함. '둘레' '바깥' ② 城郭(성곽) 外郭(외곽) *姓氏 '郭氏'로도 쓰임.
20	掛 걸(懸)　괘	扌 11	挂 guà	① 점(卜)을 칠 때 손(扌)으로 구슬 장식을 높이 (圭) 걸다. '높이 달다' '걸다' '걸쳐놓다' ② 掛念(괘념) 掛圖(괘도) 掛鐘時計(괘종시계)

3급

3급 3회	한 자 훈 음	부수 총획	간 체 병 음	① 자원풀이　　② 한자어
21	塊 흙덩이　괴	土 13	块 kuài	① 흙(土)이 둥글게 덩어리(鬼의 획 줄임)로 되어 굳었다. 　'흙덩이' '흙' 덩어리'란 뜻이다. ② 金塊(금괴) 塊莖(괴경 : 감자 따위) 塊炭(괴탄)
22	愧 부끄러울　괴:	忄 13	愧 kuì	① 마음(忄)이 예사롭지 않다(鬼)는 것은 부끄러운 일이 　있기 때문이다. '부끄럽다' '창피하다' ② 慙愧(참괴) 羞愧(수괴) 自愧之心(자괴지심)
23	郊 들(野)　교	阝 9	郊 jiāo	① 이 고을(阝)과 저 고을(阝)이 서로 사귀는(交)것처럼 　사이에 있는 '들판' '시외' '성 밖' ② 郊外(교외) 近郊(근교) 郊坰(교경) 農郊(농교)
24	矯 바로잡을　교:	矢 17	矫 jiǎo	① 화살(矢)을 큰 나무(喬)로 만든 틀에 끼워서 굽어진 것 　을 '바로잡다' '교정하다' ② 矯正(교정) 矯導所(교도소) 矯角殺牛(교각살우)
25	苟 진실로/구차할　구	艹 9	苟 gǒu	① 풀(艹)이 구부러져(句) 쫙 펴지지 않았다. 　'구차하다'로 가차. '진실로 구'로도 쓰임. ② 苟且(구차) 苟容(구용) 苟安(구안)
26	狗 개　구	犭 8	狗 gǒu	① 개(犭=犬)가 아직 다 자라지 못하여 허리가 굽은 것 　(句) 같이 보이는 '강아지'가 본뜻. ② 走狗(주구) 黃狗(황구) 羊頭狗肉(양두구육)
27	俱 함께　구	亻 10	俱 jù	① 가치(貝)가 큰 것을 여러(卄) 사람(亻)이 받들고 있는 　모양이다. '함께' '모두' '동반하다' (일)俱 ② 俱現(구현) 不俱戴天(불구대천) 俱存(구존)
28	懼 두려워할　구	忄 21	惧 jù	① 새(隹)가 두려운 마음(忄)에서 두 눈(目)으로 두리번거 　리고 있다. '두려워하다' '근심하다' ② 悚懼(송구) 疑懼心(의구심) 恐懼(공구) 懼喘(구천)
29	驅 몰　구	馬 21	驱 qū	① 말(馬)을 일정한 구역(區)으로 몰아내다. 　'몰아내다' '쫓아 보내다'란 뜻이다. (일)驅 ② 驅迫(구박) 驅逐艦(구축함) 驅蟲(구충) 驅步(구보)
30	龜 거북/터질　구(귀)/균	龜 16	龟 guī	① 거북의 모양을 본 뜬 글자이다. 　동물 이름은 '귀' 나라이름은 '구' 터지다는'균' (일)龜 ② 龜鑑(귀감) 龜頭(귀두) 龜船(귀선) 龜裂(균열)

3급 4회	한자 훈음	부수 총획	간체 병음	① 자원풀이　② 한자어
31	厥 그(其)　궐	厂 12	厥 jué	① 모자라는 것(欠)은 집(厂)에서 거스르다(逆의 획 줄임) '그것'이란 조사(助詞)로 쓰인다. ② 闕席(궐석) 厥角(궐각) 厥女(궐녀 : 그 여자)
32	軌 바퀴자국　궤:	車 9	轨 guǐ	① 바퀴(車)가 지나간 자국이 구불구불(九) 나있음. '수레바퀴' '길' '바퀴사이'란 뜻이다. ② 軌道(궤도) 軌迹(궤적) 無限軌道(무한궤도)
33	叫 부르짖을　규	口 5	叫 jiào	① 얽혀(糾의 획 줄임)진 내막을 밝히라고 입(口)으로 '크게 소리침' '울부짖다'란 뜻이다. ② 絶叫(절규) 阿鼻叫喚(아비규환) 叫號(규호)
34	糾 얽힐　규	糸 8	纠 jiū	① 실(糸)이 제대로 이어지지 않고 얽혀진 모양. '꼬다' '맺히다' '바로잡다'란 뜻이다. ② 紛糾(분규) 糾明(규명) 糾彈(규탄) 糾合(규합)
35	僅 겨우　근:	亻 13	仅 jǐn	① 사람(亻) 숫자가 조금(堇)이다. 수완이나 능력이 부족하다. '겨우' '근근히' '조금'이란 뜻. ② 僅少(근소) 僅僅得生(근근득생)
36	謹 삼갈　근:	言 18	谨 jǐn	① 말(言)을 조심하여 적게(堇) 하다. '삼가다' '조심하다' '공손히' '정중히'란 뜻이다. ② 謹愼(근신) 謹啓(근계) 謹弔(근조) 謹呈(근정)
37	斤 근/날(刃)　근	斤 4	斤 jīn	① 날이 선 도끼에 자루가 끼워진 모양이다. '도끼' '베다' 또 '무게의 단위'로도 쓰인다. ② 斤兩=斤量(근량) 斧斤(부근) 쇠고기 한 斤(600g)
38	肯 즐길　긍:	月 8	肯 kěn	① 머리를(月) 움직여(止) 그렇다고 하다. '수긍하다' '즐기다' '들어줌'이란 뜻. ② 肯定(긍정) 首肯(수긍) 肯志(긍지) 肯諾(긍낙)
39	忌 꺼릴　기	心 7	忌 jì	① 내 몸(己) 밖으로 나간 마음(心)이니, 몸으로 다시 들이고 싶지 않다. '꺼리다' '미워하다' ② 禁忌(금기) 忌日(기일) 忌憚(기탄) 忌祭祀(기제사)
40	豈 어찌　기	豆 10	岂 qǐ	① 山에서 전쟁의 승리를 축하하는 제사(豆)를 지내며 '어찌어찌'하여 이겼다. '왜' '설마' ② 주로 어조사로 쓰여 단독 한자어는 없다.

3급 5회	한 자 훈 음	부수 총획	간체 병음	① 자원풀이　② 한자어
41	飢 주릴 기	食 11	饥 jī	① 밥(食)이 밥상(几안석 궤)밖에 있으니 먹지 못해 '굶주리다' '흉년들다' '주리다'란 뜻. *飢 ② 飢渴(기갈) 飢饉(기근) 療飢(요기) 虛飢(허기)
42	旣 이미 기	无 11	既 jì	① 돌아서서 더 가버린 모양. '이미' 가 버려서 보이지 않음. '이미' '벌써' '끝나다'란 뜻이다. (일)既 ② 旣存(기존) 旣定(기정) 旣婚(기혼) 旣述(기술)
43	棄 버릴 기	木 12	弃 qì	① 위는 子가 거꾸로 한 '아이 돌아 나올 돌' 아래는 '가래 삽' 사산한 아이를 '버리다' ② 棄却(기각) 抛棄(포기) 破棄(파기) 棄兒(기아)
44	幾 몇 기	幺 12	几 jī	① 본디 가는 실로 짜는 베틀이란 뜻인데, 가차되어 '몇' '조짐' '가깝다'라는 뜻으로 쓰임. ② 幾年(기년) 幾望(기망) 幾何級數(기하급수)
45	欺 속일 기	欠 12	欺 qī	① 모자란(欠) 그(其) 부분을 채우기 위하여 상대를 '속이다' '거짓말' '업신여기다'란 뜻. ② 詐欺(사기) 欺瞞(기만) 欺罔(기망) 誣欺(무기)
46	那 어찌 나:	阝 7	那 nà	① 본디 땅이름인데, 가차하여 '어찌' '무엇' 등의 주로 '어조사'로 쓰이며 한자어는 거의 없다. ② 刹那(찰나)
47	乃 이에 내:	丿 2	乃 nǎi	① 모태(母胎) 내에서 몸을 둥그렇게 구부린 태아(胎兒)를 본뜬 모양. 주로 '어조사'로 쓰인다. ② 乃至(내지 : 얼마에서 얼마까지) 終乃(종내)
48	奈 어찌 내	大 8	奈 nài	① 신사(示)에 쓰이는 큰(大) 과일이란 뜻인데, 가차되어 주로 '어조사'로 쓰인다. ② 莫無可奈(막무가내)
49	惱 번뇌할 뇌	忄 12	恼 nǎo	① 머리(腦의 획 줄임)에 복잡한 생각(忄)이 꽉 차 있다. '괴로워하다' '고달프다'란 뜻이다. (일)悩 ② 煩惱(번뇌) 苦惱(고뇌) 惱殺(뇌쇄)
50	畓 논 답	田 9	畓 -	① 밭(田)위에 물(水)이 차 있는 논이다. 국자(國字) : 우리나라에서만 쓰는 漢字이다. ② 田畓(전답) 天水畓(천수답) 門前沃畓(문전옥답)

3급 6회	한 자 훈 음	부수 총획	간체 병음	① 자원풀이 ② 한자어
51	挑 돋울 도	扌 9	挑 tiǎo	① 손(扌)으로 갈라지게 금(兆)을 내다. 싸움을 걸거나 화를 '돋우다' '집적거리다' '긁다' ② 挑戰(도전) 挑發(도발) 挑出(도출) 挑禍(도화)
52	跳 뛸 도	足 13	跳 tiào	① 발(足)걸음을 여러 번(兆)하여 탄력을 받아 뛰어오르 다. '뛰다' '솟구치다' ② 跳躍(도약) 棒高跳(봉고도) 飛跳(비도)
53	稻 벼 도	禾 15	稻 dào	① 절구(臼)에서 손(爫)으로 꺼내는 곡식(禾)은 '벼'. 찧으면 쌀이다. ② 稻作(도작) 稻熱病(도열병) 立稻先賣(입도선매)
54	塗 칠할 도	土 13	涂 tú	① 진흙(氵와 土)을 흙손(余는 흙손 모양)을 써서 벽에 바 르다. '진흙' '바르다' '더럽히다' ② 塗料(도료) 塗褙(도배) 道聽塗說(도청도설)
55	篤 도타울 독	竹 16	笃 dǔ	① 대(竹)조각 같이 말(馬)이 천천히 걷는다는 데서 가차 하여 '도탑다' '살뜰하다'로 쓴다. ② 敦篤(돈독) 篤實(독실) 危篤(위독) 篤志家(독지가)
56	豚 돼지 돈	豕 11	豚 tún	① 온 몸이 기름뿐인 집에서 기른 살찐(月) 돼지(豕) '돼지' '자기 아들의 겸칭' '돼지새끼' ② 豚舍(돈사) 豚肉(돈육) 養豚(양돈) 豚兒(돈아)
57	敦 도타울 돈	攵 12	敦 dūn	① 제사(享)에 좋은 음식을 드리고 자식들은 참되게 채찍 질(攵)하여 '도탑게' '성실'하게 하다. ② 敦篤(돈독) 敦實(돈실) 敦厚(돈후) 敦化門(돈화문)
58	屯 진칠 둔	屮 4	屯 tún	① 자라던 풀이 장애가 생겨 꺾인 모양. 그 곳에서 '머물다' '진치다'라는 뜻이다. ② 駐屯(주둔) 屯兵(둔병) 屯耕(둔경) 屯陳(둔진)
59	鈍 둔할 둔:	金 12	钝 dùn	① 캐어낸 쇠(金) 그대로 정제·정련되지 않고 그대로 머 물러(屯)있으니 '둔하다' '무디다' ② 鈍感(둔감) 愚鈍(우둔) 鈍才(둔재) 鈍濁(둔탁)
60	騰 오를 등	馬 20	腾 téng	① 언덕을 오르는 데는 말(馬)이 제일 낫다(勝에서 力을 줄임) '오르다' '뛰다' '넘다'란 뜻이다. ② 騰落(등락) 騰貴(등귀) 反騰(반등) 暴騰(폭등)

61	濫 넘칠　람:	氵 17	滥 làn	① 거울(監)같이 비친 물(氵)이 넘쳐흐르다. '넘치다' '함부로 하다'란 뜻이다. ② 濫發(남발) 濫用(남용) 猥濫(외람) 氾濫(범람)
62	掠 노략질할　략	扌 11	掠 lüè	① 손(扌)놀림을 크게(京)하여 겁을 줘서 빼앗다. '빼앗다' '탈취하다' '매질하다'란 뜻이다. ② 掠奪(약탈) 擄掠(노략) 掠盜(약도)
63	諒 살펴알/믿을　량	言 15	谅 liàng	① 그 하는 말(言)을 크고(京) 밝게 하여 서로에게 믿게 하다. '살펴서 알다' '의심하지 않게' ② 諒解(양해) 海諒(해량) 諒察(양찰) 諒知(양지)
64	憐 불쌍히 여길　련	忄 15	怜 lián	① 마음(忄)이 엉키어 휘감겼다(粦) 그 처지를 '불쌍히 여겨' '가련하다' '어여삐 여기다' ② 可憐(가련) 憐憫(연민) 同病相憐(동병상련)
65	劣 못할　렬	力 6	劣 liè	① 자기의 능력인 힘(力)이 다른 사람보다 적으니 (少) 그 사람만 '못하다' '약하다' '어리다' ② 優劣(우열) 劣勢(열세) 拙劣(졸렬) 卑劣(비열)
66	廉 청렴할　렴	广 13	廉 lián	① 제 곳간(广)에 갈무리할 곡식(禾)을 내 것과 이웃 것을 구분하다. 욕심이 없어 '청렴하다' *廉 ② 淸廉(청렴) 廉恥(염치) 廉價(염가) 破廉恥(파렴치)
67	獵 사냥　렵	犭 18	猎 liè	① 개(犭)가 쥐(鼠)를 휘몰아쳐 잡듯이 '사냥하다' '학대하다' '놀라게 하다' 로 쓰인다. (일) 猟 ② 狩獵(수렵) 獵銃(엽총) 獵官(엽관) 涉獵(섭렵)
68	零 떨어질/영(數字)　령	雨 13	零 líng	① 하늘의 명령(令)으로 빗물(雨)이 떨어지다. '비가 떨어지다' '아래로 떨어지다'란 뜻. *零 ② 零度(영도) 零下(영하) 零點(영점) 零細民(영세민)
69	隸 종　례:	隶 16	隶 lì	① 隶(미칠 이)는 '붙잡다'는 뜻이 있다. 죄인이나 이민족을 붙잡아 종으로 삼다. ② 奴隸(노예) 隸屬(예속) 隸書(예서) 賤隸(천례)
70	鹿 사슴　록	鹿 11	鹿 lù	① 사슴의 모양을 본뜬 글자. '사슴'이다. ② 鹿茸(녹용) 馴鹿(순록) 指鹿爲馬(지록위마)

3급 8회	한 자 훈 음	부수 총획	간 체 병 음	① 자원풀이 ② 한자어
71	了 마칠 료:	亅 2	了 le	① 아이가 거꾸로 나오는 모양인데, 어머니의 역할을 '마 쳤다' '끝나다'라는 뜻이다. ② 完了(완료) 終了(종료) 滿了(만료) 修了證(수료증)
72	僚 동료 료	亻 14	僚 liáo	① 횃불처럼(寮벼슬아치 료) 잘 생긴 나와 같이 근무하는 사람(亻)이다. '벗' '동료' '벼슬아치' ② 同僚(동료) 官僚(관료) 閣僚(각료) 幕僚(막료)
73	淚 눈물 루:	氵 11	泪 lèi	① 기대에 어그러져(戾어그러질 려) 눈물(氵)을 흘림. '눈물을 흘리다' '촛농이 떨어지다' (일)淚 ② 落淚(낙루) 血淚(혈루) 催淚彈(최루탄)
74	屢 여러 루:	尸 14	屡 lǚ	① 사람(尸)이 잇달아(婁) 여러 번 계속하다. '여러' '자주' '언제나' '매양'이란 뜻이다. ② 屢代(누대) 屢年(누년) 屢次(누차) 屢世(누세)
75	梨 배 리	木 11	梨 lí	① 배는 사람에게 이로움(利)만 주는 나무이다. 감기나 변비 등의 약이 되는 과일 '배' '늙은이' ② 梨花(이화) 凍梨(동리) 烏飛梨落(오비이락)
76	隣 이웃 린	阝 15	邻 lín	① 마을 안에서 담(阝)은 쌓았으나 서로 쌀(米)을 주고 받으며(舛) 사는 이웃. '이웃' '돕다'란 뜻. ② 隣近(인근) 隣接(인접) 善隣(선린) 隣國(인국)
77	慢 거만할 만:	忄 14	慢 màn	① 마음(忄)만 뻗어(曼끌 만)가고 실행이 없어 좋은 결과 가 없다. '게으르다' '거만하다' '느림' ② 慢性(만성) 倨慢(거만) 怠慢(태만) 自慢(자만)
78	漫 흩어질 만:	氵 14	漫 màn	① 물(氵)이 계속 퍼져나가(曼) 흩어지다. '질펀하다' '넘쳐흐르다' '흩어지다'란 뜻이다. ② 漫畫(만화) 浪漫(낭만) 散漫(산만) 放漫(방만)
79	忙 바쁠 망	忄 6	忙 máng	① 중요한 일을 잊어버릴(亡) 정도로 마음(忄)이 바빠 정 신이 없다. '바쁘다' '일이 많다' ② 奔忙(분망) 忙中閑(망중한) 公私多忙(공사다망)
80	忘 잊을 망	心 7	忘 wàng	① 마음(心) 속에 간직하고 있던 것을 잃어(亡) 버렸다. '잊다' '다하다' '없애 버리다'란 뜻. ② 忘却(망각) 健忘症(건망증) 刻骨難忘(각골난망)

3급

81	罔 없을/그물　망	罒 8	罔 wǎng	① 그물(网)로 쳐서 잡아먹으니 없다(亡). '그물' '없다' '속이다'란 뜻이다. ② 罔極(망극) 欺罔(기망) 怪常罔測(괴상망측)
82	茫 아득할　망	艹 10	茫 máng	① 물(氵)이 아주 넓은 풀밭(艹)처럼 끝이 없다. (亡) '아득하다' '갑자기'란 뜻으로도 쓰인다. ② 茫漠(망막) 滄茫(창망) 茫然自失(망연자실)
83	埋 묻을　매	土 10	埋 mái	① 밭(土)을 파헤치는 살쾡이(狸의 획 줄임)를 '묻어' 토지 신에게 바치다. '메우다' '숨기다' ② 埋沒(매몰) 埋伏(매복) 暗埋葬(암매장) 生埋葬(생매장)
84	冥 어두울　명	冖 10	冥 míng	① 六과 旬을 합친 字. 16일이면 보름이 지나 점차 어두워 진다. '어둡다' 어두운 '저승' ② 冥福(명복) 冥想(명상) 幽冥(유명) 冥府(명부)
85	冒 무릅쓸　모	冂 9	冒 mào	① 눈(目)을 가리듯이 내리 덮이는 것을 그대로 들쓰다. '덮다' '무릅쓰다' '쓰개'란 뜻이다. ② 冒險(모험) 冒瀆(모독) 冒頭(모두) 冒濫(모람)
86	某 아무　모:	木 9	某 mǒu	① 나무(木)에 열린 맛이 아주 단(甘) 과일은 누가 따서 먹었는지 '아무도' 모른다. '아무개' ② 某氏(모씨) 某處(모처) 某月某日(모월모일)
87	侮 업신여길　모(:)	亻 9	侮 wǔ	① 매일(每) 배우지 않은 사람(亻)은 아는 것이 없어 다른 사람에게 '업신여김'을 당함. '깔보다' ② 侮辱(모욕) 侮蔑(모멸) 受侮(수모) 侮罵(모매)
88	募 모을/뽑을　모	力 13	募 mù	① 힘(力)들이지 않고(莫) 쉽게 모으다. '모으다' '널리 구하다' '부르다'란 뜻이다. ② 募集(모집) 募金(모금) 募兵(모병) 應募(응모)
89	暮 저물　모:	日 15	暮 mù	① 해(日)가 없어졌다(莫). 莫이 본래의 글자인데 '없다'로 쓰이므로 日을 더하여 뜻을 확실히 함. ② 朝令暮改(조령모개) 朝三暮四(조삼모사)
90	卯 토끼　묘:	卩 5	卯 mǎo	① 넷째 지지(地支). 또 두 문짝을 열어젖힌 모양. '토끼 띠' 문짝을 여는 시간 卯時: 5~7시. ② 己卯士禍(기묘사화) 12支: 子丑寅卯 … 申酉戌亥

3급 10회	한 자 훈 음	부수 총획	간 체 병음	① 자원풀이 ② 한자어
91	苗 모 묘:	⼿ 9	苗 miáo	① 밭(田)에 옮겨 심기 위한 어린 싹(⼶)이다. '모' '곡식의 싹'이란 뜻이다. ② 苗木(묘목) 苗床(묘상) 育苗(육묘) 種苗(종묘)
92	廟 사당 묘:	广 15	庙 miào	① 조정(朝) 대신의 位牌(위패)를 모신 집(广)이나 조상의 위패를 모신 '사당' '제사지내는 곳' ② 廟堂(묘당) 廟祠(묘사) 宗廟社稷(종묘사직)
93	戊 천간 무:	戈 5	戊 wù	① 다섯째 천간. 풀이 무성하게 다 자라 솎아(戈) 줘야 하는 단계. ② 戊午士禍(무오사화) 十干의 甲乙丙丁戊己 ⋯
94	霧 안개 무:	雨 19	雾 wù	① 작은 빗방울(雨)인 안개가 자욱하여 창(矛)으로 힘(力)을 다하여 쳐(攵)내야 갈 수 있다. ② 雲霧(운무) 霧散(무산) 五里霧中(오리무중)
95	眉 눈썹 미	目 9	眉 méi	① 눈(目)위에 섶을 둘러 빗물이 흘러 들어가지 못하게 하는 '눈썹=눈 위의 섶' '둘레' '언저리' ② 眉間(미간) 白眉(백미) 焦眉(초미) 兩眉間(양미간)
96	迷 미혹할 미(:)	⻌ 10	迷 mí	① 쌀(米)은 낱알이 작아서 흩어지면 손으로 줍기가 어렵다. 찾아갈(⻌) 방향을 가늠하지 못함. *迷 ② 迷路(미로) 迷兒(미아) 迷惑(미혹) 昏迷(혼미)
97	敏 민첩할 민	攵 11	敏 mǐn	① 의식이 분명(每는 晦)하게 떠오르기 전에 기습적으로 치다(攵) '재빠르다' '총명하다' ② 敏捷(민첩) 敏感(민감) 機敏(기민) 英敏(영민)
98	憫 민망할 민	忄 15	悯 mǐn	① 불쌍(閔불쌍할 민)하게 여기는 마음(忄)이다. '불쌍히 여기다' '근심하다' '고민하다'란 뜻. ② 憐憫(연민) 憫恤(민휼) 憫度(민도) 惻憫(측민)
99	蜜 꿀 밀	虫 14	蜜 mì	① 벌(虫)이 꽃에서 꾸어다가 감추어(必) 놓은 집(⼧)에 있는 벌의 양식. '꿀'이다. ② 蜜蜂(밀봉) 蜜語(밀어) 蜜月旅行(밀월여행)
100	泊 머무를/배댈박	氵 8	泊 bó	① 배를 물가(氵)에 매어 놓고 주인에게 알리다 (白아뢸 백) '배를 대다' '머무르다' '묵다' ② 碇泊(정박) 民泊(민박) 外泊(외박) 宿泊(숙박)

3급

3급 11회	한 자 훈 음	부수 총획	간 체 병음	① 자원풀이 ② 한자어
101	伴 짝 반:	亻 7	伴 bàn	① 나(亻)의 마음도 반(半), 몸도 반(半)씩 섞여있는 서로 뗄 수 없는 사이. '짝' '의지하다' *伴 ② 伴侶(반려) 伴奏(반주) 同伴(동반) 隨伴(수반)
102	返 돌이킬 반:	辶 8	返 fǎn	① 갔던(辶) 길을 반대로 되돌아(反) 오다. '돌아오다' '돌이키다' '돌려주다'란 뜻이다. *返 ② 返納(반납) 返戾(반려) 返品(반품) 返還(반환)
103	叛 배반할 반:	又 9	叛 pàn	① 반(半)은 저쪽, 半은 이쪽을 기웃거리는 사람. 배반(背叛)은 가까운 사람이 한다. '어긋나다' *叛 ② 背叛(배반) 叛骨(반골) 叛亂(반란) 叛逆(반역)
104	邦 나라 방	阝 7	邦 bāng	① 고을(阝)이 모이고 모여 번성(丰클 봉)해지면 '나라'가 된다. 國보다 작은 규모의 '나라' '제후' ② 友邦(우방) 聯邦(연방) 韓日合邦(한일합방)
105	倣 본뜰 방	亻 10	仿 fǎng	① 사람(亻)이 일단 내쳤던(放)것을 다시 본뜨다. '본뜨다' 그대로 '흉내 내다'란 뜻이다. ② 模倣(모방) 倣效(방효) 寫倣(사방)
106	傍 곁 방:	亻 12	傍 bàng	① 가까운(旁가까울 방) 사람(亻)을 곁에 두다. '곁' '옆' '가까이' '모시다'의 뜻도 있다. ② 傍證(방증) 傍聽客(방청객) 袖手傍觀(수수방관)
107	杯 잔 배	木 8	杯 bēi	① 고대에 나무(木)로 만든 술잔이다. 盃(잔 배)의 속자(俗字)이다. ② 乾杯(건배) 祝杯(축배) 後來三杯(후래삼배)
108	煩 번거로울 번	火 13	烦 fán	① 머리(頁)가 타들어(火) 가는 것 같이 화끈 거리고 아프 다. '괴로워하다' '번거롭다' ② 煩悶(번민) 煩雜(번잡) 百八煩惱(백팔번뇌)
109	飜 번역할 번	飛 21	翻 fān	① 날개(飛)를 차례로(番) 뒤집으며 하늘을 날다. '뒤치다' 다른 말로 뒤집어 '번역하다' (일)翻 ② 飜譯(번역) 飜案(번안) 飜覆(번복) 飜意(번의)
110	辨 분별할 변:	辛 16	辨 biàn	① 이 사람의 죄(辛죄 신)와 저 사람의 죄를 나누어(刂) 판단하다. '판단하다' '분별하다' ② 辨明(변명) 辨濟(변제) 魚魯不辨(어로불변)

3급 12회	한 자 훈 음	부수 총획	간 체 병음	① 자원풀이　② 한자어
111	屛 병풍　병(:)	尸 11	屏 píng	① 尸는 戶의 변형으로 집. 幷은 늘어서다. 바람이 들어오는 것을 여러 쪽으로 막다. '가리개' '병풍' *屏 ② 屛風(병풍) 繡屛(수병) 屛居(병거) 屛護(병호)
112	竝 나란히　병:	立 10	并 bìng	① 두 사람이 나란히 서 있는 모양이다. '아우르다' '견주다' '함께하다' '겸하다' (일)並 ② 竝立(병립) 竝設(병설) 竝用(병용) 竝行(병행)
113	卜 점　복	卜 2	卜 bǔ	① 거북의 배가죽을 태워 점을 칠 때의 금이 갈라진 모양이다. 그 소리가 '퍽퍽'이 '복'이 되었다. ② 卜師(복사=점쟁이) 卜債(복채) 卜居(복거)
114	蜂 벌　봉	虫 13	蜂 fēng	① 봉봉(夆) 소리를 내며 날아다니는 벌레(虫) 夆(벌 봉 : 꼬리 끝에 침이 있는 '벌'의 뜻도 있음) ② 蜂起(봉기) 蜂蜜(봉밀) 蜂蝶(봉접) 養蜂(양봉)
115	赴 다다를/갈　부:	走 9	赴 fù	① 죽었다는 소식(訃)을 듣고 달려(走) 가다. '달려가다' '다다르다'란 뜻이다. ② 赴任(부임) 赴擧(부거 : 과거를 보러 감) 赴告=訃告
116	墳 무덤　분	土 15	坟 fén	① 흙(土)을 높이(賁클 분) 쌓은 무덤이다. '무덤' '언덕'이란 뜻이다. ② 墳墓(분묘) 古墳(고분) 封墳(봉분) 雙墳(쌍분)
117	朋 벗　붕	月 8	朋 péng	① 큰 스승아래에서 수학(修學)한 사이. 同師曰 朋이요, 同志曰 友라. '벗' '동무' '친구' ② 朋黨(붕당) 朋友有信(붕우유신)
118	崩 무너질　붕	山 11	崩 bēng	① 山이 본 모양에서 확산(朋은 凡과 통함) 되어 무너지다. '무너지다' 천자가 '죽다'이다. ② 崩壞(붕괴) 崩御(붕어) 崩潰(붕궤)
119	賓 손　빈	貝 14	宾 bīn	① 집(宀)에 선물(貝)을 들고 걸어서(步) 온 반가운 손님. 客(손 객)은 빈손으로 온 손님. '손님' ② 賓客(빈객) 貴賓(귀빈) 外賓(외빈) 迎賓館(영빈관)
120	頻 자주　빈	頁 16	频 pín	① 걸음(步)을 배울 때는 자주 넘어져 머리(頁)를 다친다. '자주' '여러 번'이란 뜻이다. ② 頻度(빈도) 頻煩(빈번) 頻發(빈발) 頻數(빈삭)

3급

121	聘 부를　빙	耳 13	聘 pìn	① 능력 있는 사람을 불러 들여 (뱍끌 병) 의견을 들어(耳) 보다. '부르다' '구하다' '장가들다' ② 招聘(초빙) 聘母(빙모=丈母장모) 聘丈(빙장)
122	巳 뱀　사:	己 3	巳 sì	① 머리가 유난히 크고 몸이 긴 벌레. 뱀을 그린 것이다. '여섯째 지지=뱀띠' '뱀'이다. ② 乙巳保護條約(을사보호조약) 12支의 辰巳午未
123	似 닮을　사:	亻 7	似 sì	① 선조를 따르는(以써 이) 사람(亻)에게 배워서 그 좋은 점이 많이 '닮았다' '같다' '흉내 내다' ② 類似(유사) 恰似(흡사) 非夢似夢(비몽사몽)
124	捨 버릴　사:	扌 11	舍 shě	① 쓸모없는 물건을 손(扌)써서 집(舍)밖으로 내다버리다. 사용하지 않고 버려둠. ② 取捨選擇(취사선택) 喜捨(희사) 捨身(사신)
125	詐 속일　사	言 12	诈 zhà	① 깊이 생각해 보지 않고 문득(乍잠깐 사)하는 말(言)은 진실성이 없다. 거짓이다. ② 詐欺(사기) 詐稱(사칭) 詐取(사취) 詭詐(궤사)
126	斯 이　사	斤 12	斯 sī	① 키(其)로 까불어서 이곳에 남은 알곡을 중심으로 그 언저리를 말함. '이' '어조사=곧'로 씀. ② 斯界(사계 : 어떠한 일에 관계되는 그 사회)
127	賜 줄　사:	貝 15	赐 cì	① 돈이 되는 물건(貝)의 주인이 바뀌다(易바꿀 역) 윗사람이 아랫사람에게 내려 주다. ② 下賜(하사) 賜藥(사약) 賜田(사전) 厚賜(후사)
128	朔 초하루　삭	月 10	朔 shuò	① 그믐에 안 보이던 달(月)이 거슬러(逆회 줄임) 차 오르기 시작하는 '초하루' '처음'이란 뜻. ② 朔望(삭망) 滿朔(만삭) 朔風(삭풍) 朔月貰(삭월세)
129	祥 상서　상	示 11	祥 xiáng	① 조상(示)에게 좋은 양(羊)을 잡아 바치면 좋은 일. '상서로운 일'이 생긴다. '좋다'라는 뜻이다. *祥 ② 祥瑞(상서) 發祥地(발상지) 不祥事(불상사)
130	嘗 맛볼　상	口 14	尝 cháng	① 달고 좋은 맛(旨맛 지)은 일찍이(尙) 맛을 보고 알았다. '맛보다' '시험삼아'란 뜻. ② 嘗試(상시) 臥薪嘗膽(와신상담)

3급 14회	한 자	부수	간 체	① 자원풀이　② 한자어
	훈 음	총획	병음	

131	庶	广	庶	① 집(广)의 불빛을(灬)을 보고 많은(廿) 벌레들이 모여 들다. '여러' '많다' '백성'이란 뜻. ② 庶民(서민) 庶務(서무) 班常嫡庶(반상적서)
	여러　　　서:	11	shù	

132	敍	攵	叙	① 자유(余)로이 뻗어가고 있으나 잘못 되지 않도록 때려(攴) 가면서 '질서를 세워 펴다' (일)叙 ② 敍述(서술) 追敍(추서) 敍情(서정) 敍事詩(서사시)
	펼　　　서:	11	xù	

133	誓	言	誓	① 우물우물하지 않고 딱 부러지게(折) 서로간의 믿음을 말(言)로서 분명하게 약속함. ② 盟誓(맹서) 誓約(서약) 宣誓(선서) 誓願(서원)
	맹세할　　서:	14	shì	

134	暑	日	暑	① 해(日)가 장작불(者는 타는 장작불 모양) 같이 이글거려 '덥다' '더운 기운' '열기'라는 뜻이다. *暑 ② 大暑(대서) 處暑(처서) 暴暑(폭서) 避暑地(피서지)
	더울　　　서:	13	shǔ	

135	逝	辶	逝	① 일찍 죽어(折목숨이 꺾여) 멀리 떠나가다(辶) '가다' '세월이 감' '떠남'이란 뜻이다. *逝 ② 逝去(서거) 逝世(서세) 急逝(급서) 夭逝(요서)
	갈　　　서:	11	shì	

136	昔	日	昔	① 햇볕(日)에 말린 고기의 모양인데 많이 변했다. '오래되다' '옛날' '오래다'라는 뜻이다. ② 昔年(석년) 昔歲(석세) 昔日(석일) 昔者(석자)
	예/옛　　석	8	xí	

137	析	木	析	① 나무(木)를 도끼로 쪼개다. 장작을 패다는 뜻. '가르다' '쪼개다' '나누어지다'란 뜻이다. ② 分析(분석) 解析(해석) 析薪(석신) 判析(판석)
	쪼갤　　　석	8	xī	

138	涉	氵	涉	① 물(氵)을 걸어서(步) 건너다. '물을 건너다' '깊이 들어가다'란 뜻이다. (일)涉 ② 干涉(간섭) 交涉(교섭) 涉獵(섭렵) 涉外(섭외)
	건널　　　섭	10	shè	

139	攝	扌	摄	① 손(扌) 봐줘야 한다고 귀(耳)에 대고 소곤소곤 하다. '다스리다' '돕다' '대신하다'란 뜻이다. (일)摂 ② 攝政(섭정) 攝取(섭취) 包攝(포섭) 攝理(섭리)
	다스릴/잡을 섭	21	shè	

140	召	口	召	① 사람(刀는 人의 변형)이 입(口)으로 부르다. '부르다' '청하다'란 뜻이다. ② 召集(소집) 召喚(소환) 遠禍召福(원화소복)
	부를　　　소	5	zhào	

3급

141	昭	日	昭	① 창으로 햇빛(日)을 불러(召) 들여 밝게 하다. '밝다' '환히 빛나다' '환히 나타내다' ② 昭明(소명) 昭光(소광) 昭朗(소랑) 昭和(소화)
	밝을 소	9	zhāo	

142	蔬	艹	蔬	① 채소 중에서도 뿌리(疋발 소)가 있는 나물이다. 배추는 菜(나물 채) 무나 당근은 蔬(나물 소)이다. ② 菜蔬(채소) 蔬飯(소반) 蔬筍之氣(소순지기)
	나물 소	15	shū	

143	騷	馬	骚	① 말(馬)은 예민한 동물인데 발굽에 벼룩(蚤)이 붙어 있 어 말이 견디지 못해 소란을 피우다. (일)騒 ② 騷亂(소란) 騷客(소객) 騷音(소음) 騷動(소동)
	떠들 소	20	sāo	

144	粟	米	粟	① 곡식(米)이 늘어져 달려 있는 모양. '조' '작은 낟알' '오곡의 총칭'으로 쓰인다. ② 粟米(속미) 罌粟(앵속) 滄海一粟(창해일속)
	조 속	12	sù	

145	誦	言	诵	① 말(言)의 앞뒤가 막힘이(甬골목길 용) 없이 '외우다' '암송하다' '말하다'란 뜻이다. ② 誦讀(송독) 朗誦(낭송) 暗誦(암송) 愛誦詩(애송시)
	욀 송:	14	sòng	

146	囚	口	囚	① 사람(人)을 일정한 구역(口)에 가두어 놓다. '가두다' '가두어 놓은 사람' '포로'란 뜻. ② 罪囚(죄수) 囚衣(수의) 脫獄囚(탈옥수)
	가둘 수	5	qiú	

147	搜	扌	搜	① 노인이 (叟횃불을 든 노인) 조심스럽게 손(扌)으로 더듬어 찾고 있다. '찾다'라는 뜻이다. (일)搜 ② 搜索(수색) 搜査(수사) 搜所聞(수소문) 搜得(수득)
	찾을 수	13	sōu	

148	須	頁	须	① 머리(頁) 털(彡)이 자라 빛나는 모양인데, '모름지기' '기다리다' '잠깐'으로 가차됨. ② 須臾(수유) 須留(수류) 必須科目(필수과목)
	모름지기 수	12	xū	

149	遂	辶	遂	① 돼지(豕)가 떼를 지어 끝까지 다 가다(辶) 결국은 끝까지 다 '이루었다' '마침내' '다하다' *遂 ② 遂行(수행) 完遂(완수) 毛遂自薦(모수자천)
	드디어 수	13	suì	

150	睡	目	睡	① 눈꺼풀(目)이 아래로 늘어져(드리워져) 졸음이 오다. '잠을 자다' '졸다'란 뜻이다. ② 睡眠(수면) 午睡(오수) 昏睡狀態(혼수상태)
	졸음 수	13	shuì	

151	誰 言 누구　수 / 15	谁 shéi	① 새(隹)가 하는 말(言)을 누가 알아들으랴? '누구' '무엇' '묻다' 또 발어사로 쓰인다. ② 誰何(수하) 誰某(수모) 誰怨誰咎(수원수구)

152	雖 隹 비록　수 / 17	虽 suī	① 비록 벌레(虫도마뱀 같은 파충류)지만 새(隹)처럼 하늘을 나른다. '비록' '가령' '아무리 하여도' ② 주로 조사(助詞)로만 쓰인다.

153	孰 子 누구　숙 / 11	孰 shú	① 제사를 올릴(享누릴 향)때는 누구든지 두 손(丸은 잡을 丮의 변형)으로 정성껏 받든다. ② 孰廬(숙려=熟廬) 孰誰(숙수) 孰若(숙약)

154	循 彳 돌　순 / 12	循 xún	① 방패(盾방패 순)를 들고 사방을 돌아가며(彳) 살피다. '돌다' '좇다'라는 뜻이다. ② 血液循環(혈액순환) 因循姑息(인순고식)

155	殉 歹 따라죽을　순 / 10	殉 xùn	① 죽은(歹)사람을 따라(旬두루미치다란 뜻) 죽다. '따라죽다' '좇다' '목숨을 바치다'란 뜻이다. ② 殉葬(순장) 殉教(순교) 殉職(순직) 殉愛譜(순애보)

156	脣 月 입술　순 / 11	唇 chún	① 입(月)의 언저리가 놀라 떨리다(辰꿈틀거릴 진) '입술' '언저리'란 뜻이다. ② 脣亡齒寒(순망치한) 丹脣皓齒(단순호치)

157	戌 戈 개　술 / 6	戌 xū	① 열한 번째 지지(地支)다. '개' '개 띠'로만 쓰일 뿐 한자어는 없다. ② 戊戌年(무술년) 戌時(술시) 辛酉戌亥의 12支.

158	矢 矢 화살　시: / 5	矢 shǐ	① 화살의 모양이다. '화살' '살' 또 화살같이 '빠르다'의 뜻도 있다. ② 矢石(시석) 嚆矢(효시) 光陰如矢(광음여시)

159	辛 辛 매울　신 / 7	辛 xīn	① 고대에 죄인의 이마에 문신을 하던 도구의 모양. 형벌을 당할 때 '고생스럽다' '맵다' ② 辛苦(신고) 辛辣(신랄) 千辛萬苦(천신만고)

160	伸 彳 펼　신 / 7	伸 shēn	① 사람(亻)이 팔을 쭉 펴니 원숭이(申)처럼 팔이 길어지 다. '팔을 펴다' '기지개 켜다'란 뜻이다. ② 伸長(신장) 伸縮(신축) 伸冤雪恥(신원설치)

3급

161	晨	日	晨	① 아침 노을 속에 해(日)가 꿈틀대며(辰) 뜨려고 할 무렵이다. '새벽' '샐녘' '이른 아침'이다. ② 晨起(신기) 晨夕(신석) 昏定晨省(혼정신성)
	새벽　　　신	11	chén	

162	尋	寸	寻	① 오른쪽(口=右) 왼쪽(工=左)을 손(寸)으로 가리켜 주는 대로 찾아가다. '찾다' '보통'이다. ② 尋訪(심방) 推尋(추심) 尋常(심상) 尋人(심인)
	찾을　　　심	12	xún	

163	餓	食	饿	① 내가(我) 밥(食)을 먹는 것은 배가 고프기 때문이다. '배고프다' '굶다' '주리다' ② 飢餓(기아) 餓鬼(아귀) 餓死之境(아사지경)
	주릴　　　아:	16	è	

164	岳	山	岳	① 여러 언덕(丘)를 거느리고 있는 큰 山. '큰 산' '엄하고 위엄 있는 모양' ② 山岳(산악) 冠岳山(관악산) 岳父(악부=丈人장인)
	큰산　　　악	8	yuè	

165	雁	隹	雁	① 물의 상류 언덕(厂)에서나 볼 수 있는 작은 기러기(隹) '기러기' ② 雁帛(안백) 雁席(안석) 雁堂(안당) 雁行(안항)
	기러기　　안:	12	yàn	

166	謁	言	谒	① 말(言)로 만나 뵙기를 청하다(曷은 청하다는 뜻) '뵙다' '회견하다' '아뢰다'라는 뜻이다. ② 謁見(알현) 拜謁(배알) 謁聖及第(알성급제)
	뵐　　　　알	16	yè	

167	押	扌	押	① 甲은 씨앗의 껍질을 벗고 뿌리를 내리는 모양 손(扌)으로 살짝 '누르면' 껍질이 벗겨진다. ② 押留(압류) 押送(압송) 押收(압수) 差押(차압)
	누를　　　압	8	yā	

168	殃	歹	殃	① 죽음(歹)을 가운데(央) 두고 있으니 피하기 어렵다. 재앙이다. '재앙' '재난' '해치다' ② 災殃(재앙) 殃禍(앙화) 殃及池魚(앙급지어)
	재앙　　　앙	9	yāng	

169	涯	氵	涯	① 물(氵)과 맞닿아 있는 언덕(厓)이니 '물가'임. '물가' '가' '끝'이란 뜻이다. ② 生涯(생애) 天涯(천애) 水涯(수애)
	물가　　　애	11	yá	

170	厄	厂	厄	① 언덕(厂) 밑에 몸을 구부려(㔾) 주의를 기울이다. 비좁은 벼랑 가. '재앙' '사나운 운수' ② 厄運(액운) 送厄迎福(송액영복)
	액　　　　액	4	è	

3급 18회	한 자	부수	간체	① 자원풀이　　② 한자어
	훈 음	총획	병음	

171	也	乙	也	① 여자의 음부(陰部)를 받침대가 받친 모양인데 어조사로만 쓰일 뿐 단독 한자어는 없다. ② 及其也(급기야) 獨也靑靑(독야청청)
	이끼/어조사 **야:**	3	yě	

172	耶	耳	耶	① 마을(阝)에서 들려오는(耳) 소문이 사실인지 의문스럽 다. 의문조사인 '어조사'이다. ② 有耶無耶(유야무야)
	어조사　　**야**	9	yé	

173	躍	足	跃	① 꿩(翟꿩 적)이 날지 않을 때 발(足)로 뛰는 모양이다. '뛰다' '빠르다'라는 뜻이다. ② 躍動(약동) 跳躍(도약) 活躍(활약) 暗躍(암약)
	뛸　　**약**	21	yuè	

174	楊	木	杨	① 흰 꽃이 솜과 같이 피어서 날리는(昜) 나무. 가지가 위를 향한 꼿꼿한 '버드나무'이다. ② 楊柳(양류) 楊貴妃(양귀비) *姓氏로도 쓰임.
	버들　　**양**	13	yáng	

175	於	方	於	① 까마귀가 날아가는 모양의 글자인데, 그 울음 소리가 '까욱'하여 감탄하는 어조사로 쓰인다. ② 於焉間(어언간) 於中間(어중간) 於此彼(어차피)
	어조사/탄식할 **어/오**	8	yú	

176	焉	灬	焉	① 노란 봉황새가 본뜻인데, 이 새는 태평성대가 아니면 나오지 않아 '어찌하면 나올까'하는 '어조사' ② 終焉(종언) 於焉間(어언간) 焉敢生心(언감생심)
	어찌　　**언**	11	yān	

177	余	人	余	① 나무위에 원두막처럼 생긴 집. 나의 집이다. 자칭(自稱) 대명사 '나'로 쓰인다. ② 余等(여등 : 우리들)
	나　　**여**	7	yú	

178	汝	氵	汝	① 물(氵)건너 저쪽에 있는 '너'라는 뜻. 이인칭(二人稱) 대명사 '너'로 쓰인다. ② 汝等(여등 : 너희들) 汝輩(여배) 汝矣島(여의도)
	너　　**여:**	6	rǔ	

179	輿	車	輿	① 두 사람이(與) 양쪽에서 들고 가는 수레이니 즉 '가마'이다. '무리'란 뜻도 있다. ② 輿論調査(여론조사) 輿望(여망) 喪輿(상여)
	수레　　**여:**	17	yú	

180	予	亅	予	① 인간사는 끊어졌다, 이어졌다 하며 되풀이 한다. 그 사이에 끼어있는 '나'이다. '함께하다' ② 予奪(여탈) 주로 助詞로만 쓰인다.
	나　　**여**	4	yú	

3급

181	閱 볼(覽) 열	門 15	阅 yuè	① 사람이(儿) 문(門)을 열고 들어가 책을 펴(八)서 읽어(口)보다. '문서를 읽어 보다'란 뜻. (일)閲 ② 閱覽(열람) 檢閱(검열) 校閱(교열) 査閱(사열)
182	泳 헤엄칠 영:	氵 8	泳 yǒng	① 물(氵)에 강하면 멀리(永)까지 헤엄을 친다. '헤엄치다' '자맥질 하다'란 뜻이다. ② 水泳(수영) 背泳(배영) 蝶泳(접영) 自由泳(자유영)
183	詠 읊을 영:	言 12	咏 yǒng	① 말소리(言)를 길게(永)빼어 입안에 오랫동안 감아 둠. '시를 읊다' '노래하다'란 뜻이다. ② 詠歌(영가) 詠誦(영송) 詠嘆(영탄) 詠吟(영음)
184	銳 날카로울 예:	金 15	锐 ruì	① 무딘 쇠(金)를 녹을 벗겨(兌)내고 날카롭게 하다. '날카로운' '뾰족한' '날쌔다'란 뜻. (일)鋭 ② 銳利(예리) 銳敏(예민) 新銳(신예) 精銳(정예)
185	汚 더러울 오:	氵 6	污 wū	① 물(氵)이 흐르지 못하고 뭉쳐(亐) 있으면 더러워지게 된다. '더러운 물' '불결하다' ② 汚物(오물) 汚染(오염) 汚點(오점) 汚職(오직)
186	吾 나 오	口 7	吾 wú	① 다섯 사람 중의 '나' 즉 여러 명 중에서 '나' '나' '우리'라는 뜻이다. ② 吾等(오등) 吾人(오인) 吾鼻三尺(오비삼척)
187	娛 즐길 오:	女 10	娱 yú	① 女子가 팔을 크게(大) 흔들면서 노래(口)하는 모양이다. 남자가 그것을 즐기고 있다. (일)娯 ② 娛樂(오락) 娛遊(오유) 歡娛(환오) 戲娛(희오)
188	嗚 슬플 오	口 13	呜 wū	① 까마귀(烏)는 썩는 냄새를 잘 맡는다. 사람이 죽어가는 것을 알고 지붕 위를 날며 운다. 탄식한다. ② 嗚咽(오열) 嗚呼痛哉(오호통재)
189	傲 거만할 오:	亻 13	傲 ào	① 사람(亻)이 제 마음대로 나가서 즐기며 논다. (敖놀 오) '거만하다' '제멋대로' '업신여기다' ② 傲氣(오기) 傲視(오시) 傲慢放恣(오만방자)
190	翁 늙은이 옹	羽 10	翁 wēng	① 위엄 있는 수염(羽)을 가지고 존경받는 공적(公)인 사람. '노인' '늙은이' '영감' '장인' *翁 ② 老翁(노옹) 翁主(옹주) 塞翁之馬(새옹지마)

191	擁 扌 拥 낄　옹: 16 yōng	① 서로의 마음이 화락(雍화락할 옹)하여 팔을(扌) 벌려 껴안다. '안다' '품다' '가리다'란 뜻. ② 抱擁(포옹) 擁壁(옹벽) 擁護(옹호) 擁立(옹립)
192	臥 臣 卧 누울　와: 8 wò	① 사람(亻)이 두려우면 신하처럼(臣) 몸을 굽혀 엎드리게 된다. '엎드리다' '잠자리' '숨어 살다' ② 臥病(와병) 臥龍(와룡) 臥薪嘗膽(와신상담)
193	曰 曰 曰 가로　왈 4 yuē	① 말을 할 때 혀(舌)가 입 밖으로 나온 모양이 변한 것이다. 말하는 것을 가로 질러 말하다. ② 孔子曰. 예수께서 가라사대.
194	畏 田 畏 두려워할　외: 9 wèi	① 鬼(귀신 귀)의 모양이 변한 字. 요상한 것이 채찍을 들고 있어 두렵다. ② 畏敬(외경) 畏恐(외공) 畏愼(외신) 恭畏(공외)
195	搖 扌 摇 흔들　요 13 yáo	① 육(月)젓이 동이(缶)에 담긴 것은 '흔들어'(扌) 먹어야 한다. '흔들어 움직이다' '요동하다' (일)揺 ② 搖動(요동) 搖籃(요람) 搖之不動(요지부동)
196	遙 辶 遥 멀　요 14 yáo	① 복잡한 생각 없이 몸을 흔들면서(搖의 획 줄임) 멀리까지 걸어가다(辶). '노닐다' (일)遥 ② 逍遙(소요) 遙遠(요원) 遙拜(요배) 遙昔(요석)
197	腰 月 腰 허리　요 13 yāo	① 要는 척추 뼈의 모양. 그 뼈를 살(月)이 싸고 있는 허리이다. '허리' '밑 동' '허리에 띠다' ② 腰痛(요통) 腰折(요절) 腰帶(요대) 腰刀(요도)
198	庸 广 庸 떳떳할　용 11 yōng	① 자기 집(广)에서도 엄숙한(肅) 자세를 유지하다. 떳떳하다. ② 庸懦(용나) 庸劣(용렬) 中庸(중용)
199	又 又 又 또　우: 2 yòu	① 세 손가락과 오른 쪽 손목을 그린 모양인데, 왼손이 '또' 있다 하여 '또' '오른손'이란 뜻. ② 部首와 조사(助詞)로만 쓰이고 한자어는 없다.
200	于 二 于 어조사　우 3 yú	① 기(氣)가 쑥 나온 것이 아니라 口氣가 가까스로 나오다. '감탄하다'는 어조사로 쓰인다. ② 어조사로만 쓰일 뿐 독립 한자어는 없다.

	한자	부수	간체	① 자원풀이　② 한자어
201	尤 더욱　우	尢 4	尤 yóu	① 굽어진 것(尢절름발이 왕)을 펴려면 굽어진 반대쪽으로 더 굽혔다 펴야한다. '더욱' '특히' ② 어조사로서 단독 한자어는 없다.
202	云 이를　운	二 4	云 yún	① 원래는 하늘로 피어 오르는 '구름'인데 가차되어 간접적으로 '말하다' '이르다'가 됨. ② 云云(운운) 云謂(운위) 등 어조사로 쓰인다.
203	違 어긋날　위	辶 13	违 wéi	① 가고(辶) 있는 중에 서로의 발길이 어긋나 (舛어그러질 천) 만나지 못하다. '어기다' '다르다' ② 違反(위반) 違法(위법) 非違(비위) 違和感(위화감)
204	緯 씨　위	糸 15	纬 wěi	① 베를 짤 때 날줄의 실(糸)이 씨줄을 왔다갔다 (舛)하다. '씨' '씨줄' '짜다'는 뜻이다. ② 經緯(경위) 緯度(위도) 北緯(북위) 南緯(남위)
205	酉 닭　유	酉 7	酉 yǒu	① 본래는 술항아리 모양인데, 가차되어 十二支인 '닭띠'로 쓰이나, 주로 술과 관계되는 字임. ② 酉時(유시) 乙酉年(을유년) 申酉戌亥(신유술해)
206	唯 오직　유	口 11	唯 wéi	① 새(隹)의 주둥이(口)다. 오로지 한 가지 소리만 낼 줄 알고, 또 빨리 대답하여 '빨리 대답할 유' ② 唯一(유일) 唯物(유물) 唯我獨尊(유아독존)
207	惟 생각할　유	忄 11	惟 wéi	① 모여 사는 작은 새(隹)들은 서로가 생각하는 마음(忄)이 남다르다. '생각하다' '오직'이다. ② 惟獨(유독) 思惟(사유) 惟精(유정)
208	愈 나을　유	心 13	愈 yù	① 마음(心)이 점점(兪점점 유) 편안해져 '병이 낫다' '남보다 낫다'는 뜻이다. ② 愈愚(유우) 快愈(쾌유=快癒) 愈出愈怪(유출유괴)
209	閏 윤달　윤:	門 12	闰 rùn	① 임금(王)이 문(門) 밖을 나가지 않고 고삭(告 朔)을 門中에서 지냈음. 보통 달은 종묘에서 지냄. ② 閏年(윤년) 閏餘(윤여) 閏朔(윤삭) 閏位(윤위)
210	吟 읊을　음	口 7	吟 yín	① 소리(口)를 쉽게 빨리 내지 않고 머금고(今) 천천히 하다. '읊다' '끙끙 앓다'란 뜻이다. ② 吟味(음미) 呻吟(신음) 吟風弄月(음풍농월)

211	泣	氵	泣	① 서서(立) 눈물(氵)만 흘리면서 흐느끼는 울음이다. 哭(울 곡)은 소리 내어 우는 것. ② 泣訴(읍소) 泣諫(읍간) 泣斬馬謖(읍참마속)
	울 읍	8	qì	

212	凝	冫	凝	① 의심(疑)이 점점 더해 얼음(冫)처럼 굳어져서 엉김. '엉기다'란 뜻이다. ② 凝固(응고) 凝視(응시) 凝縮(응축) 凝集力(응집력)
	엉길 응:	16	níng	

213	矣	矢	矣	① 화살(矢)이 날아가 목표점에 다다른다는 뜻인데, 완료를 나타내는 어조사로 쓰인다. ② 萬事休矣(만사휴의)
	어조사 의	7	yǐ	

214	宜	宀	宜	① 도마 위에 오른 고기조각의 모양을 본떠, 입에 맞게 조리함의 뜻. 轉하여 '좋다' '마땅' ② 宜當(의당) 便宜(편의) 時宜適切(시의적절)
	마땅 의	8	yí	

215	夷	大	夷	① 큰(大) 활(弓)을 잡은 모양이다. '오랑캐'는 한족(漢族)들이 비하한 말로, 우리 민족을 東夷民族이라 함은 활을 잘 쏘는 민족이란 뜻이므로 '큰 활 이'가 맞다. ② 東夷民族(동이민족) 夷蠻戎狄(이만융적)
	큰활/오랑캐 이	6	yí	

216	而	而	而	① 수염이 길게 늘어진 모양인데, 그 사이로 말이 나온다고 하여 '말을 잇다'는 '어조사'로 씀. ② 似而非(사이비) 博而不精(박이부정) 形而上學(형이상학)
	말이을 이	6	ér	

217	姻	女	姻	① 女子가 의지해(因의지해 가까이 하다) 살아야 할 시집을 가다. '혼인' '아내' '사위의 집'이란 뜻. ② 婚姻(혼인) 親姻戚(친인척) 婚姻聖事(혼인성사)
	혼인 인	9	yīn	

218	寅	宀	寅	① 셋째 지지(地支). 십이지(十二支) '범' '범띠'로만 쓰인다. ② 子丑寅卯(자축인묘) … 일반적인 漢字語는 없다.
	범(虎)/동방 인	11	yín	

219	兹	玄	兹	① 가물가물(玄+玄)한 것을 중복시켜 많은 것중에서 '이것'이다. ② 조사(助詞)로만 쓰일 뿐 일반 한자어는 없다.
	이 자	10	zī	

220	恣	心	恣	① 태어난 착한 마음, 본심(心)이 아닌 그 마음에서 벗어난 그 다음(次)의 마음은 방자하다. ② 放恣(방자) 恣行(자행) 擅恣(천자) 恣樂(자락)
	마음대로/방자할 자:	10	zì	

3급

221	酌 술 부을/잔질할 작	酉 10	酌 zhuó	① 술(酉)을 국자(勺)로 퍼서 서로 주고받다. '따르다' '잔질하다' 술을 따르면서 '짐작하다' ② 酌婦(작부) 對酌(대작) 酬酌(수작) 斟酌(짐작)
222	爵 벼슬 작	爪 18	爵 jué	① 참새 모양의 의식용 술잔 모양이다. 신분의 위계에 따라 구분했다. '벼슬' '봉하다'란 뜻. ② 爵位(작위) 公爵(공작) 高官大爵(고관대작)
223	墙 담 장	土 16	墙 qiáng	① 흙(土)담과 본채의 지붕을 연결하여 덮고 곡식을 저장(嗇아낄 색)하기 위한 '담' '경계' ② 墻壁(장벽) 墻外(장외) 路柳墻花(노류장화)
224	哉 어조사 재	口 9	哉 zāi	① 하는 말(口)을 추기기도(土) 하고 자르기도(戈)하여 말을 도와주는 말. '어조사'이다. ② 快哉(쾌재) 千字文의 끝, 焉哉乎也(언재호야)
225	宰 재상 재:	宀 10	宰 zǎi	① 관청(宀)에서 죄인(辛죄 신)을 가두고 다스리는 사람이 파생되어 '재상' '주관' '다스리다' ② 宰相(재상) 主宰(주재) 宰臣(재신)
226	滴 물방울 적	氵 14	滴 dī	① 실과 꼭지(啇밑동 적)에 열매 달린듯 물(氵)방울이 맺혀 있다. '물방울'이다. ② 硯滴(연적) 滴露(적로) 水滴(수적) 殘滴(잔적)
227	竊 훔칠 절	穴 22	窃 qiè	① 구멍(穴)으로 들어가 발자국(釆과 禼)을 남기지 않고 도적질을 하다. '훔치다' '좀도둑' (일)窃 ② 竊盜(절도) 竊取(절취) 剽竊(표절) 鼠竊(서절)
228	蝶 나비 접	虫 15	蝶 dié	① 이 나무(艹+世+木=葉의 省形임)와 저 나무의 꽃을 찾아 옮겨 다니는 벌레(虫), 즉 나비이다. ② 蝶夢(접몽) 蜂蝶(봉접) 胡蝶(호접)
229	訂 바로잡을 정	言 9	订 dìng	① 말(言)이 잘못 나온(丁)것을 바로 잡아 주다. '바로잡을' '고치다'라는 뜻이다. ② 訂正(정정) 校訂(교정) 修訂(수정) 改訂版(개정판)
230	堤 둑 제	土 12	堤 dī	① 물이 옳고 바른 쪽(是옳을 시)으로 흐르도록 흙(土)으로 '둑'을 쌓다. '방죽'이다. ② 堤防(제방) 防潮堤(방조제) 防波堤(방파제)

	한자	부수 훈음	총획 간체병음	① 자원풀이　② 한자어
231	弔 조상할　조:	弓 4	吊 diào	① 고대 풍습은 사람이 죽으면 풀로 덮기만 하여 금수(禽獸)가 해치므로 활(弓)로 지켰다. '문안' ② 弔問(조문) 弔意(조의) 謹弔(근조) 慶弔事(경조사)
232	燥 마를　조	火 17	燥 zào	① 불(火)을 때어 말리면 조잘조잘(喿울 소)소리가 난다. '말리다' '재미없다'란 뜻이다. ② 燥渴(조갈) 焦燥(초조) 無味乾燥(무미건조)
233	拙 졸할　졸	扌 8	拙 zhuō	① 손(扌) 밖에 나간(出)것이니 별 볼일 없는 잘못 된 것이다. '서투르다' '못나다'라는 뜻이다. ② 拙劣(졸렬) 拙速(졸속) 拙作(졸작) 稚拙(치졸)
234	佐 도울　좌:	亻 7	佐 zuǒ	① 높은 사람(亻) 옆에서 그 사람의 일정(工)이나 역할을 도와주는 사람. '돕다' '도움' '다스리다' ② 補佐(보좌) 佐事(좌사) 賢佐(현좌)
235	舟 배　주	舟 6	舟 zhōu	① 통나무 조각배에 두 사람이 앞뒤에 타고 노를 젓는 모양이다. 배의 基本字이다. ② 舟橋(주교) 舟艦(주함) 吳越同舟(오월동주)
236	俊 준걸　준:	亻 9	俊 jùn	① 자기의 능력을 믿고(允진실로 윤) 천천히(夂)가는 사람(亻)이니 '뛰어난 사람' '높다' ② 俊傑(준걸) 俊秀(준수) 俊嚴(준엄)
237	遵 좇을　준:	辶 16	遵 zūn	① 조상에게 술을 바치는 사람(尊)은 모범이 되는 사람이므로 '좇아야한다'(辶) '좇아가다' *遵 ② 遵法(준법) 遵守(준수) 遵法精神(준법정신)
238	贈 줄　증	貝 19	赠 zèng	① 재물(貝) 가치가 있는 것을 보태주다(曾은 시루를 겹쳐 쌓은 모양임) '대가 없이 그냥주다' *贈 ② 贈呈(증정) 贈與稅(증여세) 寄贈(기증)
239	只 다만　지	口 5	只 zhǐ	① 입(口)에서 나온 기운을 밑으로 깔아(八나눌 팔) 버리다. 그 하나에만 '그치다' '이' '이것' ② 只今(지금) 但只(단지) 어조사로 쓰인다.
240	遲 더딜/늦을　지	辶 16	迟 chí	① 코뿔소(犀무소 서)처럼 천천히 걸어가면(辶)늦기 마련이다. '더디다' '천천히 하다' (일)遲 ② 遲刻(지각) 遲滯(지체) 遲延(지연) 遲進兒(지진아)

3급

241	姪 조카　질	女 9	侄 zhí	① 여자(女)의 혈통으로 이어졌다(至) 즉 누이의 자식이다. '조카' '조카 딸'이란 뜻이다. ② 姪女(질녀) 姪婦(질부) 甥姪(생질) 叔姪(숙질)
242	懲 징계할　징	心 19	惩 chéng	① 마음(心)이 옳지 못한 자를 불러(徵부를 징) 죄를 추궁하여 징계하다. '혼내 주다' '경계' ② 懲戒(징계) 懲罰(징벌) 勸善懲惡(권선징악)
243	且 또　차:	一 5	且 qiě	① 그릇(祭器)을 차곡차곡 쌓아놓은 모양. 또 남성의 성기라는 說. '또' '또한'이란 뜻. ② 重且大(중차대) 외는 쓰이는 한자어가 거의 없다.
244	捉 잡을　착	扌 10	捉 zhuō	① 발(足)로 뛰어가서 손(扌)으로 잡다. '사로잡다' '붙잡다' '쥐다'의 뜻이다. ② 捕捉(포착) 捉鼻(착비 : 싫어하는 태도)
245	慘 참혹할　참	忄 14	惨 cǎn	① 궂은 일만 마음(忄)에 스며드니(參의 획 줄임) '슬프다' '무자비하다' '마음 아프다'란 뜻. (일)惨 ② 慘酷(참혹) 悲慘(비참) 慘事(참사) 慘敗(참패)
246	慙 부끄러울　참	心 15	惭 cán	① 가슴을 도려내고(斬벨 참) 싶도록 부끄러운 일. '부끄러워하다' '수치를 느끼다' ② 慙愧(참괴) 慙悔(참회) 慙德(참덕) 慙死(참사)
247	暢 화창할　창:	日 14	畅 chàng	① 떠오른 해(昜볕 양)가 온 누리에 퍼져(申) 생기가 활짝 피다. '화창하다' '막힘이 없다'란 뜻. ② 和暢(화창) 暢達(창달) 流暢(유창)
248	斥 물리칠　척	斤 5	斥 chì	① 도끼(斤)로 찍어(丶) 적군을 내치다. '물리치다' '나타나다'란 뜻이다. ② 排斥(배척) 斥和碑(척화비) 斥候兵(척후병)
249	薦 천거할　천:	艹 17	荐 jiàn	① 선악을 분별하는 짐승(廌해태 치)이 임금에게 현인을 천거할 때는 지초(艹)를 물었다고 한다. ② 薦擧(천거) 推薦(추천) 公薦(공천) 他薦(타천)
250	尖 뾰족할　첨	小 6	尖 jiān	① 밑이 커야(大) 뾰족한(小) 끝이 나온다. '뾰족하다' '끝' '날카롭다'란 뜻이다. ② 尖端(첨단) 尖銳(첨예) 尖兵(첨병) 尖銳化(첨예화)

3급 26회	한 자	부수	간체	① 자원풀이 ② 한자어
	훈 음	총획	병음	

251	添 더할　첨	氵	添 11　tiān	① 잘못을 저지른 사람에게 욕(忝욕보일 첨)을 보일 때는 물(氵)을 끼얹었다. '더하다' ② 添加(첨가) 添附(첨부) 錦上添花(금상첨화)
252	妾 첩　첩	女	妾 8　qiè	① 전쟁에서 포로(立은 辛의 획 줄임)로 잡아온 여자(女). 종으로 삼고 예쁘면 '첩'을 삼았다. ② 妾室(첩실) 妾婦(첩부) 小妾(소첩 : 자기의 겸칭)
253	晴 갤　청	日	晴 12　qíng	① 하늘이 푸르면(靑) 햇살(日)이 맑게 보이는 날씨이다. '개다' '날씨가 맑다'란 뜻이다. ② 快晴(쾌청) 晴天白日(청천백일=靑天白日)
254	替 바꿀　체	日	替 12　tì	① 두 사람(夫지아비 부)이 말(日가로 왈)을 하는데 서로 주고받으며 '교대'한다. '바뀌다' ② 交替(교체) 代替(대체) 移替(이체) 改替(개체)
255	逮 잡을　체	辶	逮 12　dài	① 달아나는 것을 쫓아가서(辶) 나의 손이 미치게(隶미칠 이)되니, '잡다' '잡혀 갇히다' *逮 ② 逮捕(체포) 逮繫(체계)
256	遞 갈릴　체	辶	递 14　dì	① 물과 불을 가리지 않는 호랑이(虎)가 왔다갔다(辶) 하면서 '갈마들다' '바꾸다' '역말' (일)逓 ② 遞信(체신) 交遞(교체) 郵遞局(우체국)
257	抄 뽑을　초	扌	抄 7　chāo	① 손(扌)으로 중요한 것만 추려(少)서 뽑다. '발췌하다' '베끼다' 또 '표절'의 뜻도 있다. ② 抄錄(초록) 抄譯(초역) 戶籍抄本(호적초본)
258	秒 분초　초	禾	秒 9　miǎo	① 벼(禾)의 끝에는 아주 작고(少) 가느다란 '까끄라기'가 붙어 있다. '시간'의 단위. ② 秒速(초속) 秒針(초침) 分秒(분초) 閏秒(윤초)
259	燭 촛불　촉	火	烛 17　zhú	① 타오르는 불빛(火)의 모양이 누에(蜀)처럼 고물고물 하면서 타오른다. ② 華燭(화촉) 燭光(촉광) 燭膿(촉농) 燭淚(촉루)
260	聰 귀 밝을　총	耳	聪 17　cōng	① 귀(耳)의 창(窗의 획 줄임)에 마음(心)까지 열어 밝게 듣는다. '귀가 밝다' '총명하다' '민첩하다' (일)聡 ② 聰明(총명) 聰氣(총기) 聰敏(총민) 聰睿(총예)

3급

261	抽 뽑을 추	扌 8	抽 chōu	① 손(扌)으로 짜서 기름(由)을 뽑아내다. '뽑다' '꺼내다' '거두다' '당기다'라는 뜻. ② 抽籤(추첨) 抽出(추출) 抽象化(추상화)
262	醜 추할 추	酉 17	丑 chǒu	① 술(酉)에 취하면 귀신(鬼)같이 난잡해 진다. '추하다' '더럽다' '부끄럽다'란 뜻이다. ② 醜聞(추문) 醜惡(추악) 性醜行(성추행) 陋醜(누추)
263	丑 소 축	一 4	丑 chǒu	① 십이지(十二支)의 두 번째. 시간으로는 오전 1~3시. '소' '소띠' ② 丑時(축시) 子丑寅卯(자축인묘) ····
264	逐 쫓을 축	辶 11	逐 zhú	① 돼지(豕)는 잡식동물이라 농작물을 해치고 있어 '쫓아 버리다(辶). '쫓다' '물리치다' *逐 ② 逐出(축출) 角逐(각축) 驅逐艦(구축함)
265	臭 냄새 취:	自 10	臭 chòu	① 동물 중에서도 냄새를 아주 잘 맡는 개(犬)의 코(自코 자)를 본떴다. 코로 맡을 수 있는 온갖 기운. ② 惡臭(악취) 口臭(구취) 香臭(향취) 銅臭(동취)
266	枕 베개 침:	木 8	枕 zhěn	① 나무(木)로 베개를 만들어 머무르게(尤) 하다. '베개' '베다' '잠자다'란 뜻이다. ② 枕木(침목) 木枕(목침) 高枕短命(고침단명)
267	妥 온당할 타:	女 7	妥 tuǒ	① 여자(女)가 손(爫)으로 만져 부드럽게 하다. '온당하다' '편안하다'라는 뜻이다. ② 妥結(타결) 妥協(타협) 普遍妥當(보편타당)
268	墮 떨어질 타:	土 15	堕 duò	① 흙(土)으로 쌓은 담(阝)이 무너져서 '떨어지다' '떨어지다' '떨어뜨리다' '낙하하다'란 뜻이다. (일)堕 ② 墮落(타락) 墮淚(타루) 墮懈(타해) 惰弱(타약)
269	托 맡길 탁	扌 6	托 tuō	① 제 힘으로 버티지 못해(乇늘어질 탁) 손(扌)으로 도와 달라고 맡김. '맡기다' '받쳐 들다' ② 托鉢僧(탁발승) 無依無托(무의무탁)
270	濯 씻을 탁	氵 17	濯 zhuó	① 새(隹)는 씻고 나서는 날개(羽) 짓으로 물기(氵)를 털어 낸다. '씻다'라는 뜻이다. ② 洗濯(세탁) 濯足(탁족) 滌濯(척탁)

271	濁 흐릴 **탁**	氵 16	浊 zhuó	① 누에(蜀누에 촉)를 삶은 물(氵)은 갈색으로 매우 흐리다. 물이 맑지 아니하다. ② 濁流(탁류) 混濁(혼탁) 濁聲(탁성) 鈍濁(둔탁)
272	誕 낳을/거짓 **탄:**	言 14	诞 dàn	① 말(言)로 길게(延끌 연) 빌어서 태어나 보통 사람과 다른 태어남이다. '태어나다' ② 誕生(탄생) 聖誕節(성탄절) 佛誕日(불탄일)
273	貪 탐낼 **탐**	貝 11	贪 tān	① 돈(貝)이 되는 물건은 모두 자기 것으로 포함 (今은 含 '머금을 함' 생략한 字)시키려고 한다. ② 貪慾(탐욕) 耽讀(탐독) 貪官汚吏(탐관오리)
274	怠 게으를 **태**	心 9	怠 dài	① 실행은 하지 않고 마음(心) 뿐이라 겨우 목숨 (口는 목구멍, 厶는 숨구멍)만 유지하는 '게으름' ② 怠慢(태만) 懶怠(나태) 倦怠感(권태감) 過怠料(과태료)
275	頗 자못 **파**	頁 14	颇 pǒ	① 머리(頁)가 벗겨지듯(皮) 파괴되어 비뚤어짐. '치우치다' '불공평하다' *자못 : 꽤. 퍽. 약간. ② 頗多(파다) 偏頗的(편파적) 頗僻(파벽)
276	播 뿌릴 **파(:)**	扌 15	播 bō	① 걸어가면서(番짐승이 걸어간 자국) 손(扌)으로 씨를 뿌리다. '뿌리다' '펴다' '널리 퍼뜨리다' ② 播種(파종) 播多(파다) 傳播(전파) 直播(직파)
277	罷 마칠 **파:**	罒 15	罢 bà	① 능력(能)있는 사람을 그물(罒)쳐서 처벌하고 '그만두게 하다' '중지하다' '놓아주다'란 뜻. ② 罷免(파면) 罷業(파업) 封庫罷職(봉고파직)
278	把 잡을 **파:**	扌 7	把 bǎ	① 손(扌)아귀에 뱀(巴)의 머리를 움켜잡다. '잡다' '묶음' '가지다' '긁다'란 뜻이다. ② 把握(파악) 把守兵(파수병) 掌把(장파)
279	販 팔(賣) **판**	貝 11	贩 fàn	① 나의 재물(貝)가치가 있는 물건을 되돌리다. (反) 즉 사들인 물건을 되파는 것이다. ② 販賣(판매) 販促(판촉) 購販場(구판장)
280	貝 조개 **패:**	貝 7	贝 bèi	① 물에 사는 조가비모양을 그린 것이다. 고대 조개껍질을 화폐로 썼기 때문에 '貝'는 주로 '돈'과 관계되는 部首字로 쓰인다. ② 貝物(패물)

3급

3급 29회	한자 훈음	부수 총획	간체 병음	① 자원풀이　② 한자어
281	遍 두루　편	辶 13	遍 biàn	① 작은 곳(扁) 까지도 빠트리지 않고 두루두루 들러(辶) 봄. '두루두루' '이곳저곳' '곳곳에' *遍 ② 遍歷(편력) 遍在(편재) 普遍妥當(보편타당)
282	蔽 덮을　폐:	艹 16	蔽 bì	① 이미 좌우로 찢어져 있던 것이 드러나서(敝 헤질 폐) 풀잎(艹)으로 덮다. '덮다' '가리다' ② 蔽塞(폐색) 建蔽率(건폐율) 掩蔽物(엄폐물)
283	幣 화폐　폐:	巾 15	币 bì	① 헤진(敝) 천(巾)도 돈이 된다. '비단' '예물' '돈'이란 뜻이다. ② 貨幣(화폐) 幣帛(폐백) 紙幣(지폐) 僞幣(위폐)
284	抱 안을　포:	扌 8	抱 bào	① 손(扌)으로 둘러싸다(包). 즉 팔을 벌려 껴안다. '안다' '품다' '포옹하다'란 뜻이다. ② 抱擁(포옹) 抱負(포부) 懷抱(회포) 抱卵(포란)
285	飽 배부를　포:	食 14	饱 bǎo	① 밥(食)을 뱃속에 싸고(저장)있으니 배가 잔뜩 부른 것이다. '배부르다' '먹기 싫다' '흡족' ② 飽食(포식) 飽滿(포만) 飽和狀態(포화상태)
286	幅 폭　폭	巾 12	幅 fú	① 큰 술독일수록 넓은 만큼(지름이 큰 만큼) 키도 크다. 술독의 '폭' '너비' '넓이'이다. ② 步幅(보폭) 大幅(대폭) 增幅(증폭) 畫幅(화폭)
287	漂 떠다닐　표	氵 14	漂 piāo	① 물(氵)위에 가벼이(票) 떠다니다. '뜨다' '떠돌다' '가벼운 모양' ② 漂流(표류) 漂白(표백) 漂漂(표표)히.
288	匹 짝　필	匚 4	匹 pǐ	① 남녀가 화합하여 짝을 짓고 있는 모양이다. '짝' '배우자' '맞서다' 또 피륙의 단위 '필' ② 配匹(배필) 匹敵(필적) 匹夫(필부) 비단 한 '필'
289	旱 가물　한:	日 7	旱 hàn	① 해(日)를 찔러 막고(干) 싶도록 햇살이 싫은 가뭄이다. '가물다' '비가 오랫동안 오지 않음' ② 旱魃(한발) 旱害(한해) 旱凶(한흉) 旱災(한재)
290	咸 다　함	口 9	咸 xián	① 戌(돌 술)과 口(입 구)가 결합된 자. 입을 돌아 막아 (kiss) 함께 되니 느낌이 같다. '다' '모두' ② 咸興差使(함흥차사) 咸告(함고)

291	巷 거리　　항:	己 9	巷 xiàng	① 이 마을(邑) 저 마을사람들이 같이(共) 왔다갔다 하는 '골목길' '거리' '마을'이란 뜻이다. ② 巷間(항간) 巷說(항설) 街談巷說(가담항설)
292	亥 돼지　　해	亠 6	亥 hài	① 12支의 맨 끝. 남녀가 화합하는 모양인데, 새 생명을 위한 개체의 끝이다. '돼지' ② 乙亥年(을해년) 子丑寅卯 ··· 申酉戌亥(신유술해)
293	奚 어찌　　해	大 10	奚 xī	① 큰(大)것은 작게(幺), 작은 것은 크게 긁어(爫) 흩거나 모으는 모양인데, 그 까닭의 '의문조사' ② 奚琴(해금) 조사로 쓰이며 단독 한자어는 거의 없다.
294	該 갖출(備)/마땅(當) 해	言 13	该 gāi	① 軍의 약속(亥는 終묶을 해. 획 줄임)인 암호(言). 암호는 빈틈없이 '그것을' '마땅히' '갖추었다' ② 該當(해당) 該博(해박) 該貫(해관 : 상세히 통함)
295	享 누릴　　향:	亠 8	享 xiǎng	① 자식(子)이 사당에 제물을 높이(高의 획 줄임) 차려 놓고 바치니 조상이 德을 '누리다' ② 享年(향년) 享樂(향락) 春享大祭(춘향대제)
296	軒 집　　헌	車 10	轩 xuān	① 본디 수레(車)의 난간(干)인데, 가차되어 '추녀' '툇마루' '집'이 됨. ② 軒頭(헌두) 軒號(헌호) 烏竹軒(오죽헌)
297	縣 고을　　현:	糸 16	县 xiàn	① 머리를 잘라 거꾸로 하여 끈(糸)으로 매달다. 그러한 형벌을 관장하는 '고을'이다. (일) 県 ② 縣監(현감) 縣令(현령) 郡縣(군현)
298	絃 줄　　현	糸 11	弦 xián	① 현악기의 줄(糸)을 퉁기면 그 현의 흔들림이 가물가물(玄)하게 보인다. '줄' '현악기' ② 絃樂器(현악기) 管絃樂(관현악) 斷絃(단현)
299	嫌 싫어할　　혐	女 13	嫌 xián	① 동시에 女子 둘(兼겸할 겸)에게 마음쓰고 (상대)있으니 한쪽에서는 싫어할 수밖에 없다. *嫌 ② 嫌惡(혐오) 嫌忌(혐기) 嫌疑(혐의) 嫌猜(혐시)
300	亨 형통할　　형	亠 7	亨 hēng	① 자손이 사당에 제물을 높이(많이) 바치니 신의(神意)에 어긋나지 않아 뜻대로 잘됨. '형통' ② 亨通(형통) 元亨利貞(원형이정)

301	螢 반딧불　형	虫 16	萤 yíng	① 반짝이는 (熒의 획 줄임) 형광물질을 발산하는 벌레 (虫) '개똥벌레' '반디'라는 뜻. (일)蛍 ② 螢光燈(형광등) 螢石(형석) 螢雪之功(형설지공)
302	兮 어조사　혜	八 4	兮 xī	① 뭉쳤던 기(氣)를 가까스로(丂의 획 줄임) 좌우로(八) 흩어버리니 속이 후련하다. '어조사'임. ② 어조사(語助詞)로 쓰일 뿐. 獨立 漢字語는 없다.
303	互 서로　호:	二 4	互 hù	① 새끼를 감는 틀 모양에서, '서로' '함께 다 같이'라는 뜻이다. ② 相互(상호) 互惠(호혜) 互角之勢(호각지세)
304	乎 어조사　호	丿 5	乎 hū	① 소리를 길게 내면서 마음속의 생각을 나타냄. '인가?' '~로다' 등 어조사로 쓰인다. ② 斷乎(단호) 論語의 不亦樂乎(불역낙호)
305	毫 터럭　호	毛 11	毫 háo	① 털(毛)이 높이(高의 획 줄임=省形) 솟아났다. '가는 털' '조금' 가는 털로 만드는 '붓'이란 뜻. ② 秋毫(추호) 毫釐(호리) 揮毫(휘호)
306	昏 어두울　혼	日 8	昏 hūn	① 태양(日)이 풀씨(氏)가 자라는 지평선 밑으로 들어갔 으니 어둡다. '어둡다' '저물다' '흐리다' ② 黃昏(황혼) 昏睡(혼수) 昏定晨省(혼정신성)
307	弘 클　홍	弓 5	弘 hóng	① 활(弓)시위를 팔을 굽혀(厶) 크게 당기다. 이때 시위소 리가 '흥'하고 난다. '크다' '활 소리' ② 弘報(홍보) 弘文館(홍문관) 弘益人間(홍익인간)
308	鴻 기러기　홍	鳥 17	鸿 hóng	① 큰 강(江)을 날아 건너는 큰 새(鳥). '기러기' '몹시 크다'란 뜻으로 쓰인다. ② 鴻鵠(홍곡) 鴻圖(홍도) 鴻雁(홍안) 鴻恩(홍은)
309	禾 벼　화	禾 5	禾 hé	① 벼가 익어 고개를 숙인 모양이다. 벼는 원래 풀이지만 쓰임이 높아 나무(木)로 격상한 것이다. ② 곡식을 대표하는 字. 禾穀(화곡) 禾苗(화묘)
310	擴 넓힐　확	扌 18	扩 kuò	① 손(扌)을 써서 더욱 크게 넓히다. (廣넓을 광) '넓히다' '확대하다' '늘리다'라는 뜻. ② 擴大(확대) 擴張(확장) 擴充(확충) 擴聲器(확성기)

311	穫 거둘 확	禾 19	获 huò	① 농사지은 벼(禾)를 '거두어들이다' 禾를 제외한 부분은 두리번거리는 새를 손에 잡고 있는 모양. '얻다' ② 收穫(수확) 穫刈(확예) 朝種暮穫(조종모확)
312	丸 둥글 환	丶 3	丸 wán	① 모양이 작고 둥근 알이다. '알' '둥근 알약' '둥글다'라는 뜻이다. ② 丸藥(환약) 彈丸(탄환) 睾丸(고환) 淸心丸(청심환)
313	曉 새벽 효:	日 16	晓 xiǎo	① 해(日)가 높이(堯높을 요) 떠오르기 시작하는때. '새벽' '밝다' '환하다' '깨닫다'라는 뜻. (일)暁 ② 曉星(효성) 曉旦(효단) 曉天(효천) 曉習(효습)
314	侯 제후 후	亻 9	侯 hóu	① 날아오는 화살(矢)을 막아주는 사람(亻)이니 변방의 '제후'이다. '제후' '과녁' 작은 나라'임금' ② 諸侯(제후) 侯爵(후작) 土侯國(토후국)
315	毀 헐 훼:	殳 13	毁 huǐ	① 흙(土)으로 만든 절구통(臼)은 절구공이(殳)로 치면 헐게 된다. '헐다' '무너지다' '부수다' (일)毀 ② 毀損(훼손) 毀謗(훼방) 名譽毀損(명예훼손)
316	輝 빛날 휘	車 15	辉 huī	① 전쟁에서 승리하고 돌아오는 군인(軍)들은 빛(光)나 보인다. '빛나다' '빛'이란 뜻. ② 輝光(휘광) 輝耀(휘요) 輝煌燦爛(휘황찬란)
317	携 이끌 휴	扌 13	携 xié	① 새(隹)가 도망가지 못하게 손(扌)으로 잡아 이끌다. '가지고 다니다' '지니다' '들다' ② 携帶(휴대=携持휴지) 提携(제휴) 解携(해휴)

이상은 한국어문회에서 3급까지 선정한 1817字이다.

中·高 教育用 기초한자(基礎漢字) 범위를 벗어난 한자 17字는 다음과 같다.

訣, 筋, 汽, 朗, 紋, 森, 阿, 液, 曜, 笛, 蹟, 週, 稚, 免, 砲, 楓, 灰

이상의 17字는 中·高 교육용한자에는 선정되지 않았으나 國語·어문생활의
한자어로는 꼭 필요하기 때문에 한국어문회에서 별도로 추가한 漢字이다.

2급

538자

2급 1회	한 자 훈 음	부수 총획	간 체 병음	① 자원풀이　② 한자어
1	柯 가지　가	木 9	柯 kē	① 나무(木)의 가지가 넓게 퍼진 것(可). '가지' 　幹1-枝2-條3. 그 다음 4 도끼자루로 적당한 가지. ② 柯葉(가엽) 柯條(가조) 斧柯(부가) 直柯(직가)
2	軻 수레　가	車 12	轲 kē	① 수레(車)가 굴러 갈 때 소리가 나는(可) 부분 　'수레바퀴 굴대' '굴대=바퀴를 끼우는 軸축' ② 孟軻(맹가 : 맹자의 이름) 走軻(주가)
3	伽 절　가	亻 7	伽 jiā	① 사람(亻)이 머물면 보탬이(加) 되는 곳. 　'절' 절寺 / 梵語 gha의 音譯 ② 伽藍(가람) 伽倻(가야) 伽倻琴(가야금)
4	迦 부처이름　가	辶 9	迦 jiā	① 막다. 차단하다가 본뜻인데, 가차(假借)되어 　'부처이름 / 梵語gha의 音譯'으로 쓰인다. *迦 ② 釋迦牟尼(석가모니) 迦葉(가섭 / 음이 섭)
5	賈 성(姓)/장사　가/고	貝 13	贾 jiǎ	① 장사하는 사람이 물건(貝)을 덮어(襾) 가리다. 　'姓氏'와 *'賈 앉은장사 고' 두 가지 訓音이 있다. ② 賈島(가도) 賈船(고선=商船)
6	珏 쌍옥　각	玉 9	珏 jué	① 큰 玉을 두 개로 나눈 '한 쌍의 옥' ② 주로 이름자로 쓰인다.
7	杆 몽둥이　간	木 7	杆 gān	① 나무로 만든 '몽둥이' 나무이름 '박달나무' ② 杆城(간성) 欄杆(난간=欄干)
8	艮 괘이름　간	艮 6	艮 gèn	① '주역(周易)의 괘 이름' 또 '머무르다' '한정' ② 艮卦(간괘) 艮方(간방) 艮止(간지)
9	葛 칡　갈	艹 13	葛 gé	① 넝쿨이 뻗어가는 풀(艹) '칡' '덩굴' '갈포' ② 葛根(갈근) 葛藤(갈등) 葛布(갈포) 葛花(갈화)
10	鞨 오랑캐이름(靺鞨)　갈	革 18	鞨 hé	① 가죽(革)을 칡(曷)처럼 엮은 신발인데, '북쪽 오랑캐 　이름' '말갈 족'으로 쓰인다. ② 靺鞨(말갈) 履鞨(이갈)

| --- | --- | --- | --- | --- |
11	邯 사람 이름 감	阝 8	邯 hán	① '사람이름' 땅이름일 때는 '조나라서울 한' ② 姜邯贊(강감찬) 邯鄲(한단/조나라 서울)
12	憾 섭섭할 감:	忄 16	憾 hàn	① 마음(忄)으로 느끼는(感) 것이 '섭섭하다' ② 挾憾(협감) 憾怨(감원) 憾懷(감회) 遺憾(유감)
13	岬 곶(串) 갑	山 8	岬 jiǎ	① 山 아래 어느 곳. '곶' '산기슭' '산허리' ② 岬寺(갑사 : 공주 계룡산에 있는 절 이름)
14	鉀 갑옷 갑	金 13	鉀 jiǎ	① 쇠(金)로 만든 '갑옷' 甲과 같은 뜻. ② 貫鉀(관갑) 皮鉀(피갑)
15	岡 산등성이 강	山 8	冈 gāng	① 그물(网)처럼 둘러싸인 山. '산등성이' '언덕' ② 岡陵(강릉) 岡阜(강부) 福岡(복강)
16	崗 언덕 강	山 11	岗 gāng	① 나지막한 山이 언덕이다. '언덕' '산등성이' ② 위 岡의 俗字로 쓰인다.
17	姜 성(姓) 강	女 9	姜 jiāng	① 姓名字로만쓰인다. 姜以式(강이식 : 진주강씨시조) ② 姜氏(강씨) 姜邯贊(강감찬) 姜太公(강태공 : 중국)
18	疆 지경 강	田 19	疆 jiāng	① 밭(田)에 경계선(一)을 그어 놓은 '지경' ② 疆界(강계) 疆域(강역) 萬壽無疆(만수무강)
19	彊 굳셀 강	弓 16	强 qiáng	① 활(弓)로 밭(田)사이의 금을 긋는 힘이 '굳세다' ② 彊弓(강궁) 彊弩(강노) 自彊不息(자강불식)
20	价 클 개:	亻 6	价 jià	① 사람이 '크다' '심부름하다' ② 价人(개인) 价使(개사 : 심부름 하는 사람)

21	塏 높은 땅 개:	土 13	垲 kǎi	① 땅(土)이 높이 치솟은(豈) '높은 땅' ② 李塏(이개 : 사육신의 한사람) 壎塏(상개)
22	坑 구덩이 갱	土 7	坑 kēng	① 땅(土)이 움푹(亢) 파인 곳. '구덩이' ② 坑口(갱구) 坑道(갱도) 焚書坑儒(분서갱유)
23	鍵 자물쇠/열쇠 건:	金 17	键 jiàn	① 쇠(金)로 만들어 세운(建) '자물쇠' 또는 '열쇠' ② 鍵盤(건반) 關鍵(관건) 鈴鍵(검건) 鍵閉(건폐)
24	桀 하(夏)왕이름 걸	木 10	桀 jié	① 주로 '姓名字'로만 쓰인다. ② 桀紂王(걸주왕 : 夏.殷 나라의 두 폭군) 橋桀(교걸)
25	杰 뛰어날 걸	木 8	杰 jié	① 불에 타지 않고 남아 있는 나무. '뛰어나다' ② 傑의 同字로 쓰인다. *姓名字로 많이 쓰인다.
26	揭 높이 들/걸 게:	扌 12	揭 jiē	① 손(扌)으로 '높이 들다' '높이 걸다' (일)揭 ② 揭示(게시) 揭揚(게양) 揭載(게재) 高揭(고게)
27	憩 쉴 게:	心 16	憩 qì	① 혀(舌)로 음식을 먹으며 마음(心) '편히 쉬다' ② 休憩室(휴게실) 憩息(게식) 憩泊(게박) 憩止(게지)
28	甄 질그릇 견	瓦 14	甄 zhēn	① 굴뚝이 있는 가마에서 구운 '질그릇' ② 甄萱(견훤) 甄工(견공) 甄拔(견발) 甄陶(견도)
29	炅 빛날 경	火 8	炅 jiǒng	① 해(日)와 불(火)처럼 '빛나다' ② 寒炅(한경) *주로 이름자로 쓰인다.
30	璟 옥빛 경:	玉 16	璟 jǐng	① 볕(景)처럼 구슬(玉)이 '빛나다' ② 주로 이름자로 쓰인다.

번호	한자 훈음	부수 총획	간체 병음	① 자원풀이 ② 한자어
31	瓊 구슬 경	玉 19	琼 qióng	① 바라보게 만드는 '구슬' 붉게 아름다운 '옥' ② 瓊杯(경배) 瓊玉(경옥) 瓊音(경음) 瓊姿(경자)
32	儆 경계할 경:	亻 15	儆 jǐng	① 사람(亻)을 경계(敬=警)하다. '경계하다' ② 儆戒(경계) 儆備(경비) 儆新(경신) 自儆(자경)
33	皐 언덕 고	白 11	皋 gāo	① 높은 곳(白)에 있는 물기가 여린 땅. '늪' '언덕' ② 皐陶(고요=순임금의 신하 / 音이 요) 皐牢(고뢰)
34	雇 품팔 고	隹 12	雇 gù	① 집(戶)에서 철새(隹)처럼 잠시 머물러 '품팔다' ② 雇用(고용) 雇役(고역) 解雇(해고) 雇兵(고병)
35	戈 창 과	戈 4	戈 gē	① 손잡이가 있고 날이 달린 '창' ② 戈戟(과극) 戈劍(과검) 戈盾(과순) 矛戈(모과)
36	瓜 외/오이 과	瓜 5	瓜 guā	① 오이가 덩굴에 달린 모양. '오이' ② 瓜菜(과채) 木瓜(모과) 瓜年(과년) 眞瓜(진과)
37	菓 과자/실과 과:	⺾ 12	菓 guǒ	① 초목(⺾)에 열린 과일(果). 말리면 '과자' ② 菓子(과자) 茶菓(다과) 氷菓(빙과) 乳菓(유과)
38	串 꿸/땅이름 관/곶	ㅣ 7	串 chuàn	① 조개껍질을 실로 꿴 모양. *땅이름으로 쓰일 때는 '땅이름 곶' ② 串柿(관시 : 곶감) 親串(친관) 甲串(갑곶)
39	琯 옥피리 관	玉 12	琯 guǎn	① 玉으로 만든 대롱(管) '옥피리' ② 玉琯(옥관) *주로 이름자로 쓰인다.
40	款 항목 관:	欠 12	款 kuǎn	① 사내(士)가 뜻대로 '하고자하다' '정성' '항목' ② 落款(낙관) 定款(정관) 約款(약관) 借款(차관)

41	傀 허수아비　괴:	亻 12	傀 guī	① 귀신(鬼)에게 넋이 빠진 사람(亻). '허수아비' ② 傀儡(괴뢰) 傀俄(괴아) 傀面(괴면) 傀然(괴연)
42	槐 회화나무　괴	木 14	槐 huái	① 귀신(鬼)같이 못생긴 나무. 　'회화나무' 또 '느티나무'이다. ② 槐木(괴목) 槐安夢(괴안몽) 三槐(삼괴=삼정승)
43	僑 더부살이　교	亻 14	侨 qiáo	① 잘난 체(喬) 하다가 '더부살이' '우거'하는 사람(亻). ② 僑胞(교포) 華僑(화교) 僑居(교거)
44	絞 목맬　교	糸 12	绞 jiǎo	① 목을 끈(糸)으로 묶다(交). '목매다' ② 絞殺(교살) 絞死(교사)
45	膠 아교　교	月 15	胶 jiāo	① 옛날 가죽(月)을 고아서 접착제로 쓴 '갖풀' '아교' ② 阿膠(아교) 膠着(교착) 膠漆(교칠) 膠固(교고)
46	玖 옥돌　구	玉 7	玖 jiǔ	① 오래되어(久) 구슬(玉) 같은 돌. '옥돌' ② 瓊玖(경구) *주로 이름자로 쓰인다.
47	邱 언덕　구	阝 8	邱 qiū	① 山보다 얕은 언덕(阝). '언덕' 丘의 本字. ② 大邱(대구)
48	歐 구라파/칠　구	欠 15	欧 ōu	① 입을 벌리고(欠) 토하다. '치다' 또 假借字로 유럽 　(europe)인 '구라파'　(일)欧 ② 歐美(구미) 東歐(동구) 西歐(서구)
49	購 살　구	貝 17	购 gòu	① 사람을 만나(冓) 돈(貝)을 주고 물건을 '사다' ② 購讀(구독) 購買(구매) 購販場(구판장) 購入(구입)
50	鷗 갈매기　구	鳥 22	鸥 ōu	① 해변(일정구역 區)에만 사는 새(鳥). '갈매기' ② 白鷗(백구) 海鷗(해구) 鴨鷗亭洞(압구정동)

	한 자 / 훈 음	부수 / 총획	간체 / 병음	① 자원풀이 ② 한자어
51	鞠 성(姓)/국문할 국	革 17	鞠 jú	① 가죽(革)으로 만든 공(球)인데, '姓'과 '국문하다=鞫'로 쓰인다. ② 鞠問(국문) 拿鞠(나국) 姓氏로도 쓰인다.
52	掘 팔 굴	扌 11	掘 jué	① 구부려(屈) 손(扌)으로 땅을 '파다' ② 發掘(발굴) 試掘(시굴) 臨渴掘井(임갈굴정)
53	窟 굴 굴	穴 13	窟 kū	① 굴(穴)속을 몸을 굽혀(屈) 출입하다. '굴'이다. ② 洞窟(동굴) 魔窟(마굴) 巖窟(암굴) 巢窟(소굴)
54	圈 우리 권	囗 11	圈 quān	① 짐승을 웅크리고 있도록 가두는(囗) '우리' (일)圈 ② 圈內(권내) 圈外(권외) 商圈(상권) 野圈(야권)
55	闕 대궐 궐	門 18	阙 què	① 능력 없는 사람(欮)은 출입을 못하게 하는'대궐' ② 大闕(대궐) 詣闕(예궐) 宮闕(궁궐) 補闕(보궐)
56	圭 서옥/쌍토 규	土 6	圭 guī	① 서옥(瑞玉)이 본뜻. '서옥' 土가 겹쳐진 '쌍 토' ② 圭角(규각) *주로 이름자로 쓰인다.
57	珪 홀 규	玉 10	珪 guī	① 천자가 제후를 봉할 때 내려주는 '홀' ② 珪石(규석) *주로 이름자로 쓰인다.
58	奎 별 규	大 9	奎 kuí	① 큰(大) 홀(圭)처럼 생긴 '별' ② 奎文(규문) 奎星(규성) *주로 이름자로 쓰임.
59	揆 헤아릴 규	扌 12	揆 kuí	① 손(扌)으로 재거나(癸) '헤아리다' ② 一揆(일규) 測揆(측규)
60	閨 안방 규	門 14	闺 guī	① 궁중의 작은 夾門. 안주인의 거처 '안방' ② 閨房(규방) 閨秀(규수) 閨中(규중) 空閨(공규)

2급

61	槿 무궁화　근:	木 15	槿 jǐn	① 조그만 황토(堇)만 있어도 자라는 '무궁화' 나무(木) ② 槿域(근역) 槿花(근화) 槿籬(근리)
62	瑾 아름다운옥 근:	玉 15	瑾 jǐn	① 진흙(堇) 빛깔이 나는 '아름다운 옥' ② 細瑾(세근)　*주로 이름자로 쓰인다.
63	兢 떨릴　긍:	儿 14	兢 jīng	① 사람들이 싸우는(競) 데서, '떨다' '조심하다' ② 兢戒(긍계) 兢懼(긍구) 戰戰兢兢(전전긍긍)
64	岐 갈림길　기	山 7	岐 qí	① 山길이 갈라진(支) 곳. '갈림길' ② 岐路(기로) 分岐點(분기점) 多岐(다기)
65	琦 옥이름　기	玉 12	琦 qí	① 다른 구슬(玉)과 다르게(奇) 뛰어난 '구슬' ② 주로 이름자로 쓰인다.
66	沂 물이름　기	氵 7	沂 yí	① 산동성에서 발원하는 '강 이름' ② 沂水(기수)　*주로 이름자로 쓰인다.
67	淇 물이름　기	氵 11	淇 qí	① 하남성에서 발원하는 '강 이름' ② 淇水(기수)　*주로 이름자로 쓰인다.
68	棋 바둑　기	木 12	棋 qí	① 키(其) 모양으로 선(線)이 그어진 '바둑판' ② 棋譜(기보) 棋院(기원) 棋聖(기성) 復棋(복기)
69	琪 아름다운옥　기	玉 12	琪 qí	① 아름다운 그 '옥' ② 주로 이름자로 쓰인다.
70	箕 키　기	竹 14	箕 jī	① 대나무(竹)로 만든 키(其)를 본뜬 字. '키' ② 箕子朝鮮(기자조선)

71	騏 / 준마　기	馬 / 18	骐 / qí	① 검은색에 연두 빛을 띤 말(馬) '좋은 말' '준마' ② 주로 이름자로 쓰인다.
72	麒 / 기린　기	鹿 / 19	麒 / qí	① 검은색에 연두 빛을 띤 사슴 비슷한 '기린' ② 麒麟(기린) 麒麟兒(기린아 : 남달리 뛰어난 사내)
73	璣 / 별이름/구슬　기	玉 / 16	玑 / jī	① 크기가 얼마(幾) 안 되는 玉. '작은 구슬' ② 주로 이름자로 쓰인다.
74	耆 / 늙을　기	老 / 10	耆 / qí	① 늙어서 단맛만(曰은 甘의 변형) 찾는 '늙은이' ② 耆年(기년) 耆儒(기유) 耆蒙(기몽)
75	冀 / 바랄　기	八 / 16	冀 / jì	① 북방(北) 이민족(異)이 중국을 바라본데서, '바라다' ② 冀圖(기도) 冀望(기망) 冀願(기원)
76	驥 / 천리마　기	馬 / 26	骥 / jì	① 북방(北) 이민족(異) 땅에서 태어난, '뛰어난 말' ② 老驥(노기) 駑驥(노기) 駿驥(준기)
77	濃 / 짙을　농:	氵 / 16	浓 / nóng	① 농경지(農)에 대는 황토물이 '짙다' '걸쭉하다' ② 濃淡(농담) 濃厚(농후) 濃艶(농염) 濃霧(농무)
78	尿 / 오줌　뇨	尸 / 7	尿 / niào	① 꼬리(尾)에서 나오는 물. 죽은 물이니 '오줌' ② 糞尿(분뇨) 糖尿(당뇨) 排尿(배뇨) 尿道(요도)
79	尼 / 여승　니	尸 / 5	尼 / ní	① 梵語를 漢譯한 '비구니'의 약칭. '여승' ② 比丘尼(비구니) 僧尼(승니)
80	溺 / 빠질　닉	氵 / 13	溺 / nì	① 물(氵)에 약(弱)하여 '물에 빠지다' ② 溺死(익사) 溺沒(익몰) 沒溺(몰닉)

2급

81	鍛	金	锻	① 쇠(金)를 불에 달구어 두드리다. '쇠 불리다' ② 鍛造(단조) 鍛冶(단야) 鍛鍊(단련)
	쇠 불릴 　단	17	duàn	

82	湍	氵	湍	① 바닥이 얕아(耑) 물(氵)이 빨리 흐르다. '여울' ② 湍流(단류) 湍深(단심)
	여울 　단	12	tuān	

83	潭	氵	潭	① 물(氵)이 깊다(覃). '못' '깊다' ② 潭渦(담와) 潭水(담수) 澄潭(징담)
	못 　담	15	tán	

84	膽	月	胆	① 담즙(膽汁)을 배출하는 신체 부위. '쓸개' (일)胆 ② 膽大(담대) 熊膽(웅담) 肝膽相照(간담상조)
	쓸개 　담:	17	dǎn	

85	塘	土	塘	① 둑(土)으로 크게(唐) 둘러싸인 '못' ② 池塘(지당) 蓮塘(연당) 堤塘(제당)
	못(池) 　당	13	táng	

86	戴	戈	戴	① 귀신 모양의 탈을 머리에 '이다' '받들다' ② 戴冠式(대관식) 推戴(추대) 男負女戴(남부여대)
	일 　대:	17	dài	

87	垈	土	垈	① 대대(代)로 살아온 땅(土). '집터' ② 垈地(대지) 落星垈(낙성대) 家垈(가대)
	집터 　대	8	dài	

88	悳	心	德	① 올바른(直) 마음(心). 德의 古字. ② 주로 이름자로 쓰인다.
	큰 　덕	12	dé	

89	悼	忄	悼	① 마음(忄)이 들떠(卓) 동요하다. '슬퍼하다' ② 哀悼(애도) 追悼(추도) 悼慄(도율)
	슬퍼할 　도	11	dào	

90	燾	灬	焘	① 불이(灬) 길게(壽) 이어져 비추다. '비치다' ② 燾育(도육)
	비칠 　도	18	dào	

#	한자 / 훈음	부수	간체 / 병음	풀이
91	惇 도타울 돈	忄 / 11	惇 / dūn	① 마음(忄)을 다하여 제사(享)지내다. '도탑다' ② 惇謹(돈근) 惇信(돈신) 惇惠(돈혜) 惇誨(돈회)
92	燉 불빛 돈	火 / 16	炖 / dùn	① 불(火)이 두텁다(敦). '불빛' ② 주로 이름자로 쓰인다.
93	頓 조아릴 돈:	頁 / 13	顿 / dùn	① 머리(頁)를 땅에 대다. '조아리다' '머무르다' ② 整頓(정돈) 査頓(사돈) 頓首(돈수) 頓悟(돈오)
94	乭 이름 돌	乙 / 6	乭 / shí	① 우리나라에서만 쓰이는 字. 國字라고 한다. 國字 : 乭. 婯. 畓. 畓 등은 우리나라에서 만든 字. ② 종(僕)이나 천한 사람의 이름자로 썼다.
95	棟 마룻대 동	木 / 12	栋 / dòng	① 집에서 가장 중요한 위치에 올리는 '마룻대' ② 棟梁(동량) 病棟(병동) 아파트 101棟
96	桐 오동나무 동	木 / 10	桐 / tóng	① 나무(木)의 결이 한결(同)같이 고운 '오동나무' ② 梧桐(오동) 喬桐(교동) 箭桐(전동)
97	董 바를(正) 동:	⺾ / 13	董 / dǒng	① 풀(⺾) 쌓는 작업을 잘못하면 '바로잡다' ② 骨董品(골동품) 董狐之筆(동호지필)
98	杜 막을 두	木 / 7	杜 / dù	① 나무(木)와 흙(土)을 쌓아 비바람을 '막다' ② 杜絶(두절) 杜甫(두보) 杜門不出(두문불출)
99	鄧 나라이름 등:	阝 / 15	邓 / dèng	① 나라이름과 성으로만 쓰인다. ② 鄧小枰(등소평 : 중국의 정치 지도자)
100	謄 베낄 등	言 / 17	誊 / téng	① 한 쪽에서 말을 전달하면 그 말을 '베끼다' ② 謄本(등본) 謄寫(등사) 戶籍謄本(호적등본)

2급

101	藤 등나무 등	艹 19	藤 téng	① 물이 솟아 오르듯 덩굴이 위로 퍼지는 '등나무' ② 葛藤(갈등) 藤菊(등국) 藤柳(등류)
102	裸 벗을 라:	衤 13	裸 luǒ	① 실과(果)는 껍질(衤)이 없는 벌거벗은 '열매' ② 裸體(나체) 裸身(나신) 裸麥(나맥) 裸婦(나부)
103	洛 물이름 락	氵 9	洛 luò	① 물(氵)이 각각(各) 모여서 큰물이 된 '물 이름' ② 洛東江(낙동강) 洛陽(낙양)
104	爛 빛날 란:	火 21	烂 làn	① 불길(火)이 난간(闌) 기둥같이 피어오르다. '빛나다' ② 能爛(능란) 絢爛(현란) 豪華燦爛(호화찬란)
105	藍 쪽 람	艹 18	蓝 lán	① 풀(艹)을 살펴보니(監) 염료로 쓸 만한 '쪽 풀' ② 伽藍(가람) 藍汁(남즙) 靑出於藍(청출어람)
106	拉 끌 랍	扌 8	拉 lā	① 자리를 잡고 서서(立) 손(扌)으로 '끌다' '꺾다' ② 拉致(납치) 被拉(피랍) 拉北(납북)
107	萊 명아주 래	艹 12	莱 lái	① 보리(來)처럼 생긴 풀(艹). '명아주' ② 東萊(동래) 蓬萊山(봉래산)
108	亮 밝을 량	亠 9	亮 liàng	① 높은 곳(高)에서 사람(儿)이 밝게 살피다. '밝다' ② 諸葛亮(제갈량) *주로 이름자로 쓰인다.
109	樑 들보 량	木 15	梁 liáng	① 두 기둥(木) 사이에 다리(梁)처럼 걸친 '들보' ② 棟樑(동량) 梁과 같이 쓰인다.
110	輛 수레 량:	車 15	辆 liàng	① 바퀴(車)가 두게(兩) 있는 '수레' ② 車輛(차량)

111	**呂** 姓/법칙　려:	口 7	呂 lǚ	① 본래는 등골뼈가 이어져 있는 모양. '법칙' ② 律呂(율려) *姓氏로 쓰인다.
112	**廬** 농막(農幕)집 려	广 19	庐 lú	① 버들가지로 엮은 밥그릇(盧) 모양의 '농막 집' ② 廬幕(여막) 三顧草廬(삼고초려)
113	**礪** 숫돌　　려:	石 20	砺 lì	① 쇠붙이나 칼을 가는데 쓰는 돌(石). '숫돌' ② 礪石(여석) 礪山(여산=地名)
114	**驪** 검은말　려	馬 29	骊 lí	① 윤기(麗고울 려)가 흐르는 '검은 말' ② 驪州(여주=地名)
115	**漣** 잔물결　련	氵 14	涟 lián	① 물(氵)이 끊어지지 않고 (連) 이어진 '잔물결' ② 漣川(연천=地名)
116	**煉** 달굴　　련	火 13	炼 liàn	① 불(火)에 달구어 불순물을 가려내다(柬). ② 煉瓦(연와) 煉炭(연탄) 煉獄(연옥)
117	**濂** 물 이름　렴	氵 16	濂 lián	① 중국 호남성에 있는 시내이름. ② 주로 이름자로 쓰인다.
118	**玲** 옥소리　　령	玉 9	玲 líng	① 구슬(玉)이 울리는 아름다운 소리. '옥소리' ② 玲瓏(영롱) *주로 이름자로 쓰인다.
119	**醴** 단술(甘酒)　례:	酉 20	醴 lǐ	① 제기에(豊) 받쳐 올리는 좋은 술(酉). '단술' ② 醴酒(예주) 醴泉(예천 : 경상북도에 있는 郡이름)
120	**鷺** 백로/해오라기 **로**	鳥 24	鹭 lù	① 이슬처럼(露)맑고 하얀 새(鳥). '해오라기' ② 白鷺(백로) 鷺鷗(노구)

2급

121	盧 성(姓)　**로**	皿 16	卢 lú	① 대나무로 만든 그릇(皿). '밥그릇' ② 주로 姓氏로 쓰인다.
122	蘆 갈대　**로**	艹 20	芦 lú	① 벼과(禾科)에 속하는 다년생 풀(艹). 　아직 이삭이 패지 않은 갈대. '갈대' ② 蘆笛(노적) 蘆原區(노원구)
123	魯 노나라/노둔할 **로**	魚 15	鲁 lǔ	① 물고기가 입을 벌리고 먹는 모양인데, '노둔' 　낚시 밥만 보면 죽는 줄도 모르고 덤빈다. '어리석다' ② 魯鈍(노둔) *주로 地名과 姓氏로 쓰인다.
124	籠 대바구니　**롱(:)**	竹 22	笼 lóng	① 대나무(竹)로 엮은(龍처럼) '대바구니' ② 籠球(농구) 籠絡(농락) 籠城(농성) 牢籠(뇌롱)
125	遼 멀　**료**	辶 16	辽 liáo	① 벼슬아치의 진급은 아득히 '멀다' ② 遼遠(요원) 遼隔(요격) 遼東半島(요동반도)
126	療 병고칠　**료**	疒 17	疗 liáo	① 병(疒)을 벼슬아치(寮)가 고치다. '병 고치다' ② 治療(치료) 療養(요양) 醫療(의료) 療飢(요기)
127	劉 죽일　**류**	刂 15	刘 liú	① 쇠로 만든 재갈과 칼은 무기에서, '죽이다' ② 주로 성씨로 쓰인다. 劉備(유비:三國志)
128	硫 유황　**류**	石 12	硫 liú	① 돌에 약간의 열만 가해도 흘러내리는 '유황' ② 硫黃(유황) 脫硫(탈류)
129	謬 그르칠　**류**	言 18	谬 miù	① 높이 날아(羽)가는 말(言)은 잘못. '그릇되다' ② 誤謬(오류) 訛謬(와류) 悖謬(패류)
130	崙 산이름　**륜**	山 11	仑 lún	① 중국 신강성에 있는 산 이름. ② 崑崙山(곤륜산)

131	楞 네모질(四角) 릉	木 13	楞 léng	① 사방의 기둥(木)이 모서리(方)가 있다. '모서리' ② 楞角(능각) 楞嚴經(능엄경)
132	麟 기린 린	鹿 23	麟 lín	① 사슴 종류 중에서 눈에 띄게 빛나는 '기린' ② 麒麟(기린) 麟角(인각) 麟鳳(인봉)
133	摩 문지를 마	手 15	摩 mó	① 삼(麻)을 손으로 비벼서 실을 만들 때 '문지르다' ② 摩擦(마찰) 撫摩(무마) 摩天樓(마천루)
134	痲 저릴 마	疒 13	痲 má	① 몸이 삼(麻)대처럼 뻣뻣해 지는 병. '마비되다' ② 痲痺(마비) 痲藥(마약) 痲醉(마취)
135	魔 마귀 마	鬼 21	魔 mó	① 사람을 삼대처럼 뻣뻣하게 놀라게 하는 '마귀' ② 魔鬼(마귀) 魔窟(마굴) 惡魔(악마) 魔術(마술)
136	膜 막/꺼풀 막	月 15	膜 mó	① 살(月)이 아니고(莫) 둘러 싼 '꺼풀'이다. ② 膈膜(격막) 肋膜(늑막) 角膜(각막) 鼓膜(고막)
137	娩 낳을 만:	女 10	娩 miǎn	① 여자(女)가 아이를 낳다(免고통을 면하다) '낳다' ② 分娩(분만) 娩痛(만통)
138	灣 물굽이 만	氵 25	湾 wān	① 바다가 육지를 향해 굽어 들어간 곳. '물굽이' (일)湾 ② 港灣(항만) 臺灣(대만)
139	蠻 오랑캐 만	虫 25	蛮 mán	① 남쪽 이민족은 몸집이 작은 벌레(虫) 같은 '오랑캐' (일)蛮 ② 蠻行(만행) 蠻勇(만용) 南蠻北狄(남만북적)
140	靺 말갈(靺鞨) 말	革 14	靺 mò	① 중국에서 멀리(末) 가죽(革)옷을 입는 '말갈족' ② 靺鞨(말갈)

2급

2급 15회	한 자 훈 음	부수 총획	간 체 병음	① 자원풀이　② 한자어
141	網 그물　망	糸 14	网 wǎng	① 실(糸)로 짠 짐승을 잡는(罔) '그물'이다. ② 網紗(망사) 漁網(어망) 網羅(망라) 法網(법망)
142	枚 낱　매	木 8	枚 méi	① 채찍(攵)을 만드는 재료가 되는 나무(木). 枚에서 열매가 열린다. '낱=셀 수 있는 물건의 하나' ② 枚數(매수) 銜枚(함매)
143	魅 매혹할　매	鬼 15	魅 mèi	① 도깨비(鬼) 때문에 제 정신이 아니다(未). '홀리다' '매혹' ② 魅惑(매혹) 魅力(매력) 魅了(매료) 魅醉(매취)
144	貊 맥국(貊國)　맥	豸 13	貊 mò	① 북방 종족을 벌레와 같이 비하한 말. ② 濊貊(예맥) 蠻貊(만맥) 貊族(맥족)
145	覓 찾을　멱	見 11	觅 mì	① 손톱(爫)으로 땅을 파헤쳐 보면서(見) '찾다' ② 木覓山(목멱산 : 남산의 옛 이름) 覓索(멱색)
146	俛 힘쓸/구푸릴　면:	亻 9	俛 miǎn	① 윗사람에게 모자를 벗고(免) 고개를 '구푸리다' ② 俛首(면수) 俛視(면시)
147	冕 면류관　면:	冂 11	冕 miǎn	① 머리에 썼다가 벗을(免) 수 있는 임금의 모자. ② 冕旒冠(면류관) 冕服(면복) 弁冕(변면)
148	沔 물이름/빠질　면:	氵 7	沔 miǎn	① 중국 섬서성에서 발원한 漢水의 支流. ② 沔水(면수) 沔川(면천) 등 주로 이름자로 쓰인다.
149	蔑 업신여길　멸	艹 15	蔑 miè	① 아예 쳐다 보지도(目) 않는데서 '업신여기다' ② 蔑視(멸시) 輕蔑(경멸) 侮蔑(모멸) 凌蔑(능멸)
150	矛 창　모	矛 5	矛 máo	① 창(찌르는 무기) 모양을 본뜬 字. '창' ② 矛盾(모순) 矛戟(모극) 矛戈(모과)

	한 자	부수	간 체	① 자원풀이　　② 한자어
	훈 음	총획	병 음	
151	帽 모자　모	巾 12	帽 mào	① 머리를 덮는(冒무릅쓸 모) 수건(巾). '모자' ② 帽子(모자) 脫帽(탈모) 安全帽(안전모)
152	茅 띠(草名)　모	艹 9	茅 máo	① 창(矛)처럼 마디지어 자라는 풀(艹). '띠 풀' ② 茅屋(모옥) 茅塞(모색) 茅沙(모사) 茅草(모초)
153	謨 꾀　모	言 18	谟 mó	① 어둠(莫)을 헤칠 수 있는 좋은 말(言). '꾀' ② 謨訓(모훈) 聖謨(성모) 高謨(고모)
154	牟 姓/보리　모	牛 6	牟 móu	① 소가 우는 모양인데, '성씨' '보리'로 쓰인다. ② 牟利(모리) 釋迦牟尼(석가모니) 牟食(모식)
155	沐 머리감을　목	氵 7	沐 mù	① 나무 그늘이 있는 냇가에서 '머리를 감다' ② 沐浴(목욕) 冥沐(명목) 櫛風沐雨(즐풍목우)
156	穆 화목할　목	禾 16	穆 mù	① 벼(禾)에서 알곡이 떨어져 '기쁘다' '화목하다' ② 和穆(화목=和睦) 敦穆(돈목) 雍穆(옹목)
157	昴 별이름　묘:	日 9	昴 mǎo	① 별(星宿성수) 이름이다. *宿(별자리 수/잘 숙) ② 昴宿(묘수) 星昴(성묘)
158	汶 물이름　문	氵 7	汶 wèn	① 중국 산동성에 있는 江이름. ② 汶山(문산) *주로 성명자로 쓰인다.
159	紊 문란할/어지러울　문	糸 10	紊 wěn	① 옷감에 무늬(文)를 놓으려고 실(糸)을 교차. '어지럽다' ② 紊亂(문란) 紊緖(문서)
160	彌 미륵/오랠　미	弓 17	弥 mí	① 활(弓)을 부린다는 뜻인데, '오래' '미륵' '꿰매다' (일)弥 ② 彌勒(미륵) 彌縫策(미봉책) 彌陀(미타)

161	玟 아름다운돌 　민	玉 8	玟 mín	① 구슬(玉)처럼 아름다운(文) 돌. '옥돌' ② 주로 이름자로 쓰인다.
162	珉 옥돌 　민	玉 9	珉 mín	① 백성(民)들이 즐기는 玉. '옥돌' ② 貞珉(정민) *주로 이름자로 쓰인다.
163	旻 하늘 　민	日 8	旻 mín	① 햇살 받아 익은 것처럼 무늬가 좋은 '가을하늘' ② 旻天(민천) *주로 이름자로 쓰인다.
164	旼 화할 　민	日 8	旼 mín	① 햇살로 아름다운 무늬를 이루면 '화목해 진다' ② 이름자로 쓰인다.
165	閔 성(姓) 　민	門 12	闵 mǐn	① '姓氏' '근심하다' '불쌍하다'로 쓰인다. ② 憐閔(연민=憐憫) *주로 성씨로 쓰인다.
166	舶 배 　박	舟 11	舶 bó	① 숙박(泊) 시설을 갖춘 배(舟). '큰 배' 배 ② 船舶(선박) 舶賈(박고)
167	搬 옮길 　반	扌 13	搬 bān	① 손(扌)으로 물건을 옮겨(般) 나르다. '옮기다' ② 運搬(운반) 搬入(반입) 搬出(반출)
168	潘 성(姓)/뜨물 　반	氵 15	潘 pān	① 쌀(米)을 일은 물(氵), 즉 쌀뜨물. ② 주로 성씨로 쓰인다.
169	磻 반계(磻溪) 　반/번	石 17	磻 pán	① 중국 섬서성에 있는 강 이름. ② 磻溪(반계)
170	渤 바다이름 　발	氵 12	渤 bó	① 발해라는 '바다이름' '나라 이름'으로도 쓰였다. ② 渤海(발해)

2급 18회	한 자 훈 음	부수 총획	간 체 병 음	① 자원풀이 ② 한자어
171	鉢 바리때 발	金 13	钵 bō	① 쇠(金)로 만든 승려의 밥그릇이, '바리때' ② 衣鉢(의발) 沙鉢(사발) 周鉢(주발)
172	旁 곁 방:	方 10	旁 páng	① 사방팔방(方) 퍼져 서있는(立) 모든 '곁' ② 旁系(방계) 旁魄(방백)
173	紡 길쌈 방	糸 10	纺 fǎng	① 실(糸)을 四方으로 늘어놓다. '길쌈' '잣다' ② 紡績(방적) 紡織(방직) 混紡(혼방) 紡錘(방추)
174	龐 높은 집 방	龍 19	庞 páng	① 높고 큰(龍용처럼) 집(广). ② 龐統(방통 : 三國志)
175	賠 물어줄 배:	貝 15	赔 péi	① 남에게 손해(貝)를 끼쳐 배(倍)로 '물어주다' ② 賠償(배상) 均賠(균배) 賠款(배관)
176	俳 배우 배	亻 10	俳 pái	① 그 역할을 하는 사람(亻)이지 실제가 아닌(非), '배우' ② 俳優(배우) 嘉俳(가배) 俳娼(배창)
177	裵 姓(성) 배	衣 14	裴 péi	① 본래 옷(衣)이 아래로 늘어진 모양인데, ② 姓氏로만 쓰인다.
178	柏 측백 백	木 9	柏 bǎi	① 나무(木)의 결이 희고(白) 고운 '측백나무' ② 側柏(측백) 松柏(송백) 冬柏(동백) 扁柏(편백)
179	筏 뗏목 벌	竹 12	筏 fá	① 적을 치기(伐) 위해 대나무(竹)로 엮어 물에 띄운 '뗏목' ② 筏橋(벌교) 津筏(진벌)
180	閥 문벌 벌	門 14	阀 fá	① 무기를 들고 지켜주는 세력이 있는 '문벌' ② 門閥(문벌) 財閥(재벌) 學閥(학벌) 派閥(파벌)

2급

181	汎 넓을 범:	氵 6	汎 fàn	① 물(氵)에 모든(凡) 것이 잠겨있다. '넓다' ② 汎游(범유) 汎舟(범주) 汎稱(범칭)
182	范 姓(성) 범:	艹 9	范 fàn	① 물(氵)에 떠다니는 풀(艹)인데, '성씨' ② 주로 성씨로만 쓰인다.
183	僻 궁벽할 벽:	亻 15	僻 pì	① 성격이 한쪽으로 '치우친 사람' '궁벽' ② 窮僻(궁벽) 僻村(벽촌) 僻地(벽지) 偏僻(편벽)
184	卞 姓(성) 변:	卜 4	卞 biàn	① 가장 먼저(上) 점(卜)을 쳐 본다는 '법'의 뜻인데. ② 성씨로만 쓰인다.
185	弁 고깔 변:	廾 5	弁 biàn	① 모자(厶)를 두 손(廾)으로 쓰고 있다. '고깔' ② 弁韓(변한) 弁冕(변면)
186	炳 불꽃 병:	火 9	炳 bǐng	① 물고기 꼬리 모양의 불이 위로 솟는 '불꽃' ② 炳燭(병촉) * 주로 이름자로 쓰인다.
187	昞 밝을 병:	日 9	昞 bǐng	① 해(日)처럼 밝다. '밝다' '빛나다' ② 주로 이름자로 쓰인다.
188	昺 밝을 병:	日 9	昺 bǐng	① 위의 字와 같은 字. ② 주로 이름자로 쓰인다.
189	柄 자루 병:	木 9	柄 bǐng	① 손잡이로 쓰는 나무(木). '자루' ② 權柄(권병) 斗柄(두병) 宰柄(재병)
190	秉 잡을 병:	禾 8	秉 bǐng	① 벼(禾)를 손으로 잡은 모양이다. '잡다' ② 秉權(병권) 秉燭(병촉)

2급 20회	한 자 훈 음	부수 총획	간 체 병 음	① 자원풀이 ② 한자어
191	倂 아우를 병:	亻 10	幷 bìng	① 두 사람을 어울리도록(幷) 하다. '아우르다' (일)倂 ② 倂記(병기) 倂殺(병살) 合倂(합병) 倂略(병략)
192	甫 클 보:	用 7	甫 fǔ	① 밭(田)에 새싹이 그득한 모양에서, '크다' ② 杜甫(두보) 甫田(보전)
193	輔 도울 보:	車 14	辅 fǔ	① 큰 밭(甫)에 수레(車)로 일을 '돕다' ② 輔仁(보인) 輔佐(보좌) 輔弼(보필) 宰輔(재보)
194	溥 물이름 보:	氵 15	溥 pū	① 물이(氵) 넓다(普) '넓다' ② 주로 이름자로 쓰인다.
195	馥 향기 복	香 18	馥 fù	① 향기(香)가 멀리까지 퍼져(夏) 나가다. '향기' ② 馥郁(복욱) 芳馥(방복)
196	俸 녹(祿) 봉:	亻 10	俸 fèng	① 관리(亻)가 나라 일을 받들고(奉) 받는 대가. '녹' ② 祿俸(녹봉) 年俸(연봉) 初俸(초봉) 俸給(봉급)
197	蓬 쑥 봉	艹 15	蓬 péng	① 무성하게 쑥쑥 나가(逢) 자라는 풀(艹). '쑥' ② 蓬萊(봉래) 蓬艾(봉애) 蓬矢(봉시)
198	縫 꿰맬 봉	糸 17	缝 féng	① 해진 옷감(糸)을 맞대어(逢) 묶다. '꿰매다' ② 彌縫(미봉) 縫製(봉제) 天衣無縫(천의무봉)
199	釜 가마 부	金 10	釜 fǔ	① 양쪽에 손잡이가 달린 쇠로 만든 솥. '가마솥' ② 釜山(부산) 釜鼎(부정)
200	阜 언덕 부:	阜 8	阜 fù	① 층이 계단처럼 된 흙산의 모양. '언덕' ② 阜老(부로) 阜陵(부릉)

2급

No.	한자	훈음	부수	총획	간체	병음	자원풀이 · 한자어
201	傅	스승 부:	亻	12	傅	fù	① 바른 길을 가도록 펼치는(尃) 사람(亻). '스승' ② 師傅(사부) 良傅(양부) 傅佐(부좌)
202	膚	살갗 부	月	15	肤	fū	① 몸속에 밥통이 있고 호랑이 가죽 같은 '살갗' ② 皮膚(피부) 肌膚(기부) 雪膚(설부) 膚淺(부천)
203	敷	펼 부(:)	攵	15	敷	fū	① 두드려서(攵) 넓게 펴다.(尃) '펴다' ② 敷設(부설) 敷地(부지)
204	芬	향기 분	艹	8	芬	fēn	① 풀(艹)이 싹틀 때 향기가 사방으로 흩어짐(分) 　풀에서 나는 '향기' ② 芬香(분향) 芬蘭(분란) 芬馨(분형)
205	弗	아닐/말(勿) 불	弓	5	弗	fú	① 不보다 뜻이 강하다. 　아니라고 말하지 '말라' '아니다' ② 百弗(백불) *미국화폐 '달러'로 가차.
206	鵬	새/붕새 붕	鳥	19	鹏	péng	① 봉황새 같은 하루에 구만리를 난다는 '붕새' ② 鵬圖(붕도) 大鵬(대붕) 鵬翼(붕익) 鵬飛(붕비)
207	丕	클 비	一	5	丕	pī	① 한 물체가 하늘과 땅에 이어져 '크다' ② 丕業(비업) 丕圖(비도) 丕基(비기) 丕訓(비훈)
208	毗	도울 비	比	9	毗	pí	① 배꼽이 태아의 생장을 돕다. '돕다' 　田은 囟의 변형, 정수리에 견줄 만한 배꼽. ② 毗補(비보) 毗佐(비좌) 毗翼(비익)
209	毖	삼갈 비	比	9	毖	bì	① 是非를 비교하여 올바른 삶을 위해 '삼가다' ② 懲毖(징비)
210	匪	비적 비:	匚	10	匪	fěi	① 대나무 그릇에 그릇된 방법으로 담다. '비적' ② 匪賊(비적) 共匪(공비) 討匪(토비) 匪徒(비도)

211	彬 빛날　빈	彡 11	彬 bīn	① 우거진 숲처럼(林) 눈부신 무늬가(彡) '빛나다' ② 彬彬(빈빈) 彬蔚(빈울)
212	泗 물이름　사:	氵 8	泗 sì	① 발원처(發源處)가 4곳인 중국에 있는 '강 이름' ② 泗水(사수) 洙泗(수사) 泗泌城(사비성)
213	飼 기를　사	食 14	饲 sì	① 동물의 먹이틀(食) 담당하는 사람(司맡을 사) 　동물을 '기르다, 먹이다' ② 飼料(사료) 飼育(사육) 放飼(방사) 飼馴(사순)
214	唆 부추길　사	口 10	唆 suō	① 말이 베틀(梭)처럼 오고가며 꾀다. '부추기다' ② 敎唆(교사) 示唆(시사)
215	赦 용서할　사:	赤 11	赦 shè	① 죄인을 채찍질 하는 곳이 비어있다. '용서' ② 赦贖(사속) 赦免(사면) 赦罪(사죄) 特赦(특사)
216	傘 우산　산	人 12	伞 sǎn	① 비를 막고 햇빛을 가리는 우산 모양. '우산' ② 雨傘(우산) 陽傘(양산) 日傘(일산) 傘下(산하)
217	酸 실(味覺)　산	酉 14	酸 suān	① 막걸리(酉)가 오래되면 그 맛이 '시다' ② 醋酸(초산) 酸性(산성) 炭酸(탄산) 乳酸(유산)
218	蔘 삼　삼	艹 15	蔘 sēn	① 한 뿌리로 환자 셋을 구한다는 풀(艹) '인삼' ② 人蔘(인삼) 山蔘(산삼) 紅蔘(홍삼) 蔘圃(삼포)
219	插 꽂을　삽	扌 12	插 chā	① 손(扌)으로 절구(臼) 공이에 꽂듯이 '꽂다' (일)挿 ② 挿木(삽목) 挿枝(삽지) 挿入(삽입) 挿畫(삽화)
220	箱 상자　상	竹 15	箱 xiāng	① 대나무(竹)로 보기 좋은 모양(相)으로 만든 '상자' ② 箱子(상자) 木箱(목상) 書箱(서상)

2급

2급 23회	한 자 훈 음	부수 총획	간 체 병 음	① 자원풀이　② 한자어
221	庠 학교　　상	广 9	庠 xiáng	① 古典을 상세하게 가르치던 주나라 때의 '학교' ② 庠序(상서) 庠校(상교) 國庠(국상)
222	舒 펼　　서:	舌 12	舒 shū	① 집(舍)에서 사람이 팔다리를 쭉 뻗어 '펴다' ② 舒卷(서권) 舒情(서정) 舒尾(서미)
223	瑞 상서　　서:	玉 13	瑞 ruì	① 山에서 구슬(玉)이 연이어 나오니 좋다. '상서' ② 祥瑞(상서) 吉瑞(길서) 瑞光(서광) 瑞鳥(서조)
224	碩 클　　석	石 14	硕 shuò	① 머리(頁)가 바위(石)처럼 크다. 일반적인 '크다' ② 碩學(석학) 碩士(석사) 碩儒(석유) 碩德(석덕)
225	奭 클/쌍백　　석	大 15	奭 shì	① 이백(百百)명을 거느릴 수 있는 세력이 '크다' ② 範奭(범석) *주로 이름자로 쓰인다.
226	晳 밝을　　석	日 12	晳 xī	① 햇빛(日)에서 나뉘어(析) 사방을 비추니 '밝다' ② 明晳(명석)
227	錫 주석　　석	金 16	锡 xī	① 모양이 쉽게(易) 변하는 쇠붙이(金). '주석' ② 朱錫(주석) 錫鑛(석광)
228	瑄 도리옥　　선	玉 13	瑄 xuān	① 벼슬아치의 관에 붙이는(宣) 구슬. '도리옥' ② 주로 이름자로 쓰인다.
229	璇 옥　　선	玉 15	璇 xuán	① 잘 도는(旋) 모난 데가 없는 아름다운 '옥' ② 주로 이름자로 쓰인다.
230	繕 기울　　선:	糸 18	缮 shàn	① 해진 옷을 실(糸)로 기워 좋게(善) 하다. '깁다' ② 修繕(수선) 繕茸(선즙) 營繕(영선) 繕補(선보)

	한자	부수	간체	풀이
231	璿 구슬 선	玉 18	璇 xuán	① 윤기가 나고 깨끗해서 매우 밝은(睿) '구슬' ② 주로 이름자로 쓰인다.
232	卨 사람 이름 설	卜 11	卨 xiè	① 어떤 짐승(벌레)을 본뜬 글자이다. ② 주로 이름자로 쓰인다.
233	薛 姓(성) 설	艹 17	薛 xuē	① 쑥(艹)을 나타낸 글자인데, ② 薛聰(설총) *姓氏로만 쓰인다.
234	陝 땅 이름 섬	阝 10	陕 shǎn	① 중국의 괵(虢)나라에 있던 땅이름이다. ② 陝西(섬서) *地名으로만 쓰인다.
235	暹 햇살 치밀 섬	日 16	暹 xiān	① 햇살(日)이 치미고(進) 올라오는 모양. ② 暹羅(섬라) *나라이름으로 쓰인다. *暹
236	蟾 두꺼비 섬	虫 19	蟾 chán	① 두꺼비의 모양을 그린 것이다. 또 달의 별칭. ② 蟾光(섬광) 蟾桂(섬계) 蟾宮(섬궁)
237	纖 가늘 섬	糸 23	纤 xiān	① 실이 (糸) 부추(韭)처럼 생겨 '가늘다' (일)纖 ② 纖細(섬세) 纖維(섬유) 纖羅(섬라)
238	燮 불꽃 섭	火 17	燮 xiè	① 짐승을 손(又)으로 잡고 화톳불(火)에 굽다. ② 주로 이름자로 쓰인다.
239	晟 밝을 성	日 11	晟 shèng	① 해(日)의 모양이 완전히 이루어(成)져 '밝다' ② 주로 이름자로 쓰인다.
240	貰 세놓을 세:	貝 12	贳 shì	① 시간(世)이 흐른 뒤에 재물(貝)을 받거나 빌리다. ② 專貰(전세) 月貰(월세) 貰房(세방) 貰家(세가)

2급

2급 25회	한 자 훈 음	부수 총획	간 체 병음	① 자원풀이 ② 한자어
241	沼 못 소	氵 8	沼 zhǎo	① 물(氵)을 본류에서 불러들여(召) 이루어진 '늪, 못' ② 德沼(덕소) 龍沼(용소) 沼澤(소택) 沼池(소지)
242	邵 땅이름/성(姓) 소	阝 8	邵 shào	① 중국 춘추시대 晉나라의 '고을이름' ② 地名으로만 쓰인다.
243	紹 이을 소	糸 11	绍 shào	① 사람을 불러(召) 들여서 끈(糸)으로 '잇다' ② 紹介(소개) 紹賓(소빈) 紹述(소술)
244	巢 새집 소	巛 11	巢 cháo	① 나무 위 새집에 새가 세 마리가 앉은 '새집' ② 巢窟(소굴) 卵巢(난소) 鵲巢(작소)
245	宋 성(姓)/송나라 송:	宀 7	宋 sòng	① 들보(木)가 지붕(宀)을 버티고 있는 모양인데, ② 나라이름과 성씨로만 쓰인다.
246	洙 물가 수	氵 9	洙 zhū	① 얕은 물은 흙의 빛깔이 비쳐 붉게(朱) 보인다. ② 洙堂(수당) 泗洙(사수 / 공자가 공부하던 물가)
247	銖 저울눈 수	金 14	铢 zhū	① 쇠로 저울추를 만들어 붉은 조(곡식)의 무게를 잼. ② 주로 이름자로 쓰인다.
248	隋 수나라 수	阝 12	隋 suí	① 중국에 있던 고구려를 침공한 나라이름. ② 隋唐(수당) 隋帝(수제)
249	洵 참으로 순	氵 9	洵 xún	① 본래는 물 이름인데, '참으로' '진실로'로 가차. ② 洵美(순미) *주로 이름자로 쓰인다.
250	珣 옥 이름 순	玉 10	珣 xún	① 둥근(旬) 구슬인 玉의 이름인데, ② 주로 이름자로 쓰인다.

251	荀	艹	荀	① 꽃은 노랗고 열매는 푸른 약초(艹)의 이름. ② 荀子(순자) *주로 이름자로 쓰인다.
	풀이름 순	10	xún	

252	淳	氵	淳	① 산골의 맑고 깨끗한 물. 그러한 사람의 마음. ② 淳朴(순박) 淳厚(순후) *이름자로 많이 쓰임.
	순박할 순	11	chún	

253	舜	舛	舜	① 순임금. 또는 '무궁화'를 나타낸 字. ② 堯舜(요순) 舜禹(순우)
	순임금 순	12	shùn	

254	盾	目	盾	① 머리와 눈(目)을 보호하는 물건 '방패' ② 矛盾(모순) 戟盾(극순) 戈盾(과순)
	방패 순	9	dùn	

255	瑟	玉	瑟	① 사람이 거문고의 줄을 건드리다. '비파' ② 琴瑟(금슬) 琴瑟之樂(금실지락) *音이 슬=실
	큰거문고 슬	13	sè	

256	升	十	升	① 곡식을 되는 그릇. 홉의 열배. '되' ② 升斗(승두) 升勺(승작) 升堂入室(승당입실)
	되 승	4	shēng	

257	繩	糸	绳	① 실을 꼬면 맹꽁이배처럼 불룩해진다. '노끈' (일)繩 ② 繩墨(승묵) 繩索(승삭) 自繩自縛(자승자박)
	노끈 승	19	shéng	

258	柴	木	柴	① 땔감으로 쓰는 흠이(比는 疵)있는 나무. '섶' '땔감' ② 柴糧(시량) 柴草(시초) 柴扉(시비) 柴炭(시탄)
	섶(薪) 시:	9	chái	

259	屍	尸	尸	① 죽은(死) 몸(尸)이다. '주검' ② 屍身(시신) 屍體(시체) 檢屍(검시)
	주검 시:	9	shī	

260	軾	車	轼	① 수레(車)를 탈 때 앞에 의지하게 가로지른 손잡이. ② 據軾(거식) 金富軾(김부식 : 삼국사기를 지은 학자)
	수레 가로나무 식	13	shì	

2급

261	殖 歹 불릴　　　식 12	歹 zhí	殖	① 죽은(歹)것이 땅에 묻혀 거름이 되어 '불리다' ② 繁殖(번식) 增殖(증식) 養殖(양식) 殖産(식산)
262	湜 물 맑을　　식 12	氵 shí	湜	① 물(氵)이 오른(是)상태로 있는 것은 '맑은 것'이다. ② 金廷湜(김정식 : 金素月의 本名)
263	紳 띠(帶)　　신: 11	糸 shēn	绅	① 허리에 늘어뜨려 맨(糸) 벼슬아치들의 '띠' ② 紳士(신사) 紳笏(신홀) 香紳(향신)
264	腎 콩팥　　　신: 12	月 shèn	肾	① 다른 신체기관에 비해 단단하게 생긴 '콩팥' ② 腎臟(신장) 腎管(신관) 海狗腎(해구신)
265	瀋 즙낼/물이름 심: 18	氵 shěn	沈	① 중국 심양에 있는 '강 이름'이다. ② 瀋陽(심양) *지명으로만 쓰인다.
266	握 쥘　　　　악 12	扌 wò	握	① 손(扌)안에 무엇을 잡고 있다. '쥐다' ② 握手(악수) 掌握(장악) 吐哺握發(토포악발)
267	閼 막을　　　알 16	門 è	阏	① 문(門)안에 진흙을 쌓아 물을 '막다' ② 金閼智(김알지) 閼塞(알색)
268	癌 암　　　　암: 17	疒 ái	癌	① 바위(山)처럼 단단한 종기가 생긴 병(疒). '암' ② 肝癌(간암) 癌細胞(암세포) 大腸癌(대장암)
269	鴨 오리　　　압 16	鳥 yā	鸭	① 꽥꽥(甲은 擬聲語)하고 우는 새(鳥). '오리' ② 鴨綠江(압록강) 鴨鷗亭洞(압구정동)
270	艾 쑥　　　　애 6	艹 ài	艾	① 줄기가 옆으로 얼기설기 퍼져 쑥쑥 자라는 풀. ② 艾年(애년 : 나이 50대) 艾餅(애병 : 쑥떡)

271	埃 土 埃 티끌 애 10 āi	① 흙(土)이 생명력을 잃게 되면 마지막은 '티끌' ② 埃及(애급) 塵埃(진애) 煤埃(매애) 埃滅(애멸)
272	礙 石 碍 거리낄 애: 19 ài	① 사람이 돌(石) 앞에서 의심(疑)하여 행동을 주저하다. '거리끼다' ② 拘礙(구애) 障礙(장애) 無礙(무애) 礙滯(애체)
273	倻 亻 倻 가야 야 11 yē	① 우리나라 삼국시대 이전, 고대의 나라이름. ② 伽倻(가야) 伽倻琴(가야금)
274	惹 心 惹 이끌 야: 13 rě	① 마음(心)을 헝클어 뜨리는(若) '이끌다' ② 惹起(야기) 惹端(야단) 惹出(야출)
275	襄 衣 襄 도울 양(:) 17 xiāng	① 윗옷을 벗고 밭을 가니 식물의 생장을 '돕다' ② 襄陽(양양) 宋襄之仁(송양지인)
276	孃 女 娘 아가씨 양 20 niáng	① 흰옷을 벗고 밭을 가는 어미가 본뜻. '아가씨' (일)嬢 ② 爺孃(야양) 令孃(영양) 金孃(김양)
277	彦 彡 彦 선비 언: 9 yàn	① 文才와 武才가 남보다 높은 사람. '선비' ② 彦士(언사) *주로 이름자로 쓰인다.
278	衍 行 衍 넓을 연: 9 yǎn	① 물이 넘쳐 길에 까지 들어오다. '넓다, 넘치다' ② 敷衍(부연) 衍文(연문) 衍繹(연역=演繹)
279	妍 女 妍 고울 연: 9 yán	① 매무새를 잘 다듬은(开) 고운 계집. '곱다' ② 妍麗(연려) *주로 이름자로 쓰인다.
280	淵 氵 渊 못 연 12 yuān	① 양 기슭 사이에 깊은 못이 있는 모양. '못' ② 深淵(심연) 淵源(연원) 淵沼(연소)

2급

281	硯 벼루　　연:	石 12	砚 yàn	① 내려다보면서(見) 먹을 가는 돌(石). '벼루' ② 硯滴(연적) 缸硯(항연) 紙筆硯墨(지필연묵)
282	閻 마을　　염	門 16	阎 yán	① 구덩이(陷)를 파고 세운 마을의 門. '마을' ② 閻閻(여염) 閻羅大王(염라대왕)
283	厭 싫어할　　염:	厂 14	厌 yàn	① 배가 불러 호흡이 어려운 것이 짓눌리듯 '싫다' ② 厭忌(염기) 厭症(염증) 嫌厭(혐염)
284	燁 빛날　　엽	火 16	烨 yè	① 해가 빛나듯 불빛(火)이 빛나다(燁). '빛나다' ② 주로 이름자로 쓰인다.
285	暎 비칠　　영:	日 13	映 yìng	① 햇빛(日)이 하늘의 한가운(中)데서 만물을 '비추다' ② 映(4급)과 같은 字이다.
286	瑛 옥빛　　영	玉 13	瑛 yīng	① 玉이 꽃(英)처럼 아름다운 빛을 내다. '옥빛' ② 주로 이름자로 쓰인다.
287	瑩 옥돌/밝을　영/형	玉 15	莹 yíng	① 구슬처럼 빛나는 '옥돌' 맑고 밝아서 '밝다' ② 崔瑩(최영 : 고려 때 장수) *주로 이름자로 쓰인다.
288	盈 찰　　영	皿 9	盈 yíng	① 그릇(皿)에 음식이 가득 차다(孕). '차다' ② 盈德(영덕) 盈滿(영만) 千字文의 　 日月盈昃(일월영측)
289	預 맡길/미리　예:	頁 13	预 yù	① 豫와 통하여 '미리' '사전에' '맡기다'인데, 　 '맡기다'는 한국에서만 쓰인다. ② 預金(예금) 預託(예탁) 預想=豫想
290	睿 슬기　　예:	目 14	睿 ruì	① 사물을 바라보는 눈(目)이 뚫리다. '슬기' ② 睿宗(예종 : 조선 8代王/고려 16代王) 睿智(예지)

291	芮	⁺⁺	芮	① 땅을 뚫고(丙)나오는 새싹(⁺⁺)의 모양인데, ② 주로 성씨로 쓰인다.
	姓(성) 예:	8	ruì	

292	濊	氵	濊	① 더러운(穢) 물이라는 뜻인데, ② 濊貊(예맥) 東濊(동예) 등 종족이름으로 쓰인다.
	종족이름 예:	16	huì	

293	吳	口	吴	① 머리를 옆으로 젖히고 떠드는 사람인 본뜻. (일)吳 ② 나라이름과 성씨로 쓰인다. 吳越同舟(오월동주)
	姓 오	7	wú	

294	墺	土	墺	① 육지(土) 깊숙이(奧) 파고든 '물가' ② 주로 땅이름으로 쓰인다.
	물가 오:	16	ào	

295	梧	木	梧	① 거문고나 가구를 만들 때 쓰는 나무 '오동' ② 梧桐(오동) 梧葉(오엽) 梧秋(오추)
	오동나무 오(:)	11	wú	

296	鈺	金	钰	① 쇠붙이(金)와 구슬(玉)은 모두 귀한 것. '보배' ② 주로 이름자로 쓰인다.
	보배 옥	13	yù	

297	沃	氵	沃	① 물을 주면 초목이 잘 자란데서 '기름지다' ② 沃土(옥토) 肥沃(비옥) 門前沃畓(문전옥답)
	기름질 옥	7	wò	

298	穩	禾	稳	① 곡식(禾)을 쌓아두고 있으면 마음이 '편안하다' (일)穩 ② 穩健(온건) 安穩(안온) 穩當(온당) 平穩(평온)
	편안할 온	19	wěn	

299	雍	隹	雍	① 雝과 邕으로 통하여 '막히다, 화하다' ② 雍穆(옹목) 雍蔽(옹폐) 和雍(화옹)
	화할(和) 옹	13	yōng	

300	邕	邑	邕	① 물이 둘려 싸여 교통이 막힌 곳. 친하니 '화목' ② 邕穆(옹목) 邕水(옹수)
	막힐 옹	10	yōng	

2
급

301	甕 독　　옹:	瓦 18	瓮 wèng	① 불과 잘 조화(雍)를 이루어야 '질그릇'을 빚음. ② 甕器(옹기) 釀甕(양옹) 鐵甕城(철옹성)
302	莞 빙그레웃을/왕골　완/관	艹 11	莞 guān	① 줄기가 둥근(完) 풀(艹)이 '왕골'이다. ② 莞島(완도)
303	汪 넓을　　왕(:)	氵 7	汪 wāng	① 물(氵)이 넓게(王) 흐르다. '넓다' ② 汪茫(왕망) *주로 이름자로 쓰인다.
304	旺 왕성할　왕:	日 8	旺 wàng	① 햇빛이 크고 넓게 비치니 생육이 '왕성하다' ② 旺盛(왕성) 儀旺(의왕) 興旺(흥왕)
305	歪 기울　왜/외	止 9	歪 wāi	① 바르지(正) 않은(不) 데서 '비뚤다, 기울다' ② 歪曲(왜곡) 歪調(왜조) 舌歪(설왜) 歪形(왜형)
306	倭 왜나라　왜	亻 10	倭 wō	① 주로 일본을 낮춰 부르는 말로 쓰인다. ② 倭國(왜국) 倭人(왜인) 倭賊(왜적) 倭將(왜장)
307	妖 요사할　요	女 7	妖 yāo	① 여자처럼 알 수 없고, 엉겅퀴처럼 '기괴, 요사' ② 妖怪(요괴) 妖邪(요사) 妖艶(요염) 妖妄(요망)
308	姚 예쁠　　요	女 9	姚 yáo	① 아들을 낳을 조짐(兆)이 있는 여자는 '예쁘다' ② 姚江(요강)
309	堯 요임금　요	土 12	尧 yáo	① '높다' 뜻인데, 중국 上古의 帝王인 '요임금' ② 堯舜(요순)
310	耀 빛날　　요	羽 20	耀 yào	① 꿩(翟)의 깃털이 햇빛(光)을 받으면 '빛나다' ② 耀德(요덕) 輝耀(휘요)

311	傭 품팔 용	亻 13	佣 yōng	① 삯을 주고 받으며 사람이 힘을 쓰다. '품 팔다' ② 雇傭(고용) 傭兵(용병) 傭船(용선) 傭人(용인)
312	鏞 쇠북 용	金 19	镛 yōng	① 쇠붙이(金)로 법도(庸)에 맞게 쓰는 물건 '쇠북' ② 주로 이름자로 쓰인다.
313	溶 녹을 용	氵 13	溶 róng	① 물이 모든 것을 받아들이고(容) 모든 것을 '녹이다' ② 溶媒(용매) 溶液(용액) 溶解(용해)
314	熔 녹을 용	火 14	熔 róng	① 불(火)은 모든 것을 받아들이고(容) 또 '녹이다' ② 熔鑛爐(용광로) 熔巖(용암) 熔解(용해)
315	瑢 패옥소리 용	玉 14	瑢 róng	① 패옥소리를 들으면(容) 그 사람이 생각난다. ② 주로 이름자로 쓰인다.
316	鎔 쇠 녹일 용	金 18	镕 róng	① 쇠(金)를 받아들이는(容) 그릇. '거푸집, 녹이다' ② 鎔接(용접) 鎔解(용해) 鑄鎔(주용)
317	佑 도울 우:	亻 7	佑 yòu	① 사람이 손과 입으로 도와(右)주다. '돕다' ② 保佑(보우) 佑命(우명) 佑助(우조) 眷佑(권우)
318	祐 복(福) 우:	示 10	祐 yòu	① 신(示)이 도와주니(右) 즉 '복'이다. *祐 ② 福祐(복우) 神祐(신우) 天祐(천우) 降祐(강우)
319	禹 姓(성) 우:	内 9	禹 yǔ	① 벌레(虫) 모양의 그림인데, 중국 夏나라 '우임금' ② 禹舜(우순) 禹王(우왕) 夏禹(하우)
320	旭 아침해 욱	日 6	旭 xù	① 九는 자연수로 끝, 더 이상 밝은 해(日)는 없다. ② 旭光(욱광) 紅旭(홍욱) 旭日昇天(욱일승천)

321	昱 햇빛 밝을 욱	日 9	昱 yù	① 해가 돌아 하늘에 자리(立)한데서, '햇빛 밝다' ② 주로 이름자로 쓰인다.
322	煜 빛날 욱	火 13	煜 yù	① 불(火)이 햇빛이 밝은(昱) 것처럼 '빛나다' ② 주로 이름자로 쓰인다.
323	郁 성할 욱	阝 9	郁 yù	① 손에 고기(有)를 들고 먹을 정도로 '번성한' 고을(阝). ② 馥郁(복욱) * 주로 이름자로 쓰인다.
324	頊 삼갈 욱	頁 13	顼 xū	① 玉처럼 귀중한 존재 앞에서 머리(頁)를 '숙이다' ② 瑞頊(서욱) *주로 이름자로 쓰인다.
325	芸 향풀 운	艹 8	芸 yún	① 구름(云)처럼 향기가 널리 떠다니는 '향풀' ② 芸香(운향) 芸閣(운각) 芸窓(운창) 芸夫(운부)
326	蔚 고을 이름 울	艹 15	蔚 yù	① 초목(艹)이 우거져 울창한(尉) 모양인데, ② 蔚山(울산) *고을 이름으로 쓰인다.
327	鬱 답답할 울	鬯 29	郁 yù	① 숲(林)이 우거져 향기가 덮이는 곳. '답답하다' ② 鬱蒼(울창) 鬱寂(울적) 憂鬱(우울) 抑鬱(억울)
328	熊 곰 웅	灬 14	熊 xióng	① 能이 本來字인데, 灬를 더하여 '곰'을 나타냄. ② 熊膽(웅담) 熊女(웅녀) 熊津(웅진)
329	苑 나라 동산 원:	艹 9	苑 yuàn	① 꽃을 심고 짐승을 뛰어놀게 꾸민 '나라동산' ② 秘苑(비원) 宮苑(궁원) 御苑(어원) 藝苑(예원)
330	袁 姓(성) 원	衣 10	袁 yuán	① 옷이(衣) 긴 모양으로 본래 遠의 뜻이었는데, ② 姓氏로만 쓰인다.

2급 34회	한 자 훈 음	부수 총획	간 체 병 음	① 자원풀이 　② 한자어
331	媛 계집　원	女 12	媛 yuàn	① 마음이 끌리는(爰) 여자(女)이니, '예쁘다' ② 才媛(재원) 淑媛(숙원) 宮媛(궁원)
332	瑗 구슬　원	玉 13	瑗 yuàn	① 구슬을 당겨 늘어뜨린 모양의 둥근 '도리옥' ② 주로 이름자로 쓰인다.
333	韋 가죽　위	韋 9	韦 wéi	① 발(舛)로 다져서 부드럽게 만든 가죽(韋) '가죽' ② 韋帶(위대) 韋衣(위의) 韋布(위포) 脂韋(지위)
334	魏 姓　위	鬼 18	魏 wèi	① 巍(높을 외)와 같은 字로 원래는 높다는 뜻인데, ② 나라이름과 성씨로만 쓰인다.
335	渭 물이름　위	氵 12	渭 wèi	① 중국 감숙성에 있는 '강 이름'인데, ② 주로 이름자로 쓰인다.
336	尉 벼슬　위	寸 11	尉 wèi	① '다림질'의 뜻에서, 가차되어 '벼슬아치' ② 大尉(대위) 尉官(위관) 駙馬都尉(부마도위)
337	俞 대답할/성　유	入 9	俞 yú	① 본래 통나무 가운데를 파서 만든 '배'인데, *俞 ② 성씨로 쓰이고 있다. *人月刂 유/破字한 것임.
338	楡 느릅나무　유	木 13	榆 yú	① 통나무배(俞)를 만들기에 적당한 '나무이름' ② 이름자로 쓰인다.
339	踰 넘을　유	足 16	逾 yú	① 발로 통나무배(俞)를 타고 건너는 듯, '넘다' *踰 ② 水踰里(수유리) 踰月(유월) 踰年(유년)
340	庾 곳집　유	广 12	庾 yǔ	① 풀을 엮어 만든 그릇의 모양에서, '곳집' ② 金庾信(김유신) * 이름자로 쓰인다.

341	尹 姓(성)　윤:	尸 4	尹 yǐn	① 손에 지휘봉을 잡은 모습에서 '다스리다' ② 府尹(부윤) *주로 성씨로 쓰인다.
342	允 맏(伯)　윤:	儿 4	允 yǔn	① 머리가 빼어난 사람이(儿). '진실로' '자손, 맏' ② 允可(윤가) 允許(윤허) 允當(윤당) 允玉(윤옥)
343	鈗 창　윤	金 12	鈗 yǔn	① 임금 곁에서 쇠붙이(戈창)를 지닐 수 있는 '창' ② 執鈗(집윤) 鈗人(윤인)
344	胤 자손　윤	月 9	胤 yìn	① 혈통(月)이 나누어지면서 이어지는(糸) '자손' ② 令胤(영윤) 胄胤(주윤) 胤君(윤군) 胤子(윤자)
345	融 녹을　융	虫 16	融 róng	① 솥(鬲) 안으로 들어간 벌레(虫)는 녹아버린다. 　또, 虫은 수증기가 올라가는 모양이라는 說. ② 融資(융자) 金融(금융) 融解(융해) 融通(융통)
346	垠 지경　은	土 9	垠 yín	① 땅(土)의 끝이니(艮) '지경'이다. ② 李垠(이은) *주로 이름자로 쓰인다.
347	殷 은나라　은	殳 10	殷 yīn	① 배가 튀어나오도록 얻어맞다. '근심' 또 '번성' ② 나라이름과 성씨로 쓰인다.
348	誾 향기　은	言 15	訚 yín	① 문밖으로 소리가 나가지 않게 '향기롭게' 말함(言). ② 南誾(남은) *주로 이름자로 쓰인다.
349	鷹 매　응(:)	鳥 24	鹰 yīng	① 언덕(厂) 아래 사는 새(隹+鳥). '매' ② 鷹視(응시) 鷹峰(응봉) 鷹犬(응견)
350	伊 저(彼)　이	亻 6	伊 yī	① 다스리는 사람이 '이사람 저사람' 가리키다. ② 伊太利(이태리) *지시 대명사로 쓰인다.

351	珥 귀고리　이:	玉 10	珥 ěr	① 玉으로 만든 귀(耳)에 거는 고리. ② 李珥(이이 : 李栗谷의 本名)
352	貳 두/갖은 두 이:	貝 12	贰 èr	① 주살(弋)을 두 번(二) 쏘면 재산(貝)이 '두 배'로 늘 어난다. (일)弍 ② 변조 방지를 위한 '二'의 갖은 字.
353	怡 기쁠　이	忄 8	怡 yí	① 사람을 마음(忄)을 풀어주는(台) '기쁘다' ② 南怡(남이) 怡悅(이열) 歡怡(환이)
354	翊 도울　익	羽 11	翊 yì	① 깃(羽)을 세워(立) '날다' '돕다'로도 쓰인다. ② 輔翊(보익) 翊戴功臣(익대공신)
355	刃 칼날　인:	刀 3	刃 rèn	① 칼(刀)에 칼날의 표시(丿)를 한 '칼날' ② 鋒刃(봉인) 補刃(보인) 刃傷(인상) 自刃(자인)
356	佾 줄춤　일	亻 8	佾 yì	① 여덟(八)명의 사람이 줄지어(月)'춤을 추다' ② 八佾舞(팔일무 : 천자 앞에서나 추는 춤)
357	壹 한/갖은 한 일	士 12	壹 yī	① 술 단지에 한결같이 좋은 술만 담그다. 　'한 일' (일)壱 ② 변조를 막기 위한 '一'의 갖은 字.
358	鎰 무게 이름　일	金 18	镒 yì	① 16량(1근)이 넘는 24兩의 쇠(金)의 무게. ② 萬鎰(만일) *주로 이름자로 쓰인다.
359	妊 아이 밸　임:	女 7	妊 rèn	① 계집이 아이가 배어 도투마리처럼 배가 나옴. ② 姙과 같은 뜻. 妊娠(임신=姙娠)
360	諮 물을　자:	言 16	谘 zī	① 여러 사람에게 차례(次)로 말(言)로 물어(口) 　대답을 듣다. '묻다' ② 諮問(자문) 諮決(자결) 諮謀(자모)

2급 37회	한 자	부수	간체	① 자원풀이 ② 한자어
	훈 음	총획	병음	

361	滋	氵	滋	① 초목에 물을 주니 가지와 잎이 '불어나다'
	불을(益) 자	12	zī	② 蕃滋(번자) 滋滿(자만) 滋殖(자식) 滋雨(자우)

362	磁	石	磁	① 쇠를 잡아당기는 검은(玄) 돌(石)이 '자석'이다.
	자석 자	14	cí	② 磁石(자석) 磁氣(자기) 電磁波(전자파) 磁場(자장)

363	雌	隹	雌	① 힘이 약해 수컷아래(此이 차) 머물며 알을 품고 있는 새(隹). '암컷'이다.
	암컷 자	13	cí	② 雌雄(자웅) 雌伏(자복) 雌性(자성) 媚雌(상자)

364	蠶	虫	蚕	① 입김을 토해내듯 실을 토해내는 벌레. '누에' (일)蚕
	누에 잠	24	cán	② 蠶絲(잠사) 蠶食(잠식) 養蠶(양잠) 蠶室(잠실)

365	庄	广	庄	① 농토(土) 주변에 세운 집(广). '농막' '田莊'
	전장(田莊) 장	6	zhuāng	② 庄園(장원) *莊의 俗字이다.

366	璋	玉	璋	① 글(章)을 써넣는 玉으로 만든 '홀'
	홀 장	15	zhāng	② 奎璋(규장) 弄璋(농장) 璋瓚(장찬)

367	獐	犭	獐	① 사슴과의 포유동물 '노루'
	노루 장	14	zhāng	② 獐角(장각) 獐皮(장피) 獐毛(장모) 獐腋(장액)

368	蔣	艹	蒋	① 본래 줄(水草)이라는 풀(艹)이름인데,
	姓(성) 장	15	jiǎng	② 蔣茅(장모) *성씨로 쓰인다.

369	沮	氵	沮	① 물이 들어 올 때 질펀한 땅은 통행을 '막다'
	막을(遮) 저:	8	jǔ	② 沮止(저지) 沮害(저해) 沮喪(저상) 沮誹(저비)

370	甸	田	甸	① 王城을 둘러싼 500리 이내의 땅. '경기'
	경기 전	7	diàn	② 畿甸(기전) 甸域(전역) 甸地(전지)

371	汀 물가　정	氵 5	汀 tīng	① 물(氵)의 움직임이 못(丁)을 친 것처럼 잔잔한 '물가' ② 汀蘭(정란) 汀沙(정사) 汀岸(정안)
372	呈 드릴　정	口 7	呈 chéng	① 임금에게 입에 맞는 음식을 '드리다' ② 謹呈(근정) 贈呈(증정) 拜呈(배정) 露呈(노정)
373	珽 옥이름　정	玉 11	珽 tīng	① 조정(廷)에서 쓰이는 玉돌. '옥홀' ② 玉珽(옥정) *주로 이름자로 쓰인다.
374	艇 배　정	舟 13	艇 tīng	① 배가 마당처럼 편편하게 생긴 '거룻배' '배' ② 漕艇(조정) 競艇(경정) 小艇(소정) 艦艇(함정)
375	偵 염탐할　정	亻 11	侦 zhēn	① 남의 비밀을 몰래 살피다. '엿보다' '염탐' ② 偵察機(정찰기) 偵探(정탐) 密偵(밀정) 探偵(탐정)
376	楨 광나무　정	木 13	桢 zhēn	① 담을 칠 때 근본이 되는 중요한 '광나무' ② 주로 이름자로 쓰인다.
377	禎 상서로울　정	示 14	祯 zhēn	① 신(示)의 뜻을 점쳐 알고 그대로 행하면 '상서' ② 祥禎(상정) 禎瑞(정서)
378	旌 기　정	方 11	旌 jīng	① 깃대와 깃대의 장식을 본떠. '기' '표창하다' ② 旌門(정문) 旌善(정선) 旌旗(정기) 旌節(정절)
379	晶 맑을　정	日 12	晶 jīng	① 반짝반짝 빛나는 별(日)을 본떠, '맑고, 밝다' ② 水晶(수정) 晶耀(정요)
380	鼎 솥　정	鼎 13	鼎 dǐng	① 세 발과 두 귀가 달린 '솥'의 모양이다. ② 釜鼎(부정) 鼎談(정담) 鼎立(정립) 鼎足(정족)

2급

381	鄭	阝	郑	① 제사 지낼 때는 점잖고 무게 있게 행동. '정중' ② 鄭重(정중) *주로 성씨로 쓰인다.
	나라　　정:	15	zhèng	

382	劑	刂	剂	① 약초를 칼(刂)로 가지런히(齊) 썰다. '약제' (일)劑 ② 藥劑(약제) 調劑(조제) 湯劑(탕제) 錠劑(정제)
	약제　　제	16	jì	

383	祚	示	祚	① 신(示)이 갑자기(乍) 인간에게 주는 선물이 '복' *祚 ② 溫祚(온조) 景祚(경조) 吉祚(길조) 福祚(복조)
	복(福)　　조	10	zuò	

384	曺	日	曺	① 曹(마을 조)의 俗字로 한국에서 姓氏로 쓰인다. ② 중국에서는 曹로 씀.
	姓(성)　　조	10	cáo	

385	措	扌	措	① 손을 옛일(昔)에 행위의 근거를 둠. '두다' ② 措處(조처) 措置(조치) 擧措(거조) 措辦(조판)
	둘(置)　　조	11	cuò	

386	釣	金	钓	① 쇠붙이를 국자(勹)처럼 구부려 '낚시'를 만듦. ② 釣竿(조간) 釣臺(조대) 釣魚(조어) 釣船(조선)
	낚을/낚시　　조:	11	diào	

387	彫	彡	彫	① 무늬를 두루(周) 새겨 넣어 '새기다' '조각'하다. ② 彫刻(조각) 彫琢(조탁) 彫像(조상) 彫塑(조소)
	새길　　조	11	diāo	

388	趙	走	赵	① 본래는 걸음(走)이 더딘(肖) 것을 나타냈으나, ② 주로 나라이름과 姓氏로 쓰인다.
	나라　　조:	14	zhào	

389	琮	玉	琮	① 천자나 제후 등 우두머리가 사용하는 '옥홀' ② 주로 이름자로 쓰인다.
	옥홀　　종	12	cóng	

390	綜	糸	综	① 실(糸)을 다스리는(宗) '잉아'의 뜻. '모으다' ② 綜合(종합) 綜達(종달) 綜析(종석) 綜覽(종람)
	모을　　종	14	zōng	

391	駐	馬	驻	① 말(馬)이 주인(主)을 정하고 머물다. '머물다' ② 駐車(주차) 駐屯(주둔) 常駐(상주) 進駐(진주)
	머무를　　주:	15	zhù	
392	疇	田	畴	① 밭과 밭 사이에 있는 '밭이랑' '항목, 분류' ② 範疇(범주) 畔疇(반주) 田疇(전주)
	이랑　　주	19	chóu	
393	准	冫	准	① 얼음이 어는 계절에 철새가 머물도록 '허락' ② 批准(비준) 認准(인준) 准將(준장) 准尉(준위)
	비준　　준:	10	zhǔn	
394	浚	氵	浚	① 물을 모으려면 흙을 파내야 한다. '깊게 하다' ② 浚渫(준설) 浚井(준정) 浚塹(준참) 浚湖(준호)
	깊게 할　　준:	10	jùn	
395	埈	土	埈	① 땅(土)이 다른 곳 보다 빼어나다(俊). '높다' ② 주로 이름자로 쓰인다.
	높을　　준:	10	jùn	
396	峻	山	峻	① 山이 다른 곳 보다 빼어나다(俊). '높다' ② 峻德(준덕) 峻路(준로) 泰山峻嶺(태산준령)
	높을/준엄할 준:	10	jùn	
397	晙	日	晙	① 햇살(日)이 무엇보다 빼어나다.(俊) '밝다' ② 주로 이름자로 쓰인다.
	밝을　　준:	11	jùn	
398	駿	馬	骏	① 말이 다른 말보다 뛰어나다.(俊) '준마' ② 駿馬(준마) 駿足(준족) 駿傑(준걸=俊傑)
	준마　　준:	17	jùn	
399	濬	氵	浚	① 물이 깊은 곳이다. '깊다' '치다'의 뜻도 있다. ② 濬潭(준담) 急濬(급준) 濬源(준원) 濬池(준지)
	깊을　　준:	17	jùn	
400	芝	艹	芝	① 곰팡이에서 퍼져 나가서 번식하는 풀. '지초' ② 芝草(지초 : 영지버섯) 靈芝(영지) 芝蘭(지란)
	지초　　지	8	zhī	

2급 41회	한 자 훈 음	부수 총획	간체 병음	① 자원풀이　② 한자어
401	址 터　지	土 7	址 zhǐ	① 집이나 건축물이 머물러(止) 있는 땅. '터' ② 城址(성지) 遺址(유지) 寺址(사지) 舊址(구지)
402	旨 뜻　지	日 6	旨 zhǐ	① 음식을 숟가락(匕)으로 떠서 혀로 '맛보다' ② 論旨(논지) 趣旨(취지) 要旨(요지) 密旨(밀지)
403	脂 기름　지	月 10	脂 zhī	① 고기(月)가 기름기가 있어 맛있다.(旨) '기름' ② 脂肪(지방) 脂肉(지육) 樹脂(수지) 乳脂(유지)
404	稷 피(穀名)　직	禾 15	稷 jì	① 번갈아 얻는 중요한 곡식(禾). '기장. 피' ② 黍稷(서직) 后稷(후직) 宗廟社稷(종묘사직)
405	稙 올벼　직	禾 13	稙 zhí	① 다른 곡식(禾)은 익지 않아 곧게(直) 서있는데, 　이미 익어버린 '올벼' *稙 ② 稙禾(직화)
406	津 나루　진(:)	氵 9	津 jīn	① 뭍(陸)이 끝나고 마침내 물이 있는 곳. '나루' ② 熊津(웅진) 津液(진액) 松津(송진) 津驛(진역)
407	秦 姓(성)　진	禾 10	秦 qín	① 본래 절구 공이로 벼(禾)를 찧는 모양인데, ② 나라이름과 성씨로 쓰인다.
408	晋 진나라　진:	日 10	晋 jìn	① 본래 화살통에 화살이 두 개 꽂힌 모양인데, ② 주로 나라이름과 성씨로 쓰인다.
409	診 진찰할　진	言 12	诊 zhěn	① 병을 진찰 할 때 여러 가지를 말(言)로 물어 보고 　'진찰하다' '問診' ② 診察(진찰) 診療(진료) 聽診器(청진기) 問診(문진)
410	塵 티끌　진	土 14	尘 chén	① 사슴(鹿)이 마른 땅(土)에서 달리면 '먼지'가 난다. ② 塵埃(진애) 塵芥(진개) 蒙塵(몽진) 塵世(진세)

411	窒	穴	窒	① 구멍(穴)이 무엇에 이르러(至) 메워지다. '막히다' ② 窒息(질식) 窒塞(질색) 窒素(질소) 窒酸(질산)
	막힐　　　질	11	zhì	

412	輯	車	辑	① 차를 몰고 다니면서 들으면서 자료를 '모으다' ② 蒐輯(수집) 編輯(편집) 特輯(특집) 補輯(보집)
	모을　　　집	16	jí	

413	遮	辶	遮	① 여러(庶) 사람이 길을 가면 막히고 시야가 '가리다' *遮 ② 遮斷(차단) 遮光(차광) 遮日(차일) 遮陽(차양)
	가릴　　차(:)	15	zhē	

414	餐	食	餐	① 손(又)으로 뼈(歺)를 들고 밥(食)을 먹는다. '먹다, 밥' ② 晩餐(만찬) 粗餐(조찬) 聖餐(성찬) 素餐(소찬)
	밥　　　　찬	16	cān	

415	燦	火	灿	① 불빛(火)이 쌀(粲)처럼 깨끗하게 '빛을 내다' ② 燦然(찬연) 閃燦(섬찬) 豪華燦爛(호화찬란)
	빛날　　　찬:	17	càn	

416	璨	玉	璨	① 玉이 쓿은쌀(粲)처럼 깨끗하게 '옥빛을 내다' ② 주로 이름자로 쓰인다.
	옥빛　　　찬:	17	càn	

417	瓚	玉	瓒	① 제사를 돕는(贊) 玉그릇이다. '옥잔' ② 주로 이름자로 쓰인다.
	옥잔　　　찬	23	zàn	

418	鑽	金	钻	① 구멍을 뚫는 것을 돕는 쇠. '끌, 송곳, 뚫다' ② 硏鑽(연찬) 鑽空(찬공) 鑽鑿(찬착) 鑽礪(찬려)
	뚫을　　　찬	27	zuàn	

419	札	木	札	① 종이가 없던 시절 나무에 글자를 새긴 '편지' ② 書札(서찰) 簡札(간찰) 開札(개찰) 落札(낙찰)
	편지　　　찰	5	zhá	

420	刹	刂	刹	① 佛敎에서 범어(梵語)의 音譯(음역)이다. ② 古刹(고찰) 巨刹(거찰) 寺刹(사찰) 刹那(찰나)
	절　　　　찰	8	chà	

2급

421	斬 벨　참(:)	斤 11	斩 zhǎn	① 중 죄인은 형틀에 묶고 도끼로 목을 '쳤다' ② 斬首(참수) 斬殺(참살) 斬新(참신) 斬刑(참형)
422	滄 큰바다　창	氵 13	沧 cāng	① 창고(倉)만한 큰 파도가 일어나는 '큰 바다' ② 滄茫(창망) 滄浪(창랑) 滄波(창파) 滄海(창해)
423	敞 시원할　창	攵 12	敞 chǎng	① 높은 곳의 땅을 깎고 만들어 '높다, 시원하다' *敝 ② 高敞(고창) 宏敞(굉창) 通敞(통창) 華敞(화창)
424	昶 해길　창:	日 9	昶 chǎng	① 해(日)가 긴(永)데서 '해가 길다' 또 '화창' ② 和昶(화창) *주로 이름자로 쓰인다.
425	彰 드러날　창	彡 14	彰 zhāng	① 무늬(章)가 밝게 드러나다.(彡) '밝다, 드러나다' ② 表彰狀(표창장) 彰德(창덕) 彰示(창시) 褒彰(포창)
426	采 풍채/캘　채:	采 8	采 cǎi	① 손으로 열매를 따는 모양인데, '풍채'로 轉用. ② 喝采(갈채) 風采(풍채) 薪采(신채) 封采(봉채)
427	埰 사패지　채:	土 11	埰 cài	① 食邑으로 내려 주는 땅. '사패지(賜牌地)' ② 埰地(채지) 埰邑(채읍)
428	蔡 姓(성)　채:	艹 15	蔡 cài	① 원래는 거북(龜)을 뜻하는 글자였는데, ② 蔡倫(채륜) * 주로 성씨로 쓰인다.
429	悽 슬퍼할　처:	忄 11	凄 qī	① 남편을 잃은 아내(妻)의 마음(忄)은 '슬프다' ② 悽然(처연) 悽絶(처절) 悽慘(처참) 悽惻(처측)
430	隻 외짝　척	隹 10	只 zhī	① 손에 한 마리의 새를 잡고 있는 모양. '외짝' ② 五隻(오척) 隻眼(척안) 隻手空拳(척수공권)

431	**陟** 오를　척	阝 10	陟 zhì	① 언덕(阝)을 걸어(步) 오르는데서, '오르다' ② 三陟(삼척) 陟降(척강) 進陟(진척) 黜陟(출척)
432	**釧** 팔찌　천	金 11	钏 chuàn	① 흘러가는 냇물처럼 팔목을 빙 두르는 '팔찌' ② 腕釧(완천) 玉釧(옥천)
433	**喆** 밝을/쌍길　철	口 12	哲 zhé	① 哲과 同字로 '밝다' ② 吉이 두 개 겹쳐, 주로 이름자로 쓰인다.
434	**撤** 거둘　철	扌 15	撤 chè	① 손으로 솥을 치우는 모양이 변하여 '거두다' ② 撤去(철거) 撤軍(철군) 撤收(철수) 撤廢(철폐)
435	**澈** 맑을　철	氵 15	澈 chè	① 물이 바닥 까지 꿰뚫어 보일 만큼. '맑다' ② 鄭澈(정철) 鏡澈(경철) 淸澈(청철)
436	**諜** 염탐할　첩	言 16	谍 dié	① 잎사귀(葉)처럼 적진(敵陣)에 몰래 들어가 말(言)을 주고 받으며 '염탐하다' ② 間諜(간첩) 諜報(첩보) 防諜(방첩) 諜者(첩자)
437	**瞻** 볼　첨	目 18	瞻 zhān	① 눈(目)이 어딘가에 도달(詹이르 첨)하여 '보다' ② 瞻星臺(첨성대) 瞻仰(첨앙) 瞻望(첨망)
438	**締** 맺을　체	糸 15	缔 dì	① 꼭지가 나뭇가지와 연결되듯(糸), '맺다' ② 締結(체결) 締構(체구) 締盟(체맹) 締約(체약)
439	**哨** 망볼　초	口 10	哨 shào	① 입을 작게 하여 말소리를 내지 않고 '망보다' *哨 ② 步哨(보초) 哨戒艇(초계정) 哨兵(초병) 哨所(초소)
440	**焦** 탈(燥)　초	灬 12	焦 jiāo	① 새(隹)를 불(灬)에 굽는데서, '태우다, 타다' ② 焦燥(초조) 焦點(초점) 焦眉之急(초미지급)

| 441 | 楚 | 木 | 楚 | ① 본래 가시나무를 뜻하는 글자인데, '나라이름' |
| | 초나라　초 | 13 | chǔ | ② 苦楚(고초) 淸楚(청초) 楚撻(초달) |

| 442 | 蜀 | 虫 | 蜀 | ① 큰 눈(目)과 구부러진 몸을 가진 '나비애벌레' |
| | 나라 이름　촉 | 13 | shǔ | ② 蜀漢(촉한) 蜀道(촉도) *나라이름으로 쓰임. |

| 443 | 崔 | 山 | 崔 | ① 새(隹)만이 날아오를 수 있는 山. '높은 산' |
| | 성(姓)/높을　최 | 11 | cuī | ② 崔塋(최영) *주로 성씨로 쓰인다. |

| 444 | 楸 | 木 | 楸 | ① 가을(秋)의 나무처럼 줄기와 잎이 빨간 '가래나무'(木) |
| | 가래　추 | 13 | qiū | ② 楸木(추목 : 바둑판을 만든다) |

| 445 | 鄒 | 阝 | 邹 | ① 나라이름과 성씨로 쓰인다. |
| | 추나라　추 | 13 | zōu | ② 맹자가 태어난 나라. |

| 446 | 趨 | 走 | 趋 | ① 꼴(芻)처럼 걸음을 폭을 많게 하여 '달리다' (走) |
| | 달아날　추 | 17 | qū | ② 歸趨(귀추) 趨拜(추배) 趨勢(추세) 趨步(추보) |

| 447 | 軸 | 車 | 轴 | ① 수레(車)가 굴러갈 수 있게 하는 곳. '굴대' |
| | 굴대　축 | 12 | zhóu | ② 車軸(차축) 卷軸(권축) 主軸(주축) 地軸(지축) |

| 448 | 蹴 | 足 | 蹴 | ① 발(足)이 어떤 물체로 나아가다(就). '발로차다' |
| | 찰　축 | 19 | cù | ② 蹴球(축구) 一蹴(일축) 蹴鞠(축국) |

| 449 | 椿 | 木 | 椿 | ① 八千年을 산다는 나무이름. '참죽나무' |
| | 참죽나무　춘 | 13 | chūn | ② 椿府丈(춘부장) 椿堂(춘당) 椿壽(춘수=長壽) |

| 450 | 沖 | 氵 | 冲 | ① 물속이 깊다는 뜻인데, 다 받아들여 '화하다' |
| | 화할　충 | 7 | chōng | ② 沖和(충화) 沖天(충천) 沖積(충적) 沖靜(충정) |

2급 46회	한 자	부수	간체	① 자원풀이　② 한자어
	훈 음	총획	병음	
451	衷	衣	衷	① 속에(中) 입는 옷(衣).. '속옷' '속마음, 진심'
	속마음　충	10	zhōng	② 苦衷(고충) 折衷(절충) 衷心(충심) 衷情(충정)
452	炊	火	炊	① 입김을 불어 넣어(欠) 불길을 일으켜 '불을 때다'
	불땔　취:	8	chuī	② 炊事(취사) 自炊(자취) 炊飯(취반) 炊湯(취탕)
453	聚	耳	聚	① 많은 사람을 모으다(取)에서 '모으다' '마을'
	모을　취:	14	jù	② 萃聚(췌취) 雲聚(운취) 聚散(취산) 聚落(취락)
454	峙	山	峙	① 山언덕 위 관청(寺관청 시)이 있는 산. '언덕'
	언덕　치	9	zhì	② 對峙(대치) 大峙洞(대치동)
455	雉	隹	雉	① 화살(矢)처럼 곧바로 날아가는 새(隹). '꿩'
	꿩　치	13	zhì	② 雉嶽山(치악산) 春雉自鳴(춘치자명)
456	託	言	托	① 말(言)로 부탁하는데서, '부탁하다, 핑계하다'
	부탁할　탁	10	tuō	② 付託(부탁) 假託(가탁) 結託(결탁) 供託(공탁)
457	琢	玉	琢	① 玉을 끌로 쪼아 다듬는데서, '쪼다, 다듬다'
	다듬을　탁	12	zhuó	② 彫琢(조탁) 琢器(탁기) 切磋琢磨(절차탁마)
458	灘	氵	滩	① 바다나 강의 바닥이 얕거나 폭이 좁아 물살이 세어 건너기 어려운(難) 곳이 '여울'이다.
	여울　탄	22	tān	② 漢灘江(한탄강) 新灘津(신탄진) 玄海灘(현해탄)
459	耽	耳	耽	① 귀가 늘어진 것은 여유 있게 사색을 '즐기다'
	즐길　탐	10	dān	② 耽溺(탐닉) 耽讀(탐독)
460	台	口	台	① 사람의 마음을 풀어주어 '기쁘다'에서 '별'로,
	별　태	5	tái	② 天台宗(천태종)

2급

461	颱 태풍　태	風 14	台 tái	① 하늘의 별(台)을 흔들 정도로 강한 바람. '태풍' ② 颱風(태풍)
462	兌 바꿀/기쁠　태	儿 7	兑 duì	① 사람이(儿) 입가(口)에 주름이(八) 잡히도록 웃으며 '기뻐하다' *兑 ② 兌換(태환) 商兌(상태)
463	胎 아이 밸　태	月 9	胎 tāi	① 사람의 몸(月)을 비롯함(厶/숨구멍과 口/목구멍) 이니 '아이 배다' ② 胚胎(배태) 孕胎(잉태) 受胎(수태) 落胎(낙태)
464	坡 언덕　파	土 8	坡 pō	① 벗겨 놓은 가죽(皮)처럼 울퉁불퉁한 땅(土). '언덕' 주로 지명으로만 쓰인다. ② 坡州(파주) 靑坡洞(청파동)
465	阪 언덕　판	阝 7	阪 bǎn	① 산기슭(厂)을 손(又)으로 기어오르는 것에 阝(언덕) 를 더하여 그 뜻을 확실히 함. '언덕' ② 大阪(대판) 阪路(판로) 阪田(판전)
466	霸 으뜸　패:	雨 21	霸 bà	① 비(雨)가 내리고 빛이 사라지면 하늘의 '으뜸'이 바뀌어(革) 달(月)이 된다. 천자 다음의 霸者 ② 霸權(패권) 制霸(제패) 連霸(연패) 霸道(패도)
467	彭 姓(성)　팽	彡 12	彭 péng	① 북(효악기이름 주)소리가 울려 퍼지는 모양(彡). ② 彭祖(팽조) *주로 성씨로 쓰인다.
468	扁 작을　편	戶 9	扁 biǎn	① 문(戶)위에 걸려 있는 글을 적은(冊) 나무쪽. '액자' ② 扁額(편액) 扁鵲(편작 : 名醫) 扁舟(편주)
469	坪 들　평	土 8	坪 píng	① 평평한(平) 땅(土)이니 '들'이다. ② 建坪(건평) 坪數(평수) 坪當價格(평당가격)
470	鮑 절인 물고기　포:	魚 16	鲍 bào	① 생선이 소금에 싸여 간이 밴, '절인물고기' ② 管鮑之交(관포지교) 鮑尺(포척)

2급 48회	한 자 훈 음	부수 총획	간 체 병음	① 자원풀이　　② 한자어
471	抛 던질　　포:	扌 7	抛 pāo	① 손(扌)을 쓸수 있는 만큼(九) 힘쓰(力)다가 안되면 던져 버림. 한쪽 발을 들고 내딛으면서 손으로 '던지다' ② 抛棄(포기) 抛物線(포물선) 抛置(포치)
472	葡 포도　　포	⺾ 13	葡 pú	① 많은(甫) 열매를 감싸고(勹) 있는 식물. '포도' ② 葡萄(포도) 葡萄糖(포도당) 葡萄酒(포도주)
473	鋪 펼/가게　　포	金 15	铺 pū	① 물건(金)이 많이(甫) 싸여 있는 '가게' '펴다' ② 縮鋪(점포) 紙物鋪(지물포) 鋪裝道路(포장도로)
474	怖 두려울　　포	忄 8	怖 bù	① 마음이 베(布)처럼 퍼졌다가 졸아듦. 　　베(布)를 지닌 사람은 손상될까 '두려워하다' ② 恐怖(공포) 怖懼(포구) 怖畏(포외)
475	杓 북두 자루　　표	木 7	杓 sháo	① 나무로 만든 국자의 '자루' 또 북두칠성의 가운데 　　자루 모양에서 '북두자루' ② 酒杓(주표) 斗杓(두표) 柄杓(병표)
476	馮 姓(성)/탈(乘)　　풍/빙	馬 12	冯 féng	① 얼음(冫)에 금이 가듯 빨리 달리는 말(馬)인데, ② 馮河(빙하) *주로 姓氏로 쓰인다.
477	泌 스며흐를/분비할　　필/비:	氵 8	泌 mì	① 물은 막힌 곳에서도 반드시 스며들어 통로를 만들어 　　낸다. '분비하다, 스며흐르다' ② 分泌物(분비물) 泌尿器科(비뇨기과)
478	弼 도울　　필	弓 12	弼 bì	① 활(弓)을 잡는 것을 도지개가 돕는다. '돕다' ② 輔弼(보필) 弼匡(필광) 弼導(필도) 弼成(필성)
479	虐 모질　　학	虍 9	虐 nüè	① 범(虍)이 발톱으로 사람을 해치려고 하니 '모질다, 　　해치다' ② 虐待(학대) 殘虐(잔학) 暴虐(포학) 虐政(학정)
480	翰 편지　　한:	羽 16	翰 hàn	① 새의 깃(羽)으로 만든 붓으로 쓴 글. '편지' ② 書翰(서한) 公翰(공한) 翰墨(한묵) 惠翰(혜한)

2급

481	艦 큰 배 함:	舟 20	舰 jiàn	① 적을 감시(監)하면서 싸움에 나서는 '큰 배' (舟) ② 軍艦(군함) 戰艦(전함) 航空母艦(항공모함)
482	陝 좁을/땅이름 협/합	阝 10	陕 shǎn	① 언덕(阝)사이에 낀(夾) 땅은 좁다. '좁을 협' ② 陝川(합천) *주로 땅이름으로 쓰인다.
483	亢 높을 항	亠 4	亢 kàng	① 머리와 목을 본뜬 글자. 인체의 윗부분에 있어 '높다' ② 高亢(고항) 驕亢(교항) 亢進(항진)
484	沆 넓을 항	氵 7	沆 hàng	① 물이 목(亢)처럼 길게 흐르는 것은 '넓기'때문. ② 沆漑(항개) 沆茫(항망)
485	杏 살구 행:	木 7	杏 xìng	① 사람이 먹으면(口) 좋은 열매. '살구나무' ② 銀杏(은행) 杏亶(행단) 杏林(행림) 杏花(행화)
486	赫 빛날 혁	赤 14	赫 hè	① 불빛을 받은 사람을 본뜬 글자. '빛나다' ② 주로 이름자로 쓰인다.
487	爀 불빛 혁	火 18	爀 hè	① 불(火)이 빛나는(赫) 모양. '불빛' ② 주로 이름자로 쓰인다.
488	炫 밝을 현:	火 9	炫 xuàn	① 불(火)은 어두운(玄) 곳에서 더욱 '밝다' ② 주로 이름자로 쓰인다.
489	弦 시위 현	弓 8	弦 xián	① 활(弓)시위에 손때가 묻어 검은(玄) 빛을 띠다. '시위' ② 上弦(상현) 下弦(하현) 弦影(현영)
490	鉉 솥귀 현	金 13	铉 xuàn	① 솥의 손잡이로 쓰는 '솥귀' ② 주로 이름자로 쓰인다.

2급 50회	한 자 훈 음	부수 총획	간 체 병음	① 자원풀이　② 한자어
491	峴 고개　현:	山 10	岘 xiàn	① 본래 山이름인데 전이(轉移)되어, ② 阿峴洞(아현동) 炭峴(탄현) *지명으로 쓰인다.
492	峽 골짜기　협	山 10	峡 xiá	① 양쪽에 山을 끼고(夾) 있는 '산골짜기'(일)峽 ② 山峽(산협) 海峽(해협) 峽谷(협곡) 峽路(협로)
493	型 모형　형	土 9	型 xíng	① 기준에 맞게 흙으로 만든 '거푸집, 모형, 틀' ② 模型(모형) 小型(소형) 典型(전형) 鑄型(주형)
494	邢 姓(성)　형	阝 7	邢 xíng	① 견(开)족이 살던 땅이름. ② 주로 성씨로 쓰인다.
495	炯 빛날　형	火 9	炯 jiǒng	① 불(火)이 창문(冏)에 비치면 '밝다, 빛나다' ② 炯眼(형안) *주로 이름자로 쓰인다.
496	瀅 물맑을　형:	氵 18	滢 yìng	① 물(氵)이 맑다(瑩밝을 형). '물 맑다' ② 주로 이름자로 쓰인다.
497	馨 꽃다울　형	香 20	馨 xīn	① 경쇠(磬)소리처럼 멀리 퍼지는 '향기, 꽃답다' ② 馨氣(형기) *주로 이름자로 쓰인다.
498	扈 따를　호:	戶 11	扈 hù	① 권세 있는 사람을 따라다니는 사람. '따르다' ② 跋扈(발호) 扈從(호종) 扈衛(호위)
499	昊 하늘　호:	日 8	昊 hào	① 여름에 하늘에 떠있는 해. '여름하늘, 하늘' ② 蒼昊(창호) 昊天罔極(호천망극)
500	濠 호주　호	氵 17	濠 háo	① 城 주변에 도랑을 파서 물을 채운 '해자' ② 濠洲(호주) 雪濠(설호) 空濠(공호) 內濠(내호)

2급

2급 51회	한자 훈음	부수 총획	간체 병음	① 자원풀이　② 한자어
501	壕 해자 호	土 17	壕 háo	① 산돼지(豪) 갈기털처럼 길게 城 주위에 도랑을 파서 방어막을 친 '해자垓字' ② 塹壕(참호)
502	鎬 호경 호:	金 18	鎬 hào	① 중국 주나라 무왕의 도읍지 이름 '호경鎬京' ② 주로 이름자로 쓰인다.
503	晧 밝을 호:	日 11	晧 hào	① 해(日)가 뜨면서 어둠이 물러간다는 것을 알리다 (告). '해가 뜨다, 밝다' ② 주로 이름자로 쓰인다.
504	皓 흴(白) 호	白 12	皓 hào	① 흰빛에 어둠이 물러갔다는 것을 알리다. '희다' ② 皓髮(호발) 皓魄(호백)
505	澔 넓을 호:	氵 15	浩 hào	① 물 흐르는 소리가 '홍수=넓다'가 났음을 알리다. ② 주로 이름자로 쓰인다.
506	祜 복(福) 호	示 10	祜 hù	① 사람이 오래도록(古) 착한 일을 하면 신(示)이 그 대가로 福을 내린다.　*祜 ② 福祜(복호) *주로 이름자로 쓰인다.
507	酷 심할 혹	酉 14	酷 kù	① 술(酉)은 그 냄새로 그 존재를 스스로 알린다. (告) '술맛이 독하다, 심하다' ② 冷酷(냉혹) 殘酷(잔혹) 酷毒(혹독) 慘酷(참혹)
508	泓 물깊을 홍	氵 8	泓 hóng	① 물(氵)이 넓으면(弘) 수심도 깊다. '물이 깊다' ② 주로 이름자로 쓰인다.
509	靴 신(履) 화	革 13	靴 xuē	① 가죽(革)의 모양을 바꾸어(化) '신'을 만들다. ② 軍靴(군화) 短靴(단화) 運動靴(운동화) 長靴(장화)
510	嬅 탐스러울 화	女 15	嬅 huà	① 계집(女)이 꽃(華)처럼 아름답다. '탐스럽다' ② 嬅容(화용) *주로 이름자로 쓰인다.

2급 52회	한 자 훈 음	부수 총획	간 체 병 음	① 자원풀이　② 한자어
511	樺 벚나무/자작나무 **화**	木 16	桦 huà	① 껍질로 신(靴)을 만드는 나무(木). '자작나무' ② 주로 이름자로 쓰인다.
512	幻 헛보일 **환:**	幺 4	幻 huàn	① 물속에 비친 물체는 실체가 아니므로 '허깨비' '헛보이다' ② 幻想(환상) 幻滅(환멸) 幻影(환영) 幻聽(환청)
513	桓 굳셀 **환**	木 10	桓 huán	① 行人이 찾는 우정(郵政)의 푯말이 본뜻. ② 桓雄(환웅) 桓因(환인)
514	煥 빛날/불꽃 **환:**	火 13	焕 huàn	① 불이 성대(奐)하게 활활 타오르면 '빛이 난다' ② 주로 이름자로 쓰인다.
515	滑 미끄러울/익살스러울 **활/골**	氵 13	滑 huá	① 물(氵)이 뼈(骨)의 표면에 묻으면 '미끄럽다' ② 圓滑(원활) 滑走路(활주로) 潤滑油(윤활유)
516	晃 밝을 **황**	日 10	晃 huǎng	① 해(日)가 빛나면(光) '밝다' ② 주로 이름자로 쓰인다.
517	滉 깊을 **황**	氵 13	滉 huǎng	① 물이 깊고 넓어 그 이름이 빛나다. '깊다' ② 李滉(이황 : 李退溪의 本名)
518	廻 돌(旋) **회**	廴 9	回 huí	① 빙빙 돌면서(回) 제자리걸음을(廴) 하다. '돌다' ② 輪廻(윤회) 巡廻(순회) 廻廊(회랑) 廻旋(회선)
519	淮 물 이름 **회**	氵 11	淮 huái	① 중국 강소성에 있는 '강 이름 ② 淮水(회수) 淮陽(회양)
520	檜 전나무 **회:**	木 17	桧 guì	① 잣나무와 소나무가 만나서(會) 만들어진 나무. ② 老檜(노회) 松檜(송회)

521	喉	口	喉	① 숨이 입에서 과녁인 허파에 이르는 '목구멍' ② 喉頭(후두) 喉門(후문) 耳鼻咽喉科(이비인후과)
	목구멍　　후	12	hóu	

522	后	口	后	① 입으로 명령을 내리는 사람. '임금, 왕후' ② 母后(모후) 太后(태후) 皇后(황후) 后稷(후직)
	임금/왕후　　후:	6	hòu	

523	熏	灬	熏	① 불을 아궁이에 때면 불길(熏)로 지나가다. '불길' ② 熏燒(훈소) 熏胥(훈서)
	불길　　훈	14	xūn	

524	勳	力	勋	① 나랏일에 힘(力)을 써서 불길(熏)이 올라가듯 높은 업적을 쌓다. '공' (일)勲 ② 功勳(공훈) 勳章(훈장) 賞勳(상훈) 勳臣(훈신)
	공(功)　　훈	16	xūn	

525	壎	土	埙	① 흙(土)을 불(熏)에 구워 만든 악기. '질 나팔' ② 弄壎(농훈)
	질나팔　　훈	17	xūn	

526	薰	艹	薰	① 연기(熏)처럼 향기가 널리 퍼지는 풀. '향풀' (일)薫 ② 薰風(훈풍) 薰育(훈육) 餘薰(여훈) 薰陶(훈도)
	향풀　　훈	18	xūn	

527	徽	彳	徽	① 가는 실을 세 가닥으로 꼬아 만든 끈. 이 끈이 신분의 고하를 표시. '아름답다' ② 徽章(휘장) 徽文高等學校(휘문고등학교)
	아름다울　　휘	17	huī	

528	烋	灬	烋	① 지쳐 쉬는 사람에게 불을 지펴 주니, '아름답다' ② 주로 이름자로 쓰인다.
	아름다울　　휴	10	xiāo	

529	匈	勹	匈	① 중국 북방 이민족인 흉노를 지칭. '오랑캐' ② 匈奴(흉노)
	오랑캐　　흉	6	xiōng	

530	欽	欠	钦	① 자신에게 모자(欠)란 것을 갖춘 사람에게 무거운(金) 태도로 대한다. '삼가다, 공경하다' ② 欽慕(흠모) 欽服(흠복) 欽仰(흠앙) 欽定(흠정)
	공경할　　흠	12	qīn	

번호	한자	부수	간체	훈음	총획	병음	풀이
531	姬	女	姬	계집 희	9	jī	① 신분과 재력이 있는, 빗질하는 '계집'의 모습. (일)姫 ② 여자의 미칭(美稱)으로 주로 이름자로 쓰인다.
532	嬉	女	嬉	아름다울 희	15	xī	① 계집이 즐겁게(喜) 노는 모양에서 '아름답다' ② 嬉樂(희락) 嬉遊(희유) 嬉怡(희이)
533	噫	口	噫	한숨쉴 희	16	yī	① 일이 뜻(意)대로 되지 않아 '숨을 크게 내쉬다' ② 噫氣(희기) 噫嗚(희오)
534	憙	心	憙	기뻐할 희	16	xǐ	① 마음(心)이 즐거운데서(喜), '기뻐하다' ② 悅憙(열희)
535	熙	灬	熙	빛날 희	13	xī	① 아기(己)를 밴 불룩한 배(臣)불빛이 넓게 일어나 '빛나다' ② 朴正熙(박정희) *주로 이름자로 쓰인다.
536	熹	灬	熹	빛날 희	16	xī	① 북(壴)처럼 생긴 그릇(口)에 불(灬)을 땔 때는 주위가 밝다. '빛나다' ② 朱熹(주희) *주로 이름자로 쓰인다.
537	禧	示	禧	복(福) 희	17	xǐ	① 신(示)에게 빌어서 기쁨(喜)을 얻는 '복'이다. *禧 ② 福禧(복희) 新禧(신희) 禧年(희년)
538	羲	羊	羲	복희 희	16	xī	① 창(戈)으로 좋은(秀)羊을 베어 희생(犧牲)을 올리는 모양인데 轉意되어, ② 伏羲氏(복희씨) *주로 이름자로 쓰인다.

以上 538字는 한국어문회에서 選定한 2급 該當漢字이다.

2급 選定字선정자의 특징은 地名지명·人名인명·姓氏성씨 등 고유명사를 포함 시켰기 때문에 그에 대한 일반적인 한자어는 많지 않다.

우리가 배운 中·高等學校학교의 교육용 기초한자, 1800(3급)자는 주로 생활 한자 이지만, 2급부터는 학문의 길이기 때문에 어려운 漢字가 많다. 어려운 학문을 접하는 지식이 쌓이기 때문에 그에 상응하는 대우를 받는 것이다.

2급

四字成語

級數漢字/故事成語

故事成語(고사성어=四字成語)란,

옛날부터 전(傳)해 내려오는 유래(由來) 있는 일을 축약(縮約)하고 전주(轉注뜻을 돌려쓰고)·전의(轉意 비슷한 뜻으로 사용)하여 國語生活에 活用하는 四字로 이루어진 成語를 말합니다.

山에서 떠내려 온 돌이 물의 흐름에 따른 고난(苦難)과 歲月의 흐름을 따른 역경(逆境)을 거쳐서 닳고 닳아 반질반질하게 변하여 버릴 것이 없는 江자갈이나 옥돌(玉石)이라 할 수 있습니다.

고농도(高濃度)로 축약(縮約)되었기 때문에 글자 그대로 해석(解釋)하면 무슨 뜻이지 알 수 없기 때문에 그 事件에 숨겨진 이야기 또는 그로 인해 發生한 事件을 알아야 합니다.

즉, 겉 뜻보다는 속뜻을 알아야 합니다. 그러나 현실적(現實的)으로 그 많은 故事成語를 알아내고 외우는 것은 거의 不可能(語文會 級數試驗은 生疎한 故事成語가 끊임없이 出題됨)합니다.

그래서 속성(速成)으로, 꼭 알고 있어야하며, 中·高等學校 교과서에 등재되어 있거나 大入 수능시험과 또한 1급 범위를 벗어난 漢字라도 일반적으로 많이 쓰이고 있는 故事成語와 韓國語文會 級數試驗에 출제 (出題)되었거나, 선정(選定)된 범위(範圍)의 漢字로 이루어진 故事成語와 四字로 이루어진 四字成語는 거의 빠짐없이 모았습니다. 즉 國語生活에 자주 쓰이고 있는 成語만 모았습니다.

하나의 故事成語는 可能한 한 줄로 줄이기 위하여 축약(縮約)을 또 축약(縮約)하였습니다.

編輯 者

故事成語 / 四字成語

	呵呵大笑 (가가대소)	너무 우스워서 큰 소리로 껄껄 웃음.
	加減乘除 (가감승제)	더하기 · 빼기 · 곱하기 · 나누기를 아울러 이르는 말.
	駕輕就熟 (가경취숙)	그 일에 아주 익숙함.(가벼운 수레로 여러 번 다닌 길)
	街談巷說 (가담항설)	길거리에서 함부로 지껄이는 評論 · 世評 · 風說 등.
5	家徒壁立 (가도벽립)	세간 하나 없고 집안에 단지 사방 벽만 있음/몹시 가난함.
	苛斂誅求 (가렴주구)	세금을 가혹하게 거두어들이고 재물을 빼앗음.
	假弄成眞 (가롱성진)	장난삼아 한 것이 진심으로 한 것 같이 됨.
	家無擔石 (가무담석)	집에 모아 놓은 재산이 전혀 없음.
	家貧落魄 (가빈낙백)	집안이 가난하여 뜻을 얻지 못하고 실의에 빠짐.
10	佳人薄命 (가인박명)	아름다운 여자는 불행이 많다/사람이 다 좋은 것만 갖추지 못함.
	刻骨難忘 (각골난망)	고마운 마음이 깊이 새겨져 잊지 않음.
	刻骨銘心 (각골명심)	마음속 깊이 새겨져 잊지 않음.
	刻骨痛恨 (각골통한)	마음 속 깊이 맺힌, 뼈에 사무친 원한.
	恪勤勉勵 (각근면려)	스스로 격려하여 부지런히 힘씀.
15	各得其所 (각득기소)	능력과 적성에 맞게 적절한 위치에 놓이게 됨.
	角者無齒 (각자무치)	뿔이 있는 짐승은 사나운 이빨이 없음.
	各自爲政 (각자위정)	저마다 스스로의 정치를 함/제 잘난 맛에 협력이 어렵게 됨.
	刻舟求劍 (각주구검)	어리석은 사람은 舊習만 지키고, 時勢의 변천을 알지 못함.
	肝腦塗地 (간뇌도지)	참혹한 죽음을 당하여 肝臟과 腦髓가 땅에 널려 있음.
20	肝膽相照 (간담상조)	상대방의 마음 속 까지 이해하고 매우 친함.
	肝膽楚越 (간담초월)	거리상 서로 가까이 있지만 관계가 매우 멂.
	竿頭之勢 (간두지세)	대막대기 끝에 선 것 같은 매우 위태로운 形勢.
	干城之材 (간성지재)	棟梁之材 : 城(나라)을 지키는 인재.
	間於齊楚 (간어제초)	약자가 강자들 틈에 끼어 괴로움을 겪고 있음.
25	渴而穿井 (갈이천정)	亡羊補牢 : 미리 대비하지 않으면 임박해서는 소용없음.
	竭澤而漁 (갈택이어)	멀리 내다보지 못하고 눈앞의 이익만을 꾀함.
	減價償却 (감가상각)	土地를 除外한 固定資産의 價値를 年度가 지나면 減少시키는 일.
	感慨無量 (감개무량)	사물에 대하여 마음속에 품은 느낌이 한(限)이 없음.
	敢不生心 (감불생심)	힘에 부쳐 감히 하려고 마음먹지 못함.
30	甘言利說 (감언이설)	남의 脾胃를 맞춘 달콤한 말로 그럴 듯하게 꾀는 말.

甘井先竭 (감정선갈)	甘泉先竭 : 재주가 뛰어난 사람은 일찍 쇠함.
坎井之蛙 (감정지와)	'우물 안의 개구리' 見聞이 좁은 사람을 비유.
甘呑苦吐 (감탄고토)	自身의 脾胃에 따라서 事理의 옳고 그름을 判斷함.
感之德之 (감지덕지)	분에 넘치는 듯이 몹시 고맙게 여기는 모양.
35 甲骨文字 (갑골문자)	거북이와 짐승의 뼈에 새겨진 가장 오랜 된 문자.
甲男乙女 (갑남을녀)	身分도 이름도 알려지지 않은 平凡한 사람들.
甲論乙駁 (갑론을박)	자기의 意見을 내세우고 남의 의견을 反駁함.
康衢煙月 (강구연월)	泰平한 世上의 平和로운 風景.
强弩之末 (강궁지말)	강대한 힘일 지라도 마지막에는 쇠약해 짐.
40 剛木水生 (강목수생)	마른나무에서 물을 짜낸다. / 무리하게 요구함.
剛毅木訥 (강의목눌)	강직하고, 의연하고, 질박하고, 어눌함.
江湖煙波 (강호연파)	대자연의 풍경/강과 호수위의 안개와 같은 잔물결.
改過遷善 (개과천선)	지난날의 허물을 고치고 옳은 길에 들어섬.
蓋棺事定 (개관사정)	사람이 죽은 뒤에야 비로소 그 사람의 評價가 내려짐
45 皆旣日蝕 (개기일식)	해가 달의 그림자에 가려 보이지 않게 되는 現象.
開門納賊 (개문납적)	開門揖盜 : 제 스스로 禍를 불러들임.
季布一諾 (계포일락)	계포가 승낙한 한 마디의 말이란 뜻으로 일단 약속을 한 이상 어떠한 일이 있어도 지킨다는 것을 말함.
蓋世之才 (개세지재)	세상을 마음대로 다스릴 만한 뛰어난 재기.
開源節流 (개원절류)	재원을 늘리고 지출을 줄임.
50 去頭截尾 (거두절미)	어떤 일의 요점만 간단히 말함(머리와 꼬리는 자르고)
車水馬龍 (거수마룡)	권세 있는 자에게 줄을 대보려는 아부꾼들의 차량을 묘사.
居安思危 (거안사위)	편안할 때에 위험할 때의 일을 미리 생각하여 경계함.
擧案齊眉 (거안제미)	아내가 남편을 공경함이 대단함.
去者必反 (거자필반)	떠난 사람은 반드시 되돌아옴.
55 車載斗量 (거재두량)	물건이나 인재 따위가 많아서 그다지 귀하지 않음.
擧措失當 (거조실당)	모든 조치가 정당하지 않음.
乾坤一擲 (건곤일척)	운명을 걸고 단판걸이로 勝負를 겨룸.
乾畓直播 (건답직파)	苗板없이 마른 논에 볍씨를 바로 뿌리는 일.
乞不竝行 (걸불병행)	무엇을 얻을 때는 혼자 다녀야 실속이 있음.
60 黔驢之技 (검려지기)	자기 기량이 졸렬함을 모르고 욕을 봄 / 재주는 오직 한가지 뿐.

故事成語 / 四字成語

乞人憐天 (걸인연천)	불행한 처지의 사람이 부질없이 행복한 사람을 동정함.	
激濁揚淸 (격탁양청)	악을 미워하고 선을 좋아함.	
格物致知 (격물치지)	사물을 통하여 이치를 연구하여 온전한 지식에 다다름.	
隔世之感 (격세지감)	오래지 않은 동안에 몰라보게 세상이 변한 느낌.	
65 隔靴搔癢 (격화소양)	隔靴爬癢 : 성에 차지 않아 안타까움 / 신발을 신고 발바닥을 긁음.	
牽强附會 (견강부회)	자기에게 편리하도록 가당치도 않은 말을 억지로 끌어다 붙임.	
見利思義 (견리사의)	이익 되는 일은 의리에 합당한가를 생각하여 봄.	
犬馬之勞 (견마지로)	'남을 위해 애쓰는 자기의 노력' 을 겸손히 이르는 말.	
見蚊拔劍 (견문발검)	모기를 보고 칼을 빼듯, 사소한 일에 크게 성을 내고 덤빔.	
70 見物生心 (견물생심)	실물을 보면 욕심이 생김.	
堅壁淸野 (견벽청야)	물자를 얻지 못하게 하여 적을 괴롭히는 전법.	
見善如渴 (견선여갈)	착한 일을 보기를 마치 목마른 것같이 함.	
見善從之 (견선종지)	착한 일이나 착한 사람을 보면 그것을 따름.	
犬牙相制 (견아상제)	국경이 개의 아래위 이빨같이 들쭉날쭉 물려있어 서로 경계함.	
75 見危致命 (견위치명)	見危授命 : 나라가 위태로울 때 자기의 몸을 나라에 바침.	
堅忍不拔 (견인불발)	굳게 참고 버텨 마음이 흔들리지 않음.	
見兎放狗 (견토방구)	일이 되어 가는 것을 본 뒤에 대처함.	
犬兎之爭 (견토지쟁)	漁父之利 : 두 사람의 싸움에 제3자가 이익을 봄.	
結跏趺坐 (결가부좌)	책상다리를 하고 앉는 법의 한 가지 / 坐禪할 때의 正坐法.	
80 結者解之 (결자해지)	마지막 결말을 처음에 일을 벌인 사람이 지어야 함.	
結草報恩 (결초보은)	죽어 혼령이 되어서도 은혜를 잊지 않고 갚음.	
兼人之勇 (겸인지용)	혼자서 능히 몇 사람을 당해 낼만한 용기.	
兼聽則明 (겸청즉명)	여러 사람의 의견을 들어보면 시비를 정확하게 판단할 수 있음.	
輕擧妄動 (경거망동)	경솔하고 분수없이 가볍게 행동함.	
85 傾國之色 (경국지색)	임금이 혹하여 나라를 뒤엎어도 모를 만한 미인.	
經國濟世 (경국제세)	나라를 잘 다스려 나라를 구함.	
經國濟世 (경국제세)	한번 화살에 맞은 새는 구부러진 나무만 보아도 놀람.	
輕薄浮虛 (경박부허)	사람됨이 날리어 언어 행동이 경솔하고 천박함.	
傾城之色 (경성지색)	傾國之色 : 성을 빼앗겨도 좋을 만큼 미인을 말함.	
90 經世濟民 (경세제민)	세상을 다스리고 백성의 고생을 덜어 구제함.	

故事成語 / 四字成語

	經世致用 (경세치용)	학문은 세상을 다스리는데 실질적인 이익을 줄 수 있어야 함.
	敬而遠之 (경이원지)	恭敬하되 가까이 하지 않음.
	鯨戰蝦死 (경전하사)	고래 싸움에 새우 등 터짐. 엉뚱한 약한 자가 해를 입음.
	瓊枝玉葉 (경지옥엽)	金枝玉葉 : 옥으로 된 가지와 잎 / 귀한 자식.
95	驚天動地 (경천동지)	크게 세상을 놀라게 함을 이르는 말.

	敬天愛人 (경천애인)	하늘을 공경하고 사람을 사랑함.
	鏡花水月 (경화수월)	詩文에서 느껴지는 하나 表現할 수 없는 미묘한 情趣.
	桂冠詩人 (계관시인)	영국(王室에서)의 뛰어난 詩人에게 내리는 명예 칭호
	鷄口牛後 (계구우후)	큰 단체의 꼴찌보다, 작은 단체의 우두머리가 더 나음.
100	鷄群孤鶴 (계군고학)	群鷄一鶴 : 닭 무리 가운데서 한 마리의 鶴 / 뛰어 남.

	鷄卵有骨 (계란유골)	계란에도 뼈가 있다는 속담. 공교롭게 일이 방해됨.
	鷄鳴狗盜 (계명구도)	사대부로서 취할 바 못되는 천한 재능을 가진 사람을 비유하는 말
	鷄鳴狗吠 (계명구폐)	닭이 따라 울고, 개가 많이 짖는 것은 人口가 많다는 뜻. 孔孫丑上
	計無所出 (계무소출)	계획하여 보나 所得이 없음.
105	谿壑之慾 (계학지욕)	시냇물이 흐르는 산골짜기의 욕심. 끝없는 욕심.

	股肱之臣 (고굉지신)	팔다리처럼, 임금이 가장 信任하는 臣下.
	孤軍奮鬪 (고군분투)	도움 없는 외로운 군대가 강한 적과 용감히 잘 싸움.
	高臺廣室 (고대광실)	높은 누대와 넓은 집 / 크고 좋은 집을 이르는 말.
	叩頭謝罪 (고두사죄)	머리를 조아리며 잘못을 빎.
110	膏粱珍味 (고량진미)	기름진 고기와 좋은 곡식으로 만든 맛있는 飮食.

	孤立無援 (고립무원)	외톨이가 되어 구원을 받을 데가 없음.
	枯木死灰 (고목사회)	생기와 의욕이 없는 사람 / 인정미가 없거나 인정을 모르는 사람.
	鼓腹擊壤 (고복격양)	태평한 세월을 배를 두드리고 땅을 치면서 노래하며 즐김.
	高峰峻嶺 (고봉준령)	높이 솟은 산봉우리와 험한 산마루.
115	古色蒼然 (고색창연)	오랜 세월을 겪은 옛 情趣가 나타나는 모양.

	孤城落日 (고성낙일)	세력이 다하고 남의 도움이 없는 매우 외로운 처지.
	姑息之計 (고식지계)	당장에 편한 것만 취하는 계책 / 임시 모면밖에 안됨.
	孤臣冤淚 (고신원루)	임금의 信任을 받지 못하는 외로운 臣下의 원통한 눈물.
	孤身隻影 (고신척영)	몸 붙일 곳 없이 외로이 떠도는 홀몸.
120	高岸深谷 (고안심곡)	높은 언덕이 깊은 골짜기가 됨.

故事成語 / 四字成語

高陽酒徒 (고양주도)	술을 좋아하며 제 멋대로 행동하는 사람.
苦肉之策 (고육지책)	제 몸을 괴롭히기 까지 하여 적을 속이는 계교.
孤掌難鳴 (고장난명)	맞서는 이가 없으면 싸움이 되지 않음.
苦盡甘來 (고진감래)	고생이 끝나면 그 보람으로 즐거움이 있게 됨.
125 高枕安眠 (고침안면)	근심 없이 안심하고 잘 지냄.
曲突徙薪 (곡돌사신)	화근을 미리 치움으로서 재앙을 미연에 방지함.
曲學阿世 (곡학아세)	정도가 아닌 학문으로 세상에 아부함.
困獸猶鬪 (곤수유투)	위급하면 아무리 약한 짐승이라도 싸우려고 덤빔.
困而知之 (곤이지지)	고생하여 공부한 끝에 지식을 얻거나 道를 깨달음.
130 骨肉相殘 (골육상잔)	가까운 혈족끼리 서로 싸움. 같은 민족끼리 살상함.
空谷足音 (공곡족음)	아무도 없는 골짜기에 울리는 사람 발자국 소리.
恐懼修省 (공구수성)	두려워 좌우를 살피며 자신을 닦고 반성한다.
孔子穿珠 (공자천주)	不恥下問 : 자기보다 못한 사람에게 묻는 것은 부끄러운 일이 아님.
空前絶後 (공전절후)	비교할 만한 것이 이전에도 없고 이후에도 없음.
135 空中樓閣 (공중누각)	근거나 토대가 없는 사물이나 생각.
過恭非禮 (과공비례)	너무 지나친 공손은 도리어 禮가 아님.
誇大妄想 (과대망상)	실제보다 턱없이 과장하여 사실인 것처럼 믿는 일.
過猶不及 (과유불급)	지나침은 미치지 못하는 것과 같음 / 중용이 가장 귀중함.
瓜田李下 (과전이하)	'혐의 받기 쉬운 곳' 또, 그런 경우.
140 管中窺豹 (관중규표)	대롱 속에서 표범을 엿봄 / 視野가 좁음.
管鮑之交 (관포지교)	아주 친한 친구사이의 사귐.
刮目相對 (괄목상대)	남의 학식이나 재주가 놀랄 만큼 부척 늚을 이름.
曠日彌久 (광일미구)	헛되이 세월을 보내며 일을 오래 끎.
曠前絶後 (광전절후)	앞에는 비었고, 뒤에는 끊어짐.
145 怪常罔測 (괴상망측)	보통과 달리 이상야릇하기 짝이 없음.
矯角殺牛 (교각살우)	작은 흠을 고치려다가 도리어 큰 損害를 봄.
蛟龍得水 (교룡득수)	교룡이 물을 얻듯이 좋은 기회를 얻음.
喬木世臣 (교목세신)	대대로 門閥이 높아 자기 집안 운명을 나라에 의탁하는 신하.
驕兵必敗 (교병필패)	교만하여 적에게 위엄을 보이려는 병정은 반드시 패함.
150 巧言令色 (교언영색)	아첨하는 말과 알랑거리는 태도.

故事成語 / 四字成語

	矯枉過直 (교왕과직)	결점이나 흠을 고치려다가 지나쳐서 도리어 일을 그르침.
	敎外別傳 (교외별전)	석가가 말이나 문자를 쓰지 않고 마음으로 심원한 뜻을 전함.
	敎子採薪 (교자채신)	장기적인 안목을 갖고 근본적인 처방에 힘씀.
	膠柱鼓瑟 (교주고슬)	규칙에 구애되어 변통을 알지 못함을 비유하는 말.
155	膠漆之交 (교칠지교)	아주 친밀하여 서로 떨어질 수 없는 교분.
	狡兔三窟 (교토삼굴)	사람이 교묘하게 숨어 재난을 피함.
	敎學相長 (교학상장)	가르치는 일과 배우는 일은 다함께 학문을 증진시킴.
	九曲肝腸 (구곡간장)	'굽이굽이 서린 창자' 굽이굽이 사무친 마음속을 비유함.
	鳩居鵲巢 (구거작소)	아내가 남편의 집에 들어가 삶을 비유하는 말 / 셋방살이.
160	九年面壁 (구년면벽)	달마가 9년 동안 벽을 보고 坐禪하여 도를 깨달음.
	臼頭深目 (구두심목)	'절구머리와 움푹 패인 눈' '여자의 몹시 추한 얼굴'
	狗猛酒酸 (구맹주산)	한 나라에 간신배가 있으면 어진 신하가 모이지 않음.
	狗尾續貂 (구미속초)	훌륭한 것 뒤에 보잘 것 없는 것이 뒤따름.
	口蜜腹劍 (구밀복검)	겉으로는 친절하나 속마음은 음험함.
165	狗飯橡實 (구반상실)	'개밥의 도토리' '축에 끼지 못하고 따돌려져 고립된 사람.
	九死一生 (구사일생)	여러 차례 죽을 고비를 당하였다가 겨우 살아남.
	口尙乳臭 (구상유취)	나이 어리고 경험이 적은 철부지를 이르는 말.
	九牛一毛 (구우일모)	썩 많은 가운데서 매우 적은 수를 비유하는 말.
	口耳之學 (구이지학)	들은 것을 자기 생각 없이 그대로 남에게 전하는 것이 고작임.
170	九折羊腸 (구절양장)	세상이 복잡하여 살아가기가 어려움을 비유하는 말.
	舊態依然 (구태의연)	예나 지금이나 조금도 변함없이 여전함.
	口禍之門 (구화지문)	사람의 입은 災殃을 불러들이는 門.
	救火投薪 (구화투신)	근본을 다스리지 않고 성급하게 행동하다가 도리어 해를 크게 함.
	國泰民安 (국태민안)	나라가 태평하고 백성이 살기가 편함.
175	群鷄一鶴 (군계일학)	많은 사람 가운데서 홀로 빼어남 / 닭 무리중의 한 마리 鶴
	群盲撫象 (군맹무상)	사물을 좁은 소견과 주관으로 잘못 판단함.
	君臣有義 (군신유의)	五倫의하나. 임금과 신하 사이에는 의리가 있어야 함.
	群雄割據 (군웅할거)	많은 영웅들이 각지에 자리를 잡고 서로 세력을 다툼.
	君爲臣綱 (군위신강)	三綱의 하나. 임금과 신하 간에는 기강이 있어야 함.
180	君子不器 (군자불기)	君子는 그릇처럼 국한 되지 않음.

故事成語 / 四字成語

君子三樂 (군자삼락)　父母 兄弟無故. 세상에 부끄러움 없고, 英才를 敎育하는 것.

君子豹變 (군자표변)　군자는 허물을 고쳐 올바른 행함이 빠르고 뚜렷함.

窮寇莫追 (궁구막추)　피할 곳 없는 개를 쫓지 말 것.

窮寇勿迫 (궁구물박)　窮鼠莫追=窮寇勿迫 : 피할 곳 없는 도둑은 쫓지 말 것.

185 窮年累世 (궁년누세)　자신의 一生과 子孫 代代.

窮鼠莫迫 (궁서막박)　피할 곳 없는 쥐를 쫓지 말 것. 모질게 다루면 해를 당함.

窮餘之策 (궁여지책)　막다른 골목에서 생각다 못해 짜낸 한 계책.

權謀術數 (권모술수)　수단 · 방법을 가리지 않고 형편에 따라 교묘하게 속이는 술책.

權不十年 (권불십년)　아무리 높은 권세라도 오래 가지 못하고 늘 변함.

190 勸善懲惡 (권선징악)　선행을 권장하고 악행을 징계함.

捲土重來 (권토중래)　한번 실패하였으나 힘을 회복하여 다시 쳐들어 옴.

歸去來辭 (귀거래사)　陶淵明이 벼슬을 버리고 고향으로 돌아가면서 지은 詩.

貴鵠賤鷄 (귀곡천계)　貴耳賤目 : 가까운 것을 천하게 여기고 먼데 것을 귀히 여김.

歸馬放牛 (귀마방우)　戰爭에 썼던 말과 소를 놓아줌. 더 이상 전쟁을 아니 함.

195 龜毛兎角 (귀모토각)　거북에 털이 나고 토끼에 뿔이 남. 절대로 있을 수 없는 사물.

龜背刮毛 (귀배괄모)　거북의 등의 털을 깎음. 불가능한 것을 무리하게 하려고 함.

歸巢本能 (귀소본능)　동물이 먼 곳에 갔다가도, 살던 둥지로 돌아오는 성질.

規矩準繩 (규구준승)　(컴퍼스 · 곱자 · 水準器 · 먹줄이란뜻으로)일상생활에서 지켜야 할 법도.

規行矩步 (규행구보)　行步가 法度에 맞다. 곧, 品行이 方正함.

200 橘化爲枳 (귤화위지)　南橘北枳 : 귤이 변하여 탱자가 됨 / 환경에 따라 변함.

隙駒光陰 (극구광음)　몹시 빨리 지나가는 歲月.

克己復禮 (극기복례)　사사로운 욕심을 누르고 예의범절을 좇음.

極惡無道 (극악무도)　지극히 악하고 도의심이 없음.

僅僅得生 (근근득생)　겨우겨우 삶을 이어감 / 간신히 살아감.

205 近悅遠來 (근열원래)　정치를 잘 하면, 가까이는 기뻐하고 멀리서는 찾아옴.

近憂遠慮 (근우원려)　內憂外患 : 가까운 곳에서는 근심하고 먼 곳에서는 念慮함.

近墨者黑 (근묵자흑)　악한 사람을 가까이 하면 악해짐을 비유한 말.

近朱者赤 (근주자적)　착한 사람과 사귀면 착해지고 악인과 사귀면 악해진다는 뜻.

近親相姦 (근친상간)　가까운 친척 간에 이루어지는 姦淫.

210 金科玉條 (금과옥조)　금옥과 같이 훌륭한 법률이나 명령. 규칙 따위.

故事成語 / 四字成語

金冠朝服 (금관조복)	金冠과 朝服.	
金蘭之契 (금란지계)	쇠처럼 단단하고 蘭草처럼 그윽한 향기의 사귐.	
金迷紙醉 (금미지취)	금종이에 정신이 미혹되고 취함 / 사치스런 생활.	
錦上添花 (금상첨화)	좋고 아름다운 것 위에 다시 좋고 아름다움을 더함.	
215 金石盟約 (금석맹약)	金石牢約 : 쇠나 돌처럼 굳고 변함없는 約束.	
金石之交 (금석지교)	쇠나 돌처럼 변함없는 굳고 변함없는 交分.	
金石爲開 (금석위개)	中石沒鏃 : 정신을 집중하면 어떤 일에도 성공 할 수 있음.	
今昔之感 (금석지감)	지금과 옛날의 차이가 너무 심하여 생기는 느낌.	
金城鐵壁 (금성철벽)	金城湯池 : 쇠로 만든 城과 鐵로 만든 壁 / 堅固 함.	
220 金城湯池 (금성탕지)	방비가 매우 튼튼한 城을 이르는 말.	
錦繡江山 (금수강산)	우리나라 삼천리강산의 아름다움을 이르는 말.	
琴瑟相和 (금슬상화)	夫婦사이가 多情하고 和睦함.	
今時初聞 (금시초문)	이제 막 처음으로 들음.	
錦衣夜行 (금의야행)	생색이 나지 않은 공연한 일에 애쓰고도 보람이 없음.	
225 錦衣玉食 (금의옥식)	衣食의 사치하고 호강스러운 생활을 비유한 말.	
錦衣還鄕 (금의환향)	출세하여 고향에 돌아옴.	
金枝玉葉 (금지옥엽)	임금의 가족 / 귀한 자손.	
氣高萬丈 (기고만장)	성을 낼 때에 지나치게 자만하는 기운이 펄펄 남.	
己飢己溺 (기기기익)	다른 사람의 고통을 자기의 고통으로 생각하여 덜어줌.	
230 記問之學 (기문지학)	古書만 외워 질문에나 응답하는 깨달음이 없는 無用의 學問.	
驥服鹽車 (기복염거)	유능한 사람이 알아주는 사람을 만나지 못해 천한 일을 함.	
起死回生 (기사회생)	죽을 뻔하다가 도로 살아남. 죽다 살아남.	
奇想天外 (기상천외)	보통으로는 상상할 수도 없이 엉뚱하고 기발함.	
起承轉結 (기승전결)	漢詩 構成法의 한 가지.	
235 氣盡脈盡 (기진맥진)	기력이 죄다 없어짐.	
幾何級數 (기하급수)	數에 비례해서 배수로 늘어나 급격하게 증가하는 것.	
騎虎之勢 (기호지세)	騎虎難下 : 이미 시작한 일을 중도에서 그만둘 수 없음.	
奇貨可居 (기화가거)	진기한 물건은 잘 간직할 만함. 좋은 기회를 놓치지 말아야 함.	
吉凶禍福 (길흉화복)	길한 일과 언짢은 일 / 災禍와 福祿.	
240 喫着不盡 (끽착부진)	먹을 것과 입을 것이 모자람 없이 넉넉함.	

故事成語 / 四字成語

落膽喪魂 (낙담상혼) 失意에 빠지고 마음이 상해서 넋을 잃음.

落落長松 (낙락장송) 가지가 축축 늘어진, 키가 큰 소나무.

落木寒天 (낙목한천) 잎이 다 떨어진 뒤의 추운 겨울의 쓸쓸함.

洛陽紙貴 (낙양지귀) 책의 평판이 좋아 매우 잘 팔림.

245 落葉歸根 (낙엽귀근) 결국은 자기가 났거나 자란 곳으로 돌아감.

樂而不淫 (낙이불음) 즐거움의 도를 지나치지 않음.

落穽下石 (낙정하석) 재난을 당한 사람을 구제 하기는 커녕 도리어 해를 입힘.

落花流水 (낙화유수) 떨어진 꽃과 흘러가는 물. 쇠잔영락(衰殘榮落)을 비유.

難攻不落 (난공불락) 공격하기가 어려워 쉽사리 함락되지 않음.

250 爛商討議 (난상토의) 충분히 생각하고 의견을 나누어 討議함.

亂臣賊子 (난신적자) 불충한 무리 또는 신하와 부모를 거역하는 아들.

暖衣飽食 (난의포식) 따뜻하게 입고, 배불리 먹음.

難兄難弟 (난형난제) 두 사물이 서로 엇비슷하여 낫고 못함을 분간하기 어려움.

南柯一夢 (남가일몽) 꿈과 같이 헛된 한 때의 富貴榮華.

255 南郭濫吹 (남곽남취) 무능한 사람이 재능이 있는 체, 실력 없는 사람이 지위에 있음.

南橘北枳 (남귤북지) 橘化爲枳 : 사람이 사는 곳의 환경에 따라 변함.

男負女戴 (남부여대) 가난한 사람들이 살 곳을 찾아 떠돌아다님.

南船北馬 (남선북마) 늘 쉬지 않고 여기저기 여행을 하거나 돌아다님.

男尊女卑 (남존여비) 여자보다 남자를 優待하고 尊重함.

260 狼子野心 (낭자야심) 善意가 없는 사람은 쉽게 敎化할 수 없음.

囊中之錐 (낭중지추) 재능이 있는 사람은 숨어 있어도 저절로 사람들에게 알려짐.

內憂外患 (내우외환) 나라 안의 걱정과 나라밖에서 오는 환란(患亂).

內柔外剛 (내유외강) 속마음은 柔弱하나 겉모양은 강하게 보임.

內潤外朗 (내윤외랑) 재주와 德望을 兼備함.

265 內淸外濁 (내청외탁) 마음은 맑게 가지면서도 行動은 흐린 것처럼 함.

怒甲移乙 (노갑이을) 어떤 사람에게 당한 노여움을 딴 사람에게 화풀이 함.

怒氣衝天 (노기충천) '성난 기운이 대단함'을 이르는 말.

老當益壯 (노당익장) 늙었지만 意慾이나 氣運은 점점 좋아짐.

老萊之戲 (노래지희) 나이가 들어서도 父母에게 孝道하는 마음과 行動.

270 路柳墻花 (노류장화) 아무나 쉽게 꺾을 수 있는 버들가지와 꽃 / 妓生.

故事成語 / 四字成語

駑馬十駕 (노마십가)	駑馬도 駿馬의 하룻길을 열흘이면 갈 수 있음.
老馬之智 (노마지지)	豊富한 經驗에서 나오는 智慧.
怒發大發 (노발대발)	대단히 성을 냄. 펄펄뛰며 성냄.
怒髮衝冠 (노발충관)	몹시 성이 난 모양 / 노하여 일어난 머리카락이 관을 추켜올림.
275 爐邊情談 (노변정담)	火爐나 煖爐가에 모여 앉아 서로 부드럽게 나누는 이야기.
路不拾遺 (노불습유)	道不拾遺 : 길에 떨어진 물건도 주워가지 않음.
怒蠅拔劍 (노승발검)	見蚊拔劍 : 사소한 일에 화를 내는 사람을 비유한 말.
勞心焦思 (노심초사)	몹시 마음을 쓰며 애를 태움.
奴顔婢膝 (노안비슬)	사람을 대할 때 알랑거리며 卑屈한 態度를 보이는 일.
280 勞而無功 (노이무공)	애는 썼으나 보람이 없음.
綠林豪傑 (녹림호걸)	火賊이나 도둑을 달리 이르는 말.
綠水靑山 (녹수청산)	푸른 물과 푸른 산.
綠楊芳草 (녹양방초)	푸른 버들과 아름다운 꽃.
綠陰芳草 (녹음방초)	여름철의 자연경치를 이르는 말.
285 綠衣紅裳 (녹의홍상)	젊은 여자의 고운 옷차림.
論功行賞 (논공행상)	세운 공을 評價하고 議論하여 表彰하거나 賞을 줌.
弄假成眞 (농가성진)	장난삼아 한 것이 眞心으로 한 것 같이 됨.
弄瓦之慶 (농와지경)	딸을 낳은 즐거움.
弄璋之慶 (농장지경)	아들을 낳은 기쁨.
290 籠鳥戀雲 (농조연운)	속박(束縛)당한 몸이 自由를 그리워 함.
屢見不鮮 (누견불선)	너무 자주 보아 전혀 새롭지 않음.
累卵之勢 (누란지세)	알을 쌓아 놓은 것처럼 매우 위태로움.
累卵之危 (누란지위)	위와 같은 뜻.
訥言敏行 (눌언민행)	말은 느려도 실제 行動은 재빠르고 능란(能爛)함.
295 能小能大 (능소능대)	크고 작은 모든 일에 두루 능함.
凌雲之志 (능운지지)	俗世를 떠나서 超脫하려는 마음.
陵雲之志 (능운지지)	靑雲之志 : 높은 지위에 오르고자 하는 욕망.
陵遲處斬 (능지처참)	大逆罪人에게 과하던 最大의 刑罰 / 시체를 여섯 토막 냄.
多岐亡羊 (다기망양)	方針이 많아서 도리어 갈 바를 모름.
300 多多益善 (다다익선)	많으면 많을 수록 한 층 더 좋음.

故事成語 / 四字成語

	多聞博識 (다문박식)	보고 들은 것이 많고 아는 것이 많음.
	多事多難 (다사다난)	여러 가지로 일이나 어려움이 많음.
	多才多能 (다재다능)	재주도 많고 하는 能力도 많음.
	多錢善賈 (다전선고)	밑천이 넉넉하면 장사를 잘 할 수 있음.
305	斷機之敎 (단기지교)	학문을 중도에 그만 두는 것은 짜든 베를 자르는 것과 같음.
	斷金之契 (단금지계)	쇠라도 자를 만큼 굳은 約束. 매우 두터운 友情.
	單刀直入 (단도직입)	생각과 分別에 거리끼지 않고 眞境界로 바로 들어감.
	簞食豆羹 (단사두갱)	밥그릇 하나와 제기에 떠 놓은 국 한 그릇. 변변치 못한 음식.
	簞食瓢飮 (단사표음)	변변하지 못한 얼마 되지 않는 음식물.
310	丹脣皓齒 (단순호치)	붉은 입술과 하얀 치아 / 아름다운 여자.
	膽大心小 (담대심소)	문장을 지을 때, 膽力은 크게 가지나 주의는 細心하여야 함.
	談笑自若 (담소자약)	큰일을 당하여도 보통 때와 같이 웃으며 이야기함.
	淡水之交 (담수지교)	淡泊하고 변함이 없는 友情.
	堂狗風月 (당구풍월)	서당 개 삼년이면 風月 읊는 다는 俗談.
315	黨同伐異 (당동벌이)	뜻이 같으면 한 무리가 되고 그렇지 않으면 攻擊함.
	螳螂拒轍 (당랑거철)	제 힘을 헤아리지 않고 하지도 못할 일을 덤벼드는 무모한 짓.
	大驚失色 (대경실색)	몹시 놀라 얼굴빛이 변함.
	大器晚成 (대기만성)	크게 될 인물은 오랜 功績을 쌓아 이루어진다는 말.
	大同小異 (대동소이)	큰 차이가 없이 거의 같고 조금 다름.
320	戴盆望天 (대분망천)	머리에 동이를 이고 하늘을 보려함 / 한 번에 두 가지 일을 못함.
	大聲痛哭 (대성통곡)	큰 소리로 목을 놓아 슬피 움.
	大乘佛敎 (대승불교)	大乘을 主旨로 하는 불교 종파를 통틀어 이르는 말.
	對牛彈琴 (대우탄금)	馬耳東風 : 소귀에 거문고 소리.
	大義滅親 (대의멸친)	대의를 위해선 親族도 멸함. 私事로운 情이 없음.
325	大慈大悲 (대자대비)	넓고 커서 끝없는 慈悲, 衆生을 불쌍히 여기는 마음.
	德無常師 (덕무상사)	德을 닦는 데는 일정한 스승이 없음.
	德本財末 (덕본재말)	사람이 살아가는데 德이 근본이고 財物은 사소함.
	德必有隣 (덕필유린)	덕이 있으면 따르는 사람이 있어 외롭지 않음.
	徒勞無功 (도로무공)	勞而無功 : 헛되고 공훈이 없음.
330	屠龍之技 (도룡지기)	용을 잡는 재주 / 쓸데없는 재주.

故事成語 / 四字成語

	道不拾遺 (도불습유)	길에 떨어진 물건도 주워가지 않음 = 太平聖代
	屠所之羊 (도소지양)	屠獸場으로 끌려가는 양 / 죽음이 눈앞에 닥친 사람.
	桃園結義 (도원결의)	유비·관우·장비 세 사람이 복숭아밭에서 의형제를 맺음.
	盜憎主人 (도증주인)	자기와 반대되는 입장에 있는 사람을 미워함.
335	道聽塗說 (도청도설)	길거리에 떠도는 所聞.

	塗炭之苦 (도탄지고)	비참한 생활 / 진구렁에 빠지고 숯불에 타는 괴로움.
	倒行逆施 (도행역시)	차례나 순서를 바꾸어서 행함.
	獨不將軍 (독불장군)	무슨 일이나 제 생각대로 처리하여 나가는 사람.
	讀書亡羊 (독서망양)	하는 일에는 뜻이 없고 다른 생각을 하다가 낭패를 봄.
340	讀書尙友 (독서상우)	책을 읽음으로서 옛날의 현인들과 벗이 될 수 있음.

	毒樹毒果 (독수독과)	독이 있는 果樹는 독이 있는 열매를 맺음. 근본이 잘못됨.
	獨也靑靑 (독야청청)	홀로 푸름, 홀로 높은 절개를 드러내고 있음.
	獨掌難鳴 (독장난명)	孤掌難鳴 : 외손바닥으로는 울림을 내기 어려움.
	頓首百拜 (돈수백배)	머리가 땅에 닿도록 수없이 繼續 절함.
345	豚蹄一酒 (돈제일주)	작은 물건으로 많은 물건을 구하려함을 비꼬는 말.

	同價紅裳 (동가홍상)	이왕이면 좀 낫고 마음에 드는 것을 골라 잡음.
	同苦同樂 (동고동락)	괴로움도 즐거움도 함께 더불어 함.
	同工異曲 (동공이곡)	同工異體 : 같은 재주에 다른 곡조.
	同黨伐異 (동당벌이)	뜻이 같으면 무리를 이루고 다르면 공격함.
350	棟梁之材 (동량지재)	마룻대와 들보 역할을 할만한 人才.

	同文同軌 (동문동궤)	글자체를 한가지로 하고 수레의 너비를 같게 함. 天下統一임.
	東問西答 (동문서답)	말을 제대로 알아듣지 못하여 딴전을 부린다는 말.
	同病相憐 (동병상련)	곤란한 처지에 있는 사람끼리 서로 딱하게 여김.
	東奔西走 (동분서주)	사방으로 이리저리 바삐 돌아다님.
355	同床異夢 (동상이몽)	몸은 함께 있으면서 마음은 서로 떠나 있음.

	冬扇夏爐 (동선하로)	겨울의 부채와 여름의 화로 / 계절에 맞지 않는 선물.
	同聲相應 (동성상응)	同病相憐 : 같은 무리끼리 서로 통하고 자연히 모임.
	同聲異俗 (동성이속)	날 때는 다 같은 소리를 내나 자라면서 서로 달라짐.
	凍足放尿 (동족방뇨)	姑息之計 : 暫時 동안만 效力이 있음.
360	同舟相救 (동주상구)	同病相憐 : 같은 처지에 놓이게 되면 서로 돕게 됨.

故事成語 / 四字成語

董狐之筆 (동호지필) 　사실을 숨기지 아니하고 그대로 씀.

杜門不出 (두문불출) 　집에서 隱居하면서 官職에 나아가지 아니함.

杜漸防萌 (두점방맹) 　좋지 못한 일의 조짐이 보였을 때 즉시 그 해로운 것을 제거함.

斗酒不辭 (두주불사) 　말술도 사양하지 않고 술을 매우 잘 마심.

365 　遁甲藏身 (둔갑장신) 　술법을 써서 몸을 감추거나 다른 것으로 변하게 함.

得意滿面 (득의만면) 　뜻을 이루어 우쭐거리며 뽐내는 모양.

登高自卑 (등고자비) 　일을 시작하는 데는 순서가 있음을 비유한 말.

登樓去梯 (등루거제) 　사람을 꾀어서 어려운 처지에 빠지게 함.

燈下不明 (등하불명) 　등잔 밑이 어둡다. 가까운 것을 알아보지 못함.

370 　燈火可親 (등화가친) 　등불을 가까이 하여 글을 읽기에 좋다는 말.

麻姑搔痒 (마고소양) 　麻姑爬痒(마고파양) : 바라던 일이 뜻대로 잘됨.

磨斧爲針 (마부위침) 　도끼를 갈아 바늘을 만듦. 끈기 있게 노력함.

馬耳東風 (마이동풍) 　남의 말을 조금도 귀담아 듣지 않고 흘려버림.

麻中之蓬 (마중지봉) 　선한 사람과 같이 생활하면 그 감화를 받아 자연히 착해짐.

375 　莫無可奈 (막무가내) 　굳게 고집하여 융통성이 없음.

莫上莫下 (막상막하) 　높고 낮음을 말할 수 없을 만큼의 차이가 없음.

莫逆之友 (막역지우) 　마음에 거슬림이 없는 사귐. 뜻이 맞는 교제.

萬頃蒼波 (만경창파) 　한없이 넓고 푸른 바다.

萬古不變 (만고불변) 　오랜 세월을 두고 길이 변하지 않음.

380 　萬古絶色 (만고절색) 　아주 오랜 세월동안 나오지 않은 예쁜 미인.

萬古風霜 (만고풍상) 　萬古風雪 : 아주 오랜 세월 동안 겪어온 많은 苦生.

萬不得已 (만부득이) 　하는 수 없이, 마지못하여, 등을 힘주어 말함.

萬事亨通 (만사형통) 　모든 일이 뜻한바 대로 잘 이루어짐.

萬事休矣 (만사휴의) 　모든 것이 헛수고로 돌아감.

385 　萬壽無疆 (만수무강) 　萬世無疆 : 아주 오랫동안 끝없이 삶.

晩時之歎 (만시지탄) 　機會를 놓쳐, 뒤늦었음을 안타까워하는 歎息.

晩食當肉 (만식당육) 　배고플 때 먹는 것은 무엇이든 고기맛과 같게 느껴짐.

萬丈瀑布 (만장폭포) 　매우 높은 곳에서 떨어지는 瀑布.

萬彙群象 (만휘군상) 　宇宙에 있는 온갖 事物과 現象.

390 　忘年之交 (망년지교) 　재주와 학문을 존경하여 늙어서 사귀는 젊은 벗.

	罔極之恩 (망극지은)	한없는 은혜, 부모님 은혜를 말한다.
	茫茫大海 (망망대해)	한없이 넓고 큰 바다.
	望梅解渴 (망매해갈)	空想으로 暫時동안의 平安과 慰安을 얻음.(諸葛亮)
	亡羊補牢 (망양보뢰)	어떤 일을 실패한 뒤에 뉘우쳐도 소용이 없음.
395	亡羊之歎 (망양지탄)	어떤 일에 방법을 찾지 못함을 한탄하는 말.
	望洋之嘆 (망양지탄)	深遠한 학문 등에 접하여 자기의 힘이 미치지 못함을 탄식.
	茫然自失 (망연자실)	멍하니 제 정신을 잃고 있는 모양.
	望雲之情 (망운지정)	객지에서 고향에 계신 어버이를 생각하는 마음.
	芒刺在背 (망자재배)	마음이 아주 조마조마하고 편하지 아니함.
400	妄自尊大 (망자존대)	앞뒤 생각도 없이 함부로 제 잘 난체 함.
	望蜀之歎 (망촉지탄)	得隴望蜀: 촉 땅을 얻고 싶어 하는 탄식 / 욕심이 한이 없음.
	賣官賣職 (매관매직)	돈이나 財物을 받고 官職을 시킴.
	買死馬骨 (매사마골)	죽은 말의 뼈를 삼 / 귀중한 것을 손에 넣기 위해 먼저 공을 들임.
	梅妻鶴子 (매처학자)	梅花아내와 鶴아들, 속세를 떠나 유유자적하게 생활함.
405	麥秀之嘆 (맥수지탄)	궁궐터에 보리가 자라는 것을 보고, 고국의 멸망을 한탄함.
	盲龜浮木 (맹귀부목)	盲龜遇木 : 어려운 형편에 우연히 행운을 얻게 됨.
	孟母斷機 (맹모단기)	맹자 어머니가 짜던 베의 날을 끊음.
	孟母三遷 (맹모삼천)	맹자 어머니가 교육에 대하여 정성(세 번 이사) 쏟은 일.
	盲人直門 (맹인직문)	소경이 정문을 찾아 바로 들어감.
410	面壁九年 (면벽구년)	愚公移山 : 달마가 9년 동안 벽을 보고 坐禪하여 도를 깨달음
	面張牛皮 (면장우피)	얼굴에 쇠가죽을 씌웠다 / 몹시 뻔뻔스러움.
	面從腹背 (면종복배)	겉으로는 따르는 체하며 속으로는 배반함.
	滅私奉公 (멸사봉공)	사(私)를 버리고 공(公)을 위하여 힘써 일함.
	明鏡高懸 (명경고현)	시비를 분명하게 따지는 公正無私한 法官.
415	明鏡止水 (명경지수)	맑은 거울과 움직이지 않는 물 / 맑고 깨끗한 마음.
	名實相符 (명실상부)	이름과 實相이 서로 들어맞음.
	明若觀火 (명약관화)	불을 보는 것과 같이, 더 말할 나위 없이 명백함.
	命在頃刻 (명재경각)	금방 숨이 끊어질 지경에 이름. 거의 죽게 됨.
	名從主人 (명종주인)	사물의 이름은 원래 주인이 붙인 이름에 따름.
420	明珠闇投 (명주암투)	귀중한 물건도 남에게 잘못 주면 원망을 듣게 됨.

故事成語 / 四字成語

	明珠彈雀 (명주탄작)	작은 것을 탐내다가 큰 것을 손해 보게 됨.
	明哲保身 (명철보신)	총명하고 사리에 밝아 일을 잘 처리 자기 몸을 보존함.
	茅居蒿牀 (모거호상)	띠로 인 집에 쑥을 깐 마루. 곧, 누추한 집.
	毛骨悚然 (모골송연)	두려움에 온몸에 털이 곤두서고 뼈마디가 시림.
425	毛遂自薦 (모수자천)	자기가 자기를 추천함. (戰國時代, 毛遂가 平原君에게)
	目不識丁 (목불식정)	'낫 놓고 기역자도 모른다'는, 아주 무식함의 비유.
	目不忍見 (목불인견)	딱하고 가엾어 차마 눈을 뜨고 볼 수 없음.
	猫頭縣鈴 (묘두현령)	쥐가 고양이 목에 방울을 닮 / 실행할 수 없는 헛된 論議.
	無窮無盡 (무궁무진)	限이 없고 끝이 없음.
430	武陵桃源 (무릉도원)	이 세상을 떠난 '별천지'를 비유. 땅에 언덕을 쌓고 무기는 없는 곳에서 복숭아(힘들이지 않고)따먹으며 샘솟는 곳에서 편히 삶.
	毋望之福 (무망지복)	뜻하지 않게 얻은 福.
	無味乾燥 (무미건조)	느끼는 바가 딱딱하여 아무런 재미나 멋이 없음.
	無病自灸 (무병자구)	불필요한 努力을 하여 精力을 낭비함.
	無不通知 (무불통지)	두루 통하여 모르는 것이 없음.
435	無所不爲 (무소불위)	'죄다한다'는 뜻. 무엇이든지 못할 일이 없음.
	無爲徒食 (무위도식)	아무 하는 일 없이 한갓 먹고 놀기만 함.
	無爲而治 (무위이치)	(聖人의 德이 지극히 커서) 아무 일을 하지 않아도 천하가 다스려 짐.
	無爲自然 (무위자연)	인위적인 것이 없고 저절로 그러한 상태.
	無依無托 (무의무탁)	몹시 가난하고 외로운 상태 / 의지하고 맡길 곳이 없음.
440	刎頸之交 (문경지교)	목이 떨어져도 후회하지 않을 만큼 친한 사귐.
	聞一知十 (문일지십)	하나를 들으면 열을 안다 / 두뇌가 매우 명석함.
	門前乞食 (문전걸식)	이집 저집 떠돌아다니며 밥을 빌어먹음.
	門前成市 (문전성시)	사람이 많이 모여듦 / 출세를 하여 방문객이 많음.
	門前沃畓 (문전옥답)	집 가까이 있는 기름진 논.
445	門前雀羅 (문전작라)	손님들의 발길이 끊어짐. 門前成市의 反意.
	文質彬彬 (문질빈빈)	겉모양의 아름다움과 본바탕이 서로 잘 어울림.
	文筆盜賊 (문필도적)	남의 글이나 著述을 표절(剽竊)함. = 膝甲盜賊
	物腐蟲生 (물부충생)	내부에 약점이 생기면 곧 외부의 침입이 있게 됨.
	勿失好機 (물실호기)	좋은 기회를 놓치지 말라는 뜻.
450	物外閒人 (물외한인)	세상사에 관계하지 않고 한가롭게 지내는 사람.

	微官末職 (미관말직)	지위가 낮은 변변치 않은 벼슬.
	未能免俗 (미능면속)	전해 내려온 풍속을 따를 수밖에 없음.
	尾大不掉 (미대부도)	신하의 세력이 너무 강해지면 임금도 억누르기가 어려움.
	彌縫之策 (미봉지책)	姑息之計 : (根本治癒 없이) 꿰매어 임시로 깁는 계책.
455	美辭麗句 (미사여구)	아름답게 표현된 말과 훌륭한 글귀.
	尾生之信 (미생지신)	믿음이 두터움 / 우직하여 융통성이 없이 약속만을 굳게 지킴.
	米珠薪桂 (미주신계)	물가가 치솟아 오름/식량은 주옥보다, 땔감은 계수나무보다 비쌈.
	迷津寶筏 (미진보벌)	길을 헤매는 나루에서 길을 찾아주는 배 / 삶의 가르침을 주는 책.
	美風良俗 (미풍양속)	아름답고 좋은 風俗이나 氣風.
460	密雲不雨 (밀운불우)	어떤 일의 징조만 있고 그 일은 이루어 지지 않음.
	博覽强記 (박람강기)	많은 글을 일고 널리 사물을 보고 이를 기억함.
	薄利多賣 (박리다매)	이익을 적게 보고 물건을 많이 팔아 전체의 이익을 올림.
	博而不精 (박이부정)	많이 알되 정밀하지 못함.
	拍掌大笑 (박장대소)	손뼉을 치며 크게 웃음.
465	博學多識 (박학다식)	학문이 넓고 식견이 많음.
	盤溪曲徑 (반계곡경)	(꾸불꾸불한 길) 일을 부당한 방법을 써서 억지로 함.
	盤根錯節 (반근착절)	처리하기 어려운 착잡한 사건 / 세력이 단단하여 흔들리지 않음.
	飯囊酒袋 (반낭주대)	밥이나 술을 먹기나 하지 아무 쓸데없는 사람.
	攀龍附鳳 (반룡부봉)	훌륭한 사람을 의지하여 붙좇음.
470	班門弄斧 (반문농부)	자신의 실력은 헤아리지 않고 엉뚱한 일을 하려고 덤빔.
	半部論語 (반부논어)	古典의 學習이 매우 중요함을 비유한 말.
	伴食宰相 (반식재상)	재능이 없으면서 유능한 재상 옆에 붙어서 정사를 보는 재상.
	半身不隨 (반신불수)	뇌출혈 등 병으로 몸의 절반이 마비되는 일.
	般若心經 (반야심경)	佛敎經典 〈반야바라밀다심경〉의 준말.
475	班衣之戲 (반의지희)	老萊之戲 : 늙도록 다하는 孝道.
	反哺之孝 (반포지효)	자식이 자란 후에 어버이의 은혜를 갚는 孝道.
	拔本塞源 (발본색원)	뿌리를 뽑고, 근원을 막음. 다시 일어나지 못하게 함.
	發憤忘食 (발분망식)	끼니까지도 잊을 정도로 어떤 일에 열중하여 노력함.
	拔山蓋世 (발산개세)	힘은 산을 뽑을 만큼 세고, 기개는 세상을 덮을 만큼 웅대함.
480	旁岐曲徑 (방기곡경)	옆으로 난 샛길과 구불구불한 길. 盤溪曲徑과 類意.

故事成語 / 四字成語

坊坊曲曲 (방방곡곡) 　 한군데도 빠짐없이 갈 수 있는 모든 곳.

放聲大哭 (방성대곡) 　 목을 놓아 소리를 크게 하여 슬피 우는 것.

傍若無人 (방약무인) 　 곁에 사람이 없는 듯이 마음대로 행동하고 버릇없이 굶.

方長不折 (방장부절) 　 한창 자라나는 풀이나 나무를 꺾지 아니함.

485 方底圓蓋 (방저원개) 　 밑바닥은 모나고 덮개는 둥글다.

杯盤狼藉 (배반낭자) 　 잔치가 파할 무렵, 파한 뒤의 어지러운 술자리.

背水之陣 (배수지진) 　 決死抗戰 意志의 表現.

背恩忘德 (배은망덕) 　 남에게 입은 은덕을 잊고 저버림.

杯中蛇影 (배중사영) 　 쓸데없는 의심을 품고 스스로 고민함.

490 百家爭鳴 (백가쟁명) 　 많은 학자가 자기의 설을 자유롭게 발표하는 활발한 논쟁.

百年大計 (백년대계) 　 먼 장래까지 내다보면서 세우는 큰 계획.

百計無策 (백계무책) 　 꾀를 다 써 봐도 해결할 방법이 나오지 않음.

白骨難忘 (백골난망) 　 크게 은혜를 입어 죽은 뒤에도 그 은혜를 잊을 수 없음.

白駒過隙 (백구과극) 　 인생은 빠르게 지나감.

495 百年佳約 (백년가약) 　 부부가 되기로 굳게 다짐하는 아름다운 言約.

百年河淸 (백년하청) 　 아무리 기다려도 일이 해결될 가망이 없음.

百年偕老 (백년해로) 　 한평생 즐거움을 같이함.

白頭如新 (백두여신) 　 친구사이에 서로 마음을 이해하지 못하였던 것을 사과하는 말.

伯樂一顧 (백락일고) 　 자기의 재능을 남이 알아주어 잘 대우함을 비유.

500 白面書生 (백면서생) 　 오로지 글만 읽고 세상일에는 경험이 없는 사람.

白手乾達 (백수건달) 　 아무것도 가진 것이 없고 신체는 멀쩡한 건달.

白首北面 (백수북면) 　 배움에는 나이 제한이 없으므로 白髮이 되어서도 배워야 함.

伯牙絶絃 (백아절현) 　 자기를 알아주는 참다운 벗의 죽음을 슬퍼함.

白衣民族 (백의민족) 　 흰옷을 즐겨 입던 '우리나라 민족'을 말함.

505 白衣從軍 (백의종군) 　 벼슬이 없는 사람으로서 군대를 따라 전쟁에 나감.

百戰老將 (백전노장) 　 온갖 세상풍파를 다 겪은 사람을 비유하는 말.

百戰百勝 (백전백승) 　 싸울 때마다 번번이 이김.

百折不屈 (백절불굴) 　 어떠한 난관에도 굽히지 않고 무릅쓰고 이겨나감.

伯仲叔季 (백중숙계) 　 4형제의 차례를 이르는 말.

510 伯仲之勢 (백중지세) 　 서로 어금지금한 사이로 큰 차이가 없음.

故事成語 / 四字成語

百尺竿頭 (백척간두) 몹시 어렵고 위태로운 地境.

百八煩惱 (백팔번뇌) 불교에서 이른 108가지의 번뇌.

繁文縟禮 (번문욕례) 쓸데없는 허례나 煩雜한 規則 따위를 이르는 말.

伐性之斧 (벌성지부) 女性을 지나치게 좋아함은 곧 목숨을 끊는 도끼와 같음.

515 伐齊爲名 (벌제위명) 겉으로 하는 체 하며 속으로는 딴 짓을 함. 有名無實

邊上加邊 (변상가변) 변리를 본전으로 돌라매고 거기에 덧붙인 변리.

別有乾坤 (별유건곤) 이 세상과 따로 存在하는 세계.

兵家常事 (병가상사) 실패는 흔히 있는 일이니 落心할 것이 없다는 뜻.

兵不厭詐 (병불염사) 軍事에 있어서는 적을 속이는 간사한 꾀도 꺼리지 않음.

520 病入骨髓 (병입골수) 병이 고치기 어렵게 몸속 깊이 듦.

輔車相依 (보거상의) 긴밀한 관계를 맺으면서 서로 돕고 의지함.

步武堂堂 (보무당당) 걸음걸이가 씩씩하고 위엄이 있음.

報怨以德 (보원이덕) 怨恨을 德으로 갚음.

覆車之戒 (복거지계) 남의 실패를 거울삼아 자기를 경계함.(앞서간 수레가 뒤집힘)

525 伏地不動 (복지부동) 마땅히 해야 할 일을 하지 않고 몸을 사림을 비유.

本第入納 (본제입납) 자기 집에 편지를 붙일 때, 겉봉의 자기 이름아래에 쓰는 말.

封建主義 (봉건주의) 봉건사회의 사상.

封庫罷職 (봉고파직) 不正을 저지른 고을 원을 罷免시키고 倉庫를 봉함.

蓬頭亂髮 (봉두난발) 머리를 빗지 않아 다북쑥처럼 흐트러진 모양.

530 鳳毛麟角 (봉모인각) 보기 드문 人才.

鳳凰于飛 (봉황우비) 부부가 和睦함.

富貴在天 (부귀재천) 아주 부하고 귀함은 하늘이 주는 운수에 달려 있음.

駙馬都尉 (부마도위) 임금의 사위에게 주던 칭호.

夫婦有別 (부부유별) 엄격한 구별이 있어야 할 내외간의 도리. 五倫의 하나.

535 夫爲婦綱 (부위부강) 三綱의 하나. 남편은 아내의 벼리(模範)가 되어야 함.

父爲子綱 (부위자강) 三綱의 하나. 아버지는 아들의 벼리가 되어야 함.

釜中生魚 (부중생어) 솥 속의 물고기. 매우 위험한 지경.

負重致遠 (부중치원) 중요한 직책을 맡음 / 무거운 물건을 가지고 먼 곳까지 감.

夫唱婦隨 (부창부수) 남편이 주장하고 아내가 이를 따름.

540 負荊請罪 (부형청죄) 자기 자신의 잘못을 인정하고 處罰을 自請함.

故事成語 / 四字成語

附和雷同 (부화뇌동)　자기의 주장 없이 무조건 남의 주장에 붙좇아 행동함.

北窓三友 (북창삼우)　거문고·술·詩 白居易의 北窓三友詩에 보임.

粉骨碎身 (분골쇄신)　뼈가 가루가 되고 몸이 부서지도록 努力함.

粉壁紗窓 (분벽사창)　여자가 居處하는 아름답게 꾸민 방.

545　焚書坑儒 (분서갱유)　진시황이 학자들의 비판을 막기 위해 선비들을 구덩이에 묻음.

粉靑沙器 (분청사기)　청자에 분을 바른 다음 다시 구워낸 조선시대의 瓷器.

不俱戴天 (불구대천)　하늘을 같이하지 못함.

不問可知 (불문가지)　옳고 그름을 묻지 않아도 알 수 있음.

不問曲直 (불문곡직)　옳고 그름을 묻지 않고 함부로 함.

550　佛頭著糞 (불두저분)　부처님 머리에 붙은 똥. 輕蔑이나 侮辱을 당함.

不問曲折 (불문곡절)　바르고 굽음을 묻지 아니함.

不撓不屈 (불요불굴)　한번 먹은 마음이 흔들리거나 굽힘이 없음.

不遠千里 (불원천리)　천리 길도 멀다하지 않고 개의하지 않음.

北窓三友 (북창삼우)　거문고(琴)·술(酒)·시(詩)를 이르는 말.

555　不撤晝夜 (불철주야)　밤낮을 가리지 않음, 全心全力을 이르는 말.

不恥下問 (불치하문)　아랫사람에게 묻는 것은 부끄러운 일이 아님 / 孔子

不偏不黨 (불편부당)　어느 한쪽으로 치우치거나 특정 무리에 속하지 않음.

不寒而慄 (불한이율)　춥지 아니한데 떪 / 몹시 두려워 함.

朋友有信 (붕우유신)　친구 사이에는 믿음이 있어야 함. 五倫의 하나.

560　鵬程萬里 (붕정만리)　'앞길이 아주 양양한 장래를 비유하는 말.

非命橫死 (비명횡사)　뜻밖의 災變으로 제명대로 살지 못하고 죽음.

非夢似夢 (비몽사몽)　완전히 잠이 들지도 깨어나지도 않은 어렴풋한 상태.

臂不外曲 (비불외곡)　팔은 안으로 굽는다.

髀肉之嘆 (비육지탄)　재능을 발휘할 때를 얻지 못하여 헛되이 세월만 보내 한탄함.

565　比翼連里 (비익연리)　부부사이가 아주 화목함.

非一非再 (비일비재)　같은 현상이 한 두 번이 아님. 번번이 그러함.

貧者一燈 (빈자일등)　가난한 사람이 神佛에 바치는 정성이 담긴 燈.

憑公營私 (빙공영사)　공적인 일을 빙자하여 개인의 이익을 꾀함.

氷姿玉質 (빙자옥질)　얼음같이 맑고 깨끗한 살결 구슬 같은 자질 / 梅花의 別稱.

570　氷炭之間 (빙탄지간)　둘이 서로 어긋나 화합하지 못함을 비유하는 말.

	徙家忘妻 (사가망처)	이사 갈 때 자기 아내를 잊고 두고 간다. / 健忘症을 말함.
	四顧無親 (사고무친)	의지할 만한 사람이 도무지 없음.
	捨己從人 (사기종인)	자신의 잘못을 버리고 남의 좋은 점을 배움.
	士農工商 (사농공상)	지난 날 봉건시대의 계급관념을 순서대로 적음.
575	四面楚歌 (사면초가)	아무에게도 도움을 받지 못하는, 곤란한 지경에 빠진 형편.
	四面春風 (사면춘풍)	언제나 누구에게나 모나지 않게 대함.
	徙木之信 (사목지신)	나라를 다스리는 사람은 백성을 속이지 않고 신임을 받아야 함.
	斯文亂賊 (사문난적)	儒敎에서, 그 교리를 어지럽히고 세상을 시끄럽게 하는 사람.
	沙鉢通文 (사발통문)	주동자가 누구인지 모르도록 관계자들의 이름을 둥글게 적음.
580	四分五裂 (사분오열)	질서 없이 몇 갈래로 찢어지거나 뿔뿔이 헤어짐.
	砂上樓閣 (사상누각)	어떤 사물의 기초가 튼튼하지 못하여 오래 견디지 못함을 비유함.
	泗上弟子 (사상제자)	孔子의 弟子. 泗水 : 공자의 고향 가까운 강.
	死生決斷 (사생결단)	죽음을 각오하고 대들어 끝장을 냄.
	捨生取義 (사생취의)	목숨을 버리고 의를 좇음.
585	四書三經 (사서삼경)	論語 · 孟子 · 中庸 · 大學 / 詩經 · 書經 · 易經 등 儒敎經典.
	射石爲虎 (사석위호)	호랑이라 여기고 돌에 화살을 쏘았더니 박힘.
	四時春風 (사시춘풍)	사계절 봄바람. 두루 봄바람.
	蛇心佛口 (사심불구)	속은 악독하면서도 겉으로는 厚德한 체 함.
	辭讓之心 (사양지심)	本性으로 겸손히 남에게 사양하는 마음, 예의 실마리.
590	四柱八字 (사주팔자)	피하지 못할 타고난 운수 / 태어난 年月日時를 말함.
	四通八達 (사통팔달)	교통 · 통신망이 이리저리 사방으로 통함.
	事必歸正 (사필귀정)	모든 일은 반드시 바른대로 돌아감.
	四海同胞 (사해동포)	온 세상 사람이 모두 동포.
	死灰復燃 (사회부연)	세력을 잃었던 사람이 다시 得勢함.
595	削奪官職 (삭탈관직)	죄지은 자의 벼슬과 품계를 빼앗고 명단에서 삭제함.
	山窮水盡 (산궁수진)	산길이 막히고 물길이 끊어져 막다른 지경에 이름.
	山溜穿石 (산류천석)	산에서 떨어지는 물방울이 바위를 뚫음 / 愚公移山
	山紫水明 (산자수명)	산과 물의 경치가 아름답고 눈부시게 맑음.
	山戰水戰 (산전수전)	세상의 온갖 어려움과 고생을 다 겪음.
600	山盡海渴 (산진해갈)	산길이 다하고 바닷길이 다함.

山海珍味 (산해진미)	산에서 나는 진귀한 것과 바다에서 나는 맛있는 것.	
殺生有擇 (살생유택)	함부로 살생을 하지 않음, 世俗五戒.	
殺身成仁 (살신성인)	자기 몸을 희생하여 仁을 이룸. 세상을 위하여 생명을 바침.	
三綱五倫 (삼강오륜)	유교의 도덕적 기본이 되는 三綱과 五倫.	
605 三顧草廬 (삼고초려)	인재를 맞아 드리기 위하여 참을성 있게 마음을 씀.	
三年不飛 (삼년불비)	삼년 동안 날지 않음. 훗날 雄飛할 기회를 기다림.	
森羅萬象 (삼라만상)	우주 사이에 벌려 있는 온갖 물건과 모든 현상.	
三省吾身 (삼성오신)	자기에 대해 하루에 세 가지를 반성함.	
三旬九食 (삼순구식)	'서른 날에 아홉 끼' 집안이 매우 가난함을 비유.	
610 三人成虎 (삼인성호)	근거 없는 말도 여러 사람이 말하면 곧이듣게 됨.	
三從之道 (삼종지도)	옛날, 여자가 지켜야할 세 가지 도리. 幼父, 嫁夫, 夫亡子.	
三遷之敎 (삼천지교)	부모가 자녀교육에 정성을 다함.(孟母三遷之敎)	
象嵌靑瓷 (상감청자)	장식무늬를 상감으로 세공하여 만든 靑瓷.	
傷弓之鳥 (상궁지조)	혼이 난 일로 늘 의심과 두려움을 품음 / 화살 맞은 새.	
615 相扶相助 (상부상조)	서로서로 도움.	
上石下臺 (상석하대)	姑息之計 : 아랫돌 빼서 윗돌 괴고 윗돌 빼서 아랫돌 굄.	
上善若水 (상선약수)	지극히 착한 것은 마치 흐르는 물과 같음.	
桑田碧海 (상전벽해)	'세상 모든 일의 변천함이 매우 심함'을 비유하는 말.	
桑田滄海 (상전창해)	세상일의 變遷이 심함.	
620 常平通寶 (상평통보)	朝鮮 仁祖(1633년)에 만들어 通用되던 엽전(葉錢).	
上下撑石 (상하탱석)	아랫돌 빼서 윗돌 괴고, 윗돌 빼서 아랫돌 굄.	
象形文字 (상형문자)	漢字의 始初文字, 사물의 모양을 보고 글자를 만듦.	
喪魂落膽 (상혼낙담)	넋을 잃고 失意에 빠짐.	
上厚下薄 (상후하박)	待遇하는 것이 위는 후하고 아래는 박함.	
625 塞翁之馬 (새옹지마)	'인생의 吉凶禍福은 예측할 수 없음'을 비유하는 말.	
生口不網 (생구불망)	아무리 곤궁하여도 그럭저럭 먹고 살 수 있음.	
生不如死 (생불여사)	'삶이 죽음만 같지 못함' '몹시 곤궁하게 지냄'	
生而知之 (생이지지)	배우지 않아도 스스로 깨달아 앎. 태어나면서 앎.	
生者必滅 (생자필멸)	生命이 있는 것은 반드시 죽음.	
630 鼠肝蟲臂 (서간충비)	지극히 미천하여 취할 바 못되는 사람이나 물건.	

故事成語 / 四字成語

碩果不食(석과불식) 자기의 욕심을 억제하고 자손에게 복을 끼쳐 줌. 하나 남은 큰 과일은 따먹지 않고 남겨둠.
席不暇暖(석불가난) 자리나 주소를 자주 옮기거나 매우 바쁘게 돌아다님.
先見之明(선견지명) 닥쳐올 일을 미리 짐작하는 밝은 판단력.
先公後私(선공후사) 공적(公的)인 일을 먼저 하고 개인적인 일은 뒤에 함.
635 善男善女(선남선녀) 佛法에 歸依한 俗世에 있는 남녀.

蟬腹龜腸(선복귀장) 몹시 窮乏한 처지 / 매미 뱃속은 비어있고 거북은 腸이 가늘어짐.
蟬不知雪(선부지설) 매미는 눈을 모름. 見聞이 좁음.
仙姿玉質(선자옥질) 몸과 마음이 매우 아름다운 사람.
雪泥鴻爪(설니홍조) 인생의 자취가 눈 녹듯이 사라져 무상함을 비유.
640 舌芒於劍(설망어검) 論하는 論鋒이 날카로움 / 혀가 칼 보다 날카로움.

雪膚花容(설부화용) 눈처럼 흰 피부와 꽃처럼 아름다운 얼굴.
雪上加霜(설상가상) '난처한 일이나 불행이 거듭되는 일'을 비유하는 말.
說往說來(설왕설래) 서로 변론을 주고받고 옥신각신 하는 일.
雪中松柏(설중송백) 눈 속의 소나무와 잣나무 / 지조를 굽히지 않음.
645 蟾宮折桂(섬궁절계) 月宮에서 계수나무를 꺾음 / 科擧及第를 말함.

纖纖玉手(섬섬옥수) 가냘프고 고운 여자의 손. 미인의 손.
聲東擊西(성동격서) 이쪽을 공격하는 체 하다가 저쪽을 치는 일.
盛水不漏(성수불루) 사물이 빈틈없이 꽉 짜이거나 지극히 精密함.
盛者必衰(성자필쇠) 隆盛하는 것은 결국 쇠퇴해짐.
650 城狐社鼠(성호사서) 임금의 곁에 있는 간신의 무리와 어느 세력에 기대어 사는 무리.

洗踏足白(세답족백) 남을 위하여 한 일이 자신에게도 조금은 이득이 됨.
歲寒三友(세한삼우) 겨울철 친구로서 기리던 세 가지 나무, 松 · 竹 · 梅.
歲寒松柏(세한송백) 어떤 逆境 속에서도 지조를 굽히지 않음.
小國寡民(소국과민) 적은나라 적은 백성. 老子가 그린 理想社會. 理想國家.
655 蕭規曹隨(소규조수) 앞사람이 만들어 놓은 制度를 踏襲함. (蕭何와 曹參)

笑裏藏刀(소리장도) 겉으로는 웃고 있으나 마음속에는 해칠 마음을 품고 있음.
騷人墨客(소인묵객) 詩文 · 書畵를 하는 풍아(風雅)한 사람. 시인 · 화가 등.
笑中有劍(소중유검) 口蜜腹劍 = 위의 笑裏藏刀.
小貪大失(소탐대실) 작은 것을 탐하다가 도리어 큰 것을 잃음.
660 巢毁卵破(소훼난파) 조직이나 집단이 무너지면 구성원들도 피해를 봄.

故事成語 / 四字成語

束手無策 (속수무책)	손을 묶인 듯이 어찌할 도리가 없어 꼼짝 못함.
孫康映雪 (손강영설)	孫康이 가난하여 눈빛으로 공부하여 출세하였음.
率先垂範 (솔선수범)	앞장서서 하여 모범을 보임.
送舊迎新 (송구영신)	묵은해를 보내고 새해를 맞음. 새해인사.
665 松茂栢悅 (송무백열)	벗이 잘되는 것을 기뻐함.
宋襄之仁 (송양지인)	너무 착하여 쓸데없는 아량을 베풀어 실속이 없음.
首丘初心 (수구초심)	'고향을 그리워하는 마음'을 비유한 말.
隨機應變 (수기응변)	그때그때 처한 상황에 비추어 변화함.
壽福康寧 (수복강녕)	오래도록 살고 복되며, 몸이 健康하고 편안함.
670 手不釋卷 (수불석권)	손에 책을 놓지 않고 부지런히 학문에 힘씀.
首鼠兩端 (수서양단)	머뭇거리며 진퇴나 거취를 정하지 못하는 상태.
漱石枕流 (수석침류)	돌로 양치질 하고 흐르는 물을 베개 삼는다. '傲氣가 셈'
袖手傍觀 (수수방관)	간섭하거나 거들지 아니하고 그대로 내버려 둠.
隨時變易 (수시변역)	때에 따라 바꿈(주역의 본뜻).
675 修身齊家 (수신제가)	자기의 마음과 몸을 닦아 수양하고, 집안을 다스리는 일.
水魚之交 (수어지교)	매우 친한 사귐을 비유하여 이르는 말.
隨牛之假 (수우지가)	때로는 현명한 거짓말도 필요함.(소장수와 소도적 때)
隨意契約 (수의계약)	일방적으로 상대편을 골라서 하는 계약.
繡衣夜行 (수의야행)	비단옷을 입고 밤에 다님.
680 水滴穿石 (수적천석)	물방울이 바위를 뚫음=愚公移山 끈질기면 이룬다.
守株待兎 (수주대토)	刻舟求劍 : 한 가지 일에만 매달려 발전을 모르는 어리석음.
壽則多辱 (수즉다욕)	오래 살수록 그만큼 욕되는 일이 많음
羞花閉月 (수화폐월)	여인의 얼굴과 맵시가 매우 아름다움.
隋侯之珠 (수후지주)	和氏之璧 : 隋나라의 國寶였던 구슬.
685 隨毁隨補 (수훼수보)	훼손(毁損)하는 대로 뒤미처 보수(補修)함.
菽麥不辨 (숙맥불변)	사리분별을 못하는 모자라고 어리석은 사람.
宿虎衝鼻 (숙호충비)	아무 일도 없는 것을 잘못 건드려서 화를 당함.
夙興夜寐 (숙흥야매)	부모보다 일찍 일어나고 늦게 잠자리 드는 孝誠.
脣亡齒寒 (순망치한)	입술이 없으면 이가 시리다는 뜻.
690 脣齒輔車 (순치보거)	서로 없어서는 안 될 깊은 關係.

故事成語 / 四字成語

膝甲盜賊 (슬갑도적)	남의 글이나 저서를 베껴 마치 자기가 지은 것처럼 함.	
乘勝長驅 (승승장구)	싸움에 이긴 기세를 타고 거리낌 없이 휘몰아 침.	
視死如歸 (시사여귀)	죽음을 두려워하지 않고 마치 고향으로 돌아가듯이 여김.	
是是非非 (시시비비)	여러 가지의 잘잘못 / 사리를 공정하게 판단하는 일.	
695 市井雜輩 (시정잡배)	市井(인가가 많이 모인 곳)의 부랑배(浮浪輩, 거처나 직업 없는 아이들)	
始終如一 (시종여일)	처음부터 끝까지 조금도 변함이 없음.	
始終一貫 (시종일관)	처음부터 끝까지 조금도 변함없이 한결 같음.	
施行錯誤 (시행착오)	시험과 실패를 거듭하는 가운데 학습이 이루어 짐.	
食少事煩 (식소사번)	먹는 분량은 적은데 하는 일만 많음. 소득 없이 손해만 입음.	
700 識字憂患 (식자우환)	아는 것이 병. 잘못알고 있으면 해가 됨.	
信賞必罰 (신상필벌)	상을 줄 사람에게 상을 주고, 벌을 줄 사람에게는 벌을 줌.	
身言書判 (신언서판)	사람이 갖추어야 할 네 가지 조건. 신수, 말씨, 문필, 판단력.	
愼終如始 (신종여시)	일의 끝을 삼가기를 最初의 때와 같게 함.	
新陳代謝 (신진대사)	생명을 유지하기 위해 필요한 것을 섭취, 불필요한 것을 배설.	
705 身體髮膚 (신체발부)	사람의 몸, 몸 전체, 온몸. (몸, 머리털, 피부)	
神出鬼沒 (신출귀몰)	'귀신이 출몰하듯 측량할 수 없음'을 이르는 말.	
實事求是 (실사구시)	사실에 토대를 두고 진리와 진상을 탐구 하는 일.	
實陣無諱 (실진무휘)	사실대로 진술하고 숨기는 바가 없음.	
心機一轉 (심기일전)	지금까지의 생각과 마음의 자세를 완전히 바꿈.	
710 深思熟考 (심사숙고)	깊이 잘 생각함.	
深思熟廬 (심사숙려)	깊이 생각함. 또는 그 생각.	
深山幽谷 (심산유곡)	깊은 산과 그윽한 골짜기.	
心心相印 (심심상인)	以心傳心 : 마음에서 마음으로 서로 뜻을 전함.	
心在鴻鵠 (심재홍곡)	학업을 닦으면서 마음은 다른 곳에 씀.	
715 十年寒窓 (십년한창)	오랫동안 杜門不出하고 열심히 공부한 세월.	
十目所視 (십목소시)	여러 사람이 보고 있어 세상을 속일 수 없음.	
十伐之木 (십벌지목)	열 번 찍어 안 넘어 가는 나무가 없음.	
十匙一飯 (십시일반)	여러 사람이 조금씩 힘을 합하면 한사람을 돕기 쉬움.	
阿鼻叫喚 (아비규환)	여러 사람이 悲慘한 지경에 빠져 울부짖는 慘狀.	
720 阿修羅場 (아수라장)	불교에서 이르는 싸움만 일삼는 나쁜 귀신, 그래서 처참한 곳.	

我田引水 (아전인수)	자기에게 이로울 대로만 일을 굽혀서 말하거나 행동함.
惡戰苦鬪 (악전고투)	매우 어려운 조건을 무릅쓰고 죽을힘을 다하여 싸움.
安居思危 (안거사위)	亡羊補牢 : 편안할 때에 어려움이 닥칠 것을 미리 대비함.
眼高手卑 (안고수비)	理想만 높고 實踐이 따르지 않음.
725 安分知足 (안분지족)	편한 마음으로 제 분수를 지키며 만족을 앎.

眼鼻莫開 (안비막개)	눈코 뜰 사이가 없을 만큼 몹시 바쁨.
安貧樂道 (안빈낙도)	가난 속에서도 절개를 버리지 않고 편한 마음으로 분수를 지킴.
安心立命 (안심입명)	마음을 편안히 하여 天命을 다함.
眼下無人 (안하무인)	자기 밖에 없는 듯이 교만하고 방자하여 사람을 업신여김.
730 安閑自適 (안한자적)	평화롭고 한가하여 마음 내키는 대로 즐김.

謁聖及第 (알성급제)	임금이 성균관에서 謁聖하고 나서 보이던 科擧試驗.
暗衢明燭 (암구명촉)	어두운 거리에 밝은 등불 / 삶의 지혜를 제공 하는 책.
暗中摸索 (암중모색)	어림으로 알아내거나 찾아내려 함.
暗行御史 (암행어사)	(地方官員의 治績과 民生을 살피기 위해)王名으로 秘密히 派遣한 特使.
735 鴨步鵝行 (압보아행)	오리나 거위처럼 뒤뚱거리는 걸음.

殃及池魚 (앙급지어)	엉뚱하게 재난을 당함. 성문에 난 불을 연못의 물로 불을 끔.
仰天大笑 (앙천대소)	하늘을 쳐다보며 크게 웃음.
哀乞伏乞 (애걸복걸)	갖은 수단으로 자꾸 빌며 원함.
曖昧模糊 (애매모호)	말이나 태도 따위가 희미하고 흐려 분명하지 아니함.
740 哀而不悲 (애이불비)	속으로는 슬프지만 겉으로는 슬픔을 나타내지 않음.

夜郎自大 (야랑자대)	용렬하고 우매한 무리 가운데서 가장 세력이 있어 뽐내는 것.
夜以繼晝 (야이계주)	밤에도 낮을 이어 일하고 공부함.
夜行被繡 (야행피수)	밤에 비단 옷을 입고 다님 / 쓸데없는 자랑.
藥籠中物 (약롱중물)	꼭 필요한 사람. 가까이 사귀어 자기편으로 만든 사람.
745 藥房甘草 (약방감초)	어떤 일에나 빠짐없이 끼어드는 사람을 비유.

約法三章 (약법삼장)	漢高祖가 秦나라를 격파하고 約束한 세 가지 법.
良禽擇木 (양금택목)	현명한 선비는 좋은 군주를 가려서 섬김.
弱肉强食 (약육강식)	弱者의 살은 强者의 먹이가 됨. 생존경쟁을 말함.
羊頭狗肉 (양두구육)	선전과 내용이 일치하지 않음을 비유하는 말.
750 陽奉陰違 (양봉음위)	겉으로는 받들고 속으로 딴 생각을 함.

梁上君子 (양상군자)	도둑을 달리 이르는 말.
良藥苦口 (양약고구)	좋은 약은 입에는 쓰지만 병에는 좋다는 말.
羊質虎皮 (양질호피)	본바탕은 아름답지 아니하면서 겉모양만 꾸밈.
陽春佳節 (양춘가절)	따뜻한 봄철.
755 楊布之狗 (양포지구)	겉모습이 변했다고 속까지 변해 버렸다고 판단함.

養虎遺患 (양호유환)	禍根이 될 것을 길러서 後患을 당하게 됨.
魚東肉西 (어동육서)	제상에 음식을 차릴 때, 어물은 동쪽에, 고기는 서쪽에 놓음.
魚頭肉尾 (어두육미)	물고기는 머리 쪽이, 짐승은 꼬리 쪽이 맛이 있음.
魚魯不辨 (어로불변)	目不識丁 : 魚와 魯를 구별하지 못함. 아주 無識함.
760 魚網鴻離 (어망홍리)	물고기 그물에 기러기가 걸림. 구하는 것이 아닌 딴것이 걸림.

魚目燕石 (어목연석)	진짜와 비슷하나 본질은 완전히 다른 것.
魚變成龍 (어변성룡)	곤궁하거나 보잘 것 없던 사람이 부귀를 누리고 큰 인물이 됨.
漁父之利 (어부지리)	둘이 서로 싸움하는 사이에 제3자가 이익을 얻는다는 말.
語不成說 (어불성설)	하는 말이 조금도 이치에 맞지 않음.
765 魚遊釜中 (어유부중)	살아 있기는 하나 생명이 얼마 남지 않은 위험한 상태.

於異阿異 (어이아이)	'어' 다르고 '아' 다르다. 국어대사전 / 4大漢韓辭典에 없음
魚樵問答 (어초문답)	나무꾼과 어부는 날씨 눈치를 보면서 삶.
魚樵閑話 (어초한화)	어부와 나무꾼의 한가한 이야기, 轉하여 名利를 떠난 이야기.
抑强扶弱 (억강부약)	강한 자를 누르고 약한 자를 붙잡아 도와줌.
770 億兆蒼生 (억조창생)	수많은 백성, 수많은 세상사람.

抑何心情 (억하심정)	도대체 무슨 심정으로 그러는지 그 마음을 알 수 없음.
言飛千里 (언비천리)	발 없는 말이 천리 간다.
焉敢生心 (언감생심)	감히 그런 마음을 품을 수도 없음.
言語道斷 (언어도단)	말로 나타 낼 수 없는 심한 일, 주로 나쁜 일에 쓴다.
775 言笑自若 (언소자약)	談笑自若 : 웃고 이야기 하며 침착함.

言中有骨 (언중유골)	예사로 들어 넘기지 못할 뜻이 말속에 들어 있음.
言中有響 (언중유향)	말속에 울림이 있음 / 내용 이상의 깊은 뜻이 있음.
言則是也 (언즉시야)	말하는 것이 사리에 맞음.
掩卷輒忘 (엄권첩망)	책을 덮기가 무섭게 내용을 잊어버릴 만큼 기억력이 없음.
780 嚴冬雪寒 (엄동설한)	눈이 오고 몹시 추운 겨울.

故事成語 / 四字成語

	掩目捕雀 (엄목포작)	눈을 가리고 참새를 잡으려함 / 일을 불성실하게 하는 것에 경계.
	掩耳盜鈴 (엄이도령)	모든 사람이 그 잘못을 다 알고 있는데 꾀를 써서 속이려 함.
	嚴妻侍下 (엄처시하)	아내에게 쥐여 사는 남편을 조롱하는 말.
	如履薄氷 (여리박빙)	위태위태하여 마음이 몹시 불안함을 비유하는 말.
785	與民同樂 (여민동락)	與民偕樂 : 임금이 백성과 함께 즐김.

	如是我聞 (여시아문)	佛經의 첫머리 스승의 가르침을 정리 하면서, '나는 이와 같이 들었다'
	呂氏春秋 (여씨춘추)	진시황의 生父 여불위가 지은 역사책 이름.
	與羊謀肉 (여양모육)	與狐謨皮 (여호모피) : 양에게 양고기를 내 놓으라고 꼬임.
	如鳥數飛 (여조삭비)	배우고 익히는 것은 새가 자주 날개 짓 하는 것과 같음.
790	旅進旅退 (여진여퇴)	附和雷同 : 줏대 없이 드나듦을 무리와 함께함.

	如出一口 (여출일구)	한입에서 나오는 것처럼, 여러 사람의 말이 같음.
	如風過耳 (여풍과이)	馬耳東風 : 바람이 귀를 통과하는 것과 같음.
	女必從夫 (여필종부)	옛날, 아내는 반드시 남편의 말을 따라야 한다는 뜻.
	易地思之 (역지사지)	상대방과 처지를 바꾸어서 생각함.
795	捐金沈珠 (연금침주)	재물을 가벼이 보고 富貴를 탐하지 않음.

	椽大之筆 (연대지필)	大文章, 훌륭한 文章(서까래 같은 큰 붓으로 쓴)
	鉛刀一割 (연도일할)	자기의 힘이 없음을 謙遜하게 이르는 말.
	連理比翼 (연리비익)	琴瑟之樂(금실지락) : 부부사이가 아주 和睦함.
	緣木求魚 (연목구어)	나무위에서 물고기를 구하듯. 당치않은 일을 무리하게 하려함.
800	鳶飛魚躍 (연비어약)	온갖 動物이 生을 즐김. 솔개가 날고 물고기가 뜀.

	燕雁代飛 (연안대비)	燕鴻之歎(연홍지탄) : 사람의 일이 서로 어긋남.
	連戰連勝 (연전연승)	싸울 때마다 이김. 싸우는 족족 이김.
	咽苦吐甘 (연고토감)	자식에 대한 부모의 지극한 사랑. 反意는 甘呑苦吐. 咽목멜 열. 咽삼킬 연.
	煙霞痼疾 (연하고질)	몹시 山水를 사랑하는 일 / 隱居하는 일.
805	煙霞之癖 (연하지벽)	위와 같은 뜻.

	燕鴻之歎 (연홍지탄)	길이 서로 어긋나서 만나지 못하는 恨歎. = 燕雁代飛
	閻羅大王 (염라대왕)	佛教에서, 죽은 이의 영혼을 다스리고 生前을 심판하는 왕.
	炎凉世態 (염량세태)	勢力如何에 따라 아첨(阿諂)하는 세상인심.
	厭世主義 (염세주의)	세상이나 인생에는 살아갈 만한 값어치가 없다고 하는 생각.
810	拈華微笑 (염화미소)	말이나 문자로 의하지 않고 마음에서 마음으로 전함(釋迦).

故事成語 / 四字成語

榮枯盛衰 (영고성쇠)	성함과 쇠함이 무상하여 일정하지 않고 서로 뒤바뀜.	
英雄豪傑 (영웅호걸)	才智와 武勇이 특별히 뛰어난 人物. 英雄과 豪傑	
曳尾塗中 (예미도중)	벼슬을 하지 않고 한가롭게 지냄. 莊子 秋水편에 보임.	
禮儀凡節 (예의범절)	모든 禮儀와 法度에 맞는 節次.	
815	五穀百果 (오곡백과)	온갖 곡식과 여러 가지 과실. 중요한 곡식을 말함.

五車之書 (오거지서)	다섯 수레에 실을 만한 많은 책. '많은 장서'	
五里霧中 (오리무중)	짙은 안개가 5리나 끼어 있는 그 속에 있음.	
寤寐不忘 (오매불망)	자나 깨나 잊지 못함.	
吾不關焉 (오불관언)	나는 관계하지 않음.	
820	吾鼻三尺 (오비삼척)	내 코가 석자나 빠져있어 남을 동정할 여유가 없음.

烏飛梨落 (오비이락)	'까마귀 날자 배 떨어지다' 우연의 일치로 의심을 삼.	
傲霜孤節 (오상고절)	서릿발 속에서도 절개를 꺾이지 않음/菊花를 이름.	
吾舌尙在 (오설상재)	나의 혀는 아직 있음/천하를 움직일 수 있는 힘이 있음. 張儀	
五十笑百 (오십소백)	五十步百步: 정도의 차이는 있으나, 本質的으로 差異가 없음.	
825	五言絶句 (오언절구)	한 句가 다섯 字씩으로 된 漢詩(起承轉結 네 句로 됨)

吳牛喘月 (오우천월)	물소가 더위를 두려워한 나머지 달이 뜨는 것을 보고 헐떡임.	
烏雲之陣 (오운지진)	까마귀나 구름이 모였다 흩어졌다하듯, 出沒變化가 묘한 陣法.	
吳越同舟 (오월동주)	敵意를 품은 사람들이 한자리에 있게 된 境遇.	
五日京兆 (오일경조)	오래 계속하지 못하는 일.	
830	五臟六腑 (오장육부)	五臟과 六腑. 韓方에서 '내장'을 통틀어 이르는 말.

烏鳥事情 (오조사정)	反哺之孝 : 까마귀의 사사로운 情/지극한 孝心.	
烏合之卒 (오합지졸)	어중이떠중이 들이 모여 있는 질서가 없는 군중이나 군대.	
嗚呼痛哉 (오호통재)	漢文 文章에서 '아아 슬프도다'의 뜻으로 쓰는 말.	
玉骨仙風 (옥골선풍)	살갗이 희고 고결하며 신선과 같은 풍채.	
835	玉石俱焚 (옥석구분)	옳은 사람이나 그른 사람의 구별 없이 모두 재앙을 입음.

沃野千里 (옥야천리)	땅이 걸고 기름진 平野가 한없이 넓음.	
屋烏之愛 (옥오지애)	그 사람을 사랑하면 그의 집 지붕에 있는 까마귀도 사랑스러움.	
溫故知新 (온고지신)	옛것을 익히거나 고쳐 새로운 것을 알아냄.	
蝸角之勢 (와각지세)	달팽이 더듬이 위의 形勢. 하찮음을 이름.	
840	瓦釜雷鳴 (와부뇌명)	별로 아는 것도 없는 사람이 誇張해서 말함.

故事成語 / 四字成語

臥薪嘗膽 (와신상담)　원수를 갚거나 작정한 일을 이루기 위해 괴로움을 참고 견딤.

蝸牛角上 (와우각상)　달팽이의 더듬이 위, 세상이 좁음을 비유.

玩物喪志 (완물상지)　쓸데없는 것에 정신이 팔려 소중한 本心을 잃음.

完璧歸趙 (완벽귀조)　빌린 물건을 정중히 돌려보냄.

845　緩衝地帶 (완충지대)　武力衝突을 피하기 위하여 中間에 설치하는 中立地帶.

玩火自焚 (완화자분)　무모하게 남을 해치려다가 결국 자신이 해를 입음.

曰可曰否 (왈가왈부)　어떤 사람을 옳다하고, 어떤 사람은 그르다고 함.

王侯將相 (왕후장상)　帝王·諸侯·大將·宰相을 통틀어 이르는 말.

矮者看戲 (왜자간희)　키 작은 사람의 연극보기 / 남이 그렇다고 하니까 덩달아서 따름.

850　窈窕淑女 (요조숙녀)　마음씨가 얌전하고, 자태가 아름답고, 얌전하며, 품위 있는 여자.

樂山樂水 (요산요수)　산을 좋아하고 물을 좋아함. 知者樂水, 仁者樂山의 준말.

寥寥無聞 (요요무문)　名譽나 名聲이 드날리지 않아 남에게 알려짐이 없음.

燎原之火 (요원지화)　세력이 매우 대단하여 막을 수 없음.

潦霽任天 (요제임천)　비 내리고 비 그치는 것은 하늘의 뜻이고, 순응하여 농사를 짓는 것은 사람에게 달려있다.

855　搖之不動 (요지부동)　흔들어도 조금도 움직이지 않음.

欲蓋彌彰 (욕개미창)　진상을 감추려 하면 더욱 밝게 드러나게 됨.

欲燒筆硯 (욕소필연)　남이 지은 문장을 뛰어남을 보고 자신이 미치지 못함을 탄식함.

欲巧反拙 (욕교반졸)　잘 만들려고 기교를 부리다가 오히려 도리어 졸렬하게 만듦.

欲速不達 (욕속부달)　일을 빨리 하려고 하면 도리어 이루지 못함.

860　欲取先予 (욕취선여)　얻으려면 먼저 주어야 함.

龍頭蛇尾 (용두사미)　야단스럽게 시작하여 흐지부지 끝남을 비유하는 말.

龍尾鳳湯 (용미봉탕)　맛이 매우 좋은 음식을 비유하는 말.

龍蛇飛騰 (용사비등)　大字 草書에서 筆勢가 活氣참을 이르는 말. 平沙落雁의 對句

龍虎相搏 (용호상박)　두 强者가 勝敗를 겨룸.

865　愚公移山 (우공이산)　어리석은 일 같아도 끝까지 밀고 나가면 목적을 달성할 수 있음.

愚問賢答 (우문현답)　어리석은 물음에 賢明한 對答.

雨順風調 (우순풍조)　바람 불고 비오는 것이 때와 분량이 알맞음.

右往左往 (우왕좌왕)　이리저리 왔다 갔다 함 / 갈팡질팡함.

優柔不斷 (우유부단)　어물거리기만 하고 딱 잘라서 결단하지 못함.

870　牛耳讀經 (우이독경)　'쇠 귀에 경 읽기' / 아무리 가르쳐도 소용이 없음.

羽化登仙 (우화등선)	사람의 몸에 날개가 돋아 하늘로 올라가 신선이 됨.
雨後竹筍 (우후죽순)	어떤 일이 한때에 많이 생겨남.
旭日昇天 (욱일승천)	아침 해가 하늘에 떠오르듯, '旺盛한 氣勢'를 말함.
雲泥之差 (운니지차)	서로 간의 差異가 매우 심함.
875 雲上氣稟 (운상기품)	속됨을 벗어난 高尙한 氣質과 性品.
雲心月性 (운심월성)	구름같이, 달같이 맑고 깨끗하여 욕심이 없음.
雲雨之樂 (운우지락)	惠王이 무산의 神女를 만나 즐겼다는 남녀의 애틋한 정.
雲蒸龍變 (운증용변)	英雄豪傑이 機會를 얻어 일어남.
願乞終養 (원걸종양)	부모가 돌아가시는 날까지 봉양하기를 원하는 지극한 孝誠.
880 圓孔方木 (원공방목)	둥근 구멍에 모난 막대기 / 가당찮은 일.
遠交近攻 (원교근공)	먼 나라와 親交를 맺고, 가까운 나라를 攻擊함.
願賜骸骨 (원사해골)	늙은 재상이 벼슬을 내놓고 은퇴하기를 임금에게 청하는 일.
鴛鴦之契 (원앙지계)	금실이 좋은 夫婦의 사이.
怨入骨髓 (원입골수)	怨恨이 뼛속에 사무침 / 몹시 원망함.
885 遠禍召福 (원화소복)	화를 물리쳐 멀리하고 福을 불러들임.
月明星稀 (월명성희)	새로운 영웅이 나타나면 다른 군웅의 존재가 희미해짐.
月盈則食 (월영즉식)	무슨 일이든 성하면 반드시 쇠하게 됨.
月態花容 (월태화용)	달처럼 고운 자태와 꽃처럼 아름다운 얼굴.
月下氷人 (월하빙인)	부부의 인연을 맺어줌. 중매를 섬.
890 位階秩序 (위계질서)	上下關係에 있는 사람들 사이의 秩序.
危機一髮 (위기일발)	당장에라도 끊어지려는 위급한 순간을 비유한 말.
圍籬安置 (위리안치)	王朝 때, 配所의 둘레에 가시나무로 울타리를 쳐 外部와의 接觸을 못하게 重罪人을 가두어 두던 일.
渭樹江雲 (위수강운)	멀리 떨어져 있는 벗이 서로 그리워함.
威而不猛 (위이불맹)	威嚴이 있으나 사납지는 아니함.
895 爲人設官 (위인설관)	어떤 사람을 위하여 벼슬자리를 새로 마련함.
韋編三絶 (위편삼절)	책을 열심히 읽음 / 열심히 공부함(孔子의 周易)
有口無言 (유구무언)	'입은 있으나 말이 없다' 변명할 말이 없음을 비유.
柔能制剛 (유능제강)	부드러운 것이 오히려 능히 굳센 것을 누름.
柳綠花紅 (유록화홍)	봄의 자연경치 / 초록빛 버들잎과 붉은 꽃.
900 有名無實 (유명무실)	이름만 있고 그 실상이 없음.

流芳百世 (유방백세) 꽃다운 이름이 후세에 길이 전함.

有備無患 (유비무환) 미리 준비하면 어떤 일에 대해서도 근심이 없음.

流水不腐 (유수불부) 흐르는 물은 썩지 아니함.

唯我獨尊 (유아독존) 이 세상에서 내가 제일이라고 자만하는 것.

905 有耶無耶 (유야무야) 있는 듯, 없는 듯, 흐지부지함.

流言蜚語 (유언비어) 사실여부가 분명치 않은 사람들의 입소문.

唯唯諾諾 (유유낙낙) 일의 좋고 그름을 따지지 않고 무조건 따름.

類類相從 (유유상종) 같은 동아리끼리 서로 왕래하며 사귐.

悠悠自適 (유유자적) 속세의 번거로움에서 벗어나 마음 내키는 데로 즐김.

910 愉節快節 (유절쾌절) 더할 나위 없이 愉快함.

遺臭萬年 (유취만년) 더러운 이름을 후세에 오래도록 남김.

俞扁之術 (유편지술) 名醫의 醫術이나 治療.

有斅學半 (유효학반) 남을 가르치는 일과 자기의 학문을 닦는 일은 서로도움이 됨.

肉頭文字 (육두문자) 농담(淫談) 등과 같이 야비(野鄙)하고 品格 낮은 말.

915 肉山脯林 (육산포림) 몹시 사치(奢侈)스러운 술잔치.

允文允武 (윤문윤무) 天子가 文武의 德을 兼備하고 있음을 稱頌하는 말.

綸言如汗 (윤언여한) 임금의 명령이 한 번 내려지면 고칠 수 없다는 말.

殷鑑不遠 (은감불원) 남의 실패한 자취를 보고 자기의 경계(警戒)로 삼는 일.

隱居放言 (은거방언) 구애됨이 없이 마음속에 있는 생각을 털어 놓음.

920 隱忍自重 (은인자중) 참고 견디어 自重하여 경솔한 일을 하지 않음.

陰德陽報 (음덕양보) 남모르게 德行을 쌓은 사람은 훗날 그 보답을 버젓이 받음.

飮水思源 (음수사원) 근본을 잊지 않음 / 물을 마실 때는 그 물의 근원을 생각함.

吟風弄月 (음풍농월) 자연의 詩를 짓거나 즐겨 읊조림.

泣斬馬謖 (읍참마속) 큰 목적을 위해서 사랑하는 사람도 버림을 비유한말.

925 衣架飯囊 (의가반낭) '옷걸이와 밥주머니' 아무 쓸모없는 사람을 비유.

意馬心猿 (의마심원) 어떤 情慾에 사로잡혀 번뇌가 盛하고 마음이 진정되지 않음.

蟻鬪蝸爭 (의투와쟁) 개미나 달팽이 싸움. 些少한 싸움.

異口同聲 (이구동성) 여러 사람의 하는 말이 한결같음 / 의견이 일치함.

離群索居 (이군삭거) 벗들의 곁을 떠나 쓸쓸하게 지냄.

930 以德報怨 (이덕보원) 怨恨있는 사람에게 恩惠를 베풂.

故事成語 / 四字成語

以卵擊石 (이란격석)	'달걀로 돌을 친다' 아무리 하여도 소용이 없음.
耳視目聽 (이시목청)	사람의 눈치가 매우 빠름.
以食爲天 (이식위천)	인간생활에서 먹는 것이 가장 중요하다는 말.
以心傳心 (이심전심)	글자나 말이 없이도 마음에서 마음으로 전함.
935 以熱治熱 (이열치열)	'열은 열로 다스림' 힘은 힘으로 물리친다는 뜻.
利用厚生 (이용후생)	이용을 잘하여 살림에 부족이 없도록 함.
二律背反 (이율배반)	상호모순으로 兩立할 수 없는 두 개의 명제.
泥田鬪狗 (이전투구)	'진흙탕에서 싸우는 개' '강인한 성격의 함경도 사람'
以指測海 (이지측해)	손가락을 가지고 바다의 깊이를 잼/자기의 역량을 모름.
940 離合集散 (이합집산)	헤어졌다가 모였다가 하는 일.
以血洗血 (이혈세혈)	혈족끼리 서로 다툼/악은 악으로 갚거나 거듭 나쁜 일을 함.
益者三友 (익자삼우)	心性이 곧고, 믿음직한, 聞見이 많은 세 가지의 도움이 되는 벗.
因果應報 (인과응보)	좋은 일에는 좋은 결과가 나쁜 일에는 나쁜 결과가 나옴.
人琴俱亡 (인금구망)	사람의 죽음을 슬퍼함. 그가 타던 거문고도 가락이 맞지 않음.
945 人面獸心 (인면수심)	남의 은혜를 모르거나 흉악 · 음탕 · 의리 · 인정을 모르는 사람.
人命在天 (인명재천)	사람의 목숨은 하늘에 달려있어 어쩔 수 없다.
人死留名 (인사유명)	사람은 죽어도 이름은 남아있으므로 보람 있게 살아야 됨.
人生三樂 (인생삼락)	사람으로 태어 난 것. 사내로 태어난 것. 長壽하는 것.
人生朝露 (인생조로)	인생은 아침이슬과 같이 덧없음.
950 因循姑息 (인순고식)	낡은 習慣이나 弊端을 벗어나지 못하고 눈앞의 安逸만 취함.
仁義禮智 (인의예지)	사람이 태어 날 때부터 마음에 지닌 네 가지 德.
仁者無敵 (인자무적)	어진 사람은 모든 사람이 사랑하므로 세상에 적이 없음.
人之常情 (인지상정)	사람이면 누구나 가지고 있는 보통 人情.
一擧兩得 (일거양득)	한 가지 일을 하여 두 가지 이득을 봄.
955 日久月深 (일구월심)	세월이 흘러 오래 될수록 자꾸 더하여 짐.
一騎當千 (일기당천)	武藝나 勇猛이 아주 뛰어남.
一刀兩斷 (일도양단)	일이나 행동을 머뭇거리지 않고 선뜻 결정함.
一蓮托生 (일련탁생)	불교용어, 좋든지 나쁘든지 행동과 운명을 같이함.
一網打盡 (일망타진)	어떤 무리를 한꺼번에 모조리 다 잡음.
960 一脈相通 (일맥상통)	생각이나 처지 상태 등이 한 줄기로 서로 통함.

故事成語 / 四字成語

一鳴驚人 (일명경인)	한번 시작하면 사람이 놀랠 정도의 大事를 이룩함.
日暮途遠 (일모도원)	늙고 쇠약하나 해야 할 일은 많음. 날은 저물고 갈 길은 멀다.
一目瞭然 (일목요연)	한번 척 보고 알 수 있도록 환하고 明白함.
一飯千金 (일반천금)	조그만 은혜에 크게 報答함.
965 一罰百戒 (일벌백계)	본보기로 하는 처벌(한 가지 일로 여러 사람을 경계하도록)
一夫從事 (일부종사)	한 남편만을 섬김, 또는 그 道理.
一絲不亂 (일사불란)	바로 잡혀, 조금도 얼크러진 데나 어지러운 데가 없음.
一瀉千里 (일사천리)	어떤 일이 거침없이 빨리 進行됨.
一石二鳥 (일석이조)	한 가지 일을 하여 두 가지 이득을 봄.
970 一樹百穫 (일수백확)	유능한 인재 하나를 길러 백가지 효과를 봄.
一魚濁水 (일어탁수)	미꾸라지 한 마리가 온 물을 흐린다는 속담.
一言半句 (일언반구)	'한마디 말과 반 구절' 단 한마디의 말 / 매우 짧은 말.
一葉知秋 (일엽지추)	조그만 일 하나를 보고 장차 올 일을 미리 짐작함.
一葉片舟 (일엽편주)	一葉小船 : 한 척의 쪽배.
975 一衣帶水 (일의대수)	강이나 좁은 바다를 끼고 가까이 대치하여 있음.
一以貫之 (일이관지)	한 이치로서 모든 일을 꿰뚫음.
一日三秋 (일일삼추)	'하루가 삼년 같다' 그리워하는 정이 몹시 간절함.
一場春夢 (일장춘몽)	꿈을 꾼 그때뿐이고 흔적도 없는 봄밤의 꿈.
一柱難支 (일주난지)	기둥하나로 버티기 어려움.
980 日進月步 (일진월보)	刮目相對 : 날마다 앞서가고 달마다 앞으로 감.
一觸卽發 (일촉즉발)	'한 번 닿으면 곧 터진다' 위급하고 절박한 모양.
一寸光陰 (일촌광음)	짧은 시간 / 一寸光陰不可輕의 준말.
日就月將 (일취월장)	나날이, 다달이 자라고 발전함.
一波萬波 (일파만파)	한 사건이 그 사건에 그치지 않고 잇달아 번짐.
985 一敗塗地 (일패도지)	여지없이 패하여 다시 일어날 수 없는 지경.
一片丹心 (일편단심)	진정에서 우러나오는 충성된 마음 / 참된 정성.
一筆揮之 (일필휘지)	단숨에 힘차게 글씨를 내리쏨.
一喜一悲 (일희일비)	한편으로 기쁘고 한편으로 슬픔.
臨渴掘井 (임갈굴정)	渴而穿井 : 목이 말라야 샘을 판다. 평소의 준비가 없음.
990 臨機應變 (임기응변)	그때그때의 형편을 보아 알맞게 그 자리에서 처리함.

故事成語 / 四字成語

臨農奪耕 (임농탈경)	이미 다 마련하여 놓은 것을 가로 챔.
林深鳥棲 (임심조서)	덕망이 있어야만 사람이 따름 / 숲이 깊어야 새들이 깃듦.
任人唯賢 (임인유현)	오직 인품과 능력만을 보고 사람을 임용함.
臨戰無退 (임전무퇴)	전쟁에 임하여 물러가지 않음.
995 立稻先賣 (입도선매)	아직 논에서 자라고 있는 벼를 파는 일.

立身揚名 (입신양명)	출세하여 자기의 이름을 세상에 드날림.
立春大吉 (입춘대길)	立春을 맞이하여 大吉을 비는 글.
自家撞着 (자가당착)	같은 사람의 말이나 행동이 앞뒤가 서로 틀림.
自强不息 (자강불식)	스스로 최선을 다하여 힘쓰고 노력하여 쉬지 않음.
1000 自古以來 (자고이래)	예로부터 내려오면서.

刺股懸梁 (자고현량)	허벅다리를 찌르고 머리털을 끈에 묶어 들보에 매닮 / 열심히 공부함.
自激之心 (자격지심)	자기가 한 일을 제 스스로 미흡하게 여기는 마음.
自愧之心 (자괴지심)	스스로 부끄럽게 여기는 마음.
自手削髮 (자수삭발)	제 스스로의 힘으로 어려운 일을 감당하거나 처리함.
1005 自繩自縛 (자승자박)	자기의 말과 행동으로 자기 자신이 옭혀 곤란하게 됨.

自業自得 (자업자득)	자기가 저지른 일의 과보(過報)는 자기 자신이 받음.
自然淘汰 (자연도태)	조건에 적응하며 생존하고 그렇지 못하면 저절로 사라짐.
自中之亂 (자중지란)	자기네 패거리 속에는 일어나는 싸움질.
自初至終 (자초지종)	처음부터 끝까지의 과정 / 처음부터 끝까지 동안.
1010 自暴自棄 (자포자기)	자기의 마음을 스스로 헤치고 될 대로 되라는 행동.

自畵自讚 (자화자찬)	자기가 한 일을 자기 스스로 자랑함.
作心三日 (작심삼일)	마음먹은 것이 3일을 못 감 / 결심이 굳지 못함.
殘月曉星 (잔월효성)	새벽달과 새벽 별.
長頸烏喙 (장경오훼)	잔인하고 의심이 많아 안락을 같이 할 수 없음. 句踐의 別名.
1015 張三李四 (장삼이사)	흔한 姓 장씨의 셋째아들과 이씨의 넷째아들. '평범한 사람'

長袖善舞 (장수선무)	多錢善賈 : 소매가 길면 춤을 잘 출수 있음.
長幼有序 (장유유서)	어른과 어린 사람은 차례가 있음 / 五倫의 하나.
莊周之夢 (장주지몽)	胡蝶之夢 : 나와 外物은 본디 하나라는 이치.
才勝薄德 (재승박덕)	재주는 있으나 德이 적음.
1020 再傳弟子 (재전제자)	제자의 제자.

故事成語 / 四字成語

爭先恐後 (쟁선공후) 앞을 다투고 뒤처지는 것을 두려워 함 / 격렬한 경쟁.

抵死爲限 (저사위한) 죽기를 작정하고 정한 마음으로 굳세게 저항함.

賊反荷杖 (적반하장) 잘못한 사람이 도리어 시비나 트집을 잡음.

赤貧如洗 (적빈여세) 몹시 가난하기가 마치 물로 씻은 듯이 아무 것도 없음.

1025 積小成大 (적소성대) 적은 것도 쌓이고 쌓이면 많아짐.

赤手空拳 (적수공권) 아무것도 가진 것이 없음을 비유한 말.

積水成淵 (적수성연) 한 방울의 물이 모여 연못을 이룸.

適者生存 (적자생존) 외계의 상태나 변화에 적응하는 것만이 살아 남음.

適材適所 (적재적소) 적당한 인재를 적당한 자리에 씀.

1030 積塵成山 (적진성산) 티끌도 모이면 태산이 됨.

前車覆轍 (전거복철) 이전 사람의 그릇된 일이나 실패한 행동의 자취.

前倨後恭 (전거후공) 전에는 거만하다가 나중에는 공손함 / 입지에 따라 태도가 一變

電光石火 (전광석화) 번갯불 치듯 '신속한 동작' '짧은 시간'을 비유

前代未聞 (전대미문) 이제까지 들어 본 적이 없는 일.

1035 前無後無 (전무후무) 전에도 없었고, 앞으로도 없음.

前人未踏 (전인미답) 이제까지 그 누구도 손을 대어 본 일이 없음.

戰戰兢兢 (전전긍긍) 몹시 두려워서 벌벌 떨며 두려워 함.

輾轉反側 (전전반측) 누워서 몸을 이리저리 뒤척이며 잠을 이루지 못함.

輾轉不寐 (전전불매) 輾轉反側 : 위와 같음.

1040 全知全能 (전지전능) 모든 것을 다 알고, 모든 것을 다 할 수 있음.

前虎後狼 (전호후랑) 앞문에서 호랑이를 막고 있으니 뒷문에서 이리가 들어옴.

轉禍爲福 (전화위복) 재앙을 만나도 일을 잘 처리하면 오히려 복이 됨.

絶世佳人 (절세가인) 세상에 끊어진 미인. 아주 뛰어난 미인.

截長補短 (절장보단) 장점이나 넉넉한 것으로 단점이나 부족한 것을 보충함.

1045 切磋琢磨 (절차탁마) 옥이나 돌 따위를 갈고 닦아 빛을 냄 / 학문이나 덕행을 닦음.

切齒腐心 (절치부심) 분을 못 이겨 이를 갈고 속을 썩인다는 뜻.

切齒扼腕 (절치액완) 이를 갈고 팔을 걷어 부치며 몹시 분해함.

絶海孤島 (절해고도) 뭍에서 멀리 떨어진 외딴 섬.

漸入佳境 (점입가경) 점점 흥미를 느끼게 됨 / 점점 일이 잘되어 감.

1050 點鐵成金 (점철성금) 나쁜 것을 고쳐서 좋은 것을 만듦. 옛사람의 말로 글을 지음.

頂門一鍼 (정문일침)	따끔한 忠告나 敎訓.	
程門立雪 (정문입설)	(程伊川의 弟子)제자가 스승을 극진히 섬김	
鄭衛桑間 (정위상간)	淫亂한 노래와 망국적인 음악. 鄭·衛는 나라이름임.	
井中觀天 (정중관천)	우물 속에서 하늘을 처다 봄 / 識見이 좁음.	
1055 濟世安民 (제세안민)	세상을 구하고 백성을 편하게 함.	
諸子百家 (제자백가)	中國 春秋時代의 많은 學者·學派 그들의 著書.	
濟河焚舟 (제하분주)	決死抗戰 意志의 표현 / 물을 건넌 후 배를 태워 버림.	
糟糠之妻 (조강지처)	몹시 가난하고 천할 때의 고생을 함께한 아내.	
朝改暮變 (조개모변)	명령이나 법령을 아침에 고쳤다가 저녁에 또 고침.	
1060 朝令暮改 (조령모개)	나라의 법령이 자주 바뀌어 믿을 수가 없음.	
朝名市利 (조명시리)	명예는 조정에서 다투고 이익은 시장에서 다툼.	
朝變夕改 (조변석개)	계획이나 결정을 이랬다저랬다 하는 변덕스러움.	
朝不慮夕 (조불려석)	형세가 절박하여 아침에 저녁 일을 헤아리지 못함.	
朝三暮四 (조삼모사)	간사한 꾀로 남을 농락함을 비유하는 말.	
1065 爪牙之士 (조아지사)	믿을 만하고 도움이 되고 보필하는 신하나 사람.	
朝雲暮雨 (조운모우)	남녀 간에 애정이 깊음을 이르는 말.	
粗衣惡食 (조의악식)	거친 옷을 입고, 거친 밥을 먹음.	
稠人廣中 (조인광중)	빽빽하게 모인 많은 사람.	
朝花月夕 (조화월석)	꽃피는 아침과 달 밝은 밤. 좋은 風光	
1070 鳥足之血 (조족지혈)	하찮은 일이나 분량이 아주 적음.	
足脫不及 (족탈불급)	맨발로 뛰어도 남을 따라가지 못한다는 뜻.	
存亡之秋 (존망지추)	존속과 멸망, 삶과 죽음이 결정되는 절박한 때.	
種瓜得瓜 (종과득과)	외 심은데 외가 남 / 뿌린 대로 거둠.	
種豆得豆 (종두득두)	'콩 심은 데 콩 나고 팥 심은데 팥 난다'는 속담. 원인에 따라 결과가 생김.	
1075 終南捷徑 (종남첩경)	名利를 얻을 수 있는 가장 빠른 길.	
宗廟社稷 (종묘사직)	'왕실과 나라'를 아울러 이르는 말.	
縱橫無盡 (종횡무진)	자유자재로 거침없이 마음대로 하는 상태.	
左顧右眄 (좌고우면)	왼쪽을 돌아보고 오른쪽을 돌아 봄 / 망설임.	
坐不安席 (좌불안석)	마음이 불안하여 앉아 있지 못하고 안절부절 못함.	
1080 坐井觀天 (좌정관천)	우물 안에서 하늘을 보듯, '사람의 견해가 좁음을 비유'	

故事成語 / 四字成語

左之右之 (좌지우지)	제 마음대로 자유롭게 다루거나 휘두름. 맘대로 함.
左衝右突 (좌충우돌)	아무사람에게나 분별없이 함부로 맞닥뜨림.
主客一體 (주객일체)	나와 나 이외의 대상이 하나가 됨.
主客顚倒 (주객전도)	事物의 輕重 · 先後 · 緩急 따위가 서로 뒤바뀜.
1085 酒囊飯袋 (주낭반대)	아는 것도, 능력도 없이 놀고먹는 자를 욕하는 말.

晝耕夜讀 (주경야독)	(가난하여) '바쁜 틈을 타서 책을 읽어 어렵게 공부함'
周到綿密 (주도면밀)	注意가 두루 미쳐 자세하고 빈틈이 없다.
走馬加鞭 (주마가편)	잘하는 사람을 더욱 獎勵함.
走馬看山 (주마간산)	바쁘게 대강대강 보고 지남을 이르는 말.
1090 酒色雜技 (주색잡기)	술과 여자와 여러 가지 노름.

朱脣皓齒 (주순호치)	丹脣皓齒 = 傾國之色 : 붉은 입술에 흰 이. = 美人
晝夜長川 (주야장천)	밤낮으로 쉬지 아니하고 연달아,
酒池肉林 (주지육림)	질탕하게 마시고 노는 것을 이르는 말.
竹頭木屑 (죽두목설)	신중하여 조그마한 것도 소홀히 하지 않음.
1095 竹林七賢 (죽림칠현)	俗世를 떠나 老莊의 無爲思想을 숭상하며 살던 일곱 사람.

竹馬故友 (죽마고우)	'竹馬를 타던 벗' '어렸을 때의 친한 벗'
遵養時晦 (준양시회)	道를 따라 뜻을 기르고 말과 행동을 나타내지 않고 숨는 것.
衆寡不敵 (중과부적)	적은 수효로는 많은 수효를 맞서지 못함.
衆口難防 (중구난방)	여러 사람의 입은 막기가 힘듦.
1100 重言復言 (중언부언)	이미 한 말을 자꾸 되풀이 함.

中原逐鹿 (중원축록)	서로 경쟁하여 어떤 지위를 얻고자 하는 일.
衆人環視 (중인환시)	衆目環視 : 뭇 사람이 둘러싸고 봄.
仲秋佳節 (중추가절)	한가위.
櫛風沐雨 (즐풍목우)	오랜 세월 객지에서 방랑하며 온갖 고생을 함.
1105 甑塵釜魚 (증진부어)	'시루에 먼지가 쌓이고, 솥에 물고기가 생긴다' / 극히 가난함.

知難而退 (지난이퇴)	형세가 불리한 것을 알면 물러서야 함.
芝蘭之交 (지란지교)	管鮑之交 : 芝草와 蘭草의 사귐.
指鹿爲馬 (지록위마)	'사슴을 가리켜 말이라고 함' '윗사람을 농락하여 권세를 부림'
支離滅裂 (지리멸렬)	체계가 없이 갈가리 흩어지고 찢겨 갈피를 잡지 못함.
1110 知命之年 (지명지년)	50세, 孔子가 나이 50세에 天命을 알았다는 데서 由來.

至誠感天 (지성감천)	지성이 지극하면 하늘도 감동함.	
池魚之殃 (지어지앙)	殃及池魚 : 못 속의 물고기의 災殃.	
智者一失 (지자일실)	千慮一失 : 슬기로운 사람이 많이 생각하여도 실수가 있음.	
知足不辱 (지족불욕)	분수를 지켜 만족할 줄 아는 사람은 욕되지 아니함.	
1115 遲遲不進 (지지부진)	몹시 더디어서 잘 나아가지 아니함.	

咫尺之間 (지척지간)	아주 가까운 곳.
紙筆硯墨 (지필연묵)	종이, 붓, 벼루, 먹 文房四友를 말함.
指呼之間 (지호지간)	一衣帶水 : 손짓하여 부를 만큼 가까운 거리.
直系卑屬 (직계비속)	자기로부터 손 아래로 내려가는 血族.
1120 織錦回文 (직금회문)	구성이 절묘하고 훌륭한 文學作品. 竇滔妻蘇氏 조에 有.

直指心經 (직지심경)	고려 우왕(1377년)때 간행된 佛經. 世界最古의 金屬活字本임.
秦鏡高懸 (진경고현)	사람의 마음까지도 비추었다는 秦나라 거울이 높게 매달려 있음.
盡善盡美 (진선진미)	더할 나위 없이 훌륭하고 아름다움.
珍羞盛饌 (진수성찬)	진귀한 반찬으로 가득 차린 飮食.
1125 盡忠竭力 (진충갈력)	충성을 다하고 힘을 다함.

盡忠報國 (진충보국)	충성을 다하여 나라의 은혜를 갚음.
進退兩難 (진퇴양난)	이러기도 저러기도 어려움을 비유한 말.
進退維谷 (진퇴유곡)	궁지에 이르러 나아갈 수도 물러 설수도 없는 처지.
塵合泰山 (진합태산)	愚公移山 : 먼지가 모여 태산이 됨.
1130 懲羹吹菜 (징갱취채)	뜨거운 국에 데어서 냉채를 후후 불고 먹음.

執行猶豫 (집행유예)	有罪判決이나 情狀을 參酌 實刑을 과하지 않는 제도.
車胤聚螢 (차윤취형)	螢雪之功 : 가난하면서도 열심히 공부하여 출세함.
此日彼日 (차일피일)	오늘 내일하며 미리 정해 놓은 시기를 자꾸 물림.
借廳借閨 (차청차규)	借廳入室 : 대청을 빌려 쓰다가 안방까지 들어 감.
1135 參差不齊 (참치부제)	길고 짧거나 서로 드나들어서 가지런하지 않음. 음이 '치'

滄桑之變 (창상지변)	桑田碧海 : 푸른 바다가 뽕나무 밭이 되는 변화.
彰善懲惡 (창선징악)	勸善懲惡 : 착한 것을 드러내고 악한 것을 징계함.
滄海桑田 (창해상전)	桑田碧海 : 푸른 바다가 뽕나무 밭이 되는 변화.
滄海遺珠 (창해유주)	세상에 알려지지 않고 묻혀 있는 빼어난 인물.
1140 滄海一粟 (창해일속)	九牛一毛 : 아주 많은 가운데 있는 매우 적은 것.

故事成語 / 四字成語

採薪之憂 (채신지우)	자신의 병을 겸손하게 이르는 말.	
妻城子獄 (처성자옥)	아내와 자식에 얽매여 자유롭게 활동할 수 없음.	
隻手空拳 (척수공권)	赤手空拳 : 외손에 빈주먹. 외롭고 가진 것이 없음.	
天高馬肥 (천고마비)	하늘이 맑고 초목이 결실을 거두는 가을의 좋은 계절.	
1145 天空海闊 (천공해활)	'하늘은 끝이 없고 바다는 넓다'	
天道是非 (천도시비)	하늘의 道는 옳은지 그른지 알 수 없음/顔回는 天折, 盜跖은 天壽	
千慮一得 (천려일득)	어리석은 사람도 많은 생각 속에는 쓸 만한 것이 있음.	
千慮一失 (천려일실)	지혜로운 사람도 많은 생각 속에는 간혹 잘못이 있음.	
天方地軸 (천방지축)	하늘 방향이 어디이고 땅의 축이 어디인지 모름.	
1150 天生緣分 (천생연분)	하늘이 미리 마련하여 준 연분.	
千辛萬苦 (천신만고)	여러 가지로 애를 쓰는 끝없는 고생.	
天壤之差 (천양지차)	'서로의 차이가 하늘과 땅처럼 썩 심함'을 이름.	
天佑神助 (천우신조)	하늘과 神靈의 도움.	
天衣無縫 (천의무봉)	자연스럽고 아름답게 잘 지은 詩歌나 文章.	
1155 天人共怒 (천인공노)	누구나 분노를 참을 수 없을 만큼 증오스러움.	
千紫萬紅 (천자만홍)	울긋불긋한 여러 가지 꽃의 빛깔. =萬紫千紅	
千載一遇 (천재일우)	천년에 한번 만난다는 뜻으로, 좀처럼 만나기 어려운 기회	
天井不知 (천정부지)	하늘 높은 줄 모르게 物價 따위가 한없이 오름.	
天眞爛漫 (천진난만)	조금도 꾸미지 않고 있는 그대로의 말과 행동.	
1160 千差萬別 (천차만별)	여러 가지 사물이 모두 차이와 구별이 있음.	
千態萬象 (천태만상)	여러 가지 사물이 모두 차이와 구별이 있는 상태.	
千篇一律 (천편일률)	여러 사물이 모두 대동소이하여 변화가 없음.	
徹頭徹尾 (철두철미)	머리에서 꼬리까지, 처음부터 끝까지 투철함.	
鐵中錚錚 (철중쟁쟁)	같은 또래 중에서 가장 뛰어난 사람.	
1165 徹天之冤 (철천지원)	徹天之恨 : 하늘에 사무치는 크나큰 원한.	
轍環天下 (철환천하)	수레를 타고 두루 천하를 돌아다닌다는 뜻.(孔子)	
晴耕雨讀 (청경우독)	晝耕夜讀 : 날씨 개이면 농사짓고 비오면 책 읽음.	
淸廉潔白 (청렴결백)	마음이 맑고 깨끗하며 財物慾心이 없음.	
淸貧樂道 (청빈낙도)	安貧樂道 : 청렴결백하고 가난하게 사는 것을 옳을 것으로 여기고 즐김.	
1170 淸聖濁賢 (청성탁현)	청주(淸酒)와 탁주(濁酒).	

故事成語 / 四字成語

淸野據險 (청야거험)	(外敵의 侵入에)들판을 깨끗이 비우고 험한 곳에서 거점을 잡음.
靑雲之志 (청운지지)	큰 뜻을 펼치기 위하여 벼슬길에 오르고자 하는 뜻.
靑天白日 (청천백일)	하늘이 맑게 갠 대낮.
靑出於藍 (청출어람)	제자나 후배가 스승이나 선배보다 더 낫게(잘) 됨.
1175 淸風明月 (청풍명월)	맑은 바람과 밝은 달.
草根木皮 (초근목피)	곡식이 없어 산나물 따위로 만든 '험한 유식'
草綠同色 (초록동색)	서로 같은 처지나 같은 부류의 사람들 끼리 함께 함.
焦眉之急 (초미지급)	눈썹에 불이 붙은 상황처럼 매우 급함.
招搖過市 (초요과시)	거들먹거리면서 수레소리 요란하게 자랑하고 다님.
1180 初志一貫 (초지일관)	처음에 세운 뜻을 이루려고 끝까지 밀고 나감.
蜀犬吠日 (촉견폐일)	(蜀은 산악과 안개로)해를 보기가 힘들어 해가 나면 개가 짖는다.
寸鐵殺人 (촌철살인)	간단한 말로도 남의 급소나 약점을 찌를 수 있음.
推舟於陸 (추주어륙)	뭍으로 배를 밀려고 함/잘못을 인정하지 않고 억지를 씀.
秋風落葉 (추풍낙엽)	가을 낙엽처럼 어떤 형세나 판국이 시들어 떨어짐.
1185 秋風團扇 (추풍단선)	'가을철의 부채' '제 철이 지나서 쓸모없는 물건/失戀당한 여인.
秋毫之末 (추호지말)	가을의 짐승 털의 끝/아주 적거나 작음.
春秋筆法 (춘추필법)	대의명분을 밝히고 세우는 역사 서술 방법(孔子가)
春雉自鳴 (춘치자명)	시키거나 요구하지 않아도 자기 스스로 함.
出爾反爾 (출이반이)	너에게서 나와서 너에게로 돌아감.
1190 出將入相 (출장입상)	문무(文武)를 모두 갖추고 있어 장상(將相)의 벼슬을 모두 지냄.
蟲臂鼠肝 (충비서간)	극히 작고 보잘 것 없는 것.
蟲沙猿鶴 (충사원학)	戰死한 將卒.
忠言逆耳 (충언역이)	정성스럽고 바르게 하는 말은 귀에 거슬림.
吹毛求疵 (취모구자)	吹毛覓疵 : 억지로 남의 작은 허물을 들추어 냄.
1195 取捨選擇 (취사선택)	쓸 것은 취하고, 버릴 것은 버려서 골라잡음.
醉生夢死 (취생몽사)	아무 의미 없이 한 평생을 멍청하게 살아감.
惻隱之心 (측은지심)	사람의 본성에서 우러나오는 불쌍히 여기는 마음.
層巖絶壁 (층암절벽)	높고 험한 바위가 겹겹이 쌓인 낭떠러지.
層層侍下 (층층시하)	父母와 祖父母를 다 모시고 사는 處地.
1200 痴人說夢 (치인설몽)	어리석은 사람이 꿈 이야기를 함. 허황된 말을 함.

故事成語 / 四字成語

置之度外 (치지도외) 생각밖에 내버려 두고 문제로 삼지 않음.

七去之惡 (칠거지악) 유교도덕에서 아내를 내 쫓을 수 있는 7가지 조건.

七步之才 (칠보지재) 아주 뛰어난 글재주. 魏나라 曹丕와 曹植 兄弟이야기.

七顚八起 (칠전팔기) 여러 번 실패하여도 굴하지 아니하고 일어섬.

1205 七縱七擒 (칠종칠금) 마음대로 잡았다 놓아 주었다 함. 諸葛亮이 孟獲을.

針小棒大 (침소봉대) 작은 일을 크게 불리어 떠벌림.

沈魚落雁 (침어낙안) 아름다운 여인의 容貌. 물고기는 숨고 기러기는 떨어지고.

快刀亂麻 (쾌도난마) 어지러운 사물을 강력한 힘으로 명쾌하게 처리함.

唾面自乾 (타면자건) 처세에는 인내가 필요함을 비유. 모욕당한 침이 마르도록 인내.

1210 他山之石 (타산지석) 모범이 되지 않는 남의 언행도 나의 수양에는 도움이 될 수 있음.

打草驚蛇 (타초경사) 宿虎衝鼻 : 불필요하게 상대방을 자극함.

託孤寄命 (탁고기명) 어린 임금을 依託하고 國政을 맡김.

卓上空論 (탁상공론) 현실성이나 실천성이 없는 허황한 이론이나 논의.

坦坦大路 (탄탄대로) 장래가 아무 어려움이나 괴로움 없이 수월함.

1215 脫兎之勢 (탈토지세) 우리를 빠져나가 달아나는 토끼처럼 매우 빠르고 날랜 기세.

探竿影草 (탐간영초) 一流 고기잡이는 먼저 水深을 재고 一流 도적은 主人이 잠든 것을 먼저 확인하다.

貪官汚吏 (탐관오리) 욕심이 많고 부정하게 재물을 탐하는 관리.

探囊取物 (탐낭취물) 주머니를 뒤져 물건을 얻음. 쉽게 얻을 수 있음.

太剛則折 (태강즉절) 너무 굳거나 빳빳하면 꺾어지기가 쉬움.

1220 泰山北斗 (태산북두) 모든 사람이 존경하는 뛰어난 인물.

泰山峻嶺 (태산준령) 큰 산과 험한 고개.

泰然自若 (태연자약) 태연하고 천연스러움.

太平煙月 (태평연월) 근심이나 걱정이 없는 편안한 세월.

兎死狗烹 (토사구팽) 필요할 때는 쓰고 필요 없을 때는 버리는 야박한 世情.

1225 兎死狐悲 (토사호비) 狐死兎泣 : 같은 무리의 불행을 슬퍼함.

兎營三窟 (토영삼굴) 자신의 안전을 위하여 미리 몇 가지 대비책을 세움.

吐盡肝膽 (토진간담) 실정을 숨김없이 타 털어 놓고 말함.

吐哺握髮 (토포악발) 吐哺捉髮 : 훌륭한 인물을 잃을까 두려워하는 마음.

投鞭斷流 (투편단류) 채찍을 던져 흐르는 강물을 막음. 병력이 많고 강대함.

1230 投筆從戎 (투필종융) 학문을 포기 하고 從軍함. 붓을 던지고 창을 쫓음.

故事成語 / 四字成語

	破鏡之歎 (파경지탄)	夫婦의 離別을 서러워하는 歎息.
	破瓜之年 (파과지년)	여자 나이 16세, 瓜를 破字하면 8+8임.
	波瀾萬丈 (파란만장)	생활이나 일의 진행이 곡절과 시련과 변화가 많음.
	破釜沈舟 (파부침주)	살아 돌아올 기약을 하지 않고 결사의 각오로 싸우겠다는 결의.
1235	破邪顯正 (파사현정)	邪見이나 邪道를 깨뜨리고 正道를 나타내는 일.
	破顔大笑 (파안대소)	얼굴빛을 부드럽게 하여 크게 웃음.
	破竹之勢 (파죽지세)	대나무를 쪼갤 때와 같은 맹렬한 세력을 비유함.
	八方美人 (팔방미인)	아무 일에나 능통한 사람 / 흠이 없는 미인.
	稗官小說 (패관소설)	민간의 街談巷說을 내용으로 하는 소설.
1240	悖入悖出 (패입패출)	비정상적으로 얻는 재물은 비정상적으로 다시 나감.
	鞭長莫及 (편장막급)	돕고 싶지만 능력이 미치지 못함.
	平沙落雁 (평사낙안)	山勢. 글씨(細筆)의 잘 쓴 솜씨/아름다운 여인의 맵시.
	閉月羞花 (폐월수화)	미인을 보고 꽃도 부끄러워하고 달도 숨음. 美人.
	廢寢忘食 (폐침망식)	잠을 안자고, 밥도 잊고, 매우 열심히 공부함.
1245	弊袍破笠 (폐포파립)	헤어진 옷과 부서진 갓. 초라한 차림새.
	蒲柳之質 (포류지질)	몸이 잔약하여 병에 걸리기 쉬운 體質.
	抱腹絶倒 (포복절도)	몹시 우스워서 참을 수 없음을 이르는 말.
	飽食暖衣 (포식난의)	의식이 넉넉하여 안락하게 생활함을 비유하는 말.
	抱薪求禍 (포신구화)	땔나무를 안고 불을 끄려는 것과 같음.
1250	布衣之交 (포의지교)	벼슬하기 전 선비시절의 사귐.
	捕丁解牛 (포정해우)	기술이 매우 뛰어 남. 捕丁의 소 잡는 기술.
	暴虎馮河 (포호빙하)	범을 맨손으로 때려잡고, 황하를 걸어서 건넌다는 무모함.
	表裏不同 (표리부동)	사람이 음흉하여 표면과 속마음이 같지 않음.
	表裏相應 (표리상응)	안과 밖이 서로 응하여 도움.
1255	豹死留皮 (호사유피)	표범은 죽어서 가죽을 남김.
	風待歲月 (풍대세월)	아무리 바라고 기다려도 실현될 가망성이 없음.
	風木之悲 (풍목지비)	부모가 이미 돌아가 孝養할 길이 없는 恨歎.
	風樹之嘆 (풍수지탄)	孝道를 다하지 못한 채 어버이를 여읜 자식의 슬픔.
	風雲之會 (풍운지회)	英雄豪傑이 때를 만나 뜻을 이룰 수 있는 좋은 기회.
1260	風前燈火 (풍전등화)	매우 위급한 상태를 이름. '인생의 덧없음'

故事成語 / 四字成語

	風餐露宿 (풍찬노숙)	客地에서 겪는 숱한 苦生. 바람을 먹고 이슬에 잠김.
	皮骨相接 (피골상접)	살갗과 뼈가 맞닿을 정도로 몸이 몹시 여윔.
	避獐逢虎 (피장봉호)	작은 해를 피하려다가 도리어 큰 해를 당함.
	彼此一般 (피차일반)	두 편이 서로 같음.
1265	匹馬單騎 (필마단기)	홑몸으로 한필의 말을 탐, 또는 그 사람.
	匹夫之勇 (필부지용)	혈기에 날뛰는 쓸데없는 勇氣.
	匹夫匹婦 (필부필부)	평범한 남녀 / 미천한 남녀 / 서민의 부부.
	何待歲月 (하대세월)	기다리기가 매우 지루함을 이르는 말.
	夏爐冬扇 (하로동선)	格이나 철에 맞지 아니함.
1270	下石上臺 (하석상대)	임기응변으로 어려운 일을 이리저리 둘러맞춤,
	夏扇冬曆 (하선동력)	선사하는 물건이 철에 맞음. 여름부채와 겨울 册曆.
	下愚不移 (하우불이)	어리석은 채 언제나 그대로 있을 뿐, 발전하지 못함.
	下穽投石 (하정투석)	구덩이에 떨어진 것을 보고 돌을 쳐 넣는다, 더 괴롭힘.
	下學上達 (하학상달)	쉬운 지식을 배워 어려운 이치를 깨달음.
1275	鶴首苦待 (학수고대)	학의 목처럼 길게 늘여 '몹시 기다림'을 비유한 말.
	鶴運野鶴 (학운야학)	번거로운 현실을 떠나 한가롭게 유유자적함.
	學如不及 (학여불급)	배움은 항상 모자란 듯이 여겨 끝없이 정진해야 함.
	學而知之 (학이지지)	배워서야 앎에 이름.
	漢江投石 (한강투석)	지나치게 미미하여 효과를 미치지 못함.
1280	邯鄲之步 (한단지보)	제 분수를 잊고 무턱대고 남을 흉내 내다가 이것저것 다 잃음.
	汗牛充棟 (한우충동)	가지고 있는 책이 매우 많음.
	閑雲野鶴 (한운야학)	번거로운 속세를 떠나 한가로운 생활로 悠悠自適하는 경지.
	割席分坐 (할석분좌)	친구사이에 교분을 끊고 같은 자리에 앉지 않음.
	緘口無言 (함구무언)	입을 다물고 아무 말도 하지 아니함.
1285	含憤蓄怨 (함분축원)	분함을 품고 원한을 쌓음.
	含哺鼓腹 (함포고복)	먹을 것이 풍족하여 즐겁게 지냄.
	咸興差使 (함흥차사)	심부름을 가서 아무 소식이 없거나 돌아오지 않음.
	合縱連橫 (합종연횡)	蘇秦의 合從說과 張儀의 連橫說을 아울러 이르는 말.
	恒茶飯事 (항다반사)	日常 있는 일로 異常하거나 神通한 것이 없는 일.
1290	亢龍有悔 (항룡유회)	富貴榮華가 極度에 다다른 사람은 衰落할 念慮가 있음.

偕老同穴 (해로동혈)	生死를 같이 하자는 夫婦의 굳센 맹세.	
海翁好鷗 (해옹호구)	사람에게 야심이 있으면 새도 알고 가까이 하지 않음.	
向隅之歎 (향우지탄)	좋은 기회를 만나지 못한 것을 恨歎함.	
虛無孟浪 (허무맹랑)	터무니없이 거짓되고 실속이 없음.	
1295 虛心坦懷 (허심탄회)	품은 생각을 터놓고 말할 만큼 아무 거리낌이 없음.	

虛張聲勢 (허장성세)	실력은 없으면서 헛소문과 허세로만 떠벌림.	
虛虛實實 (허허실실)	敵의 虛를 찌르고 實을 꾀하는 計策.	
軒軒丈夫 (헌헌장부)	외모가 俊秀하고 快活한 남자.	
賢母良妻 (현모양처)	어진 어머니이면서 또한 착한 아내.	
1300 懸河之辯 (현하지변)	거침없이 유창하게 엮어 내려가는 말.	

血肉之親 (혈육지친)	父子나 兄弟 등의 肉親.	
螢雪之功 (형설지공)	(가난하여도)부지런하고 꾸준히 학문을 닦아 성공함. 車胤·孫康	
形而上學 (형이상학)	사물의 본질이나 존재를 직관에 의해 연구하는 학문.	
狐假虎威 (호가호위)	남의 권세를 빌려 위세를 부림.	
1305 互角之勢 (호각지세)	서로 엇비슷한 勢力.	

虎溪三笑 (호계삼소)	虎溪를 건넌 것을 알고 安居禁足을 맹서를 깨뜨린 것을 앎.	
虎口餘生 (호구여생)	여러 차례 죽을 고비를 겪고 겨우 살아남은 목숨.	
糊口之計 (호구지계)	가난한 살림에서 겨우 먹고 살아가는 方策.	
毫釐之差 (호리지차)	아주 僅少한 差異.	
1310 胡馬望北 (호마망북)	首丘初心 : 북쪽 오랑캐의 말이 북쪽을 바라봄.	

毫毛斧柯 (호모부가)	나쁜 버릇은 어릴 때 바로 잡아야 한다는 뜻.	
好事多魔 (호사다마)	좋은 일에는 흔히 방해되는 일이 많음.	
狐死兎悲 (호사토비)	同類의 불운을 슬퍼함. 여우가 죽는 것을 보고 토끼가 욺.	
虎死留皮 (호사유피)	범은 죽어서 가죽을 남기고, 사람은 죽어서 이름을 남김.	
1315 護喪次知 (호상차지)	初喪에 관한 모든 일을 主管하는 사람. 略하여 護喪.	

虎視眈眈 (호시탐탐)	남의 것을 빼앗기 위하여 형세를 살피며 기회를 엿봄.	
豪言壯談 (호언장담)	호기롭고 자신 있게 말함.	
浩然之氣 (호연지기)	공명정대하여 조금도 부끄러움이 없는 도덕적 용기 / 孟子	
號曰百萬 (호왈백만)	사실보다 많은 것처럼 誇張하여 말함.	
1320 狐疑不決 (호의부결)	의심이 많아 결단을 내리지 못함. 여우가 얼음 위를,	

故事成語 / 四字成語

好衣好食 (호의호식)	잘 입고 잘 먹음. / 좋은 옷과 좋은 음식.	
胡蝶之夢 (호접지몽)	나와 外物은 본디 하나이던 것이 현실에서 갈라진 것에 불과	
昊天罔極 (호천망극)	부모의 恩惠가 크고 끝이 없음을 이르는 말.	
浩浩蕩蕩 (호호탕탕)	아주 넓어서 끝이 없음.	
1325 豪華燦爛 (호화찬란)	눈이 부시도록 빛나고 호화롭다.	

惑世誣民 (혹세무민)	세상을 어지럽히고 백성을 미혹하게 하여 속임.	
魂不附身 (혼불부신)	魂飛魄散 : 넋이 몸에 붙어있지 않음.	
魂飛魄散 (혼비백산)	몹시 놀라 넋을 잃음. 魂魄이 어지러이 흩어짐.	
渾然一致 (혼연일치)	의견이나 주장이 완전히 하나로 일치함.	
1330 昏定晨省 (혼정신성)	부모에게 孝道하는 道理를 이르는 말.	

忽顯忽沒 (홀현홀몰)	문득 나타났다 문득 없어짐.	
紅爐點雪 (홍로점설)	(눈이 녹아버리듯)道를 깨달아 마음속이 탁 트여 맑음.	
洪範九疇 (홍범구주)	堯舜이래의 사상을 集大成한 天地의 大法(政治,道德의 9法則)	
紅顔薄命 (홍안박명)	佳人薄命 : 붉은 얼굴(미인)은 목숨이 짧음.	
1335 弘益人間 (홍익인간)	널리 인간세계를 이롭게 함. 檀君의 建國理念:三國遺事	

和光同塵 (화광동진)	빛이 섞이어 먼지와 함께 함. 세속에 어울려도 본질은 변치 않음.	
畫龍點睛 (화룡점정)	무슨 일을 하는 데에 가장 중요한 부분을 완성함.	
畫蛇添足 (화사첨족)	쓸데없는 군일을 하다가 도리어 실패함.	
華胥之夢 (화서지몽)	낮잠 또는 좋은 꿈.	
1340 花容月態 (화용월태)	꽃처럼 아름다운 얼굴과 달처럼 고운 자태.	

花朝月夕 (화조월석)	봄 아침과 가을밤의 즐거운 한때를 이른다.	
畫中之餠 (화중지병)	그림의 떡. 먹거나 얻을 수 없음. 아무 소용없음.	
畫虎類狗 (화호유구)	부족한 자질로 큰일을 하려다가 도리어 일을 그르침.	
換骨奪胎 (환골탈태)	뼈대를 바꾸어 끼고 胎를 바꾸어 씀 / 딴 사람처럼 됨.	
1345 鰥寡孤獨 (환과고독)	늙어서 配匹과 子息이 없는 외로움.	

患難相恤 (환난상휼)	어려운 일을 당했을 때 서로 돕고 구해줌.	
歡呼雀躍 (환호작약)	기뻐서 크게 소리를 지르며 날뜀.	
黃口小兒 (황구소아)	부리가 누런 새 새끼같이 어린아이.	
悔過遷善 (회과천선)	改過遷善 : 허물을 뉘우쳐 착한 데로 옮김.	
1350 懷璧有罪 (회벽유죄)	분수에 맞지 않는 귀한 물건을 갖고 있으면 훗날 화를 초래함.	

繪事後素 (회사후소)	먼저 바탕을 손질한 후에 그림을 그림.	
會者定離 (회자정리)	만나면 반드시 이별한다는 세상의 무상함을 비유.	
橫來之厄 (횡래지액)	殃及池魚 : 뜻밖에 닥쳐오는 불행.	
橫說竪說 (횡설수설)	조리가 없이 말을 이러쿵저러쿵 지껄임.	
1355 孝悌忠信 (효제충신)	父母에 孝道, 兄弟의 友愛, 임금에 忠誠, 벗 사이의 믿음.	

後生可畏 (후생가외)	靑出於藍 : 장래성 있는 후배는 두려워 할 만함.
厚顔無恥 (후안무치)	낯 가죽이 두꺼워서 뻔뻔스럽고 부끄러움이 없음.
訓蒙字會 (훈몽자회)	조선 中宗때 최세진이 지은 漢字學習書. 3360字.
訓民正音 (훈민정음)	조선 世宗때 訓民正音 28字를 세상에 반포하기 위해 펴낸 책. 한글.
1360 喙長三尺 (훼장삼척)	'부리의 길이가 석자' / 말을 잘 함.

揮帳壯元 (휘장장원)	壯元及第한 글이 科場에 揭示되어 讚揚을 받는 사람.
諱疾忌醫 (휘질기의)	자신의 결점을 감추고 고치려 하지 않음.
携手同歸 (휴수동귀)	거취(去就)를 같이함.
胸有成竹 (흉유성죽)	대나무 그림을 그리기 이전에 마음속에 이미 대나무 그림이 있음.
1365 胸中萬卷 (흉중만권)	수많은 책을 읽음.

胸中宿物 (흉중숙물)	偏見이나 先入觀이 없음.
興亡盛衰 (흥망성쇠)	흥하여 일어남과 쇠하여 멸망함.
興味津津 (흥미진진)	매우 흥미 있게 느껴짐. 흥미가 끝이 없음.
興盡悲來 (흥진비래)	즐거운 일이 다하면 슬픈 일이 옴 / 기복이 있음.
1370 喜怒哀樂 (희노애락)	(기쁨 · 노여움 · 슬픔 · 즐거움) 사람의 온갖 감정.

稀代未聞 (희대미문)	지극히 드물어 좀처럼 듣지 못함.
喜喜樂樂 (희희낙락)	매우 기뻐하고 즐거워 함.

유형별 한자

- 類義字 · 類義語 (뜻이 비슷한 한자)
- 反對字 · 相對字 / 反對語 · 相對語 (뜻이 반대인 한자)
- 첫 音節에서 長音(긴-소리)로 發音되는 漢字

類義字 · 類義語 (뜻이 비슷한 한자)

歌謠가요 : 歌 노래	가	謠 노래	요	過去과거 : 過 지날	과	去 갈	거
家屋가옥 : 家 집	가	屋 집	옥	果實과실 : 果 열매	과	實 열매	실
家宅가택 : 家 집	가	宅 집	택	過失과실 : 過 허물	과	失 잃을	실
價值가치 : 價 값	가	値 값	치	過誤과오 : 過 허물	과	誤 그르칠	오
覺悟각오 : 覺 깨달을	각	悟 깨달을	오	觀覽관람 : 觀 볼	관	覽 볼	람
間隔간격 : 間 사이	간	隔 사이뜰	격	觀望관망 : 觀 볼	관	望 바랄	망
監視감시 : 監 볼	감	視 볼	시	慣習관습 : 慣 버릇	관	習 익힐	습
居住거주 : 居 살	거	住 살	주	貫徹관철 : 貫 꿸	관	徹 통할	철
巨大거대 : 巨 클	거	大 큰	대	貫通관통 : 貫 꿸	관	通 통할	통
健康건강 : 健 굳셀	건	康 편안	강	光景광경 : 光 빛	광	景 볕	경
建立건립 : 建 세울	건	立 설	립	光彩광채 : 光 빛	광	彩 채색	채
乾燥건조 : 乾 마를	건	燥 마를	조	怪奇괴기 : 怪 기이할	괴	奇 기이할	기
堅固견고 : 堅 굳을	견	固 굳을	고	橋梁교량 : 橋 다리	교	梁 들보	량
牽引견인 : 牽 이끌	견	引 끌	인	教訓교훈 : 教 가르칠	교	訓 가르칠	훈
訣別결별 : 訣 이별할	결	別 다를	별	區分구분 : 區 구분할	구	分 나눌	분
警戒경계 : 警 경계할	경	戒 경계할	계	具備구비 : 具 갖출	구	備 갖출	비
境界경계 : 境 지경	경	界 지경	계	救援구원 : 救 구원할	구	援 도울	원
傾倒경도 : 傾 기울	경	倒 넘어질	도	救濟구제 : 救 구원할	구	濟 건널	제
傾斜경사 : 傾 기울	경	斜 비낄	사	構造구조 : 構 얽을	구	造 지을	조
競爭경쟁 : 競 다툴	경	爭 다툴	쟁	屈曲굴곡 : 屈 굽힐	굴	曲 굽을	곡
階段계단 : 階 섬돌	계	段 층계	단	窮極궁극 : 窮 다할	궁	極 다할	극
計算계산 : 計 셀	계	算 셈	산	宮殿궁전 : 宮 집	궁	殿 전각	전
繼續계속 : 繼 이을	계	續 이을	속	勸奬권장 : 勸 권할	권	奬 권장할	장
繼承계승 : 繼 이을	계	承 이을	승	歸還귀환 : 歸 돌아갈	귀	還 돌아올	환
階層계층 : 階 섬돌	계	層 층	층	規範규범 : 規 법	규	範 법	범
孤獨고독 : 孤 외로울	고	獨 홀로	독	規律규율 : 規 법	규	律 법칙	율
考慮고려 : 考 생각할	고	慮 생각할	려	規則규칙 : 規 법	규	則 법칙	칙
攻擊공격 : 攻 칠	공	擊 칠	격	極端극단 : 極 끝	극	端 끝	단
恭敬공경 : 恭 공손할	공	敬 공경할	경	極盡극진 : 極 끝	극	盡 다할	진
公同공동 : 公 한가지	공	同 한가지	동	勤勞근로 : 勤 부지런할	근	勞 일할	로
空虛공허 : 空 빌	공	虛 빌	허	根本근본 : 根 뿌리	근	本 근본	본
貢獻공헌 : 貢 바칠	공	獻 드릴	헌	謹愼근신 : 謹 삼갈	근	愼 삼갈	신

類義字 · 類義語 (뜻이 비슷한 한자)

近接근접 : 近 가까울	근	接 이을	접	連絡연락 : 連 이을	련	絡 이을	락
急速급속 : 急 급할	급	速 빠를	속	憐憫연민 : 憐 불쌍히여길련		憫 근심할	민
給與급여 : 給 줄	급	與 줄	여	連續연속 : 連 이을	련	續 이을	속
機械기계 : 機 틀	기	械 기계	계	戀愛연애 : 戀 사모할	련	愛 사랑	애
記錄기록 : 記 기록할	기	錄 기록할	록	領受영수 : 領 거느릴	령	受 받을	수
技術기술 : 技 재주	기	術 재주	술	靈魂영혼 : 靈 신령	령	魂 넋	혼
技藝기예 : 技 재주	기	藝 재주	예	遙遠요원 : 遙 멀	요	遠 멀	원
羅列나열 : 羅 벌릴	라	列 벌릴	열	累積누적 : 累 여러	루	積 쌓을	적
年歲연세 : 年 해	년	歲 해	세	累增누증 : 累 여러	루	增 더할	증
段階단계 : 段 층계	단	階 섬돌	계	流浪유랑 : 流 흐를	류	浪 물결	랑
單獨단독 : 單 홑	단	獨 홀로	독	陸地육지 : 陸 뭍	륙	地 땅	지
斷絶단절 : 斷 끊을	단	絶 끊을	절	輪廻윤회 : 輪 돌	륜	廻 돌	회
擔任담임 : 擔 멜	담	任 맡길	임	律法율법 : 律 법칙	률	法 법	법
談話담화 : 談 말씀	담	話 말씀	화	隆盛융성 : 隆 높을	륭	盛 성할	성
到達도달 : 到 이를	도	達 통달할	달	隆昌융창 : 隆 높을	륭	昌 창성할	창
徒黨도당 : 徒 무리	도	黨 무리	당	離合이합 : 離 떠날	리	合 합할	합
道路도로 : 道 길	도	路 길	로	末端말단 : 末 끝	말	端 끝	단
逃亡도망 : 逃 달아날	도	亡 망할	망	末尾말미 : 末 끝	말	尾 꼬리	미
徒輩도배 : 徒 무리	도	輩 무리	배	滅亡멸망 : 滅 멸할	멸	亡 망할	망
跳躍도약 : 跳 뛸	도	躍 뛸	약	模範모범 : 模 법	모	範 법	범
盜賊도적 : 盜 훔칠	도	賊 도둑	적	毛髮모발 : 毛 털	모	髮 터럭	발
到着도착 : 到 이를	도	着 붙을	착	茂盛무성 : 茂 무성할	무	盛 성할	성
逃避도피 : 逃 도망할	도	避 피할	피	文章문장 : 文 글월	문	章 글	장
圖畵도화 : 圖 그림	도	畵 그림	화	微細미세 : 微 작을	미	細 가늘	세
敦篤돈독 : 敦 도타울	돈	篤 도타울	독	返還반환 : 返 돌아올	반	還 돌아올	환
敦厚돈후 : 敦 도타울	돈	厚 두터울	후	伴侶반려 : 伴 짝	반	侶 짝	려
同等동등 : 同 한가지	동	等 무리	등	配偶배우 : 配 짝	배	偶 짝	우
動搖동요 : 動 움직일	동	搖 흔들릴	요	排斥배척 : 排 물리칠	배	斥 물리칠	척
浪漫낭만 : 浪 물결	랑	漫 흩어질	만	配匹배필 : 配 짝	배	匹 짝	필
掠奪약탈 : 掠 노략질	략	奪 뺏을	탈	法規법규 : 法 법	법	規 법	규
諒知양지 : 諒 살펴알	량	知 알	지	法律법률 : 法 법	법	律 법칙	률
連結연결 : 連 이을	련	結 맺을	결	法式법식 : 法 법	법	式 법	식

類義字 · 類義語 (뜻이 비슷한 한자)

法典법전 : 法 법	법	典 법	전	貧窮빈궁 : 貧 가난할	빈	窮 궁할	궁
法則법칙 : 法 법	법	則 법칙	칙	思考사고 : 思 생각	사	考 생각할	고
變更변경 : 變 변할	변	更 고칠	경	思念사념 : 思 생각	사	念 생각	념
變異변이 : 變 변할	변	異 다를	이	思慮사려 : 思 생각	사	慮 생각	려
變革변혁 : 變 변할	변	革 가죽	혁	思慕사모 : 思 생각	사	慕 그릴	모
變化변화 : 變 변할	변	化 될	화	思想사상 : 思 생각	사	想 생각	상
兵士병사 : 兵 병사	병	士 선비	사	辭說사설 : 辭 말씀	사	說 말씀	설
兵卒병졸 : 兵 병사	병	卒 군사	졸	辭讓사양 : 辭 말씀	사	讓 사양할	양
病患병환 : 病 병	병	患 근심	환	事業사업 : 事 일	사	業 일	업
報告보고 : 報 알릴	보	告 알릴	고	舍屋사옥 : 舍 집	사	屋 집	옥
報償보상 : 報 갚을	보	償 갚을	상	思惟사유 : 思 생각	사	惟 생각할	유
保守보수 : 保 지킬	보	守 지킬	수	舍宅사택 : 舍 집	사	宅 집	택
補助보조 : 補 기울	보	助 도울	조	散漫산만 : 散 흩을	산	漫 흩어질	만
奉獻봉헌 : 奉 받들	봉	獻 드릴	헌	想念상념 : 想 생각	상	念 생각	념
附屬부속 : 附 붙을	부	屬 붙을	속	想思상사 : 想 생각	상	思 생각	사
賦與부여 : 賦 부세	부	與 줄	여	喪失상실 : 喪 잃을	상	失 잃을	실
扶助부조 : 扶 도울	부	助 도울	조	狀態상태 : 狀 모양	상	態 모습	태
副次부차 : 副 버금	부	次 버금	차	象形상형 : 象 모양	상	形 모양	형
負荷부하 : 負 질	부	荷 짐	하	相互상호 : 相 서로	상	互 서로	호
憤慨분개 : 憤 분할	분	慨 슬퍼할	개	省略생략 : 省 줄일	생	略 간략할	략
分別분별 : 分 나눌	분	別 다를	별	逝去서거 : 逝 갈	서	去 갈	거
奔走분주 : 奔 달릴	분	走 달릴	주	書籍서적 : 書 글	서	籍 문서	적
分割분할 : 分 나눌	분	割 벨	할	書册서책 : 書 글	서	册 책	책
墳墓분묘 : 墳 무덤	분	墓 무덤	묘	釋放석방 : 釋 풀	석	放 놓을	방
佛寺불사 : 佛 부처	불	寺 절	사	選拔선발 : 選 가릴	선	拔 뽑을	발
崩壞붕괴 : 崩 무너질	붕	壞 무너질	괴	選別선별 : 選 가릴	선	別 다를	별
朋友붕우 : 朋 벗	붕	友 벗	우	選擇선택 : 選 가릴	선	擇 가릴	택
比較비교 : 比 견줄	비	較 견줄	교	旋回선회 : 旋 돌	선	回 돌	회
悲慘비참 : 悲 슬플	비	慘 참혹할	참	聲音성음 : 聲 소리	성	音 소리	음
卑賤비천 : 卑 낮을	비	賤 천할	천	省察성찰 : 省 살필	성	察 살필	찰
批評비평 : 批 비평할	비	評 평할	평	成就성취 : 成 이룰	성	就 이룰	취
悲哀비애 : 悲 슬플	비	哀 슬플	애	洗濯세탁 : 洗 씻을	세	濯 세탁	탁

類義字・類義語 (뜻이 비슷한 한자)

訴訟소송 : 訴 하소연	소	訟 송사할	송	眼目안목 : 眼 눈	안	目 눈	목
素朴소박 : 素 본디	소	朴 통나무	박	殃禍앙화 : 殃 재앙	앙	禍 재앙	화
素質소질 : 素 본디	소	質 바탕	질	樣態양태 : 樣 모양	양	態 모습	태
損傷손상 : 損 덜	손	傷 다칠	상	語辭어사 : 語 말씀	어	辭 말씀	사
損失손실 : 損 덜	손	失 잃을	실	抑壓억압 : 抑 누를	억	壓 누를	압
衰弱쇠약 : 衰 쇠약할	쇠	弱 약할	약	言語언어 : 言 말씀	언	語 말씀	어
樹林수림 : 樹 나무	수	林 수풀	림	言辭언사 : 言 말씀	언	辭 말씀	사
壽命수명 : 壽 목숨	수	命 목숨	명	嚴肅엄숙 : 嚴 엄할	엄	肅 엄숙할	숙
樹木수목 : 樹 나무	수	木 나무	목	研究연구 : 研 갈	연	究 연구할	구
輸送수송 : 輸 보낼	수	送 보낼	송	研磨연마 : 研 갈	연	磨 갈	마
收拾수습 : 收 거둘	수	拾 주을	습	研修연수 : 研 갈	연	修 닦을	수
修飾수식 : 修 닦을	수	飾 꾸밀	식	燃燒연소 : 燃 탈	연	燒 사를	소
授與수여 : 授 줄	수	與 줄	여	悅樂열락 : 悅 기쁠	열	樂 즐거울	락
守衛수위 : 守 지킬	수	衛 지킬	위	永久영구 : 永 길	영	久 오랠	구
熟練숙련 : 熟 익을	숙	練 익힐	련	永遠영원 : 永 길	영	遠 멀	원
純潔순결 : 純 순수할	순	潔 깨끗할	결	英特영특 : 英 꽃부리	영	特 특별할	특
純粹순수 : 純 순수할	순	粹 순수할	수	榮華영화 : 榮 영화	영	華 꽃	화
崇高숭고 : 崇 높을	숭	高 높을	고	銳利예리 : 銳 날카로울	예	利 날카로울	리
崇尙숭상 : 崇 높을	숭	尙 오히려	상	藝術예술 : 藝 재주	예	術 재주	술
習慣습관 : 習 익힐	습	慣 버릇	관	傲慢오만 : 傲 거만할	오	漫 퍼질	만
承繼승계 : 承 이을	승	繼 이을	계	汚濁오탁 : 汚 더러울	오	濁 흐릴	탁
時期시기 : 時 때	시	期 기약할	기	溫暖온난 : 溫 따뜻할	온	暖 따뜻할	난
施設시설 : 施 베풀	시	設 베풀	설	完全완전 : 完 완전할	완	全 온전할	전
始初시초 : 始 처음	시	初 처음	초	憂愁우수 : 憂 근심	우	愁 근심	수
試驗시험 : 試 시험할	시	驗 시험할	험	憂患우환 : 憂 근심	우	患 근심	환
申告신고 : 申 납	신	告 알릴	고	憂慮우려 : 憂 근심	우	慮 생각할	려
伸張신장 : 伸 펼	신	張 베풀	장	宇宙우주 : 宇 집	우	宙 집	주
身體신체 : 身 몸	신	體 몸	체	運動운동 : 運 옮길	운	動 움직일	동
實果실과 : 實 열매	실	果 열매	과	怨恨원한 : 怨 원망할	원	恨 한할	한
尋訪심방 : 尋 찾을	심	訪 찾을	방	偉大위대 : 偉 클	위	大 큰	대
兒童아동 : 兒 아이	아	童 아이	동	危殆위태 : 危 위태할	위	殆 위태할	태
顏面안면 : 顏 얼굴	안	面 얼굴	면	遊泳유영 : 遊 놀	유	泳 헤엄칠	영

幼稚유치 :	幼 어릴	유	稚 어릴	치		貯蓄저축 :	貯 쌓을	저	蓄 모을	축
肉身육신 :	肉 고기	육	身 몸	신		抵抗저항 :	抵 막을	저	抗 겨룰	항
肉體육체 :	肉 살	육	體 몸	체		轉移전이 :	轉 구를	전	移 옮길	이
潤澤윤택 :	潤 불을	윤	澤 못	택		戰爭전쟁 :	戰 싸움	전	爭 다툴	쟁
要求요구 :	要 구할	요	求 구할	구		典籍전적 :	典 법	전	籍 문서	적
搖動요동 :	搖 흔들	요	動 움직일	동		戰鬪전투 :	戰 싸움	전	鬪 싸움	투
容貌용모 :	容 얼굴	용	貌 모양	모		節槪절개 :	節 마디	절	槪 대개	개
恩惠은혜 :	恩 은혜	은	惠 은혜	혜		絶斷절단 :	絶 끊을	절	斷 끊을	단
音聲음성 :	音 소리	음	聲 소리	성		竊盜절도 :	竊 훔칠	절	盜 훔칠	도
音韻음운 :	音 소리	음	韻 운	운		接近접근 :	接 이을	접	近 가까울	근
吟詠음영 :	吟 읊을	음	詠 읊을	영		接續접속 :	接 이을	접	續 이을	속
議論의론 :	議 의론할	의	論 논할	론		淨潔정결 :	淨 깨끗할	정	潔 깨끗할	결
醫療의료 :	醫 의원	의	療 병고칠	료		征伐정벌 :	征 칠	정	伐 칠	벌
衣服의복 :	衣 옷	의	服 옷	복		整齊정제 :	整 가지런할	정	齊 가지런할	제
意思의사 :	意 뜻	의	思 생각	사		停止정지 :	停 머무를	정	止 그칠	지
意志의지 :	意 뜻	의	志 뜻	지		祭祀제사 :	祭 제사	제	祀 제사	사
移轉이전 :	移 옮길	이	轉 구를	전		帝王제왕 :	帝 임금	제	王 임금	왕
認識인식 :	認 알	인	識 알	식		製作제작 :	製 지을	제	作 지을	작
因緣인연 :	因 인할	인	緣 인연	연		製造제조 :	製 지을	제	造 지을	조
仁慈인자 :	仁 어질	인	慈 사랑할	자		租稅조세 :	租 조세	조	稅 세금	세
認知인지 :	認 알	인	知 알	지		造作조작 :	造 지을	조	作 지을	작
忍耐인내 :	忍 참을	인	耐 견딜	내		組織조직 :	組 짤	조	織 짤	직
引導인도 :	引 끌	인	導 인도할	도		調和조화 :	調 고를	조	和 화할	화
姙娠임신 :	姙 아이밸	임	娠 아이밸	신		尊貴존귀 :	尊 높을	존	貴 귀할	귀
資財자재 :	資 재물	자	財 재물	재		存在존재 :	存 있을	존	在 있을	재
資質자질 :	資 재물	자	質 바탕	질		拙劣졸렬 :	拙 졸할	졸	劣 못할	렬
殘餘잔여 :	殘 남을	잔	餘 남을	여		終結종결 :	終 마칠	종	結 맺을	결
獎勵장려 :	獎 장려할	장	勵 힘쓸	려		終了종료 :	終 마칠	종	了 마칠	료
裝飾장식 :	裝 꾸밀	장	飾 꾸밀	식		終末종말 :	終 마칠	종	末 끝	말
災殃재앙 :	災 재앙	재	殃 재앙	앙		終止종지 :	終 마칠	종	止 그칠	지
災禍재화 :	災 재앙	재	禍 재앙	화		綜合종합 :	綜 모을	종	合 합할	합
財貨재화 :	財 재물	재	貨 재물	화		座席좌석 :	座 자리	좌	席 자리	석

類義字 · 類義語 (뜻이 비슷한 한자)

住居주거 : 住 살	주	居 살	거		淺薄천박 : 淺 얕을	천	薄 엷을	박
珠玉주옥 : 珠 구슬	주	玉 구슬	옥		添加첨가 : 添 더	첨	加 더할	가
周圍주위 : 周 두루	주	圍 에워쌀	위		尖端첨단 : 尖 뾰족할	첨	端 끝	단
朱紅주홍 : 朱 붉을	주	紅 붉을	홍		淸潔청결 : 淸 맑을	청	潔 깨끗할	결
俊傑준걸 : 俊 준걸	준	傑 뛰어날	걸		聽聞청문 : 聽 들을	청	聞 들을	문
遵守준수 : 遵 좇을	준	守 지킬	수		淸淨청정 : 淸 맑을	청	淨 깨끗할	정
中央중앙 : 中 가운데	중	央 가운데	앙		替換체환 : 替 바꿀	체	換 바꿀	환
增加증가 : 增 더할	증	加 더할	가		初創초창 : 初 처음	초	創 비롯할	창
贈與증여 : 贈 줄	증	與 줄	여		促迫촉박 : 促 재촉할	촉	迫 핍박할	박
憎惡증오 : 憎 미워할	증	惡 미워할	오		村落촌락 : 村 마을	촌	落 떨어질	락
知識지식 : 知 알	지	識 알	식		聰明총명 : 聰 귀밝을	총	明 밝을	명
智慧지혜 : 智 지혜	지	慧 슬기	혜		推移추이 : 推 밀	추	移 옮길	이
眞實진실 : 眞 참	진	實 열매	실		追從추종 : 追 좇을	추	從 따를	종
陳列진열 : 陳 베풀	진	列 벌릴	열		蓄積축적 : 蓄 모을	축	積 쌓을	적
疾病질병 : 疾 병	질	病 병	병		衝突충돌 : 衝 찌를	충	突 갑자기	돌
秩序질서 : 秩 차례	질	序 차례	서		充滿충만 : 充 채울	충	滿 찰	만
疾患질환 : 疾 병	질	患 근심	환		側近측근 : 側 곁	측	近 가까울	근
集團집단 : 集 모을	집	團 둥글	단		層階층계 : 層 층	층	階 섬돌	계
集會집회 : 集 모을	집	會 모을	회		沈沒침몰 : 沈 잠길	침	沒 빠질	몰
懲戒징계 : 懲 징계할	징	戒 경계할	계		侵犯침범 : 侵 침노할	침	犯 범할	범
徵收징수 : 徵 부를	징	收 거둘	수		沈潛침잠 : 沈 잠길	침	潛 잠길	잠
差異차이 : 差 다를	차	異 다를	이		沈黙침묵 : 沈 잠길	침	黙 잠잠할	묵
錯誤착오 : 錯 어긋날	착	誤 그르칠	오		打擊타격 : 打 칠	타	擊 칠	격
倉庫창고 : 倉 곳집	창	庫 곳집	고		墮落타락 : 墮 떨어질	타	落 떨어질	락
採光채광 : 採 채색	채	光 빛	광		卓越탁월 : 卓 높을	탁	越 넘을	월
彩紋채문 : 彩 채색	채	紋 무늬	문		探索탐색 : 探 찾을	탐	索 찾을	색
菜蔬채소 : 菜 나물	채	蔬 나물	소		貪慾탐욕 : 貪 탐할	탐	慾 욕심	욕
採擇채택 : 採 캘	채	擇 가릴	택		泰平태평 : 泰 클	태	平 평평할	평
策謀책모 : 策 꾀	책	謀 꾀	모		討伐토벌 : 討 칠	토	伐 칠	벌
責任책임 : 責 꾸짖을	책	任 맡길	임		通達통달 : 通 통할	통	達 통달할	달
超過초과 : 超 뛰어넘을	초	過 지날	과		統率통솔 : 統 거느릴	통	率 거느릴	솔
超越초월 : 超 뛰어넘을	초	越 넘을	월		統帥통수 : 統 거느릴	통	帥 장수	수

類義字 · 類義語 (뜻이 비슷한 한자)

統合통합 : 統 거느릴 통　合 합할 합
鬪爭투쟁 : 鬪 싸움 투　爭 다툴 쟁
透徹투철 : 透 사무칠 투　徹 통할 철
特別특별 : 特 특별할 특　別 다를 별
特殊특수 : 特 특별할 특　殊 다를 수
特異특이 : 特 특별할 특　異 다를 이
波浪파랑 : 波 물결 파　浪 물결 랑
販賣판매 : 販 팔 판　賣 팔 매
便安편안 : 便 편안할 편　安 편안할 안
平均평균 : 平 평평할 평　均 고를 균
弊害폐해 : 弊 해질 폐　害 해할 해
抱擁포옹 : 抱 안을 포　擁 안을 옹
包容포용 : 包 쌀 포　容 담을 용
包圍포위 : 包 쌀 포　圍 둘레 위
捕捉포착 : 捕 잡을 포　捉 잡을 착
包含포함 : 包 쌀 포　含 머금을 함
捕獲포획 : 捕 잡을 포　獲 얻을 획
表皮표피 : 表 겉 표　皮 가죽 피
豊足풍족 : 豊 풍년 풍　足 만족할 족
疲困피곤 : 疲 피곤할 피　困 곤할 곤
疲勞피로 : 疲 피곤할 피　勞 일할 로
皮革피혁 : 皮 가죽 피　革 가죽 혁
寒冷한랭 : 寒 찰 한　冷 찰 랭
恨歎한탄 : 恨 한할 한　歎 탄식할 탄
陷沒함몰 : 陷 빠질 함　沒 빠질 몰
抗拒항거 : 抗 막을 항　拒 막을 거
害毒해독 : 害 해할 해　毒 독 독
解散해산 : 解 풀 해　散 흩을 산
解釋해석 : 解 풀 해　釋 풀 석
解消해소 : 解 풀 해　消 사라질 소
行爲행위 : 行 행할 행　爲 할 위
許可허가 : 許 허락할 허　可 옳을 가

虛空허공 : 虛 빌 허　空 빌 공
許諾허락 : 許 허락할 허　諾 허락할 락
虛無허무 : 虛 빌 허　無 없을 무
虛僞허위 : 虛 빌 허　僞 거짓 위
獻納헌납 : 獻 드릴 헌　納 들일 납
憲法헌법 : 憲 법 헌　法 법 법
懸隔현격 : 懸 달 현　隔 떨어질 격
玄妙현묘 : 玄 오묘할 현　妙 묘할 묘
嫌忌혐기 : 嫌 싫어할 혐　忌 꺼릴 기
嫌惡혐오 : 嫌 싫어할 혐　惡 미워할 오
脅迫협박 : 脅 위협할 협　迫 닥칠 박
刑罰형벌 : 刑 형벌 형　罰 벌줄 벌
形狀형상 : 形 모양 형　狀 모양 상
形象형상 : 形 모양 형　象 모양 상
型式형식 : 型 모양 형　式 법 식
形容형용 : 形 모양 형　容 얼굴 용
形態형태 : 形 모양 형　態 모습 태
惠澤혜택 : 惠 은혜 혜　澤 못 택
互相호상 : 互 서로 호　相 서로 상
酷毒혹독 : 酷 심할 혹　毒 독 독
酷甚혹심 : 酷 심할 혹　甚 심할 심
混亂혼란 : 混 섞을 혼　亂 어지러울 란
混濁혼탁 : 混 섞을 혼　濁 흐릴 탁
魂靈혼령 : 魂 넋 혼　靈 신령 령
婚姻혼인 : 婚 혼인할 혼　姻 혼인할 인
鴻雁홍안 : 鴻 기러기 홍　雁 기러기 안
和睦화목 : 和 화할 화　睦 화목할 목
和平화평 : 和 화할 화　平 평평할 평
貨幣화폐 : 貨 재물 화　幣 비단 폐
確固확고 : 確 굳을 확　固 굳을 고
歡喜환희 : 歡 기쁠 환　喜 기쁠 희
荒廢황폐 : 荒 거칠 황　廢 폐할 폐

類義字·類義語 (뜻이 비슷한 한자)

皇帝황제 : 皇 임금	황	帝 임금	제		
回轉회전 : 回 돌	회	轉 구를	전		
悔恨회한 : 悔 뉘우칠	회	恨 한할	한		
獲得획득 : 獲 얻을	획	得 얻을	득		
訓導훈도 : 訓 가르칠	훈	導 인도할	도		
休息휴식 : 休 쉴	휴	息 쉴	식		
携帶휴대 : 携 끌	휴	帶 띠	대		
凶惡흉악 : 凶 흉할	흉	惡 악할	악		
凶暴흉포 : 凶 흉할	흉	暴 사나울	포		
興起흥기 : 興 흥할	흥	起 일어날	기		
興隆흥륭 : 興 일	흥	隆 높을	륭		
希望희망 : 希 바랄	희	望 바랄	망		
稀少희소 : 稀 드물	희	少 적을	소		
喜悅희열 : 喜 기쁠	희	悅 기쁠	열		
希願희원 : 希 바랄	희	願 원할	원		

네 글자로 된 類義語

刻骨難忘각골난망 - 白骨難忘백골난망
刻舟求劍각주구검 - 守株待兎수주대토
敢不生心감불생심 - 焉敢生心언감생심
甲男乙女갑남을녀 - 匹夫匹婦필부필부
隔世之感격세지감 - 今昔之感금석지감
見利思義견리사의 - 見危授命견위수명
結草報恩결초보은 - 白骨難忘백골난망
姑息之計고식지계 - 臨時方便임시방편
空前絶後공전절후 - 前無後無전무후무
近墨者黑근묵자흑 - 近朱者赤근주자적
金蘭之交금란지교 - 水魚之交수어지교
金城湯池금성탕지 - 難攻不落난공불락
難兄難弟난형난제 - 莫上莫下막상막하
馬耳東風마이동풍 - 牛耳讀經우이독경
莫逆之友막역지우 - 水魚之交수어지교
面從腹背면종복배 - 陽奉陰違양봉음위
美人薄命미인박명 - 佳人薄命가인박명
博覽强記박람강기 - 博學多識박학다식
傍若無人방약무인 - 眼下無人안하무인
四面楚歌사면초가 - 孤立無援고립무원
塞翁之馬새옹지마 - 轉禍爲福전화위복
羊頭狗肉양두구육 - 表裏不同표리부동
如出一口여출일구 - 異口同聲이구동성
榮枯盛衰영고성쇠 - 興亡盛衰흥망성쇠
流言蜚語유언비어 - 街談巷說가담항설
危機一髮위기일발 - 風前燈火풍전등화
因果應報인과응보 - 種豆得豆종두득두
一擧兩得일거양득 - 一石二鳥일석이조
人死留名인사유명 - 虎死留皮호사유피
進退維谷진퇴유곡 - 進退兩難진퇴양난
何待歲月하대세월 - 百年河淸백년하청

두 글자로 된 類義語

覺悟각오 - 決心결심　　看病간병 - 看護간호
倨慢거만 - 傲慢오만　　故國고국 - 祖國조국
共鳴공명 - 首肯수긍　　交涉교섭 - 折衷절충
驅迫구박 - 虐待학대　　飢死기사 - 餓死아사
九泉구천 - 黃泉황천　　背恩배은 - 望德망덕
寺院사원 - 寺刹사찰　　書簡서간 - 書札서찰
視野시야 - 眼界안계　　視界시계 - 眼界안계
俗世속세 - 塵世진세　　始祖시조 - 鼻祖비조
領土영토 - 版圖판도　　災殃재앙 - 災禍재화
殃禍앙화 - 災禍재화　　威脅위협 - 脅迫협박
一毫일호 - 秋毫추호　　蒼空창공 - 碧空벽공
天地천지 - 乾坤건곤　　滯留체류 - 滯在제재
招待초대 - 招請초청　　寸土촌토 - 尺土척토
漂迫표박 - 遊離유리　　海外해외 - 異域이역
許諾허락 - 承諾승낙　　戱弄희롱 - 籠絡농락

反對字·相對字/反對語·相對語 (뜻이 반대인 한자)

加減가감 : 加 더할	가	減 덜	감	勤怠근태 : 勤 부지런할	근	怠 게으를	태
可否가부 : 可 옳을	가	否 아닐	부	今昔금석 : 今 이제	금	昔 예	석
干滿간만 : 干 방패	간	滿 찰	만	及落급락 : 及 미칠	급	落 떨어질	락
甘苦감고 : 甘 달	감	苦 쓸	고	起結기결 : 起 일어날	기	結 맺을	결
江山강산 : 江 강	강	山 메	산	起伏기복 : 起 일어날	기	伏 엎드릴	복
强弱강약 : 强 강할	강	弱 약할	약	起寢기침 : 起 일어날	기	寢 잘	침
剛柔강유 : 剛 굳셀	강	柔 부드러울	유	飢飽기포 : 飢 주릴	기	飽 배부를	포
開閉개폐 : 開 열	개	閉 닫을	폐	諾否낙부 : 諾 허락할	낙	否 아닐	부
去來거래 : 去 갈	거	來 올	래	難易난이 : 難 어려울	난	易 쉬울	이
去留거류 : 去 갈	거	留 머무를	류	奴婢노비 : 奴 종	노	婢 계집종	비
乾濕건습 : 乾 마를	건	濕 젖을	습	多寡다과 : 多 많을	다	寡 적을	과
乾坤건곤 : 乾 하늘	건	坤 땅	곤	多少다소 : 多 많을	다	少 적을	소
輕重경중 : 輕 가벼울	경	重 무거울	중	斷續단속 : 斷 끊을	단	續 이을	속
慶弔경조 : 慶 경사	경	弔 조상할	조	旦夕단석 : 旦 아침	단	夕 저녁	석
京鄕경향 : 京 서울	경	鄕 시골	향	單複단복 : 單 홑	단	複 겹칠	복
經緯경위 : 經 지날	경	緯 씨	위	當落당락 : 當 마땅할	당	落 떨어질	락
高卑고비 : 高 높을	고	卑 낮을	비	當否당부 : 當 마땅할	당	否 아닐	부
高低고저 : 高 높을	고	低 낮을	저	貸借대차 : 貸 빌릴	대	借 빌	차
姑婦고부 : 姑 시어미	고	婦 며느리	부	都農도농 : 都 도읍	도	農 농사	농
苦樂고락 : 苦 괴로울	고	樂 즐거울	락	動靜동정 : 動 움직일	동	靜 고요할	정
古今고금 : 古 예	고	今 이제	금	動止동지 : 動 움직일	동	止 그칠	지
曲直곡직 : 曲 굽을	곡	直 곧을	직	同異동이 : 同 같을	동	異 다를	이
骨肉골육 : 骨 뼈	골	肉 고기	육	頭尾두미 : 頭 머리	두	尾 꼬리	미
功過공과 : 功 공	공	過 허물	과	得失득실 : 得 얻을	득	失 잃을	실
公私공사 : 公 공평할	공	私 사사	사	登落등락 : 登 오를	등	落 떨어질	락
攻防공방 : 攻 칠	공	防 막을	방	來往왕래 : 來 올	래	往 갈	왕
攻守공수 : 攻 칠	공	守 지킬	수	老少노소 : 老 늙을	노	少 적을	소
供需공수 : 供 이바지	공	需 쓸	수	冷熱냉열 : 冷 찰	냉	熱 더울	열
官民관민 : 官 벼슬	관	民 백성	민	冷溫냉온 : 冷 찰	냉	溫 따뜻할	온
敎學교학 : 敎 가르칠	교	學 배울	학	老幼노유 : 老 늙을	노	幼 어릴	유
君臣군신 : 君 임금	군	臣 신하	신	勞使노사 : 勞 일할	노	使 부릴	사
貴賤귀천 : 貴 귀할	귀	賤 천할	천	陸海육해 : 陸 뭍	육	海 바다	해

反對字 · 相對字/反對語 · 相對語 (뜻이 반대인 한자)

離合이합 : 離 떠날	리	合 합할	합	生沒생몰 : 生 날	생	沒 묻힐	몰
利害이해 : 利 이할	리	害 해할	해	生死생사 : 生 살	생	死 죽을	사
賣買매매 : 賣 팔	매	買 살	매	生殺생살 : 生 살	생	殺 죽일	살
明滅명멸 : 明 밝을	명	滅 멸할	멸	暑寒서한 : 暑 더울	서	寒 찰	한
明暗명암 : 明 밝을	명	暗 어두울	암	善惡선악 : 善 착할	선	惡 악할	악
文武문무 : 文 글월	문	武 호반	무	先後선후 : 先 앞	선	後 뒤	후
問答문답 : 問 물을	문	答 대답	답	盛衰성쇠 : 盛 성할	성	衰 쇠할	쇠
物心물심 : 物 물건	물	心 마음	심	損得손득 : 損 덜	손	得 얻을	득
美醜미추 : 美 아름다울	미	醜 추할	추	損益손익 : 損 덜	손	益 더할	익
班常반상 : 班 나눌	반	常 항상	상	送受송수 : 送 보낼	송	受 받을	수
發着발착 : 發 필	발	着 붙을	착	送迎송영 : 送 보낼	송	迎 맞이할	영
補缺보결 : 補 기울	보	缺 이지러질	결	收給수급 : 收 거둘	수	給 줄	급
腹背복배 : 腹 배	복	背 등	배	需給수급 : 需 쓰일	수	給 줄	급
本末본말 : 本 뿌리	본	末 끝	말	收支수지 : 收 거둘	수	支 지탱/지출	지
浮沈부침 : 浮 뜰	부	沈 잠길	침	首尾수미 : 首 머리	수	尾 꼬리	미
賦納부납 : 賦 부세	부	納 들일	납	水陸수륙 : 水 물	수	陸 뭍	륙
夫婦부부 : 夫 지아비	부	婦 아내	부	受拂수불 : 受 받을	수	拂 떨	불
夫妻부처 : 夫 지아비	부	妻 아내	처	受贈수증 : 受 받을	수	贈 줄	증
分合분합 : 分 나눌	분	合 합할	합	授受수수 : 授 줄	수	受 받을	수
悲歡비환 : 悲 슬플	비	歡 기쁠	환	叔姪숙질 : 叔 아재비	숙	姪 조카	질
貧富빈부 : 貧 가난할	빈	富 부자	부	順逆순역 : 順 순할	순	逆 거스를	역
氷炭빙탄 : 氷 얼음	빙	炭 숯	탄	昇降승강 : 昇 오를	승	降 내릴	강
辭任사임 : 辭 사양할/말	사	任 맡길	임	乘降승강 : 乘 탈	승	降 내릴	강
邪正사정 : 邪 간사할	사	正 바를	정	勝負승부 : 勝 이길	승	負 질	부
師弟사제 : 師 스승	사	弟 아우	제	乘除승제 : 乘 탈	승	除 덜	제
死產사산 : 死 죽을	사	產 낳을	산	勝敗승패 : 勝 이길	승	敗 패할	패
死生사생 : 死 죽을	사	生 살	생	始末시말 : 始 비로소	시	末 끝	말
死活사활 : 死 죽을	사	活 살	활	是非시비 : 是 옳을	시	非 아닐	비
山河산하 : 山 메	산	河 물	하	始終시종 : 始 비로소	시	終 마칠	종
殺活살활 : 殺 죽일	살	活 살	활	新舊신구 : 新 새	신	舊 예	구
賞罰상벌 : 賞 상줄	상	罰 벌줄	벌	伸縮신축 : 伸 펼	신	縮 줄일	축
生滅생멸 : 生 날	생	滅 멸할	멸	實否실부 : 實 열매	실	否 아닐	부

反對字·相對字/反對語·相對語 (뜻이 반대인 한자)

心身심신 : 心 마음	심	身 몸	신	恩怨은원 : 恩 은혜	은	怨 원망할	원
深淺심천 : 深 깊을	심	淺 얕을	천	陰陽음양 : 陰 그늘	음	陽 볕	양
雅俗아속 : 雅 맑을	아	俗 풍속	속	陰晴음청 : 陰 그늘	음	晴 갤	청
安否안부 : 安 편안할	안	否 아닐	부	音義음의 : 音 소리	음	義 옳을	의
安危안위 : 安 편안할	안	危 위태할	위	音訓음훈 : 音 소리	음	訓 가르칠/새길훈	
愛惡애오 : 愛 사랑	애	惡 미워할	오	因果인과 : 因 인할	인	果 열매	과
愛憎애증 : 愛 사랑	애	憎 미워할	증	姉妹자매 : 姉 누이	자	妹 누이	매
哀樂애락 : 哀 슬플	애	樂 즐거울	락	自至자지 : 自 스스로	자	至 이를	지
哀歡애환 : 哀 슬플	애	歡 기뻐할	환	自他자타 : 自 스스로	자	他 다를	타
良否양부 : 良 어질	량	否 아닐	부	昨今어제 : 昨 어제	작	今 이제	금
抑揚억양 : 抑 누를	억	揚 날릴	양	長短장단 : 長 긴	장	短 짧을	단
言行언행 : 言 말씀	언	行 행할	행	長幼장유 : 長 어른	장	幼 어릴	유
與野여야 : 與 더불	여	野 들	야	將兵장병 : 將 장수	장	兵 병사	병
炎涼염량 : 炎 불꽃	염	涼 서늘할	량	將卒장졸 : 將 장수	장	卒 군사	졸
迎送영송 : 迎 맞이할	영	送 보낼	송	田畓전답 : 田 밭	전	畓 논	답
榮枯영고 : 榮 영화	영	枯 마를	고	前後전후 : 前 앞	전	後 뒤	후
榮辱영욕 : 榮 영화	영	辱 욕될	욕	正反정반 : 正 바를	정	反 돌이킬	반
銳鈍예둔 : 銳 날카로울	예	鈍 둔할	둔	正副정부 : 正 바를	정	副 버금	부
豫決예결 : 豫 미리	예	決 결단할	결	正誤정오 : 正 바를	정	誤 그르칠	오
玉石옥석 : 玉 구슬	옥	石 돌	석	正僞정위 : 正 바를	정	僞 거짓	위
溫冷온랭 : 溫 따뜻할	온	冷 찰	랭	朝暮조모 : 朝 아침	조	暮 저물	모
溫涼온량 : 溫 따뜻할	온	涼 서늘할	량	朝夕조석 : 朝 아침	조	夕 저녁	석
緩急완급 : 緩 느릴	완	急 급할	급	早晚조만 : 早 이를	조	晚 늦을	만
往來왕래 : 往 갈	왕	來 올	래	祖孫조손 : 祖 할아비	조	孫 손자	손
往復왕복 : 往 갈	왕	復 돌아올	복	尊卑존비 : 存 높을	존	卑 낮을	비
用捨용사 : 用 쓸	용	捨 버릴	사	尊侍존시 : 存 높을	존	侍 모실	시
優劣우열 : 優 넉넉할	우	劣 못할	렬	存廢존폐 : 存 있을	존	廢 폐할	폐
遠近원근 : 遠 멀	원	近 가까울	근	存亡존망 : 存 있을	존	亡 망할	망
有無유무 : 有 있을	유	無 없을	무	存滅존멸 : 存 있을	존	滅 멸할	멸
隱見은현 : 隱 숨을	은	見 뵐	현	存沒존몰 : 存 있을	존	沒 빠질	몰
隱現은현 : 隱 숨을	은	現 나타날	현	縱橫종횡 : 縱 세로	종	橫 가로	횡
隱顯은현 : 隱 숨을	은	顯 나타날	현	坐立좌립 : 坐 앉을	좌	立 설	립

反對字·相對字/反對語·相對語 (뜻이 반대인 한자)

坐臥좌와 : 坐 앉을	좌	臥 누울	와	出納출납 : 出 날	출	納 들일	납
左右좌우 : 左 왼	좌	右 오른	우	出沒출몰 : 出 날	출	沒 빠질	몰
罪罰죄벌 : 罪 죄	죄	罰 벌줄	벌	忠逆충역 : 忠 충성할	충	逆 거스를	역
罪刑죄형 : 罪 죄	죄	刑 형벌	형	取貸취대 : 取 취할	취	貸 빌릴	대
晝夜주야 : 晝 낮	주	夜 밤	야	取捨취사 : 取 취할	취	捨 버릴	사
主客주객 : 主 주인	주	客 손	객	層折층절 : 層 층	층	折 꺾을	절
衆寡중과 : 衆 무리	중	寡 적을	과	治亂치란 : 治 다스릴	치	亂 어지러울	란
增減증감 : 增 더할	증	減 덜	감	快鈍쾌둔 : 快 쾌할	쾌	鈍 둔할	둔
增削증삭 : 增 더할	증	削 깎을	삭	投打투타 : 投 던질	투	打 칠	타
增損증손 : 增 더할	증	損 덜	손	廢立폐립 : 廢 폐할	폐	立 설	립
贈答증답 : 贈 줄	증	答 대답	답	廢置폐치 : 廢 폐할	폐	置 둘	치
遲速지속 : 遲 더딜	지	速 빠를	속	表裏표리 : 表 겉	표	裏 속	리
知行지행 : 知 알	지	行 행할	행	豊凶풍흉 : 豊 풍년	풍	凶 흉할	흉
智愚지우 : 智 지혜	지	愚 어리석을	우	皮骨피골 : 皮 가죽	피	骨 뼈	골
眞假진가 : 眞 참	진	假 거짓	가	彼我피아 : 彼 저	피	我 나	아
眞僞진위 : 眞 참	진	僞 거짓	위	彼此피차 : 彼 저	피	此 이	차
進退진퇴 : 進 나아갈	진	退 물러날	퇴	夏冬하동 : 夏 여름	하	冬 겨울	동
集配집배 : 集 모을	집	配 나눌	배	學問학문 : 學 배울	학	問 물을	문
集散집산 : 集 모을	집	散 흩을	산	寒暖한난 : 寒 찰	한	暖 따뜻할	난
借貸차대 : 借 빌릴	차	貸 빌릴	대	寒溫한온 : 寒 찰	한	溫 따뜻할	온
贊反찬반 : 贊 도울	찬	反 돌이킬	반	閑忙한망 : 閑 한가할	한	忙 바쁠	망
天壤천양 : 天 하늘	천	壤 흙	양	海空해공 : 海 바다	해	空 빌	공
天地천지 : 天 하늘	천	地 땅	지	向背향배 : 向 향할	향	背 등	배
鐵石철석 : 鐵 쇠	철	石 돌	석	虛實허실 : 虛 빌	허	實 열매/참	실
添減첨감 : 添 더할	첨	減 덜	감	顯微현미 : 顯 나타날	현	微 작을	미
添削첨삭 : 添 더할	첨	削 깎을	삭	顯密현밀 : 顯 나타날	현	密 빽빽할	밀
晴雨청우 : 晴 갤	청	雨 비	우	賢愚현우 : 賢 어질	현	愚 어리석을	우
聽視청시 : 聽 들을	청	視 볼	시	血肉혈육 : 血 피	혈	肉 살	육
淸濁청탁 : 淸 맑을	청	濁 흐릴	탁	形色형색 : 形 모양	형	色 빛	색
初終초종 : 初 처음	초	終 마칠	종	形影형영 : 形 모양	형	影 그림자	영
春秋춘추 : 春 봄	춘	秋 가을	추	兄弟형제 : 兄 형	형	弟 아우	제
出缺출결 : 出 날	출	缺 이지러질	결	刑罰형벌 : 刑 형벌	형	罰 벌줄	벌

反對字 · 相對字/反對語 · 相對語 (뜻이 반대인 한자)

好惡호오 : 好 좋을	호	惡 미워할	오
呼應호응 : 呼 부를	호	應 응할	응
呼吸호흡 : 呼 부를	호	吸 마실	흡
昏明혼명 : 昏 저물	혼	明 맑을	명
禍福화복 : 禍 재앙	화	福 복	복
和戰화전 : 和 화할	화	戰 싸움	전
活殺활살 : 活 살	활	殺 죽일	살
厚薄후박 : 厚 두터울	후	薄 얇을	박
毀譽훼예 : 毀 헐	훼	譽 기릴	예
胸背흉배 : 胸 가슴	흉	背 등	배
黑白흑백 : 黑 검을	흑	白 흰	백
興亡흥망 : 興 일	흥	亡 망할	망
興敗흥패 : 興 일	흥	敗 패할	패
喜怒희노 : 喜 기쁠	희	怒 성낼	노
喜悲희비 : 喜 기쁠	희	悲 슬플	비

두 글자로 된 상대 · 반대어

可決가결 - 否決부결	架空가공 - 實在실재
加熱가열 - 冷却냉각	却下각하 - 受理수리
剛健강건 - 柔弱유약	强硬강경 - 柔和유화
開放개방 - 閉鎖폐쇄	感情감정 - 理性이성
個別개별 - 全體전체	客觀객관 - 主觀주관
客體객체 - 主體주체	巨大거대 - 微小미소
巨富거부 - 極貧극빈	拒絶거절 - 承諾승낙
建設건설 - 破壞파괴	乾燥건조 - 濕潤습윤
傑作걸작 - 拙作졸작	儉約검약 - 浪費낭비
輕減경감 - 加重가중	經度경도 - 緯度위도
輕率경솔 - 愼重신중	輕視경시 - 重視중시
高雅고아 - 卑俗비속	固定고정 - 流動유동
高調고조 - 低調저조	供給공급 - 需要수요
空想공상 - 現實현실	官尊관존 - 民卑민비
光明광명 - 暗黑암흑	巧妙교묘 - 拙劣졸렬
拘禁구금 - 釋放석방	拘束구속 - 放免방면
求心구심 - 遠心원심	君子군자 - 小人소인
屈服굴복 - 抵抗저항	權利권리 - 義務의무
僅少근소 - 過多과다	急性급성 - 慢性만성
急行급행 - 緩行완행	肯定긍정 - 否定부정
旣決기결 - 未決미결	奇拔기발 - 平凡평범
奇數기수 - 偶數우수	飢餓기아 - 飽食포식
吉兆길조 - 凶兆흉조	樂觀낙관 - 悲觀비관
落第낙제 - 及第급제	暖流난류 - 寒流한류
濫讀남독 - 精讀정독	濫用남용 - 節約절약
朗讀낭독 - 默讀묵독	內容내용 - 形式형식
老鍊노련 - 未熟미숙	能動능동 - 被動피동
多元다원 - 一元일원	單純단순 - 複雜복잡
單式단식 - 複式복식	短縮단축 - 延長연장
大乘대승 - 小乘소승	對話대화 - 獨白독백
都心도심 - 郊外교외	獨創독창 - 模倣모방
動機동기 - 結果결과	登場등장 - 退場퇴장
漠然막연 - 確然확연	妄覺망각 - 記憶기억
滅亡멸망 - 隆興융흥	名譽명예 - 恥辱치욕
無能무능 - 有能유능	物質물질 - 精神정신
微官미관 - 顯官현관	敏速민속 - 遲鈍지둔
密集밀집 - 散在산재	反抗반항 - 服從복종
放心방심 - 操心조심	背恩배은 - 報恩보은
白髮백발 - 紅顏홍안	凡人범인 - 超人초인
別居별거 - 同居동거	保守보수 - 革新혁신
保守보수 - 進步진보	本業본업 - 副業부업
富貴부귀 - 貧賤빈천	富裕부유 - 貧困빈곤
否認부인 - 是認시인	紛爭분쟁 - 和解화해
不運불운 - 幸運행운	非番비번 - 當番당번
非凡비범 - 平凡평범	悲哀비애 - 歡喜환희
死後사후 - 生前생전	削減삭감 - 添加첨가
散文산문 - 韻文운문	喪失상실 - 獲得획득
詳述상술 - 略述약술	生家생가 - 養家양가

反對字·相對字/反對語·相對語 (뜻이 반대인 한자)

生食생식 - 火食화식　　先天선천 - 後天후천
成熟성숙 - 未熟미숙　　消極소극 - 積極적극
所得소득 - 損失손실　　順行순행 - 逆行역행
靈魂영혼 - 肉體육체　　連敗연패 - 連勝연승
偶然우연 - 必然필연　　恩惠은혜 - 怨恨원한
依他의타 - 自立자립　　異端이단 - 正統정통
人爲인위 - 自然자연　　立體입체 - 平面평면
自動자동 - 手動수동　　自動자동 - 他動타동
自律자율 - 他律타율　　自意자의 - 他意타의
低俗저속 - 高尙고상　　敵對적대 - 友好우호
絶對절대 - 相對상대　　漸進점진 - 急進급진
靜淑정숙 - 騷亂소란　　正午정오 - 子正자정
定着정착 - 漂流표류　　弔客조객 - 賀客하객
直系직계 - 傍系방계　　眞實진실 - 虛僞허위
質疑질의 - 應答응답　　縮小축소 - 擴大확대
快樂쾌락 - 苦痛고통　　快勝쾌승 - 慘敗참패
退化퇴화 - 進化진화　　敗北패배 - 勝利승리
合法합법 - 違法위법　　好況호황 - 不況불황
好材호재 - 惡材악재　　好轉호전 - 逆轉역전
興奮흥분 - 安靜안정　　興奮흥분 - 鎭靜진정

세 글자 반의어·상대어

加害者가해자 - 被害者피해자
巨視的거시적 - 微視的미시적
高踏的고답적 - 世俗的세속적
根幹的근간적 - 末梢的말초적
門外漢문외한 - 專門家전문가
白眼視백안시 - 靑眼視청안시
不文律불문율 - 成文律성문율
劣等感열등감 - 優越感우월감
唯物論유물론 - 唯心論유심론
限定的한정적 - 開放的개방적
紅一點홍일점 - 靑一點청일점

네 글자 반대어·상대어

居安思危거안사위 - 亡羊補牢망양보뢰
輕擧妄動경거망동 - 隱忍自重은인자중
高臺廣室고대광실 - 一間斗屋일간두옥
苦盡甘來고진감래 - 興盡悲來흥진비래
近墨者黑근묵자흑 - 麻中之蓬마중지봉
錦上添花금상첨화 - 雪上加霜설상가상
弄瓦之慶농와지경 - 弄璋之慶농장지경
凌雲之志능운지지 - 靑雲之志청운지지
凍氷雪寒동빙설한 - 和風暖陽화풍난양
亡羊補牢망양보뢰 - 有備無患유비무환
門前成市문전성시 - 門前雀羅문전작라
始終一貫시종일관 - 龍頭蛇尾용두사미
我田引水아전인수 - 易地思之역지사지
流芳百世유방백세 - 乳臭萬年유취만년
作心三日작심삼일 - 始終如一시종여일
千慮一得천려일득 - 千慮一失천려일실

十看不如一讀이요,
열 번 눈으로 보기만 하는 것은
한번 소리 내어 읽는 것만 못하고,

十讀不如一書이요,
열 번 소리 내어 읽는 것은
한번 정성들여 쓰는 것만 못하다.

가	可	可決	可能	경	敬	敬禮	敬愛	광	鑛	鑛山	鑛物	단	斷	斷水	斷食
	佳	佳觀	佳人		慶	慶事	慶弔	괴	傀	傀儡		담	膽	膽大	膽石
	架	架空	架設		警	警覺	警告		愧	愧死		대	代	代理	代表
	假	假名	假作		鏡	鏡鑑	鏡臺		壞	壞滅	壞症		待	待期	待望
	暇	暇日	暇隙		競	競技	競馬	교	校	校長	校訓		貸	貸金	貸出
간	姦	姦夫	姦淫	계	系	系譜	系列		教	教育	教訓		對	對決	對話
	懇	懇曲	懇切		戒	戒嚴	戒律		矯	矯導所			戴	戴冠式	
감	減	減少	減員		季	季節		구	久	久遠		도	到	到達	到着
	敢	敢行			界	界域	界限		救	救命	救助		倒	倒産	倒錯
	感	感激	感動		癸	癸未	癸丑		舊	舊面	舊式		途	途中下車	
	憾	憾怨	憾悔		契	契約	契機	군	郡	郡民	郡守		道	道路	道德
강	講	講讀	講演		係	係員	係長	권	拳	拳銃	拳鬪		導	導體	導入
개	介	介入	介在		計	計略	計算		勸	勸農	勸誘	동	洞	洞里	洞窟
	慨	慨然	慨嘆		桂	桂冠	桂樹	궤	軌	軌道	軌跡		凍	凍傷	凍破
	槪	槪念	槪略		啓	啓蒙	啓發	귀	鬼	鬼神	鬼氣		動	動機	動力
갱	更	更年期	更生		械	械器	械桎		貴	貴族	貴重	둔	鈍	鈍感	鈍器
거	去	去來	去勢		繫	繫留	繫辭		歸	歸家	歸國	등	等	等級	等式
	巨	巨大	巨物		繼	繼母	繼承	근	近	近似	近世	라	裸	裸體	裸身
	拒	拒否	拒逆	고	古	古今	古代		僅	僅少	僅僅	란	卵	卵生	卵白
	距	距離			告	告發	告白		謹	謹愼	謹嚴		亂	亂動	亂雜
	據	據點		곤	困	困境	困難	금	禁	禁忌	禁止		爛	爛漫	爛然
	舉	舉手	舉行	공	孔	孔雀	孔丘		錦	錦衣還鄉		람	濫	濫發	濫用
건	建	建國	建物		共	共感	共通	긍	肯	肯定	肯諾	랑	朗	朗讀	朗誦
	健	健康	健在		攻	攻擊	攻守	나	那	那邊		랭	冷	冷却	冷溫
검	儉	儉朴	儉素		供	供給	供養	난	暖	暖帶	暖流	량	兩	兩家	兩極
	劍	劍客	劍道		恭	恭敬	恭遜	내	乃	乃公	乃父	련	練	練習	
	檢	檢舉	檢事		貢	貢納	貢物		內	內科	內部	련	戀	戀愛	戀情
게	揭	揭示	揭揚	과	果	果實	果然		耐	耐久	耐震	례	例	例文	例示
	憩	憩休	憩歇		過	過去	過誤	념	念	念頭	念佛		禮	禮物	禮拜
견	見	見聞	見識		誇	誇示	誇張	노	怒	怒氣	怒色	로	老	老人	老衰
	遣	遣尊			寡	寡默	寡人	농	濃	濃淡	濃度		路	路上	路線
경	竟	竟夜	竟外	광	廣	廣告	廣域	단	但	但只		롱	弄	弄談	弄調

루	累	累計	累進	묘	墓	墓碑	墓地	병	病	病苦	病院	사	士	士官	士氣
	淚	淚腺	淚管	무	戊	戊午士禍			併	併記	併立		巳	巳生	巳時
	屢	屢代	屢沈		茂	茂盛	茂林	보	步	步兵	步道		四	四季	四時
	漏	漏落	漏刻		武	武術	武力		普	普通	普及		史	史家	史記
리	里	里長	里程		務	務實力行			補	補修	補充		死	死力	死亡
	理	理論	理致		貿	貿易	貿穀		報	報告	報答		似	似而非	
	利	利用	利潤		舞	舞踊	舞臺		譜	譜諜	譜所		事	事件	事務
	離	離別	離陸		霧	霧散	霧露		寶	寶庫	寶物		使	使命	使用
	裏	裏面	裏書	문	問	問答	問病	봉	奉	奉公	奉仕		捨	捨近取遠	
	履	履歷	履行	미	尾	尾行	尾骨		俸	俸給			赦	赦免	赦罪
	李	李先生			味	味覺	味感		鳳	鳳凰			賜	賜藥	賜物
	吏	吏道	吏讀	반	反	反對	反省	부	復	復活	復興		謝	謝禮	謝儀
마	馬	馬軍	馬上		半	半減	半切		付	付與		산	産	産苦	産業
만	萬	萬能	萬歲		伴	伴奏	伴侶		否	否決	否認		散	散漫	散會
	晚	晚秋	晚學		返	返納	返送		府	府君			算	算數	算術
	慢	慢然	慢悔		叛	叛軍	叛旗		負	負傷	負擔	상	上	上客	上層
	漫	漫談	漫筆	방	訪	訪問	訪客		副	副官	副使		想	想起	想念
망	妄	妄動	妄念		傍	傍觀	傍點		富	富者	富國	서	序	序頭	序論
	望	望鄕	望拜	배	拜	拜金	拜禮		簿	簿記	簿籍		恕	恕諒	恕免
매	買	買入	買受		背	背景	背信		賦	賦課	賦與		庶	庶務	庶民
맹	猛	猛犬	猛烈		配	配食	配管	분	憤	憤慨	憤怒		敍	敍說	敍述
면	免	免稅	免許		培	培養	培植		奮	奮發	奮然		暑	暑退	暑滯
	面	面前	面接		輩	輩出	輩流	비	比	比較	比例		署	署理	署名
	勉	勉勵	勉從		賠	賠償			批	批判	批評		瑞	瑞光	瑞氣
명	命	命令	命脈	범	犯	犯法	犯罪		肥	肥料	肥滿		誓	誓文	誓約
모	母	母系	母校		汎	汎神論			鼻	鼻祖	鼻炎		緖	緖論	緖業
	某	某國	某處		範	範圍	範疇		祕	祕訣	祕密	선	善	善導	善惡
	侮	侮蔑	侮笑	변	辨	辨明	辨證		悲	悲劇	悲觀		選	選擧	選拔
	慕	慕情	慕心		辯	辯論	辯護		費	費用	費目		繕	繕補	繕寫
	暮	暮景	暮夜		變	變動	變態		備	備考	備蓄	성	性	性格	性慾
묘	妙	妙技	妙策	병	丙	丙子	丙申		匪	匪賊			姓	姓名	姓氏
	苗	苗木	苗床		竝	竝立	竝記		婢	婢僕	婢妾		盛	盛大	盛了

첫 音節에서 長音(긴-소리)로 發音되는 漢字

성	聖	聖歌 聖人	신	腎	腎臟 腎熱	영	永	永久 永遠	운	運	運命 運行
세	世	世界 世代		慎	慎重 慎戒		泳	泳法		韻	韻文 韻書
	洗	洗禮 洗濯		紳	紳士 紳商		詠	詠歌 詠歎	원	援	援軍 援助
	細	細菌 細密	심	甚	甚難 甚深		影	影像 影響		遠	遠近 遠景
	稅	稅金 稅關	아	我	我軍 我國	예	預	預金		願	願書 願望
	歲	歲月 歲拜		餓	餓鬼 餓狼		銳	銳角 銳利	유	有	有利 有名
	勢	勢力 勢道	안	岸	岸壁		藝	藝能 藝術		裕	裕福
	貰	貰家 貰房		案	案內 案件		譽	譽望 譽聲	윤	閏	閏年 閏月
소	小	小說 小銃		眼	眼鏡 眼目	오	午	午前 午正		潤	潤澤 潤色
	少	少量 少數		雁	雁言 雁行		五	五感 五輪	응	應	應答 應援
	所	所見 所望		顔	顔面 顔色		汚	汚名 汚染		凝	凝固 凝視
	笑	笑聲 笑話	암	暗	暗記 暗示		悟	悟道 悟性	의	意	意見 意圖
손	損	損害 損傷	앙	仰	仰望 仰視		娛	娛樂 娛遊		義	義理 義務
송	送	送舊迎新	애	碍	碍子		傲	傲氣 傲慢	이	二	二律背反
	訟	訟事 訟官	야	夜	夜間 夜景		誤	誤記 誤報		已	已往之事
	頌	頌歌 頌德		野	野球 野望	옹	擁	擁立 擁壁		以	以南 以上
	誦	誦讀 誦詩		惹	惹起 惹端	와	瓦	瓦屋 瓦家		耳	耳鳴 耳目
쇄	殺	殺到(쇄도)	양	養	養鷄 養成		臥	臥龍 臥病		異	異見
	刷	刷新 刷馬		壤	壤土 壤地	완	緩	緩急 緩衝	임	壬	壬辰倭亂
	鎖	鎖國 鎖骨		讓	讓渡 讓步	왕	往	往年 往復		賃	賃金 賃貸
수	數	數量 數學	어	御	御名 御用	외	外	外家 外食		妊	妊娠 妊婦
순	順	順理 順産		語	語感 語順		畏	畏敬	자	刺	刺客 刺戟
시	市	市街 市場	여	與	與件 與論	요	曜	曜日		姿	姿勢 姿態
	示	示達 示範		汝	汝等 汝輩	용	用	用途 用兵		恣	恣意 恣行
	矢	矢心 矢言		輿	輿望 輿駕		勇	勇敢 勇斷		諮	諮問
	侍	侍墓 侍婢	연	宴	宴會 宴席	우	又	又況	장	丈	丈母 丈夫
	始	始作 始動		軟	軟骨 軟球		友	友軍 友邦		壯	壯觀 壯年
	是	是非 是認		研	研究 研修		右	右便 右側		掌	掌握 掌匣
	屍	屍身 屍體		硯	硯水 硯滴		宇	宇宙		葬	葬禮 葬事
	施	施設 施政		演	演技 演劇		羽	羽扇 羽調		獎	獎勵 獎學
	視	視線 視野	염	染	染料 染色		雨	雨備 雨量		藏	藏經 藏書
신	信	信仰 信用		厭	厭世 厭忌		偶	偶像 偶數		臟	臟器

첫 音節에서 長音(긴-소리)로 發音되는 漢字

재	在	在庫	在野	조	造	造景	造船	채	採	採鑛	採點	탕	湯	湯飯	湯藥
	再	再開	再修		釣	釣竿	釣臺		彩	彩色	彩雲	태	態	態度	態勢
	宰	宰相			照	照明	照會		債	債券	債務	통	痛	痛哭	痛症
	栽	栽培	栽植	좌	左	左右	左翼	처	處	處女	處理		統	統計	統一
저	低	低價	低調		坐	坐高	坐骨		悽	悽然	悽絶	퇴	退	退勤	退職
	底	底力	底流		佐	佐郎	佐平	천	淺	淺聞	淺薄	파	破	破壞	破産
	抵	抵抗	抵當		座	座席	座談		踐	踐踏	踐歷		罷	罷免	罷宴
	沮	沮止	沮喪	죄	罪	罪過	罪惡		賤	賤待	賤視		播	播種	播植
	著	著書	著述	주	住	住居	住民		遷	遷都	遷善		把	把守	把握
	貯	貯金	貯蓄		宙	宙合樓			薦	薦擧	薦拔	패	貝	貝物	貝石
전	典	典據	典禮		注	注目	注油	촌	寸	寸步	寸數		敗	敗家	敗戰
	展	展開	展望		駐	駐車	駐屯		村	村落	村老		覇	覇權	覇氣
	電	電球	電柱	준	俊	俊秀	俊才	총	總	總計	總額	평	評	評價	評論
	殿	殿閣	殿堂		准	准尉	准將	최	最	最高	最後	폐	肺	肺病	肺癌
	錢	錢主	錢貨		準	準備	準例		催	催眠	催告		閉	閉校	閉鎖
	戰	戰略	戰鬪		遵	遵法	遵守	취	吹	吹奏	吹笛		廢	廢業	廢人
	轉	轉移	轉換	중	重	重要	重量		取	取得	取消		蔽	蔽護	蔽罪
점	店	店員	店鋪		衆	衆口難防			臭	臭氣	臭敗		弊	弊端	弊家
	漸	漸增	漸進	진	振	振動	振幅		就	就業	就職		幣	幣物	幣帛
정	定	定立	定着		陳	陳列	陳設		醉	醉客	醉興	포	抛	抛棄	抛物線
	整	整理	整備		進	進展	進退		趣	趣味	趣意		抱	抱負	抱擁
제	弟	弟子	弟嫂		盡	盡力	盡忠		炊	炊事			捕	捕鯨	捕校
	制	制度	制憲		震	震動	震災	치	致	致富	致死		砲	砲擊	砲門
	帝	帝國	帝王	차	且	且置			置	置簿	置中		飽	飽滿	飽食
	第	第一	第三		借	借用	借入	침	浸	浸水	浸蝕	품	品	品格	品質
	祭	祭器	祭祀		遮	遮斷	遮止		寢	寢臺	寢室	피	彼	彼此	彼岸
	製	製鋼	製藥	찬	贊	贊成	贊意	타	打	打開	打算		被	被告	被殺
	際	際遇	際會		讚	讚歌	讚美		墮	墮落			避	避難	避暑
	濟	濟度	濟世	창	唱	唱歌	唱劇	탄	炭	炭鑛	炭素	하	下	下降	下校
조	弔	弔問	弔旗		創	創立	創造		誕	誕生	誕辰		夏	夏服	夏至
	早	早産	早熟		暢	暢達	暢懷		彈	彈頭	彈力		賀	賀客	賀禮
	助	助教	助力	채	菜	菜蔬			歎	歎服	歎息	한	旱	旱魃	旱害

한	恨	恨歎		해	解	解決	解釋	혜	惠	惠存	惠澤	환	換	換算	換錢
	限	限度	限定	행	幸	幸福	幸運		慧	慧眼	慧敏	황	況	況且	
	漢	漢文	漢字	향	向	向上	向方	호	好	好感	好調	회	悔	悔改	悔恨
	翰	翰林			享	享年	享樂		戶	戶口	戶籍		會	會見	會長
함	陷	陷沒	陷穽		響	響胴	響鈸		互	互惠	互選	효	孝	孝道	孝誠
	艦	艦隊	艦上	헌	憲	憲法	憲兵		浩	浩氣	浩蕩		效	效果	效能
항	抗	抗拒	抗議		獻	獻金	獻納		護	護國	護衛		曉	曉星	曉示
	巷	巷間	巷說	험	險	險難	險談	혼	混	混同	混雜	후	厚	厚待	厚生
	航	航空	航路		驗	驗算		화	貨	貨物	貨幣		後	後期	後孫
	港	港口	港都	현	現	現金	現代		畫	畫家	畫室		候	候補	候鳥
	項	項目	項鎖		縣	縣監	縣令		禍	禍根	禍亂	훈	訓	訓戒	訓長
해	害	害毒	害惡		懸	懸賞	懸板	환	幻	幻覺	幻像	훼	毁	毁損	毁折
	海	海女	海運		顯	顯官	顯示		患	患者	患亂				

첫 音節에서 長音으로 發音되는 漢字語에 대하여

한국어문회에서는 첫소리가 長音인 한자어를 4급 이상은 5%나 출제합니다.
영어는 '액센트(accent)'가 있고 일본어는 '淸音'과 '濁音'이 있듯이 우리말도 '길게 발음'
하는 것과 '짧게 발음'하는 것은 낱말 뜻의 차이가 있습니다.

다음은 초등학교 3학년 국어(읽기)에 있는 내용입니다.
글자는 같지만 뜻이 다른 낱말에 대하여 알아봅시다. (6쪽~10쪽)
*사람의 '눈'과 하늘에서 내리는 '눈'이 그렇습니다.
*어제 저녁에 철수는 이순신 장군의 전기(傳記)를 읽고 있었습니다. 그런데 갑자기 전기
 (電氣)가 나가서 책을 읽을 수가 없었습니다.
*말에는 '타는 말'과 '사람이 하는 말'이 있습니다.
 "여보시오, 말 좀 물어 봅시다"
 "아니, 잘 걷고 있는 말을 왜 갑자기 물어 보려고 하오?"

위에서 보듯이 발음의 길이에 따라서 뜻이 달라지며 漢字語에서 꼭 익혀야 할 어문생활의
기본입니다.

한자의 상식

- 잘못 읽기 쉬운 漢字語
- 한 글자가 둘 이상의 字音을 가진 漢字
- 부수(部首)란?

잘못 읽기 쉬운 漢字語

漢字語	正(o)	誤(x)	漢字語	正(o)	誤(x)	漢字語	正(o)	誤(x)
可矜	가긍	가금	難澁	난삽	난지	便所	변소	편소
可憐	가련	가린	捺印	날인	나인	兵站	병참	병점
恪別	각별	격별	鹿茸	녹용	녹이	報酬	보수	보주
看做	간주	간고	鹿皮	녹비	녹피	布施	보시	포시
姦慝	간특	간약	茶菓	다과	차과	補塡	보전	포진
減殺	감쇄	감살	團欒	단란	단락	不朽	불후	불구
勘定	감정	심정	撞着	당착	동착	沸騰	비등	불등
降下	강하	항하	陶冶	도야	도치	憑藉	빙자	빙적
概括	개괄	개활	瀆職	독직	속직	使嗾	사주	사족
改悛	개전	개준	獨擅	독천	독단	奢侈	사치	사다
釀出	갹출	거출	鈍濁	둔탁	돈탁	詐欺	사기	사취
坑道	갱도	항도	登攀	등반	등거	數數	삭삭	수수
揭示	게시	계시	蔓延	만연	만정	索漠	삭막	색한
更迭	경질	갱질	邁進	매진	만진	撒布	살포	산포
驚蟄	경칩	경첩	驀進	맥진	막진	相殺	상쇄	상살
汨沒	골몰	일몰	萌芽	맹아	붕아	省略	생략	성략
誇張	과장	오장	明澄	명징	명증	棲息	서식	처식
刮目	괄목	활목	牡牛	모우	목우	洗淨	세정	세쟁
壞滅	괴멸	회멸	木瓜	모과	목과	洗滌	세척	세조
攪亂	교란	각란	杳然	묘연	향연	甦生	소생	갱생
教唆	교사	교준	巫覡	무격	무현	遡及	소급	삭급
口腔	구강	구공	拇印	무인	모인	贖罪	속죄	독죄
句讀	구두	구독	未洽	미흡	미합	殺到	쇄도	살도
丘陵	구릉	구능	撲滅	박멸	복멸	水洗	수세	수선
口碑	구비	구패	撲殺	박살	복살	猜忌	시기	청기
拘碍	구애	구득	剝奪	박탈	녹탈	示唆	시사	시준
救恤	구휼	구혈	頒布	반포	분포	諡號	시호	익호
詭辯	궤변	위변	潑剌	발랄	발자	深刻	심각	탐각
龜裂	균열	구열	拔萃	발췌	발졸	齷齪	악착	악족
近況	근황	근항	拔擢	발탁	발요	軋轢	알력	알락
內人	나인	내인	幫助	방조	봉조	斡旋	알선	간선
烙印	낙인	각인	便祕	변비	편비	謁見	알현	알견

漢字語	正(o)	誤(x)	漢字語	正(o)	誤(x)	漢字語	正(o)	誤(x)
惹起	야기	약기	措置	조치	차치	推敲	퇴고	추고
掠奪	약탈	경탈	稠密	조밀	주밀	破綻	파탄	파정
隘路	애로	익로	造詣	조예	조지	跛立	피립	파립
愛玩	애완	애원	奏請	주청	진정	敗北	패배	패북
濾過	여과	노과	躊躇	주저	수저	覇權	패권	파권
役割	역할	역활	憎惡	증오	증악	平坦	평탄	평단
領袖	영수	영유	叱責	질책	힐책	捕捉	포착	포촉
嗚咽	오열	명인	桎梏	질곡	지고	褒賞	포상	보상
汚辱	오욕	오진	執拗	집요	집유	輻輳	폭주	복주
訛傳	와전	화전	斬新	참신	점신	標識	표지	표식
渦中	와중	과중	懺悔	참회	섬회	風靡	풍미	풍마
緩和	완화	난화	暢達	창달	장달	割引	할인	활인
窯業	요업	질업	漲溢	창일	장익	陜川	합천	협천
容喙	용훼	용탁	刺殺	척살	자살	肛門	항문	홍문
雨雹	우박	우포	喘息	천식	서식	行列	항렬	행렬
遊說	유세	유설	闡明	천명	단명	降將	항장	강장
吟味	음미	금미	尖端	첨단	연단	解弛	해이	해지
凝結	응결	의결	涕泣	체읍	제읍	諧謔	해학	개학
義捐	의연	의손	諦念	체념	제념	享樂	향락	형락
移徙	이사	이도	忖度	촌탁	촌도	絢爛	현란	순란
弛緩	이완	치완	寵愛	총애	용애	荊棘	형극	형자
罹患	이환	나환	撮影	촬영	최영	忽然	홀연	총연
溺死	익사	약사	追悼	추도	추탁	花瓣	화판	화변
一括	일괄	일활	秋毫	추호	추모	廓然	확연	곽연
伴舞	일무	유무	推薦	추천	추거	滑走	활주	골주
剩餘	잉여	승여	衷心	충심	애심	黃疸	황달	황단
自刎	자문	자물	熾烈	치열	식열	恍惚	황홀	광홀
箴言	잠언	함언	鍼術	침술	함술	嚆矢	효시	고시
暫定	잠정	참정	拓本	탁본	척본	嗅覺	후각	취각
將帥	장수	장사	彈劾	탄핵	탄효	麾下	휘하	마하
裝塡	장전	장진	綻露	탄로	정로	休講	휴강	체강
沮止	저지	차지	擄得	터득	여득	欣快	흔쾌	흠쾌
傳播	전파	전번	慟哭	통곡	동곡	恰似	흡사	합사
點睛	점정	점청	洞察	통찰	동찰	詰責	힐책	길책

略字 (획을 줄여 써도 訓·音이 같은 字)

本字	略字/訓	音	本字	略字/訓	音	本字	略字/訓	音	本字	略字/訓	音
假	仮 거짓	가	舊	旧 예	구	亂	乱 어지러울	란	冰	氷 얼음	빙
價	価 값	가	驅	駆 몰	구	濫	濫 넘칠	람	寫	写 베낄	사
暇	暇 틈	가	龜	亀 거북	구	來	来 올	래	師	师 스승	사
覺	覚 깨달을	각	國	国 나라	국	兩	両 두	량	絲	糸 실	사
監	監 볼	감	勸	劝 권할	권	勵	励 힘쓸	려	辭	辞 말씀	사
蓋	盖 덮을	개	權	权 권세	권	戀	恋 그릴	련	嘗	嘗 맛볼	상
據	拠 근거	거	歸	帰 돌아갈	귀	聯	联 연이을	련	桑	桒 뽕나무	상
擧	挙 들	거	棄	弃 버릴	기	靈	灵 신령	령	牀	床 상	상
傑	杰 뛰어날	걸	氣	気 기운	기	禮	礼 예도	례	狀	状 형상	상
儉	倹 검소할	검	緊	紧 긴할	긴	勞	労 일할	로	釋	釈 풀	석
劍	剣 칼	검	惱	悩 번뇌할	뇌	爐	炉 화로	로	禪	禅 선	선
檢	検 검사할	검	腦	脳 골	뇌	樓	楼 다락	루	聲	声 소리	성
堅	坚 굳을	견	單	单 홑	단	滿	満 찰	만	世	丗 인간	세
徑	径 지름길	경	團	団 둥글	단	萬	万 일만	만	屬	属 붙을	속
經	経 지날	경	斷	断 끊을	단	賣	売 팔	매	續	続 이을	속
輕	軽 가벼울	경	當	当 마땅할	당	貌	皃 모양	모	壽	寿 목숨	수
繼	継 이을	계	黨	党 무리	당	夢	梦 꿈	몽	收	収 거둘	수
鷄	雞 닭	계	對	対 대할	대	無	无 없을	무	數	数 셈	수
觀	观 볼	관	臺	台 대	대	發	発 필	발	獸	獣 짐승	수
關	関 관계할	관	圖	図 그림	도	變	変 변할	변	隨	随 따를	수
館	舘 집	관	獨	独 홀로	독	邊	辺 가	변	肅	粛 엄숙할	숙
廣	広 넓을	광	讀	読 읽을	독	竝	並 나란히	병	濕	湿 젖을	습
鑛	鉱 쇳돌	광	同	仝 한가지	동	寶	宝 보배	보	乘	乗 탈	승
敎	教 가르칠	교	燈	灯 등	등	佛	仏 부처	불	實	実 열매	실
區	区 구분할	구	樂	楽 즐거울	락	拂	払 떨칠	불	雙	双 두	쌍

略字 (획을 줄여 써도 訓·音이 같은 字)

本字	略字/訓	音	本字	略字/訓	音	本字	略字/訓	音	本字	略字/訓	音
亞	亜 버금	아	醫	医 의원	의	證	証 증거	증	稱	称 일컬을	칭
兒	児 아이	아	益	益 더할	익	珍	珎 보배	진	彈	弾 탄알	탄
惡	悪 악할	악	姊	姉 손위누이	자	盡	尽 다할	진	擇	択 가릴	택
鴈	雁 기러기	안	殘	残 남을	잔	眞	真 참	진	澤	沢 못	택
巖	岩 바위	암	雜	雑 섞일	잡	質	質 바탕	질	兔	兎 토끼	토
壓	圧 누를	압	壯	壮 장할	장	參	参 참여할	참	廢	廃 폐할	폐
藥	薬 약	약	將	将 장수	장	慘	惨 참혹할	참	豐	豊 풍년	풍
與	与 줄	여	莊	荘 씩씩할	장	冊	册 책	책	學	学 배울	학
餘	余 남을	여	裝	装 꾸밀	장	處	処 곳	처	解	鮮 해	해
譯	訳 번역할	역	奬	奨 장려할	장	淺	浅 얕을	천	虛	虚 빌	허
驛	駅 역	역	哉	㦲 어조사	재	賤	賎 천할	천	獻	献 드릴	헌
硏	研 갈	연	爭	争 다툴	쟁	踐	践 밟을	천	險	険 험할	험
鹽	塩 소금	염	傳	伝 전할	전	遷	迁 옮길	천	驗	験 시험할	험
榮	栄 영화	영	戰	戦 싸움	전	鐵	鉄 쇠	철	縣	県 고을	현
營	営 경영할	영	轉	転 구를	전	廳	庁 관청	청	賢	賢 어질	현
藝	芸 재주	예	錢	銭 돈	전	聽	聴 들을	청	顯	顕 나타날	현
譽	誉 기릴	예	點	点 점	점	體	体 몸	체	螢	蛍 바닷불	형
豫	予 미리	예	定	㝎 정할	정	觸	触 닿을	촉	號	号 이름	호
員	貟 인원	원	濟	済 건널	제	總	総 다	총	畫	画 그림	화
僞	偽 거짓	위	齊	斉 가지런할	제	蟲	虫 벌레	충	擴	拡 넓힐	확
圍	囲 에워쌀	위	條	条 가지	조	醉	酔 취할	취	歡	欢 기쁠	환
爲	為 할	위	卒	卆 마칠	졸	恥	耻 부끄러울	치	會	会 모일	회
隱	隠 숨을	은	增	増 더할	증	齒	歯 이	치	興	兴 일	흥
陰	陰 그늘	음	曾	曽 일찍	증	漆	柒 옻	칠	戲	戯 놀이	희
應	応 응할	응	蒸	菾 찔	증	沈	沉 잠길	침			

한 글자가 둘 이상의 字音을 가진 漢字

漢字	訓 音	用例 漢字語	漢字	訓 音	用例 漢字語
降	내릴 강	降雨강우　昇降승강	復	회복할 복	回復회복　復權복권
	항복할 항	降服항복　投降투항		다시 부	復活부활　復興부흥
更	다시 갱	更生갱생　更選갱선	否	아닐 부	可否가부　否定부정
	고칠 경	更張경장　更迭경질		막힐 비	否塞비색　否運비운
車	수레 거	自轉車자전거	北	북녘 북	南北남북　北極북극
	수레 차	電車전차　汽車기차		달아날 배	敗　北　패　배
見	볼 견	見聞견문　見學견학	分	나눌 분	分數분수　兩分양분
	뵈올 현	謁　見　알　현		푼 푼	分錢푼전　五分오푼
契	맺을 계	契約계약　墨契묵계	不	아니 불	不可불가　不便불편
	부족이름 글	契　丹　글　안		아닐 부	不當부당　不正부정
金	쇠 금	金銀금은　金屬금속	寺	절 사	寺刹사찰　寺院사원
	성 김	金庾信김유신		관청 시	司僕寺 사 복 시
奈	어찌 나	奈落나락(불교지옥)	殺	죽일 살	殺人살인　打殺타살
	어찌 내	奈　何　내　하		빠를 쇄	殺　到　쇄　도
內	안 내	內外내외　內科내과		감할 쇄	相殺상쇄　減殺감쇄
	女官 나	內　人　나　인	說	말씀 설	說明설명　解說해설
茶	차 다	茶菓다과　茶室다실		달랠 세	遊　說　유　세
	차 차	茶禮차례　綠茶녹차		기쁠 열	說　樂　열　락
丹	붉을 단	丹靑단청　丹脣단순	塞	변방 새	要　塞　요　새
	꽃이름 란	牧丹모란　契丹글안		막힐 색	閉　塞　폐　색
糖	엿 당	糖分당분　糖尿당뇨	索	찾을 색	搜索수색　索引색인
	사탕 탕	砂糖사탕　雪糖설탕		새끼줄 삭	索道삭도　鐵索철삭
度	법도 도	溫度온도　制度제도	省	살필 성	反省반성　省察성찰
	헤아릴 탁	忖度촌탁　度計탁계		덜 생	省　略　생　략
洞	골 동	洞里동리　洞窟동굴	數	셈 수	數學수학　算數산수
	밝을 통	洞察통찰　洞燭통촉		자주 삭	頻　數　빈　삭
樂	즐거울 락	苦樂고락　娛樂오락	拾	주을 습	拾得습득　收拾수습
	노래 악	音樂음악　樂器악기		열 십	十의　갖은　字
	좋아할 요	樂山樂水요산요수 仁者樂山.知者樂水	識	알 식	識別식별　有識유식
				기록할 지	標　識　표　지

한 글자가 둘 이상의 字音을 가진 漢字

漢字	訓音	用例 漢字語	漢字	訓音	用例 漢字語
惡	악할 악	善惡선악 罪惡죄악	徵	부를 징	徵收징수 徵兵징병
	미워할 오	憎惡증오 嫌惡혐오		음율이름 치	徵 音 치 음
若	같을 약	萬若만약 若少약소	參	참여할 참	參加참가 同參동참
	반야 야	般若心經반야심경		석 삼	三의 갖은 字
於	어조사 어	語助詞 어 조 사	差	다를 차	差別차별 差異차이
	탄식할 오	於 乎 오 호		어긋날 치	參 差 참 치
易	바꿀 역	貿易무역 交易교역	宅	집 택	住宅주택 社宅사택
	쉬울 이	容易용이 難易난이		집 댁	貴宅귀댁 宅內댁내
狀	모양 상	狀態상태 現狀현상	暴	사나울 폭	暴力폭력 亂暴난폭
	문서 장	賞 狀 상 장		사나울 포	暴惡포악 橫暴횡포
切	끊을 절	切開절개 切親절친	皮	가죽 피	皮革피혁 皮膚피부
	온통 체	一 切 일 체		가죽 비	鹿 皮 녹 비
辰	별 진	壬辰倭亂임진왜란	合	합할 합	合計합계 合格합격
	때 신	生 辰 생 신		홉 홉	한 되의 1/10의 용량
則	곧 즉	然 則 연 즉	畫	그림 화	畫家화가 畫室화실
	법칙 칙	法則법칙 規則규칙		그을 획	畫順획순 筆畫필획
刺	찌를 자	刺客자객 刺繡자수	布	베 포	布木포목 葛布갈포
	찌를 척	刺 殺 척 살		펼 포	公布공포 配布배포
	수라 라	水 刺 수 라		보시 보	布 施 보 시
著	나타날 저	著名저명 顯著현저	行	다닐 행	行動행동 進行진행
	지을 저	著書저서 著作저작		행실 행	行 實 행 실
	붙을 착	到著도착 = 到着		항렬 항	行列항렬 雁行안항

常携字書勝於師

항상 사전을 소지하고 다니는 것이 스승보다 낫다.

부수(部首)란?

部首는 漢字의 '기본 꼴'입니다.

한자를 구성하는 '기본이 되는 뜻과 모양을 가진 字'를 部首(부수)라고 합니다.
옥편(玉篇)=자전(字典)에서 쉽게 찾기 위한 漢字의 '기본 꼴'입니다.
영어사전은 A B C D로, 국어사전은 가 나 다 라 순서로 되어 있듯이
한자 옥편은 부수별로 배열되어 있습니다.

부수는 214字나 되지만 제 部首字 및 거의 쓰이지 않는 部首字를 제외한
중요한 부수 40字만 알게 되면 한자의 70%는 알 수 있습니다.

나무 木이 부수(部首)인 한자(漢字)는

- 나무의 이름이거나 : 나무 목(木). 오얏 리(李). 소나무 송(松)
- 나무로 만든 것이거나 : 널 판(板). 학교 교(校). 다리 교(橋)
- 나무와 관계되는 : 심을 식(植). 묶을 속(束). 마을 촌(村). 등등

나무와 관계되는 것을 알 수 있습니다.

사람 人이 부수(部首)인 한자(漢字)는

- 사람이거나 : 사람 인(人). 다를 타(他). 신선 선(仙)
- 사람이 하는 : 지을 작(作). 쉴 휴(休). 대신할 대(代)
- 사람과 관계되는 : 살 주(住). 편할 편(便). 믿을 신(信). 등등

사람과 관계되는 것을 알 수 있습니다.

물 水가 부수(部首)인 한자(漢字)는

- 물이거나 : 물 수(水). 강 강(江). 바다 해(海)
- 물로 하는 : 목욕할 욕(浴). 부을 주(注). 씻을 세(洗)
- 물과 관계되는 : 따뜻할 온(溫). 덜 감(減). 김 기(汽). 등등

물과 관계되는 것을 알 수 있습니다.

그러나 뜻 보다 모양이 우선일 때가 많기 때문에 반드시 일치하지는 않습니다.

부수(部首)를 쉽게 기억하기
상형(象形)문자는 대체적으로 부수자(部首字)임

60여字만 기억하면 한자(中~高校/1800字)의 部首字 80% 이상은 아는 것입니다. 아래의 글자를 가지고 뜻과 뜻을 조합하고, 뜻과 소리를 조합하여 계속 새끼를 쳐서 늘어난 것이 漢字입니다.

자연 : 요일(曜日)과 자연(自然)은 部首字이다.

日 月 火 水 木 金 土

川(내) 山(산) 雨(비) 風(바람) 石(돌) 艹(풀) 宀(집)

신체 : 사람과 몸의 각 부위는 部首字이다.

人 子 女 身 手 足 首 頁 耳 目 口 鼻 面 舌 齒 牙

骨(뼈) 肉(살) 血(피) 毛(털) 爫(손톱) 寸(손목) 尸(시체)

입으로 말하는 言. 생각하는 心. 죽어서는 귀신이 示.

색깔 : 색깔은 部首字이다.

色 白 黑 靑 赤 玄 黃

가까이 있는 동물은 部首字이다.

牛(소) 馬(말) 犬(개) 豕(돼지) 鼠(쥐) 鳥(새)

먹고 사는 것(곡식과 어물)은 部首字입니다.

食(밥) 米(쌀) 麥(보리) 豆(콩) 禾(벼) 黍(기장)

魚(물고기) 貝(조개)

※漢字에는 절대적인 定說과 절대적인 원칙이 없습니다.

部首를 찾아내는 方法

漢字는 약 85%가 형성문자(形聲文字=한 쪽은 뜻, 한쪽은 소리)로 구성되어 있다.

즉, 漢字에는 읽는 소리(讀音=독음)가 들어있다. 뜻은 모르더라도 우리가 배운 字 중에서 쉽게 눈에 띄는 字를 읽으면 99%가 독음(讀音)이 맞다.

중요한 것은 이때의 읽는 소리 字는 部首가 아니다. 읽는 소리만 분리하면 그 나머지 부분이 部首인 것이다. 읽는 소리가 조금이라도 비슷하면 그 부분의 字는 部首가 아니다. 음이 비슷한 것은, 세월이 흐르면서 변음(變音)되었기 때문이다.

그 중요한 漢字들은 다음과 같다.

漢字	訓 音		뜻 부분	音 부분	部首	漢字	訓 音		뜻 부분	音 부분	部首
江	강	강	氵	工	氵	放	놓을	방	攵	方	攵
簡	대쪽	간	竹	間	竹	訪	찾을	방	言	方	言
警	경계할	경	言	敬	言	防	막을	방	阝	方	阝
空	빌	공	穴	工	穴	裳	치마	상	衣	尚	衣
究	연구할	구	穴	九	穴	姓	성	성	女	生	女
球	공	구	玉	求	玉	視	볼	시	見	示	見
群	무리	군	羊	君	羊	養	기를	양	食	羊	食
近	가까울	근	辶	斤	辶	勇	날랠	용	力	甬	力
錦	비단	금	金	帛	金	院	집	원	阝	完	阝
期	기약할	기	月	其	月	英	꽃부리	영	艹	央	艹
理	다스릴	리	玉	里	玉	財	재물	재	貝	才	貝
聞	들을	문	耳	門	耳	頂	정수리	정	頁	丁	頁
問	물을	문	口	門	口	忠	충성	충	心	中	心
物	물건	물	牛	勿	牛	河	물	하	氵	可	氵
返	돌아올	반	辶	反	辶	花	꽃	화	艹	化	艹

단, 다음의 漢字는 읽는 소리 字가 部首이다.

[字]'자'는 '子'가 [碩]'석'은 '石'이 [到]'도'는 '刂' [睦]'목'은 '目' [牆]'장''爿'이, [欽]'흠'은 '欠'은 [錦]'금'은 '金'이 [百]'백'은 '白' [飾]은 '食'

部首의 맹점(盲點=虛點)

(部首가 반드시 '뜻'은 아님)

部首는 뜻(義)보다는 모양(形)이 우선이다.

部首는 자전(字典=玉篇)에서 漢字를 쉽게 찾기 위한 基本이 되는 字이다. 根本的인 뜻이 같으면서도 모양이 같은 것을 획수(劃數)순서 대로 모아 놓은 것이다.

그러나 部首는 뜻 보다는 모양을 근거로 하였기 때문에 자전(字典=玉篇)에서 찾기가 어려운 漢字가 있다. 일만 '만萬' 字는 풀 '초艹'와 뜻은 관계가 없으나 모양이 같기 때문에 字典에서는 '초艹' 部首에서 찾아야 한다.

그 중요한 漢字들은 다음과 같다. ※아래 字 외에도 다수 있음.

구분(區分)이 어려운 部首의 漢字

漢字	訓音	部首	漢字	訓音	部首	漢字	訓音	部首
幹	줄기 간	干 방패 간	師	스승 사	巾 수건 건	釆	캘 채	釆 분별할 변
睾	불알 고	目 눈 목	些	적을 사	二 두 이	凸	볼록할 철	凵 입벌릴 감
南	남녘 남	十 열 십	舍	집 사	舌 혀 설	執	잡을 집	土 흙 토
年	해 년	干 방패 간	塞	변방 새	土 흙 토	芻	꼴 추	艹 풀 초
萬	일만 만	艹 풀 초	乘	탈 승	丿 삐칠 별	就	나아갈 취	尢 절름발이 왕
氓	백성 맹	氏 성씨 씨	甚	심할 심	甘 달 감	奪	뺏을 탈	大 큰 대
亂	어지러울란	乙 새 을	魚	고기 어	魚 고기 어	斃	넘어질 폐	攵 칠 복
弄	희롱할 롱	廾 받들 공	漁	고기잡을어	氵 물 수	罕	드물 한	网 그물 망
墨	먹 묵	土 흙 토	與	줄 여	臼 절구 구	寒	찰 한	宀 집 면
辯	말잘할 변	言 말씀 언	烏	까마귀 오	灬 불 화	巷	거리 항	己 몸 기
辨	분별할 변	辛 매울 신	王	임금 왕	玉 구슬 옥	奚	어찌 해	大 큰 대
弁	고깔 변	廾 받들 공	奬	장려할 장	犬 개 견	彗	비 혜	彐 돼지머리 계
甫	클 보	用 쓸 용	牆	담 장	爿 조각널 장	黃	누를 황	黄 누를 황
報	갚을 보	土 흙 토	臧	착할 장	臣 신하 신	皇	임금 황	白 흰 백
卑	낮을 비	十 열 십	蒸	찔 증	艹 풀 초	會	모일 회	曰 가로 왈

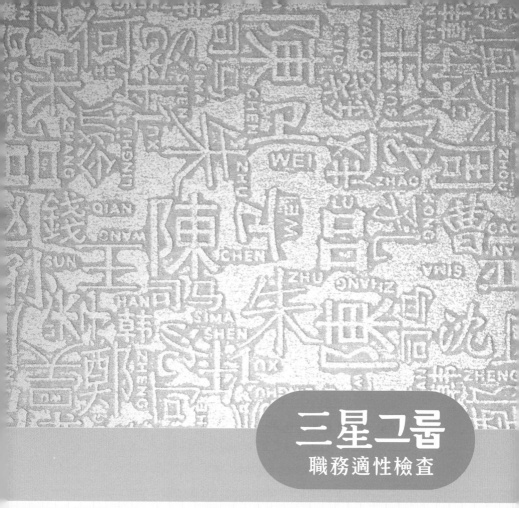

三星그룹
職務適性檢査

新入社員 1次 試驗 故事成語/四字成語
SumSung Aptitude Test

故事成語 / 四字成語

(가)

街談巷說	길거리, 世上 사람들 사이에 떠도는 이야기.
苛斂誅求	百姓들에게 稅金 등을 苛酷하게 거둬들여 못살게 함.
看雲步月	客地에서 가족이나 집 생각을 함.
	집 생각 때문에 낮에는 구름을 바라보고 밤에는 달빛 아래 거닐다.
甘呑苦吐	달면 삼키고 쓰면 뱉는다. 이기적인 처세. 야박한 世情을 比喩.
甲男乙女	平凡한 사람들을 이름.
改過遷善	잘못을 고치어 착하게 됨.
乾坤一擲	運命을 걸고 마지막으로 勝敗를 決定짓는 單判勝負.
乞人憐天	자기의 形便도 모르면서, 격에 맞지 않는 걱정을 함.
隔靴搔癢	신발을 신고 가려움을 긁음, 성에 차지 아니함.
牽强附會	理致와 相關없이 남의 말을 잘 듣지 않고 自己主張만 내세우는 것.
見利思義	利益을 챙겼으면 그것이 義에 맞는 가를 먼저 생각해야 함.
兼人之勇	혼자서 능히 몇 사람을 당해 낼만한 勇氣.
鷄卵有骨	일이 잘 되지 않는 사람이 모처럼의 좋은 기회를 만나도 역시 잘 안됨.
	財數가 없으면 鷄卵에도 뼈가 있음.
孤立無援	孤立되어 救援받을 곳이 없음.
姑息之計	根本的인 解決策이 아닌 臨時變通으로 彌縫하는 計策.
苦肉之計	敵을 속이기 위해 自身을 犧牲하면서 꾸미는 計策.
誇大妄想	자기의 능력·용모·외모 등을 과대평가하여 사실인 것처럼 믿음.
曲學阿世	眞理를 벗어난 學問으로 世上사람들에게 阿諂하다.
矯角殺牛	작은 缺點을 고치려다가 手段이 지나쳐 오히려 일을 그르침.
狡兎三窟	狡猾하고 꾀 많은 토끼가 세 개의 숨은 굴을 가지고 죽음을 피함.
	巧妙한 智慧로 危機를 피함을 뜻함.
群盲撫象	무리의 소경이 코끼리를 만져보고 제각각의 判斷함. 큰 것을 보지 못.
克己復禮	지나친 慾心을 누르고 禮儀凡節을 좇음.
近墨者黑	먹을 가까이 하면 먹물이 들듯, 害惡한 사람을 가까이 하면 물들게 됨.
錦上添花	비단옷에 또 꽃무늬의 수를 놓다. 좋은 일이 거듭 일어나다.
欺世盜名	世上사람을 속이고 헛된 名譽를 탐냄.

故事成語 / 四字成語

(나)

男負女戴　남자는 등짐지고 여자는 머리에 이고 떠돌아다니는 가난한 행색.

囊中之錐　유능한 사람은 숨어 있어도 存在가 들어남.

怒甲移乙　어떤 사람에게 당한 노여움을 다른 사람에게 화풀이 함.

老當益壯　늙어도 더욱 氣運이 넘쳐흐름. 老益壯.

(다)

堂狗風月　비록 無識한 사람이라도 有識한 사람과 오래 親交하면 見聞이 생김.

　　　　　서당 개 삼년이면 풍월 읊는다.

螳螂拒轍　자기의 能力을 헤아리지 못하고 無謀하게 덤빔.

黨同伐異　옳고 그름과는 無關하게 같은 편끼리 뭉쳐 다른 편을 排擊함.

獨也靑靑　홀로 푸르다. 남들이 節槪를 꺾는 狀況에서도 홀로 節槪를 굳게 지킴.

同價紅裳　같은 값이면 다홍치마. 즉, 같은 조검이면 더 좋은 것을 택함.

同氣一身　同氣(兄弟)는 한 몸과 같음을 이르는 말.

(마)

莫上莫下　優劣을 가리기 어려움을 나타낸 말.

莫逆之友　허물없이 지내는 친한 친구 사이.

望雲之情　어버이를 그리워하는 마음. 멀리 구름을 바라보며 어버이를 생각함.

無量壽佛　阿彌陀佛을 讚美하여 부르는 말.

密雲不雨　구름은 가득하나 비가 내리지 않는 것처럼 어떤 일의 條件은 모두 갖추었으나 일이

　　　　　잘 成事되지 않음을 比喩함.

(바)

拍掌大笑　손뼉을 치면서 크게 웃음.

拔本塞源　하늘의 理致를 알고 사람의 사사로운 慾心의 根源을 遮斷함.

白面書生　글만 읽고 世上 物情을 모르는 사람.

伯牙絶絃　伯牙絶絃切親한 벗의 죽음을 슬퍼하는 말. 眞實한 友情.

髀肉之嘆　才能을 發揮할 機會를 얻지 못하고 헛되이 歲月을 보내고 있음을 歎息함.

故事成語 / 四字成語

(사)

四面楚歌	적으로 둘러 싸여 아무에게도 도움을 받지 못하는 狀態.
事必歸正	모든 일은 반드시 옳은 理致대로 돌아옴.
三顧草廬	貴人을 여러 번 찾아 어렵게 모심.(劉備가 諸葛孔明을)
三旬九食	열흘에 세 끼니의 밥. 아주 窮乏함.
三遷之教	孟子 어머니가 孟子를 가르치기 위하여 세 번이나 이사를 함.
	子女教育의 環境의 重要性을 나타 낸 말.
上火下澤	위에는 불 아래는 연못. 서로 融合하지 못하고 서로 兩極으로 치달음.
塞翁之馬	인생의 吉凶禍福은 變化가 많아 미리 알 수 없음.
雪上加霜	어려운 일이 連續的으로 생김. 눈 위에 또 서리가 내림.
束手無策	손을 묶은 것과 같은 상태로, 어찌할 도리가 없음.
首丘初心	여우가 죽을 때 머리를 제 살던 굴 쪽으로 두고 죽는다.
	故鄉을 잊지 않고 그리워하는 마음.
手不釋卷	손에 책을 놓지 않고 부지런히 학문에 힘씀.
誰怨誰咎	남을 怨望하거나 탓할 것이 없음, 누구를 怨望하고 누구를 탓하랴?
脣亡齒寒	利害關係가 서로 密接하여 한쪽이 망하면 다른 쪽도 보존하기 어려움.
	입술이 없으면 이가 시리게 마련.
乘勝長驅	싸움에 이긴 餘勢를 몰아 繼續 몰아침.
是非之心	옳고 그름을 가릴 줄 아는 마음.
識字憂患	글자를 아는 것이 도리어 근심을 사게 된다는 말.
十目所視	세상 사람을 다 속일 수 없음.

(아)

阿彌陀佛	서방 淨土의 極樂世界에 있다는 부처의 이름.
安貧樂道	가난한 生活가운데서도 便安한 마음으로 道를 즐김.
眼下無人	자기 눈 아래에는 아무도 보이는 사람이 없는 듯이 무례하게 굶.
野壇法席	야외에 자리를 마련하여 부처님의 말씀을 듣는 자리.
	秩序가 없고 시끌벅적하고 어수선함을 비유하는 말.
羊頭狗肉	양의 머리를 걸어 놓고 實際로는 개고기를 판다. 겉과 속이 다름.

故事成語 / 四字成語

梁上君子	도둑을 점잖게 이르는 말. 들보 위에 숨어 있는 군자.
兩虎相鬪	힘센 두 英雄 또는 두 나라가 서로 싸우고 있음을 이르는 말.
養虎遺患	恩惠를 베풀어 주고도 도리어 해를 입게 됨. 길러준 범에게 물림.
漁父之利	둘이 다투고 있는 사이에 엉뚱한 사람이 利益을 얻다.
語不成說	말이 事理에 맞지 않음.
易地思之	서로가 처한 處地에서 바꾸어서 생각함.
炎凉世態	權勢가 있을 때는 阿諂하여 좇고, 權勢가 없어지면 푸대접하는 世俗.
拈華示衆	말이나 글을 통하지 않고 마음에서 마음으로 전하는 일.
吾鼻三尺	내 코가 석자. 내 일이 급하여 남을 돌볼 餘裕가 없음.
烏飛梨落	工巧롭게도 어떤 일이 같은 때에 일어나 남의 疑心을 받게 됨.
	까마귀 날자 배(梨)가 떨어졌으나 까마귀와는 관계가 없음.
吳越同舟	서로 미워하면서도 共通의 어려움이 처한 狀況에서는 서로 協力함.
溫故知新	옛것을 硏究하여 거기서 새로운 知識이나 道理를 찾아내는 말.
外華內貧	겉만 華麗하고 속은 별 볼일이 없다.
雲泥之差	구름과 진흙의 差異. 서로간의 差異가 큼.
韋編三絶	孔子가 周易을 熱心히 읽어 冊을 맨 가죽 끈이 세 번이나 끊어짐.
有備無患	準備가 되어 있으면 근심할 것이 없다.
已發之矢	이미 시위를 떠난 화살이란 뜻으로, 始作한 일을 그만 두기 어려움.
利用厚生	機械와 物件의 使用을 便利하게 하고 財物과 衣食住를 넉넉하게 하여 百姓의
	生活을 豊饒롭고 潤澤하게 하는 일.
一目瞭然	한번 보고도 分明히 안다. 즉 잠깐 보고도 훤히 알 수 있음.
一魚濁水	한마리의 물고기가 온물을 흐리듯, 한사람의 잘못으로 여러 사람이 그 被害를 보게 됨.
一觸卽發	조금만 닿아도 爆發할 것 같은 아슬아슬한 緊張狀態를 말함.
日就月將	나날이 다달이 發展함. 發展하는 速度가 빠름.

(자)

自繩自縛	자기의 行動 때문에 自己自身이 拘束되어 괴로움을 당하게 됨.
自暴自棄	絶望의 狀態에 빠져서, 自身을 버리고 돌보지 아니함.
張三李四	張씨 세 사람과 李씨 네 사람, 즉 평범한 사람들. 중국에는 張氏와 李氏가 제일 많았다고 한다.

故事成語 / 四字成語

才子佳人	재주가 있는 젊은 남자와 아름다운 여자.
轉禍爲福	災殃이 바뀌어 오히려 복이 됨.
漸入佳境	어떤 일이 점점 興味롭게 進行됨을 뜻함.
朝三暮四	奸邪한 꾀로 他人을 籠絡하는 行動.
坐不安席	마음에 근심 또는 不安이 있어 한자리에 오래 있지 못함.
衆寡不敵	적은 사람으로 많은 사람을 이기지 못한다.
進退兩難	나아가지도 후퇴하지도 못하는 궁지(窮地)에 빠진 상황.

(차)

千慮一失	슬기로운 사람이라도 하나쯤은 失手가 있음. 아무리 愼重을 기해도 失手가 있을 수 있음.
靑出於藍	쪽 풀에서 나온 푸른 물감이 쪽빛 보다 더 푸름. 제자가 스승보다 낳음.
淸濁併呑	度量이 커서 善人·惡人을 가리지 않고 包容함.
寸鐵殺人	相對便의 虛를 찌르는 단 한마디의 말.

(카)

快刀亂麻	어지럽게 뒤엉킨 일들을 시원스럽게 處理함.

(타)

他山之石	다른 사람의 하찮은 行動도 自己의 智德을 닦는데 도움이 됨.
卓上空論	現實性이 없는 虛荒된 理論.

(파)

表裏不同	마음이 음충맞아서 겉과 속이 다르다. *음충 : (성질이) 엉큼하고 불량하다.
表音主義	철자법(綴字法)에 있어서 낱말이 서로 다르게 발음되는 경우에는 같은 낱말일지라도 그 경우마다 각각 소리가 나는 대로 적어야 한다는 주장.
匹夫匹婦	평범한 사람들.

(하)

汗出沾背	부끄럽거나 무서워서 흐르는 땀이 등을 적심.
咸興差使	심부름 간 사람이 소식이 없음.

故事成語 / 四字成語

好事多魔	좋은 일에는 흔히 탈이 끼어들기 쉬움. 그런 일이 많이 생김.
狐死兎泣	여우의 죽음에 토끼가 운다, 같은 處地의 不幸을 슬퍼함.
畫龍點睛	가장 重要한 部分을 마무리하여 完成시킴.
花容月態	꽃다운 얼굴과 달 같은 姿態. 아름다운 여인의 姿態를 比喩함.

以上은 職務敵性 檢査에 出題된 成語입니다.

通常的으로 많이 쓰이는 生活 漢字語임을 알 수 있습니다.

韓國語文會의 漢字能力檢定 試驗에 合格하게 되면,
　　　3급(1800字)　10점
　　　2급(2355字)　15점
　　　1급(3500字)　20점의 加算點을 줍니다.

總點 500점에서 20점이라는 比重은, 뒤집어 말하면 漢字를 모르면 三星그룹에 入社하기 힘드는 것을 알 수 있습니다.

문장에 나온 漢字語 및 漢字

刻勵 각려	掛書 괘서	獨走 독주	不惑 불혹	甚深 심심	摘書 적서	晴天 청천
角逐 각축	轟音 굉음	頭角 두각	悲憤 비분	失笑 실소	展開 전개	草綠 초록
簡潔 간결	攪亂 교란	滿腹 만복	批准 비준	眼前 안전	專用 전용	追窮 추궁
鑑定 감정	巧妙 교묘	茫然 망연	聘母 빙모	斡旋 알선	專有 전유	沈滯 침체
減縮 감축	交涉 교섭	賣出 매출	死藏 사장	弱冠 약관	專制 전제	快辯 쾌변
降車 강차	過剩 과잉	謀反 모반	寫眞사진	良書 양서	折衝 절충	打擊 타격
開發 개발	歸順 귀순	目前 목전	散漫 산만	與件여건	點睛 점정	搭載 탑재
開腹 개복	勤勉 근면	無敵 무적	三脚臺 삼각대	餘韻 여운	情談정담	版圖 판도
改編 개편	禁書 금서	無雙 무쌍	霜降 상강	淵源 연원	精髓 정수	抛棄 포기
激勵 격려	金融 금융	物議 물의	狀態 상태	領有權 영유권	靜的 정적	抱腹 포복
激揚 격양	氣槪 기개	反逆 반역	曙光 서광	影響 영향	停車 정차	下車 하차
結果 결과	氣勢 기세	反響 반향	選拔 선발	領土 영토	嘲笑 조소	虐待 학대
潔白 결백	企業 기업	白髮 백발	宣揚 선양	令息 영식	存續 존속	閑散 한산
決裁 결재	落札낙찰	發展 발전	選擇 선택	令愛 영애	拙劣 졸렬	抗辯 항변
決濟 결제	暖流 난류	賠償 배상	紹介 소개	誤用 오용	拙速 졸속	解雇 해고
敬拜 경배	難澁 난삽	伯母 백모	消音 소음	瓦解 와해	從心 종심	海溢 해일
輕視 경시	內裝 내장	白壽 백수	所屬 소속	要衝 요충	左遷 좌천	向背 향배
顧客 고객	冷笑 냉소	煩忙 번망	所藏 소장	容恕 용서	周邊 주변	護國 호국
高潔 고결	怒氣 노기	煩雜 번잡	小寒 소한	運命 운명	呪術 주술	紅顔 홍안
考課 고과	論難 논란	碧空 벽공	損傷 손상	雄辯 웅변	駐車 주차	畫素 화소
鼓舞 고무	農漁村 농어촌	複製 복제	鎖國 쇄국	有史 유사	仲介 중개	活用 활용
鼓腹 고복	訥辯 눌변	奉養 봉양	修理 수리	猶豫 유예	地震 지진	回春 회춘
苦笑 고소	能辯 능변	不德 부덕	修繕 수선	利己 이기	知天命 지천명	劃然 획연
雇用 고용	多角化 다각화	浮說 부설	循環 순환	而立 이립	志向 지향	譎計 휼계
鼓吹 고취	談笑 담소	浮言 부언	崇高 숭고	利潤 이윤	進退 진퇴	胸腹 흉복
古稀 고희	遝至 답지	不適 부적	膝下 슬하	耳順 이순	讚頌 찬송	稀壽 희수
穀雨 곡우	當否 당부	憤慨 분개	乘車 승차	利益 이익	讚揚 찬양	
公採 공채	大膽 대담	噴水 분수	始祖 시조	逸民 일민	採用 채용	
寡占 과점	大暑 대서	噴火 분화	信念 신념	雜務 잡무	策略 책략	
觀視 관시	貸出 대출	不可避 불가피	辛酸 신산	丈母 장모	千客 천객	
恝視 괄시	到達 도달	拂鬚塵 불수진	迅速 신속	長壽 장수	淺慮 천려	
曠年 광년	獨占 독점	不審 불심	實母 실모	底流 저류	清潔 청결	

中國에서 가장 많이 쓰이는
漢字 500字 (사용 빈도순)

中國(중국) 敎育部(교육부) 언어문자관리국에서 發表(발표)한 報告書(보고서)에 따르면, 1년간 중국의 大衆媒體(대중매체)에서 사용된 言語(언어)를 分析(분석)한 結果(결과) 대중매체에서 사용되었던 漢字는 8,225字였으며, 인터넷이나 신문, TV, 라디오에서 사용된 漢字(한자)는 5,607字였다.

그러나 이러한 매체에서 使用(사용)된 漢字들은 中國語(중국어)를 쓸 때 주로 사용되는 常用漢字(상용한자) 581字가 重複使用(중복사용)되어 581字의 漢字를 알 경우 80% 以上(이상)을 理解(이해)할 수 있다고 한다.

다음의 資料(자료)는 중국 淸華大學(칭화대학) 내 지능기술여계통 국가중점 연구실에서 發表(발표)한 『한자 빈도표』 中 상위 500字이다. 86,000字를 統計(통계)낸 자료 中 使用頻度(사용빈도)가 높은 500位 까지의 글자로 全體(전체)의 78.53%를 차지하였다고 한다.

독자 여러분들의 중국어 학습에 많은 도움이 되었으면 합니다.
감사합니다.

사용빈도	漢字(훈.음)	中國(병음.음독)	사용빈도	漢字(훈.음)	中國(병음.음독)
1	的 과녁 적	的 [dì/de] 디/더	21	地 땅 지	地 [dì] 디
2	一 한/하나 일	一 [yī] 이	22	市 시장/저장 시	市 [shì] 스
3	國 나라 국	国 [guó] 꾸워	23	要 중요할 요	要 [yào] 야오
4	在 있을 재	在 [zài] 짜이	24	個 낱 개	个 [gè] 꺼
5	人 사람 인	人 [rén] 런	25	産 낳을 산	产 [chǎn] 찬
6	了 마칠 료(요)	了 [le] 러	26	這 이 저	这 [zhè] 쩌
7	有 있을 유	有 [yǒu] 요우	27	出 날 출	出 [chū] 추
8	中 가운데 중	中 [zhōng] 쭝	28	行 다닐/갈 행	行 [xíng] 씽
9	是 이/옳을 시	是 [shì] 스	29	作 지을 작	作 [zuò] 쭈워
10	年 해 년(연)	年 [nián] 니엔	30	生 날 생	生 [shēng] 썽
11	和 화목할 화	和 [hé] 허	31	家 집 가	家 [jiā] 찌아
12	大 큰 대	大 [dà] 따	32	以 써 이	以 [yǐ] 이
13	業 업 업	业 [yè] 예	33	成 이룰 성	成 [chéng] 청
14	不 아닐 불	不 [bù] 뿌	34	到 이를 도	到 [dào] 따오
15	爲 할 위	爲 [wèi] 웨이	35	日 날 일	日 [rì] 르
16	發 필 발	发 [fā] 파	36	民 백성 민	民 [mín] 민
17	會 모일 회	会 [huì] 후이	37	來 올 래	来 [lái] 라이
18	工 장인 공	工 [gōng] 꿍	38	我 나 아	我 [wǒ] 워
19	經 지날/글 경	经 [jīng] 찡	39	部 떼/거느릴 부	部 [bù] 뿌
20	上 윗 상	上 [shàng] 쌍	40	對 대할/대답 대	对 [duì] 뚜이

사용빈도	漢字(훈.음)	中國(병음.음독)	사용빈도	漢字(훈.음)	中國(병음.음독)
41	進 나아갈 진	进 [jìn] 찐	61	制 지을/절제할 제	制 [zhì] 쯔
42	多 많을 다	多 [duō] 뚜워	62	政 정사 정	政 [zhèng] 쩡
43	全 온전할 전	全 [quán] 취엔	63	濟 건널 제	济 [jì] 찌
44	建 세울 건	建 [jiàn] 찌엔	64	用 쓸 용	用 [yòng] 용
45	他 다를 타	他 [tā] 타	65	同 한가지 동	同 [tóng] 퉁
46	公 공평할 공	公 [gōng] 꿍	66	于 어조사 우	于 [yú] 위
47	開 열 개	开 [kāi] 카이	67	法 법 법	法 [fǎ] 파
48	們 들 문	们 [mén] 먼	68	高 높을 고	高 [gāo] 까오
49	場 마당 장	场 [cháng] 창	69	長 긴/어른 장	长 [cháng] 창
50	展 펼 전	展 [zhǎn] 짠	70	現 나타날 현	现 [xiàn] 씨엔
51	時 때 시	时 [shí] 스	71	本 근본 본	本 [běn] 뻔
52	理 다스릴 리(이)	理 [lǐ] 리	72	月 달 월	月 [yuè] 위에
53	新 새 신	新 [xīn] 씬	73	定 정할 정	定 [dìng] 띵
54	方 모 방	方 [fāng] 팡	74	化 될 화	化 [huà] 후아
55	主 주인 주	主 [zhǔ] 쭈	75	加 더할 가	加 [jiā] 찌아
56	企 꾀할 기	企 [qǐ] 치	76	動 움직일 동	动 [dòng] 뚱
57	資 재물 자	资 [zī] 쯔	77	合 합할 합	合 [hé] 허
58	實 열매 실	实 [shí] 스	78	品 물건 품	品 [pǐn] 핀
59	學 배울 학	学 [xué] 쒸에	79	重 무거울 중	重 [zhòng] 쭝
60	報 갚을 보	报 [bào] 빠오	80	關 빗장 관	关 [guān] 꾸안

사용빈도	漢字(훈.음)	中國(병음.음독)	사용빈도	漢字(훈.음)	中國(병음.음독)
81	機 틀/기계 기	机 [jī] 찌	101	農 농사 농	农 [nóng] 눙
82	分 나눌 분	分 [fēn] 펀	102	也 잇기/어조사 야	也 [yě] 예
83	力 힘 력(역)	力 [lì] 리	103	得 얻을 득	得 [dé] 더
84	自 스스로 자	自 [zì] 쯔	104	與 더블/줄 여	与 [yǔ] 위
85	外 바깥 외	外 [wài] 와이	105	說 말씀 설	说 [shuō] 쑤워
86	者 놈/사람 자	者 [zhě] 쩌	106	之 갈 지	之 [zhī] 쯔
87	區 구역 구	区 [qū] 취	107	員 인원 원	员 [yuán] 위엔
88	能 능할 능	能 [néng] 넝	108	而 말이을 이	而 [ér] 얼
89	設 베풀 설	设 [shè] 써	109	務 힘쓸 무	务 [wù] 우
90	后 임금/왕후 후	后 [hòu] 허우	110	利 이로울 리(이)	利 [lì] 리
91	就 나아갈 취	就 [jiù] 찌우	111	電 번개/전기 전	电 [diàn] 띠엔
92	等 무리/등급 등	等 [děng] 떵	112	文 글월 문	文 [wén] 원
93	體 몸 체	体 [tǐ] 티	113	事 일 사	事 [shì] 스
94	下 아래 하	下 [xià] 씨아	114	可 옳을 가	可 [kě] 커
95	萬 일만 만	万 [wàn] 완	115	種 씨 종	种 [zhǒng] 쭝
96	元 으뜸 원	元 [yuán] 위엔	116	總 다/거느릴 총	总 [zǒng] 쭝
97	社 모일 사	社 [shè] 써	117	改 고칠 개	改 [gǎi] 까이
98	過 지날 과	过 [guò] 꾸워	118	三 석 삼	三 [sān] 싼
99	前 앞 전	前 [qián] 치엔	119	各 각각 각	各 [gè] 꺼
100	面 얼굴/겉 면	面 [miàn] 미엔	120	好 좋을 호	好 [hǎo] 하오

사용빈도	漢字(훈.음)	中國(병음.음독)	사용빈도	漢字(훈.음)	中國(병음.음독)
121	金 쇠/성 금/김	金 [jīn] 찐	141	起 일어날 기	起 [qǐ] 치
122	第 차례 제	第 [dì] 디	142	海 바다 해	海 [hǎi] 하이
123	司 맡을 사	司 [sī] 스	143	所/所 바/곳 소	所 [suǒ] 쑤워
124	其 그 기	其 [qí] 치	144	立 설 립(입)	立 [lì] 리
125	從 좇을 종	从 [cóng] 충	145	已 이미 이	已 [yǐ] 이
126	平 평평할 평	平 [píng] 핑	146	通 통할 통	通 [tōng] 퉁
127	代 대신할 대	代 [dài] 따이	147	入 들 입	入 [rù] 루
128	當 마땅할 당	当 [dāng] 땅	148	量 헤아릴 량(양)	量 [liáng] 리앙
129	天 하늘 천	天 [tiān] 티엔	149	子 아들 자	子 [zǐ] 쯔
130	水 물 수	水 [shuǐ] 쑤이	150	問 물을 문	问 [wèn] 원
131	省 살필 성	省 [shěng] 썽	151	度 법도 도	度 [dù] 뚜
132	提 끌 제	提 [tí] 티	152	北 북녘 북	北 [běi] 뻬이
133	商 장사 상	商 [shāng] 쌍	153	保 지킬/보호할 보	保 [bǎo] 빠오
134	十 열 십	十 [shí] 스	154	心 마음 심	心 [xīn] 씬
135	管 대롱/주관할 관	管 [guǎn] 꾸안	155	還 돌아올 환	还 [huán] 후안
136	內 안 내	內 [nèi] 네이	156	科 과목 과	科 [kē] 커
137	小 작을 소	小 [xiǎo] 씨아오	157	委 맡길 위	委 [wěi] 웨이
138	技 재주 기	技 [jì] 찌	158	都 도읍 도	都 [dū] 뚜
139	位 자리 위	位 [wèi] 웨이	159	術 재주 술	术 [shù] 쑤
140	目 눈 목	目 [mù] 무	160	使 하여금/부릴 사	使 [shǐ] 스

사용 빈도	漢字(훈.음)	中國(병음.음독)	사용 빈도	漢字(훈.음)	中國(병음.음독)
161	明 밝을 명	明 [míng] 밍	181	强/强 강할 강	强 [qiáng] 치앙
162	着 붙을 착	着 [zháo] 짜오	182	兩 두 량(양)	两 [liǎng] 리앙
163	次 버금 차	次 [cì] 츠	183	些 적을 사	些 [xiē] 씨에
164	將 장수 장	将 [jiàng] 찌앙	184	表 거죽 표	表 [biǎo] 삐아오
165	增 더할 증	增 [zēng] 쩡	185	系 맬/이을 계	系 [xì] 씨
166	基 터 기	基 [jī] 찌	186	辨 분별할 변	辨 [biàn] 삐엔
167	名 이름 명	名 [míng] 밍	187	敎 가르칠 교	教 [jiào] 찌아오
168	向 향할 향	向 [xiàng] 씨앙	188	正 바를 정	正 [zhèng] 쩡
169	門 문 문	门 [mén] 먼	189	條 가지 조	条 [tiáo] 탸오
170	應 응할 응	应 [yìng] 잉	190	最 가장 최	最 [zuì] 쭈이
171	里 마을 리(이)	里 [lǐ] 리	191	達 이를 달	达 [dá] 따
172	美 아름다울 미	美 [měi] 메이	192	特 특별할 특	特 [tè] 터
173	由 말미암을 유	由 [yóu] 요우	193	革 가죽 혁	革 [gé] 꺼
174	規 법 규	规 [guī] 꾸이	194	收 거둘 수	收 [shōu] 써우
175	今 이제 금	今 [jīn] 찐	195	二 두 이	二 [èr] 얼
176	題 제목 제	题 [tí] 티	196	期 기약할 기	期 [qī] 치
177	記 기록할 기	记 [jì] 찌	197	竝 나란히 병	并 [bìng] 삥
178	點 점 점	点 [diǎn] 띠엔	198	程 한도/길 정	程 [chéng] 청
179	計 셈할 계	计 [jì] 찌	199	廠 헛간 창	厂 [chǎng] 창
180	去 갈 거	去 [qù] 취	200	如 같을 여	如 [rú] 루

사용 빈도	漢字(훈.음)	中國(병음.음독)	사용 빈도	漢字(훈.음)	中國(병음.음독)
201	道 길 도	道 [dào] 따오	221	交 사귈 교	交 [jiāo] 찌아오
202	際 즈음/가 제	际 [jì] 찌	222	統 거느릴 통	统 [tǒng] 통
203	及 미칠 급	及 [jí] 찌	223	黨 무리 당	党 [dǎng] 땅
204	西 서녘 서	西 [xī] 씨	224	南 남녘 남	南 [nán] 난
205	口 입 구	口 [kǒu] 커우	225	安 편안할 안	安 [ān] 안
206	京 서울 경	京 [jīng] 찡	226	此 이 차	此 [cǐ] 츠
207	華 빛날 화	华 [huá] 후아	227	領 거느릴 령(영)	领 [lǐng] 링
208	任 맡길 임	任 [rèn] 런	228	結 맺을 결	结 [jié] 찌에
209	調 고를 조	调 [diào] 띠아오	229	營 경영할 영	营 [yíng] 잉
210	性 성품 성	性 [xìng] 씽	230	項 항목 항	项 [xiàng] 씨앙
211	導 이끌/인도할 도	导 [dǎo] 따오	231	情 뜻 정	情 [qíng] 칭
212	組 짤 조	组 [zǔ] 쭈	232	解 풀 해	解 [jiě] 찌에
213	東 동녘 동	东 [dōng] 뚱	233	議 의논할 의	议 [yì] 이
214	路 길 로(노)	路 [lù] 루	234	義 옳을/의로울 의	义 [yì] 이
215	活 살 활	活 [huó] 후워	235	山 메 산	山 [shān] 산
216	廣 넓을 광	广 [guǎng] 꾸앙	236	先 먼저 선	先 [xiān] 씨엔
217	意 뜻 의	意 [yì] 이	237	車 수레 차/거	车 [chē] 처
218	比 견줄/비교할 비	比 [bǐ] 삐	238	然 그럴 연	然 [rán] 란
219	投 던질 투	投 [tóu] 터우	239	價 값 가	价 [jià] 찌아
220	決 결단할 결	决 [jué] 쮜에	240	放 놓을 방	放 [fàng] 팡

사용빈도	漢字(훈.음)	中國(병음.음독)	사용빈도	漢字(훈.음)	中國(병음.음독)
241	世 인간/대 세	世 [shì] 스	261	原 언덕/근원 원	原 [yuán] 위엔
242	間 사이 간	间 [jiān] 찌엔	262	處 곳 처	处 [chù] 추
243	因 인할 인	因 [yīn] 인	263	府 관청 부	府 [fǔ] 푸
244	共 한가지/함께 공	共 [gòng] 꿍	264	研 갈 연	研 [yán] 얜
245	院 집 원	院 [yuàn] 위엔	265	質 바탕 질	质 [zhì] 쯔
246	步 걸음 보	步 [bù] 뿌	266	信 믿을 신	信 [xìn] 씬
247	物 물건 물	物 [wù] 우	267	四 넉 사	四 [sì] 쓰
248	界 지경 계	界 [jiè] 찌에	268	運 옮길/움직일 운	运 [yùn] 윈
249	集 모을 집	集 [jí] 찌	269	縣 고을 현	县 [xiàn] 씨엔
250	把 잡을 파	把 [bǎ] 빠	270	軍 군사 군	军 [jūn] 쮠
251	持 가질 지	持 [chí] 츠	271	件 물건/조건 건	件 [jiàn] 찌엔
252	無 없을 무	无 [wú] 우	272	育 기를 육	育 [yù] 위
253	但 다만 단	但 [dàn] 딴	273	局 판 국	局 [jú] 쮜
254	城 재/성 성	城 [chéng] 청	274	干 방패 간	干 [gān] 깐
255	相 서로 상	相 [xiāng] 씨앙	275	隊 떼/무리 대	队 [duì] 뚜이
256	書 글 서	书 [shū] 쑤	276	團 둥글 단	团 [tuán] 투안
257	村 마을 촌	村 [cūn] 춘	277	又 또 우	又 [yòu] 요우
258	求 구할 구	求 [qiú] 치우	278	造 지을 조	造 [zào] 짜오
259	治 다스릴 치	治 [zhì] 쯔	279	形 모양/형상 형	形 [xíng] 씽
260	取 가질/취할 취	取 [qǔ] 취	280	級 등급 급	级 [jí] 찌

사용 빈도	漢字(훈.음)	中國(병음.음독)	사용 빈도	漢字(훈.음)	中國(병음.음독)
281	標 표할 표	标 [biāo] 삐아오	301	職 직분 직	职 [zhí] 쯔
282	聯 연이을 련(연)	联 [lián] 리엔	302	服 옷 복	服 [fú] 푸
283	專 오로지 전	专 [zhuān] 쭈안	303	臺 대 대	台 [tái] 타이
284	少 적을 소	少 [shǎo] 싸오	304	式 법 식	式 [shì] 스
285	費 쓸 비	费 [fèi] 페이	305	益 더할 익	益 [yì] 이
286	效 본받을 효	效 [xiào] 씨아오	306	想 생각 상	想 [xiǎng] 씨앙
287	据 일할 거	据 [jù] 쮜	307	數 셀 수	数 [shù] 쑤
288	手 손 수	手 [shǒu] 써우	308	單 홑 단	单 [dān] 딴
289	施 베풀 시	施 [shī] 스	309	樣 모양 양	样 [yàng] 양
290	權 권세 권	权 [quán] 취엔	310	只 다만 지	只 [zhǐ] 쯔
291	江 강 강	江 [jiāng] 찌앙	311	被 입을 피	被 [bèi] 뻬이
292	近 가까울 근	近 [jìn] 찐	312	億 억 억	亿 [yì] 이
293	深 깊을 심	深 [shēn] 썬	313	老 늙을 로(노)	老 [lǎo] 라오
294	更 고칠 경	更 [gēng] 껑	314	愛 사랑 애	爱 [ài] 아이
295	認 알/인정할 인	认 [rèn] 런	315	優 넉넉할 우	优 [yōu] 요우
296	果 실과/열매 과	果 [guǒ] 꾸워	316	常 떳떳할/항상 상	常 [cháng] 창
297	格 격식 격	格 [gé] 꺼	317	銷 녹일 소	销 [xiāo] 씨아오
298	幾 몇 기	几 [jǐ] 찌	318	志 뜻 지	志 [zhǐ] 쯔
299	看 볼 간	看 [kàn] 칸	319	戰 싸움 전	战 [zhàn] 짠
300	沒 빠질 몰	没 [mò] 모	320	流 흐를 류(유)	流 [liú] 리우

사용빈도	漢字(훈.음)	中國(병음.음독)	사용빈도	漢字(훈.음)	中國(병음.음독)
321	很 패려궂을 흔	很 [hěn] 헌	341	究 연구할 구	究 [jiū] 찌우
322	接 사귈 접	接 [jiē] 찌에	342	支 가지 지	支 [zhī] 쯔
323	鄕 시골 향	乡 [xiāng] 씨앙	343	那 어찌 나	那 [nà] 나
324	頭 머리 두	头 [tóu] 터우	344	査 조사할 사	查 [chá] 차
325	給 줄 급	给 [gěi] 께이	345	張 베풀 장	张 [zhāng] 짱
326	至 이를 지	至 [zhì] 쯔	346	精 정할/깨끗할 정	精 [jīng] 찡
327	難 어려울 난(란)	难 [nán] 난	347	每 매양 매	每 [měi] 메이
328	觀 볼 관	观 [guān] 꾸안	348	林 수풀 림(임)	林 [lín] 린
329	指 손가락 지	指 [zhǐ] 쯔	349	轉 구를 전	转 [zhuǎn] 쭈안
330	創 비롯할 창	创 [chuàng] 추앙	350	劃 그을 획	划 [huà] 후아
331	證 증거 증	证 [zhèng] 쩡	351	准 준할 준	准 [zhǔn] 쭌
332	織 짤 직	织 [zhī] 쯔	352	做 지을 주	做 [zuò] 쭈워
333	論 논할 론(논)	论 [lùn] 룬	353	需 쓰일 수	需 [xū] 쒸
334	別 다를 별	別 [bié] 삐에	354	傳 전할 전	传 [chuán] 추안
335	五 다섯 오	五 [wǔ] 우	355	爭 다툴 쟁	争 [zhēng] 쩡
336	協 화합할/도울 협	协 [xié] 씨에	356	稅 세금 세	税 [shuì] 쑤이
337	變 변할 변	变 [biàn] 삐엔	357	構 구부러질 구	构 [gòu] 꺼우
338	風 바람 풍	风 [fēng] 펑	358	具 갖출 구	具 [jù] 쮜
339	批 비평할 비	批 [pī] 피	359	百 일백 백	百 [bǎi] 빠이
340	見 볼 견	见 [jiàn] 찌엔	360	惑 혹시 혹	惑 [huò] 후워

사용빈도	漢字(훈.음)	中國(병음.음독)	사용빈도	漢字(훈.음)	中國(병음.음독)
361	才 재주 재	才 [cái] 차이	381	該 갖출/마땅 해	该 [gāi] 까이
362	積 쌓을 적	积 [jī] 찌	382	走 달릴 주	走 [zǒu] 쩌우
363	勢 형세/기세 세	势 [shì] 스	383	裝 꾸밀 장	装 [zhuāng] 쭈앙
364	擧 들 거	举 [jǔ] 쮜	384	衆 무리 중	众 [zhòng] 쭝
365	必 반드시 필	必 [bì] 삐	385	責 책임 책	责 [zé] 쩌
366	型 모형 형	型 [xíng] 씽	386	備 갖출 비	备 [bèi] 베이
367	易 바꿀 역	易 [yì] 이	387	州 고을 주	州 [zhōu] 쩌우
368	視 볼 시	视 [shì] 스	388	供 이바지할 공	供 [gōng] 꿍
369	快 쾌할 쾌	快 [kuài] 쿠아이	389	包 쌀 포	包 [bāo] 빠오
370	李 오얏 이(리)	李 [lǐ] 리	390	副 버금 부	副 [fù] 푸
371	參 참여할 참	参 [cān] 찬	391	極 극진할 극	极 [jí] 찌
372	回 돌아올 회	回 [huí] 후이	392	整 가지런할 정	整 [zhěng] 쩡
373	引 끌 인	引 [yǐn] 인	393	確 굳을/확실할 확	确 [què] 취에
374	鎭 진압할 진	镇 [zhèn] 쩐	394	知 알 지	知 [zhī] 쯔
375	首 머리 수	首 [shǒu] 써우	395	貿 무역할/바꿀 무	贸 [mào] 마오
376	推 밀 추	推 [tuī] 투이	396	己 몸 기	己 [jǐ] 찌
377	思 생각 사	思 [sī] 쓰	397	環 고리 환	环 [huán] 후안
378	完 완전할 완	完 [wán] 완	398	話 말씀/말할 화	话 [huà] 후아
379	消 사라질 소	消 [xiāo] 씨아오	399	反 돌이킬 반	反 [fǎn] 판
380	値 값 치	值 [zhí] 쯔	400	身 몸 신	身 [shēn] 썬

사용빈도	漢字(훈.음)	中國(병음.음독)	사용빈도	漢字(훈.음)	中國(병음.음독)
401	選 가릴 선	选 [xuǎn] 쒸안	421	料 헤아릴 료(요)	料 [liào] 리아오
402	亞 버금 아	亚 [yà] 야	422	神 귀신 신	神 [shén] 썬
403	麼 잘 마	麽 [mó] 모	423	率 비율 률(율)	率 [lǜ] 뤼
404	帶 띠 대	带 [dài] 따이	424	識 알 식	识 [shí] 스
405	采 풍채/캘 채	采 [cǎi] 차이	425	勞 일할/수고로울 로(노)	劳 [láo] 라오
406	王 임금 왕	王 [wáng] 왕	426	境 지경 경	境 [jìng] 찡
407	策 꾀 책	策 [cè] 처	427	源 근원 원	源 [yuán] 위엔
408	眞 참 진	真 [zhēn] 쩐	428	靑 푸를 청	青 [qīng] 칭
409	女 계집 녀(여)	女 [nǚ] 뉘	429	護 도울/보호할 호	护 [hù] 후
410	談 말씀 담	谈 [tán] 탄	430	列 벌릴 렬(열)	列 [liè] 리에
411	嚴 엄할 엄	严 [yán] 앤	431	興 흥할 흥	兴 [xīng] 씽
412	斯 이 사	斯 [sī] 쓰	432	許 허락할 허	许 [xǔ] 쒸
413	況 상황 황	况 [kuàng] 쿠앙	433	戶 집 호	户 [hù] 후
414	色 빛 색	色 [sè] 써	434	馬 말 마	马 [mǎ] 마
415	打 칠 타	打 [dǎ] 따	435	港 항구 항	港 [gǎng] 깡
416	德 큰 덕	德 [dé] 떠	436	則 법칙 칙	则 [zé] 쩌
417	告 고할/알릴 고	告 [gào] 까오	437	節 마디 절	节 [jié] 찌에
418	僅 겨우 근	仅 [jǐn] 찐	438	款 항목 관	款 [kuǎn] 쿠안
419	它 다를 타	它 [tā] 타	439	拉 끌 랍(납)	拉 [lā] 라
420	氣 기운 기	气 [qì] 치	440	直 곧을 직	直 [zhí] 쯔

사용빈도	漢字(훈.음)	中國(병음.음독)	사용빈도	漢字(훈.음)	中國(병음.음독)
441	案 책상 안	案 [àn] 안	461	非 아닐 비	非 [fēi] 페이
442	股 넓적다리 고	股 [gǔ] 꾸	462	感 느낄 감	感 [gǎn] 깐
443	光 빛 광	光 [guāng] 꾸앙	463	占 점령할/점칠 점	占 [zhān] 짠
444	較 견줄/비교할 교	较 [jiào] 찌아오	464	續 이을 속	续 [xù] 쒸
445	河 물 하	河 [hé] 허	465	師 스승 사	师 [shī] 스
446	花 꽃 화	花 [huā] 후아	466	何 어찌 하	何 [hé] 허
447	根 뿌리 근	根 [gēn] 껀	467	影 그림자 영	影 [yǐng] 잉
448	布 베 포	布 [bù] 뿌	468	功 공 공	功 [gōng] 꿍
449	線 줄 선	线 [xiàn] 씨엔	469	負 짐질 부	负 [fù] 푸
450	土 흙 토	土 [tǔ] 투	470	驗 시험할 험	验 [yàn] 얜
451	克 이길 극	克 [kè] 커	471	望 바랄 망	望 [wàng] 왕
452	再 두 번/두 재	再 [zài] 짜이	472	財 재물 재	财 [cái] 차이
453	群 무리 군	群 [qún] 췬	473	類 무리 류(유)	类 [lèi] 레이
454	醫 의원 의	医 [yī] 이	474	貨 재화 화	货 [huò] 후워
455	淸 맑을 청	清 [qīng] 칭	475	約 맺을/약속할 약	约 [yuē] 위에
456	速 빠를 속	速 [sù] 쑤	476	藝 재주 예	艺 [yì] 이
457	律 법 률(율)	律 [lǜ] 뤼	477	售 팔 수	售 [shòu] 써우
458	她 아가씨 저	她 [tā] 타	478	連 이을 련(연)	连 [lián] 리엔
459	族 겨레 족	族 [zú] 쭈	479	紀 벼리 기	纪 [jì] 찌
460	歷 지낼 력(역)	历 [lì] 리	480	按 누를 안	按 [àn] 안

사용 빈도	漢字(훈.음)	中國(병음.음독)
481	訊 물을 신	讯 [xùn] 쒼
482	史 사기/역사 사	史 [shǐ] 스
483	示 보일 시	示 [shì] 스
484	象 코끼리 상	象 [xiàng] 씨앙
485	養 기를 양	养 [yǎng] 양
486	獲 얻을 획	获 [huò] 후워
487	石 돌 석	石 [shí] 스
488	食 밥 식	食 [shí] 스
489	抓 할킬 조	抓 [zhuā] 쫘
490	富 부유할/부자 부	富 [fù] 푸
491	模 본뜰/본 모	模 [mó] 모
492	始 비로소/처음 시	始 [shǐ] 스
493	住 살 주	住 [zhù] 쭈
494	賽 굿할 새	赛 [sài] 싸이
495	客 손 객	客 [kè] 커
496	越 넘을 월	越 [yuè] 위에
497	聞 들을 문	闻 [wén] 원
498	央 가운데 앙	央 [yāng] 양
499	席 자리 석	席 [xí] 씨
500	堅 굳을 견	坚 [jiān] 찌엔